Jochen Michels

Abbé Rancé: De la Sainteté et des Devoirs de la Vie Monastique, Tome I

Jochen Michels

Abbé Rancé: De la Sainteté et des Devoirs de la Vie Monastique, Tome I

Le texte original de 1683/1701 transcrit par les Soeurs dans l'abbaye Notre Dame de Clairefontaine, Chapitres I. á XV.

Éditions Croix du Salut

Impressum / Mentions légales
Bibliografische Information der Deutschen Nationalbibliothek: Die Deutsche Nationalbibliothek verzeichnet diese Publikation in der Deutschen Nationalbibliografie; detaillierte bibliografische Daten sind im Internet über http://dnb.d-nb.de abrufbar.
Alle in diesem Buch genannten Marken und Produktnamen unterliegen warenzeichen-, marken- oder patentrechtlichem Schutz bzw. sind Warenzeichen oder eingetragene Warenzeichen der jeweiligen Inhaber. Die Wiedergabe von Marken, Produktnamen, Gebrauchsnamen, Handelsnamen, Warenbezeichnungen u.s.w. in diesem Werk berechtigt auch ohne besondere Kennzeichnung nicht zu der Annahme, dass solche Namen im Sinne der Warenzeichen- und Markenschutzgesetzgebung als frei zu betrachten wären und daher von jedermann benutzt werden dürften.

Information bibliographique publiée par la Deutsche Nationalbibliothek: La Deutsche Nationalbibliothek inscrit cette publication à la Deutsche Nationalbibliografie; des données bibliographiques détaillées sont disponibles sur internet à l'adresse http://dnb.d-nb.de.
Toutes marques et noms de produits mentionnés dans ce livre demeurent sous la protection des marques, des marques déposées et des brevets, et sont des marques ou des marques déposées de leurs détenteurs respectifs. L'utilisation des marques, noms de produits, noms communs, noms commerciaux, descriptions de produits, etc, même sans qu'ils soient mentionnés de façon particulière dans ce livre ne signifie en aucune façon que ces noms peuvent être utilisés sans restriction à l'égard de la législation pour la protection des marques et des marques déposées et pourraient donc être utilisés par quiconque.

Coverbild / Photo de couverture: www.ingimage.com

Verlag / Editeur:
Éditions Croix du Salut
ist ein Imprint der / est une marque déposée de
ICS Morebooks! Marketing SRL
4, Industriala street, 3100 Balti, Republic of Moldova / Moldavie
Email: info@omniscriptum.com

Herstellung: siehe letzte Seite /
Impression: voir la dernière page
ISBN: 978-3-8416-9922-0

Copyright / Droit d'auteur © Jochen Michels
Copyright / Droit d'auteur © 2015 ICS Morebooks! Marketing SRL
Alle Rechte vorbehalten. / Tous droits réservés. Saarbrücken 2015

Rancé – Sainteté et Devoirs … Tome I

Armand Jean Le Bouthillier de Rancé, OCSO

De la Sainteté et des Devoirs

de la

Vie Monastique

Tome I

Le texte original de 1683 I et II et de 1701

en Français actuel

transcrit par les Sœurs de Notre Dame de Clairefontaine

Imrpimatur Diecèse de Cologne 2013

DE LA SAINTETÉ
ET
DES DEVOIRS
DE LA VIE
MONASTIQUE.

TOME 1

Bibliothèque De la Grande - Trappe. 1847.

A PARIS,

Chez FRANÇOIS MUGUET, Imprimeur ordinaire du Roy & de Monseigneur l'Archevesque, ruë de la Harpe.

MDCLXXXIII. 1683

Avec Approbation & Privilege.

DE LA SAINTETÉ ET DES DEVOIRS DE LA VIE MONASTIQUE.

Tome I.
Seconde Edition.

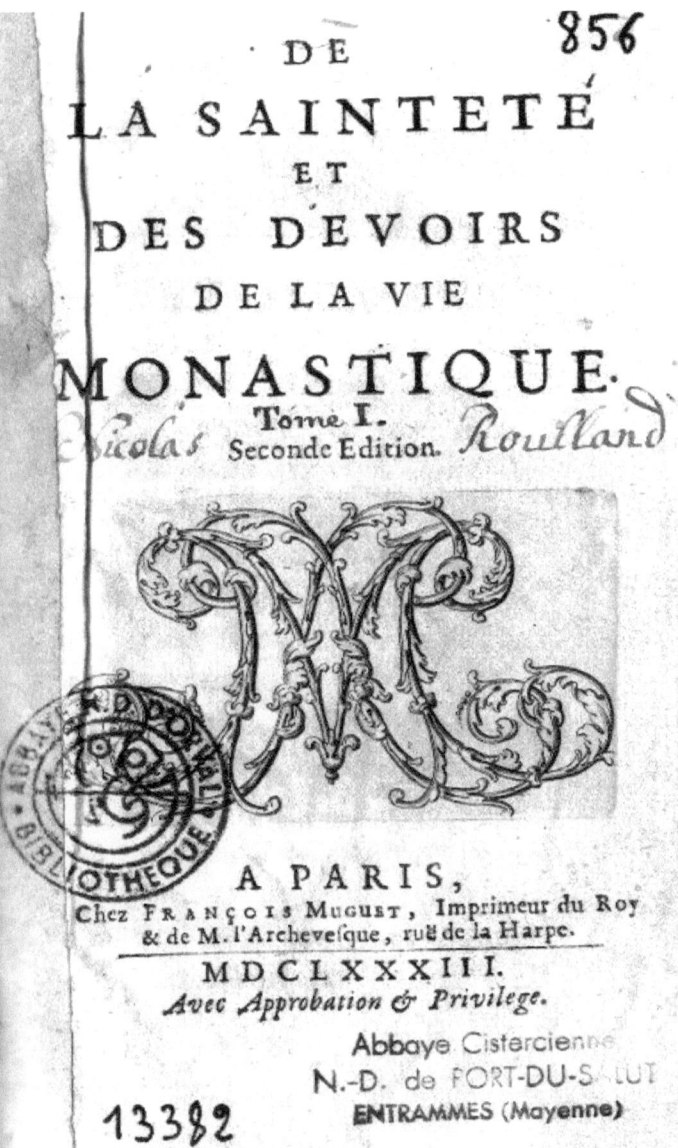

A PARIS,
Chez FRANÇOIS MUGUET, Imprimeur du Roy
& de M. l'Archevefque, ruë de la Harpe.
─────────────────
MDCLXXXIII.
Avec Approbation & Privilege.

ERZBISTUM KÖLN **GENERALVIKARIAT**

Erzbistum Köln · Generalvikariat · 50606 Köln

Herrn Dipl.-Wi.-Ing.
Jochen K. Michels
Konrad-Adenauer-Ring 74
41464 Neuss

Bearbeiter: Dr. R. Lülsdorff
Aktenzeichen: 106 250 I 90
Telefon: 0221 / 16 42 - 12 46
Telefax: 0221 / 16 42 - 17 22

Ihr Schreiben vom   Ihr Zeichen   Datum
8. Februar 2013

Imprimatur

Sehr geehrter Herr Michels,

für die deutsche Übersetzung der Werke von Abt Armand Jean Le Bouthillier de Rancé „Über die Heiligkeit und die Pflichten des Ordenslebens, Band II, XVI-XXIII" wird hiermit die kirchliche Druckerlaubnis für die Veröffentlichung erteilt und die Veröffentlichung in folgender Form angeordnet:

> Die kirchliche Druckerlaubnis wird für die Veröffentlichung erteilt.
> Coloniae, die 8 februarii 2013
> Jr. Nr. 106 250 I 90 Dr. Stefan Heße vic. gen.

Mit freundlichen Grüßen

Dr. Stefan Heße
Generalvikar

Bankkonto:
Pax-Bank eG Köln
Konto-Nr. 55 050 (BLZ 370 601 93) IBAN: DE74 3706 0193 0000 0550 50 BIC: GENODED1PAX

Sie erreichen uns:
montags - donnerstags 8.00-17.00 Uhr
freitags 8.00-14.00 Uhr

Besucher-/Lieferanschrift:
Marzellenstraße 32
50668 Köln

Rancé – Sainteté et Devoirs ... Tome I

Preface des transcibents.

Le simple énoncé du nom Rancé provoque habituellement une première réaction de rejet ; cela se produit même parfois avec des membres de l'Ordre Cistercien appelés parfois Trappistes. Ce nom a pour origine l'abbaye cistercienne appartenant à la Stricte Observance et dont Rancé était devenu l'abbé commendataire, en 1637 à 13 ans. Il en devint l'abbé régulier en 1663 ; une conséquence de sa conversion datant de 1657. Cette image du „Réformateur de la Trappe", ne correspond pas du tout au personnage, mais est redevable de sa notoriété à la „réputation"- peu conforme - que Chateaubriand et Brémond lui ont faite.

Cette édition est une transcription en français actuel de la grande œuvre de l'Abbé de Rancé : „De la Sainteté et Devoirs de la Vie monastique", à partir du texte orignal paru en 1683 (deux editions) pour le premier tome et 1701 pour le second. L'intention de ce travail était de faciliter la compréhension du texte en vue d'une traduction allemande. Vu l'absence d'une version récente en français, le traducteur bénévole, a voulu mettre également à la disposition d'un public de lecteurs francophones ce texte d'un contenu spirituel très riche.

Si ce traité de l'abbé de Rancé est d'abord et avant tout destiné à ses moines, tout chrétien désirant progresser dans l'amour de Dieu pourra trouver de quoi se nourrir dans la doctrine de ce maître spirituel éminent, lui-même passionné et amoureux de son Seigneur !

Les efforts de l'éditeur d'obtenir un preface officiel n'ont guère trouvé succes, sinon cet écrit du 3 juin 2014, de la main du secrétaire de l'Abbé Général :

Dear M. Michels,

Thank you for your message about your work on De Rancé. As far as I know, there is no recent version of this text, so It will be interresting to have a modern french version. With our wishes of this huge work.

P. Thomas

Dom Eamon, Abbot General Secretary

Pour justifier notre appréciation il suffit d'emprunter une phrase à l'introduction de Krailsheimer[a] , dans l'introduction à l'édition de la correspondance de Rancé : *Espérons maintenons qu'à l'avenir, ceux qui se déclarent hostiles à Rancé, et à tout ce qu'il représente prendront la peine de lire . . . (son œuvre), plutôt que sa légende, avant de faire écho aux jugements décidément trop sommaires sur cette personnalité aussi paradoxale que puissante.*

Une suite de circonstances concernant les textes originaux, le peu de textes disponibles pour la lecture et donc une traduction ont mis en relation un traducteur allemand et une abbaye belge.

---

a) Alban J. Krailsheimer « Rancè and the Trappist Legacy »
ISBN 978-3-639-50029-5 at Blessed Hope publishing.

Remarques du Cardinal Hume (OSB 1923-99)

(Contribué par l' Aumonier de l'abbeye Clairefontaine (Belgique)

L'approche romantique du passé était capable de susciter beaucoup d'intérêt, mais en même temps elle dénaturait la réalité. De nos jours, un souci technologique et scientifique du futur pourrait bien créer une semblable distorsion, mais dans la direction opposée. Les choses du domaine de la spiritualité devraient être considérées à un niveau entièrement différent. Les vérités éternelles transcendent les limitations du temps et de la mode. Si nous voulons, malgré tout, mieux les saisir, les comprendre plus profondément, un regard critique à l'histoire apporte une aide incontestable. Il en est de même quand nous avons affaire à la réalité et à la signification intérieure des vérités qui sous-tendent la vie monastique. Au premier abord, la vie religieuse du passé peut paraître distante et archaïque. Les aspects extérieurs de l'habit et du régime alimentaire, du chant et de la discipline peuvent bien être différents aujourd'hui, mais ils tenaient leurs origines des sources même où nous nous inspirons de nos jours. Il y a un courant d'eau vive qui s'est écoulé pendant des siècles, pas toujours exempt de pollution mais toujours susceptible d'être purifié et renouvelé. Aujourd'hui, nous tirons notre vie de ce même courant.

La naissance de saint Benoît a été largement commémorée, mille cinq cents ans plus tard, en 1980. Après neuf cents ans, on a célébré la naissance de saint Bernard, en 1990. Comme on ne saurait s'en étonner, ces anniversaires sont d'une grande portée. Mais il en est un troisième, celui de la mort d'Armand-Jean de Rancé en 1700, qui pourrait bien ne pas être honoré tel qu'il le devrait. Le

Remarques du Cardinal Hume (OSB 1923-99)

public pourrait avoir eu connaissance de son nom par le biais de la légende romantique créée par Chateaubriand et détruite par Brémond. Si la place justifiée de Rancé en tant que réformateur monastique doit être reconnue de manière appropriée, la légende et l'anti-légende devront être remplacées par la vérité. L'ignorance et les idées préconçues marchent main dans la main. Ceux qui condamnent Rancé avec le plus de brutalité sont ceux qui ont le moins pris la peine de se renseigner sur lui et sur l'esprit trappiste qu'il a créé dans la communauté dont il a été l'abbé pendant trente ans.

Il peut sembler étrange pour un bénédictin de recommander celui qui fut l'adversaire fameux de Mabillon. Pourtant, sans souscrire aux attaques de Rancé contre les études monastiques, un bénédictin anglais peut se sentir des attaches particulières avec la communauté de la Trappe. Le même raz de marée révolutionnaire qui engloutit et détruisit chaque communauté monastique de France, sauf celle de la Trappe, balaya sur leurs rochers d'origine les victimes bénédictines d'une tempête antérieure et les Trappistes avec leur odyssée vers la Russie en un aller-retour. L'expansion bénédictine en Grande-Bretagne au XIXe siècle, tout comme le renouveau trappiste et son expansion par-delà la Manche, sont les exemples impressionnants de survie à un désastre apparemment complet. Il y a là une guérison due à la fidélité face à la persécution, à l'exil et à l'errance imposée.

Fidélité est ici le mot clef. La vie monastique, au jour le jour, peut trop facilement dégénérer en une pieuse routine. Même la plus cruelle des ruptures ne pourra éteindre la flamme de cette fidélité, si la communauté et ses membres individuellement se dévouent eux-mêmes et en esprit à son appel. Ceux qui affrontent les épreuves présentes peuvent se sentir plus confiants et moins seuls si les religieux d'aujourd'hui gardent foi en ceux d'autrefois et sont affermis par leur exemple. Car la vocation cistercienne, et la vocation bénédictine d'où elle a jailli, est de servir et d'aimer Dieu par la vie en communauté. Une communauté divisée court le danger de perdre sa direction ; un abbé qui perd la confiance de ses moines peut faire beaucoup de mal. C'est pourquoi les lettres de Rancé apportent la preuve la plus sûre du genre d'homme qu'il était vraiment. Elles le montrent en lien avec une grande variété d'hommes et de femmes, dans le cloître et hors du cloître. Elles montrent son don pour l'amitié et l'affection, sa sagesse et sa compassion dans le conseil des *perplexed* et dans la consolation des malades, et elles montrent également ses faiblesses qui ne peuvent être justement évaluées que dans leur propre contexte. Bien avant la mort de Rancé, ses amis parlaient de promouvoir sa cause en canonisation. Rien n'aboutit de ces discussions. Il peut ne pas être un saint, mais il était un moine et un abbé dévoués. Sa plus grande réussite fut de transmettre l'abbaye qu'il avait construite à partir de rien à ses successeurs qui purent, à leur tour, conduire une communauté suffisamment forte en hommes et en esprit pour survivre à Cîteaux et à Clairvaux, puis pour revivifier l'ordre cistercien avec une vigueur intacte. La chaîne ininterrompue de la vie monastique est normalement constituée de maillons représentant d'innombrables hommes et femmes, humbles et anonymes. Mais, de temps à autre, un grand abbé ou une grande abbesse met en place une norme qui change de manière significative les attentes et la conduite de bien des générations successives de religieux. Rancé est sans aucun doute une de ces grandes figures monastiques. On ne peut nier ses défauts, mais on peut en tirer un enseignement, de même que de ses réussites. Par-dessus tout, il était inébranlablement fidèle à l'esprit de la Règle et aux premiers pères Cisterciens tels qu'il les voyait. Cette édition de ses lettres comble une lacune dans l'histoire monastique, comme dans l'histoire de la spiritualité. À travers un passé mis en relief, nous pourrions bien apprécier des vérités qui ne changent pas.

L' Auteur Abbé de Rancé

L'Original de 1683 esst lisible à https://archive.org/stream/de-lasaintetetd01ranc#page/n23/mode/2up/search/reims ou http://archive.org/details/delasaintetetd01ranc
Le projet est explique en Allemant à rance.citycloud.com.de
Vos remarques et question adressez s.v.p au editeur par courriel jochen.michels@jomi1.com

Rancé – Sainteté et Devoirs … Tome I

Contenu

....4

Preface des transcibents. 5

Remarques du Cardinal Hume (OSB 1923-99)..7

Contenu

Contenu 11

AVERTISSEMENT. 22

Approbation de Monseigneur l'Archevêque 23

Approbation de Monseigneur l'Évêque de Grenoble : 24

PRIVILEGE DU ROY. 25

CHAPITRE PREMIER : 28

Question première 28
    Qu'est-ce qu'un véritable religieux ? 28

Question II 28
    Qu'entendez-vous par ces mots : avoir renoncé au monde par un vœu solennel ? 28

Question III 28
    En quoi donc l'obligation d'un religieux diffère-t-elle de celle d'un chrétien qui a renoncé comme lui au monde par son baptême? 28

Question IV 30
    Sur quoi est fondé ce grand détachement que vous demandez dans les religieux ? 30

Question V 31
    Les religieux qui ne conservent pas la pureté de leur Institut, sont donc bien éloignés de servir Dieu d'une manière qui lui soit agréable ? 31

CHAPITRE II 32

De l'institution de la vie monastique 32

Question I 32
    Les hommes sont-ils les premiers auteurs et les instituteurs de la vie Monastique ? 32

Question II 32
    En quels endroits de l'Évangile voit-on que Jésus Christ a institué la vie monastique ? 32

Question III 33
    Les Règles des observances religieuses ne doivent donc pas être considérées comme des inventions humaines ? 33

Question IV 33
    Qui sont ceux qui ont embrassé les premiers la vie solitaire ? 33

CHAPITRE III 37

Rancé – Sainteté et Devoirs … Tome I

De l'origine de la vie solitaire 37

Question I 37
    Ne nous serait-il pas avantageux que vous nous parliez plus à fond de l'origine de la vie solitaire, et des desseins de Dieu dans son établissement ? 37

CHAPITRE IV 44

Des différentes manières de vie qui se sont formées parmi les anciens solitaires. 44

Question Première 45
    Quels étaient ceux d'entre les anciens solitaires à qui l'on a donné le nom d'anachorètes ? 45

Question II 53
    Quelles étaient les solitaires que l'on appelait cénobites ?.. 53

CHAPITRE V 68

De l'essence et de la perfection de la vie cénobitique 68

Question première 68
    En quoi consiste cette perfection, et qu'est-ce qui lui est de plus essentiel ? 68

Question II 71
    Faut-il croire que les religieux doivent regarder les conseils évangéliques comme des préceptes ? 71

Question III 79
    N'est-ce pas une opinion toute commune, que la religion consiste pour ce qui lui est essentiel, dans la pratique des trois vœux, de chasteté, de pauvreté et d'obéissance ?............ 79

Question IV 80
    Dites-nous donc ce que nous devons entendre par ces trois vœux. Commencez par nous parler de la chasteté. 80

Question V 90
    Si la chasteté a une si grande étendue, et si elle demande une pureté si parfaite : comme il n'y a point de péché qui n'attaque la pureté de l'âme, il semble donc qu'il n'y en aura point qui n'attaque aussi le vœu de chasteté, et qui ne soit par conséquent la violation des vœux. 90

Question VI 92
    Tout ce que vous nous avez dit de la chasteté, paraît si digne de la sainteté de Dieu et de l'excellence de notre profession que nous ne saurions comprendre que l'on puisse en avoir d'autres pensées. Mais quels sentiments devons-nous avoir de la pauvreté religieuse ?............ 92

Question VII 103

Contenu

Après nous avoir parlé de la chasteté et de la pauvreté, nous vous prions de nous dire quelque chose de l'obéissance. 103

CHAPITRE VI 120

Des principaux moyens par lesquels les Religieux peuvent s'élever à la perfection de leur état. 120

CHAPITRE VII 125

De l'amour de Dieu 125

Question première 125
Quel est le fonds et l'origine du premier de ces devoirs, qui est celui d'aimer Dieu ? 125

Question II 140
Dites-nous précisément comment nous devons entendre ce précepte d'aimer Dieu et ce que nous devons faire pour nous en acquitter ? 140

Question III 147
Que peut-on croire d'un Religieux qui néglige des choses prescrites par sa Règle, sous prétexte qu'elles lui semblent peu importantes, et qui veut bien commettre des fautes qui lui paraissent légères ? 147

CHAPITRE VIII 156

De l'amour et de la confiance envers les Supérieurs 156

Question Première 156
Est-ce une chose nécessaire d'avoir une confiance entière dans les Supérieurs? 156

Question II 161
Quelles sont les qualités que doit avoir un supérieur afin que les religieux puissent avoir en lui une entière confiance ? 161

Question III 162
Ne suffirait-il pas que les frères, eussent de l'ouverture et de la confiance en quelqu'autre religieux, qu'en leur supérieur ? 162

Question IV 165
Faut-il croire que ceux qui dirigent dans des communautés religieuses en la place des supérieurs, ne soient pas dans l'ordre de Dieu? 165

Question V 169

Ne doit-on pas craindre avec fondement que cette grande dépendance de la volonté des supérieurs, ne préjudicie à l'observation exacte des Règles et ne contribue à l'introduction des relâchements? 169

Question VI **173**
Ne semble-t-il pas que saint Bernard enseigne en quantité de lieux des maximes toutes contraires à cette vérité? 173

Question VII **177**
Dites-nous quelles sont ces raisons de charité et ces nécessités véritables conformes à la Règle ? 177

Question VIII **179**
Quelle est la pensée de saint Bernard quand il dit que les Supérieurs peuvent donner des dispenses pour quelques temps, quelques lieux, quelques personnes, et quelques raisons particulières ? 179

Question IX **180**
Que doit faire un religieux quand il désire mener une vie plus exacte et plus parfaite que le reste de ses frères, et que le Supérieur l'en empêche? 180

CHAPITRE IX **191**
De la charité et des devoirs des Supérieurs. 191

Question Première **191**
Dites-nous précisément ce que doit faire un Supérieur pour remplir par sa conduite le sens de ces paroles : Christi vices agere, et de quelle manière elles doivent s'entendre. 191

Question II **193**
Un Supérieur doit-il avoir une grande capacité pour instruire ses frères avec utilité ? 193

Question III **195**
Voudriez-vous qu'un Supérieur n'eût point d'autre lecture que celle de l'Écriture sainte ? 195

Question IV **196**
Ne peut-on pas dire, que si un Supérieur se renferme dans des bornes si étroites, il y a sujet de craindre qu'ayant moins de connaissance, il soit aussi moins utile à l'avancement de ses frères ? 196

Question V **198**
Vous croyez donc qu'un Supérieur ne peut s'appliquer ni à l'étude ni aux sciences qui ne sont pas de sa profession ? 198

Question VI **201**
Que doit faire un Supérieur, et jusqu'où doit aller son exactitude, pour satisfaire à l'obligation qu'il a d'instruire par son exemple ? 201

Contenu

Question VII 206
    Vous croyez donc qu'un supérieur ne puisse s'attribuer aucune exemption, ni aucune dispense des régularités communes qui le distinguent de ses frères? 206

Question VIII 207
    Quel moyen y a-t-il donc d'excuser les supérieurs qui ont des trains, des équipages et des carosses? 207

Question IX 212
    Dites-nous présentement quelle doit être l'obligation que les supérieurs ont de veiller sur ceux que Dieu a mis sous leur conduite? 212

Question X 213
    Vous voulez donc que l'application d'un supérieur soit continuelle? 213

Question XI 217
    Voudriez-vous qu'un Supérieur se privât du soin des choses temporelles? 217

Question XII 224
    Comment des Supérieurs rendront-ils toutes ces assistances à leurs frères, s'ils ne prennent pas seulement leurs avis et si, comme il est ordinaire, ils n'ont pour eux ni estime ni confiance? 224

Question XIII 226
    Dites-nous quelque chose de l'obligation qu'a un supérieur de prier pour ceux qui sont sous sa charge. 226

CHAPITRE X 232

de la charité que les religieux doivent avoir les uns pour les autres. 232

Question première 232
    Que doivent faire les religieux pour donner à leurs frères des témoignages de leur charité ? 232

Question II 235
    Est-ce donc une faute capitale de ne pas donner l'exemple à ses frères ? 235

Question III 238
    Est-on obligé de prier pour ses frères ? 238

Question IV 241
    De quelle manière doit-on s'acquitter des autres devoirs de la charité envers les frères ? 241

Question V 243

Ce que vous dites ne reçoit-il point de restrictions ? Les anciens religieux doivent-ils rendre cette obéissance aux plus jeunes ? 243

Question VI 244
Ce sentiment n'a-t-il rien de contraire à la Règle de St. Benoît ? 244

Question VII 251
Par quels moyens pouvons-nous satisfaire à tous ces devoirs ? 251

Question VIII (dans l'edition du 1701) 253
Un religieux ne peut-il pas avoir quelque liaison, ou quelque amitié plus particulière avec un de ses frères qu'avec les autres ? 253

Question IX 257
Dites-nous si en aucun cas, il n'est permis d'aimer quelqu'un de ses frères plus que les autres ? 257

CHAPITRE XI 262

De la prière. 262

Question première 262
Quelle conduite devons-nous tenir dans la prière ? 262

Question II 268
Qu'entendez-vous par ces deux conditions ? 268

Question III 275
Doit-on croire que les gens du monde ne puissent faire des oraisons qui soient pures et agréables à Dieu ? 275

Question IV 276
Dites-nous en peu de mots ce que vous venez de nous enseigner de la prière pour nous en faciliter la pratique ? 276

Question V 279
Comment se peut-il faire qu'étant aussi fragiles que nous le sommes, nous puissions conserver la présence de Dieu, et vivre dans une prière continuelle ? 279

Question VI 282
Est-il nécessaire d'avoir un si grand soin d'éviter les distractions ? 282

Question VII (dans l'édition de 1701) 290
Quelle était la pensée de saint Antoine quand il dit que celui-là ne prie point véritablement, qui s'aperçoit qu'il prie ? 290

CHAPITRE XII 295

Contenu

De la pénitence. 295

Sa division 295

    DES HUMILIATIONS 298

    Question première 298

        Par quel moyen un religieux peut-il vivre en son monastère dans la pratique des humiliations ? 298

    Question II 298

        Si les religieux avaient acquis une grande perfection, comment pourrait-on les humilier et les reprendre, sans se servir de fictions ou de mensonges ? 298

    Question III 300

        La pratique d'humilier les religieux d'une manière vive et piquante, aujourd'hui si peu en usage, bien loin d'être utile, n'y aurait-il pas du danger de s'en servir ? 300

    Question IV 304

        Que faut-il répondre à ceux qui disent que, véritablement, cette pratique a été en usage parmi les Pères d'Orient, mais que l'esprit en était violent et emporté ; ils n'étaient pas exacts à garder les règles de l'honnêteté et de la modération, ils se laissaient aller aisément à des excès. Mais présentement, elle n'a plus de raison d'être. Les Occidentaux l'ont rejetée parce que, étant plus modérés et plus retenus, ils ne pouvaient pas s'accommoder d'une telle conduite. 304

    Question V 312

        N'a-t-on pas sujet de se défier de cette pratique d'humiliations puisqu'il ne paraît pas qu'elle ait de fondements dans l'Écriture sainte, ni dans les actions de Jésus Christ ? 312

    Question VI 317

        Ne lit-on pas dans les écrits des saints, qu'un supérieur ne doit pas reprendre avec force et avec véhémence ; qu'il ne doit point user de paroles aigres dures et piquantes ; et que toutes ses répréhensions doivent être accompagnées d'une douceur et d'une modération extérieure ? .. 317

    Question VII 321

        Sainte Thérèse ne combat-elle pas votre sentiment, lorsqu'elle dit en parlant de ses filles : „Je voudrais qu'on se contente qu'elles observent la Règle, en quoi il y a assez à travailler, et que le reste se fit avec douceur, particulièrement en ce qui regarde la mortification" ? 321

    Question VIII 330

        L'empressement avec lequel un religieux demande d'être humilié ne doit-il par être suspect et regardé comme une affectation ? Peut-il être touché des confusions auxquelles il s'est préparé et ne pas les supporter d'une manière naturelle, quand il connaît l'esprit et la fin de ceux qui les lui font ? 330

    Question IX 331

        Il est vrai qu'on peut d'abord être surpris des mortifications ; mais il paraît comme impossible que dans la suite, l'amour propre ne s'y accoutume. 331

Rancé – Sainteté et Devoirs ... Tome I

Question X 332
    Il semble que selon saint Jean Climaque même, les mortifications n'ont été pratiquées qu'en des cas fort extraordinaires et fort signalés, et qu'envers des personnes en qui on aurait reconnu une vertu singulière. 332

Question XI 334
    N'y a-t-il pas sujet de craindre qu'un supérieur voulant faire paraître de l'indignation, ne s'y laisse aller effectivement ? 334

Question XII 336
    Un supérieur ne doit-il pas appréhender qu'en exagérant les fautes et les manquements de ses religieux, il ne les porte à exagérer celles de leurs frères et à juger mal de leur conduite ?. 336

Question XIII 337
    Comment, par cette pratique, connaître-t-on la nature des fautes si elles sont grandes ou petites ? Par quel moyen pourra-t-on reprendre celles qui seront plus importantes, et discerner le mérite et la piété des personnes ?... 337

Question XIV 338
    Par ces humiliations, n'expose-t-on pas les personnes mêmes qui peuvent avoir une vertu héroïque, à de grandes tentations de découragement et de révolte ?..................................... 338

Question XV 341
    Ne peut-on pas dire que les conduites passées ne conviennent plus au siècle présent, et que le monde n'en est plus capable. 341

Question XVI 342
    N'y a-t-il pas sujet de craindre que ces sortes de mortifications ne dégoûtent des novices qui pouvaient être de bons religieux par la suite ? 342

Question XVII 344
    Dites-nous ce que vous pensez des prosternements, parce qu'il y a des gens qui les condamnent pour des fautes légères, et qui prétendent qu'ils doivent être réservés pour celles qui soient considérables. 344

Question XVIII 346
    Comme on sait qu'il y a des personnes du monde qui ne sont pas édifiées de ces pratiques, et qui les regardent comme des actions ridicules, n'est-ce pas une raison pour les quitter ?.... 346

Question XIX 349
    Que peut-on répondre à l'autorité de saint Anselme, qui condamne un supérieur dans une de ses lettres, de ce que quand on proclamait ses religieux de quelque faute de négligence ou de légèreté, il les en reprenait comme de choses considérables ? 349

Question XX 351
    Quoique ces traitements rudes et ces humiliations piquantes portent du fruit dans les personnes extrêmement mortifiées, cela ne paraît pas suffisant pour en autoriser la pratique.

Contenu

Autrement, on pourrait justifier les injustices, les persécutions et les outrages qu'on a faits aux grands serviteurs de Dieu, sous prétexte que cela leur servait pour acquérir des mérites et des couronnes. 351

Question XXI 352
Ne serait-il pas plus à propos de conduire les personnes plus avancées par la voie royale de l'amour ? 352

Question XXII 360
Que faut-il répondre à ceux qui disent que c'est une espèce de mensonge ou de fiction, de reprendre fortement une faute qui est ou légère ou incertaine, et que l'utilité qu'on en peut tirer, n'empêche pas que l'usage n'en soit mauvais ? 360

Question XXIII 362
Il semble que l'autorité de saint Jean Climaque ne doive pas être d'un fort grand poids dans cette matière puisqu'il était grec et qu'il approuve les fictions et les mensonges officieux comme les autres Pères de l'Orient ? 362

Question XXIV 364
Il y a quelques endroits dans les ouvrages du même saint, qui marquent, du moins selon les apparences, qu'il approuvait les mensonges officieux et qu'il n'était pas du sentiment que vous lui attribuez, comme on peut voir dans les articles 70 et 72 de sa lettre au Pasteur. 364

CHAPITRE XIII 372

De la méditation de la mort. 372

Question première 372
Est-ce une chose si nécessaire et si utile aux religieux, que la pensée de la mort ? 372

Question II 379
Dites-nous en détails quels sont les utilités et les avantages qu'on trouve dans la méditation de la mort ? 379

CHAPITRE XIV 389

Des jugements de dieu. 389

Question première 389
Un solitaire doit-il s'occuper des jugements de Dieu comme d'une pensée ordinaire ? ... 389

Question II 395
Cette présence des jugements de Dieu ne peut-elle pas jeter les esprits dans le découragement et dans la tristesse ? 395

Question III 398

Rancé – Sainteté et Devoirs … Tome I

    Ne pourrait-on pas dire que cette pratique serait bonne pour les gens qui commencent, mais non pour ceux qui ont déjà fait du chemin dans la piété. 398

CHAPITRE XV **406**

De la Componction 406

Question première 406
    La componction est la dernière disposition que vous nous avez marquée par laquelle un solitaire peut s'élever à l'excellence de son état. Mais vous nous en avez parlé en tant d'endroits que vous avez prévenu les questions que nous aurions pu vous proposer. 406

Abbreviations et citations dans les oeuvres de Rancé 416

Les Editions de l'oeuvre 419

AVERTISSEMENT.

AVERTISSEMENT.

Cet ouvrage a été composé par un religieux engagé dans la conduite des âmes ; lequel âpres avoir consumé une partie de sa vie à former et à soutenir dans la voie de Dieu ceux que sa divine Providence avait mis sous sa charge, a essayé de faire par sa plume ce qu'il n'était plus en état de faire par sa parole. Son dessein n'a point été d'écrire pour le public, ni de traiter de tous les devoirs de la vie monastique ; mais seulement de parler pour ses propres religieux, et de leur en expliquer les vérités principales, et les maximes les moins connues et les moins pratiquées. Il a rapporté un grand nombre de passages des saints Peres, parce qu'il savait que ses Frères les liraient avec plaisir ; que la lecture leur en ferait utile, et que les expressions desquelles les Saints se sont servis, ayant une bénédiction toute particulière, seraient sans doute des impressions plus profondes sur des gens qui ne désiraient rien davantage que de prendre les sentiments de ces grands Hommes pour leur Règle, et de vivre comme eux. S'il s'est séparé en beaucoup de choses des usages et des opinions devenues communes dans les derniers temps, ce n'a été que parce qu'il n'a pu les suivre sans s'éloigner de la vérité.

Il a dit simplement ce qu'il a trouvé dans les écrits des saints Moines et dans ceux des Pères de l'Église : et s'il y a joint quelques-unes de ses réflexions, elles sont tellement selon leur esprit et selon leur doctrine, qu'elles doivent être regardées plutôt comme leurs pensées, que comme les siennes. Enfin, il a fait ce qu'il a pu pour n'avoir rien en cela devant les yeux que la gloire de Jésus Christ, le salut et l'édification de ses Frères. On a divisé cet Ouvrage en vingt-trois chapitres.

On traite dans les cinq premiers de l'origine, de l'essence, et de la, perfection de l'état monastique, et dans les Chapitres suivants on propose les moyens nécessaires pour en remplir les devoirs.

Approbation de Monseigneur l'Archevêque

Duc de Reims, et de Msgrs les Évêques de Meaux et de Luçon.

Cet ouvrage, où il est traité de la sainteté et des devoirs de la vie monastique, contient une doctrine orthodoxe soigneusement tirée de l'Écriture et de la Tradition des Saints. La lecture en découvrira aux Moines les obligations et la perfection de l'état Angélique auquel ils ont été appellés. Elle ne sera pas moins utile au reste des chrétiens, qui apprendront à connaître dans les exercices de la pénitence et des humiliations religieuses, ce que c'est que la corruption où nous sommes nés, combien la malignité en a pénétré le fond de nos cœurs, et combien sont violents et continuels les efforts qu'il faut faire contre soi-même, quand on entreprend non seulement d'en empêcher les malheureux fruits mais encore d'en arracher jusqu'a la racine. Les hérétiques seront confondus en voyant une si solide explication des Institutions Monastiques, qui n'ont fait l'objet de leur aversion, que parce qu'elles ont passé de trop loin leur capacité, et ils seront trop opiniâtres, s'ils ne se sentent forcés à confesser que Dieu est véritablement dans le saint Monastère, où cette éminente Doctrine est non seulement enseignée avec tant de force, mais encore si parfaitement réduite en pratique.

Donné à Versailles le troisième Mars 1683.

Charles Maurice Ar. Duc de Reims.

j. Bénigne[1] Évêque de Meaux.

Henry Évêque de Luçon.

---

[1] J. Benigne BOSSUET

Approbation de Monseigneur l'Évêque de Grenoble :

Approbation de Monseigneur l'Évêque de Grenoble :

Si quelque chose est capable de consoler les personnes qui ont de l'amour pour la pénitence, et de la vénération pour l'état monastique, c'est de voir dans un siècle aussi corrompu que le nôtre, des Religieux qui retracent par la sainteté de leur conduite la vie de ces premiers Anachorètes, qui ont vécu comme des Anges dans un corps mortel, et dont nous ne pouvons encore entendre le récit sans étonnement et sans admiration.

Mais comme tout le monde ne peut pas entrer dans ces sacrés tombeaux, ni être témoin des choses étonnantes qui s'y pratiquent ; il était à propos qu'il restât, quelque monument public de la pratique et des sentiments de ces fidèles disciples de saint Bernard.

L'excellent livre qui a pour titre, De la sainteté et des devoirs de la vie monastique, est l'idée de la vie que mènent ces admirables Solitaires que Dieu a suscité en nos jours pour confondre la lâcheté de ceux qui portent sous un habit de Religion un cœur rempli de l'esprit du monde , et qui font profession d'une sainte Règle, sans en pratiquer la pénitence et l'austérité, sous prétexte que ces pénitences et ces austérités , qui étaient si communes dans les Monastères des premiers siècles, sont impraticables au temps où nous sommes.

On a dit autrefois qu'il fallait avoir vécu comme saint Jean Climaque pour pouvoir composer sa divine échelle. On peut dire la même chose de l'auteur de cet ouvrage. J'ai eu la consolation il y a plus de quinze ans d'entendre de sa bouche, et de lui voir pratiquer toutes les grandes et saintes maximes qui sont contenues dans son livre, qui n'est qu'une expression de ses méditations et de ses pratiques.

Je l'ai lu avec attention, et il n'y a rien, à mon sens que d'édifiant et plein de l'Esprit de Dieu. Les sentiments en sont nobles et relevés ;

l'idée qu'il a de l'état et de la vie religieuse est sublime ; il est impossible qu'il n'inspire la componction dans le cœur de ceux qui le liront avec le même esprit avec lequel il a été composé ; et il est à souhaiter que tous les Religieux le lisent pour puiser dans des sources si vives et si pures des Règles de la conduite que demande d'eux l'état de pénitence et de retraite donc ils-font profession.

Donné à Grenoble le vingt-deuxième Février 1683.

Estienne Évêque de Grenoble

PRIVILEGE DU ROY.

LOUIS par la grâce de Dieu Roy de France et de Navarre,

A nos aimés et féaux les gens tenant nos Cours de Parlement, grand Conseil, Requêtes ordinaires de notre Hôtel et du Palais, Baillis, Sénéchaux, Prévôts ou leurs Lieutenants, à tous les autres nos Justiciers et Officiers qu'il appartiendra, Salut.

Notre bien Aimé François Muguet notre Imprimeur ordinaire, nous a fait remontrer qu'il a un Manuscrit qui a pour titre, De la Sainteté et des Devoirs de la Vie Monastique, lequel il désirerait imprimer, s'il nous plaisait de lui accorder nos Lettres de permission à ce nécessaires. Pour ces causes, voulant favorablement traiter l'Exposant, Nous lui avons, de notre grâce spéciale, pleine puissance et autorité Royale, permis et permettons par ces présentes, d'imprimer le dit Manuscrit, en tel caractère, et autant de fois qu'il voudra, et ce durant le temps et espace de vingt années, à commencer du jour et date de l'impression du dit Manuscrit - pendant lequel temps, Nous faisons très expresses défenses à tous Libraires, Imprimeurs ou autres de quelque condition qu'ils soient, d'imprimer le dit Manuscrit, même sous prétexte d'augmentation, correction, changement de titre ou autre raison et:

PRIVILEGE DU ROY.

prétexte que ce soit, même d'en apporter ou garder aucun exemplaire de ceux qui pourraient avoir été contrefaits, à peine de dix mille livres d'amende, payable par chacun des contrevenants, et applicable un tiers à Nous, un tiers à l'Hôpital général de notre bonne ville de Paris, et un tiers à l'Exposant, confiscation des Exemplaires contrefaits, et de tous dépens, dommages & intérêts, même aux peines portées par l'Arrêt de notre Cour de Parlement du vingt-sixiéme février 1671.

Publié à la Chambre de la Communauté des Imprimeurs & Libraires, à condition qu'il sera mis dans notre Bibliothèque publique deux Exemplaires du dit Manuscrit, un en celle du Cabinet de nos Livres en notre Château du Louvre, et un en celle de notre très cher et féal Chevalier, Chancelier de France, le Sieur le T e l l i e r, avant de l'exposer en vente, à peine de nullité. SI VOUS MANDONS et ordonnons que du contenu en icelles, vous fassiez jouir et user le dit Exposant, pleinement et paisiblement, et ceux qui auront droit de lui.

Voulons aussi qu'en mettant au commencement ou à la fin du dit Livre, copie ou extrait des présentes, elles soient tenues pour bien signifiées : Et que foi y soit ajoutée, et aux copies dûment collationnées par l'un de nos aimés et féaux Conseillers Secrétaires comme au présent original.

Commandons au premier notre Huissier ou Sergent sur ce requis, faire pour l'exécution des présentes, tous exploits , défenses, saisies et autres actes nécessaires, sans demander autre permission, nonobstant oppositions ou appellations quelconques , Clameur de Haro, Charte Normande, et autres Lettres à ce contraires. Car tel est notre plaisir.

Donné à Versailles le dix-neuvième jour de Décembre, l'an de grâce mil six cent quatre-vingt-deux. Et de notre Règne le quarantième.

Signé par le Roy en son Conseil, Mareschal. Et scellé du grand Sceau de cire jaune. *Registré sur le Livre de la Communauté des Libraires et Imprimeurs de Paris le dixième jour de février de l'année 1683, suivant l'Arrêt du Parlement du huitième Avril 1653 et celui du Conseil Privé su Roi du 27 Février 1665.*

Signé, C. A N G O T , Syndic. Achevé d'imprimer pour la première fois, le quinzième jour de Mars 1683. Les Exemplaires ont été fournis.

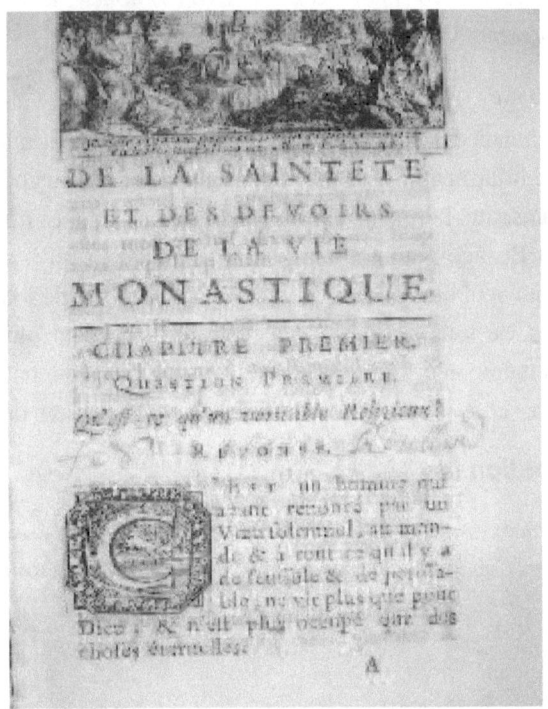

Chapitre Premier :

Question première

Qu'est-ce qu'un véritable religieux ?

Réponse

C'est un homme qui ayant renoncé par un vœu solennel au monde et à tout ce qu'il y a de sensible et de périssable, ne vit plus que pour Dieu, et n'est plus occupé que des choses éternelles.

Question II

Qu'entendez-vous par ces mots : avoir renoncé au monde par un vœu solennel ?

Réponse

J'entends qu'un véritable religieux a renoncé par une protestation publique et autorisée de l'Eglise, aux affaires, aux occupations, aux biens, aux honneurs et aux plaisirs du monde. Et qu'il s'en est interdit l'usage pour toujours par l'engagement qu'il a pris avec Dieu, qui seul doit devenir l'objet de ses pensées, de toutes ses affections, de tous ses désirs, en sorte qu'il ne peut plus user des choses même nécessaires, et dont la condition humaine l'empêche de se passer, que par rapport à Dieu, et dans le dessein de lui plaire.

Question III

En quoi donc l'obligation d'un religieux diffère-t-elle de celle d'un chrétien qui a renoncé comme lui au monde par son baptême ?

Réponse

Il est vrai qu'un chrétien qui a été enseveli avec Jésus Christ par le baptême et qui a reçu par ce sacrement une vie nouvelle, dont l'esprit du même Jésus Christ est l'âme et le principe, doit être mort au monde, à ses biens, à ses honneurs, à ses affaires, et à ses plaisirs. Mais il suffit pour satisfaire à ce devoir, qu'il y renonce par la disposition de son cœur. Et bien qu'il lui soit permis d'en conserver la possession et l'usage, il doit néanmoins en être tellement dégagé par un sentiment intérieur, qu'il soit pauvre dans l'abondance, chaste dans le mariage, tempérant dans la bonne chère et appliqué à Dieu dans le commerce que la nécessité de sa condition l'oblige d'avoir avec les hommes.

Mais c'est trop peu pour un solitaire ; il n'en doit pas demeurer là. Il faut qu'il soit dans un détachement actuel de toutes les choses sensibles ; il faut que comme l'éternité est toute seule son partage, elle soit aussi l'unique objet de toutes les actions de son esprit et de tous les mouvements de son cœur.

Les conseils que Jésus Christ donne aux hommes en général, lui sont devenus par sa vocation des préceptes indispensables. Et il n'en fait point assez pour s'acquitter de l'obligation de son état si son dépouillement n'est entier, si son abnégation n'est réelle et effective, et s'il ne fait passer dans ses œuvres les sentiments de son cœur.

C'est ce qui ne peut être contesté que par ceux qui sont dans une ignorance grossière de l'état monastique, qui n'y ont jamais fait aucune attention, ou qui n'ont jamais rien lu de ce que les saints Pères nous en ont appris. Comme les vases destinés au service et au culte de Dieu ne sauraient être employés à d'autres usages sans profanation, ainsi le religieux, qui par une consécration particulière est devenu le sanctuaire du saint Esprit et le temple de Dieu[2], doit l'avoir incessamment devant les yeux. Et il ne peut plus s'en distraire avec dessein pour s'occuper des choses visibles et périssables[3] sans commettre une espèce de sacrilège.

Saint Basile dit[4] que la pureté et la sanctification qui est si essentielle à l'état et à la vie religieuse, consiste à s'attacher à Dieu en toutes choses à s'unir inviolablement à lui en tout temps et en tous lieux comme à l'auteur de la sainteté, par le désir et le zèle de faire tout ce qui lui est agréable, et qu'on voit que les choses mêmes que l'on suspend dans les temples pour lui être consacrées, sont rejetées comme indignes de lui être offertes quand elles ont la moindre tache, et que c'est une impiété et une témérité insupportable de retirer des Églises des dons qu'on lui a présentés, pour les employer à des usages humains et profanes.

Question IV

Sur quoi est fondé ce grand détachement que vous demandez dans les religieux ?

Réponse

La consécration des vœux est à proprement parler, l'immolation d'un holocauste qui ne souffre point de restriction ni de réserve.

Les saints n'ont point appréhendé d'en dire trop quand ils nous ont enseigné que le solitaire qui se détournait de Dieu et le perdait de vue un seul moment, tombait dans une fornication spirituelle. Les Pères[5] n'ont eu sur cela qu'une même pensée, quoiqu'ils se soient expliqués d'une manière différente. Et quand ils ont appelé

---

[2] 1 Co 6,19
[3] Cassien
[4] PR. 55
[5] Cassien, saint Grégoire

la profession monastique le vie des substances immatérielles, une méditation continuelle des jugements de Dieu, un crucifiement, un véritable martyre[6], une profession de la perfection des apôtres, une conversation angélique, ils n'ont rien voulu dire d'autre sinon qu'un solitaire devait être insensibles à toutes les affections humaines, séparé de toutes les choses mortelles, que sa conversation devait être toute dans le ciel, et que la profession monastique étant au-dessus de la nature, comme parle saint Basile, élevait les hommes à la pureté des Anges.

Question V

Les religieux qui ne conservent pas la pureté de leur Institut, sont donc bien éloignés de servir Dieu d'une manière qui lui soit agréable ?

Réponse

Non seulement les religieux qui ont quitté la pureté de leur Institut, et qui au lieu de persévérer dans la sainteté de leur profession sont tombés dans une vie molle et relâchée, ne servent pas Dieu d'une manière qui puisse lui plaire ; mais comme ils sont sortis de son ordre et de son dessein, ils ne font plus que répandre dans son Église la confusion et le scandale ; déshonorer sa gloire par leurs mauvais exemples ; donner occasion à ses ennemis de blasphémer son saint Nom ; et à Jésus Christ, de leur faire ce juste reproche que saint Paul fait aux Juifs: *Nomen Dei per vos blasphematur inter gentes*[7].

---

[6] Saint Bernard : sermon 27 *De Diversis* ; SBO Vol. VI- 1 ; p. 198... saint Basile, PR 53
[7] Rm 2, 24

Chapitre II

De l'institution de la vie monastique

Question I

Les hommes sont-ils les premiers auteurs et les instituteurs de la vie Monastique ?

Réponse

Non. C'est Jésus Christ lui-même qui l'a instituée ; et ceux qu'il a suscités pour l'établir dans le monde dans les temps déterminés par sa prescience éternelle, n'ont été que les ministres de ses ordres et les exécuteurs de ses divines volontés.

Question II

En quels endroits de l'Évangile voit-on que Jésus Christ a institué la vie monastique ?

Réponse

On le voit dans saint Luc[8], lorsqu'il dit : « Vendez tout ce que vous avez et donnez-le aux pauvres, et vous aurez un trésor dans le ciel ; après cela, venez et suivez-moi ». Et il dit encore ailleurs[9] : « S'il quelqu'un vient à moi et ne hait pas son père et sa mère, et sa femme et ses enfants et ses frères, et ses sœurs, et même sa propre vie, il ne peut être mon disciple ».

On le voit aussi au 19e chapitre de saint Matthieu[10] :' « Quiconque dit-il aura quitté pour l'amour de moi sa maison, ses frères

---
[8] Luc 12, 33
[9] Id. 14, 26
[10] Mt 19, 29

ou ses sœurs, ou son père ou sa mère, ou ses enfants, ou ses terres, il en recevra cent fois autant et possédera la vie éternelle ».

Il ne faut point douter que le dessein de Jésus Christ n'ait été de former dans son Église un état saint, dans lequel on l'adore et on le serve dans une désoccupation entière de toutes les choses du monde ; dans une application invariable à sa Majesté divine, et dans une pratique exacte et littérale de tous ses conseils. C'est ce qu'on a parfaitement accompli dans l'état monastique pendant qu'il s'est conservé dans sa vigueur, que sa pureté n'a pas été altérée et que la constance et la fidélité des solitaires ne se sont point laissé vaincre par l'envie, la conspiration et la violence des démons.

Question III

Les Règles des observances religieuses ne doivent donc pas être considérées comme des inventions humaines ?

Réponse

Non, mais comme des lois écrites du doigt de dieu. Et ce qui se passa d'une manière sensible, lorsque saint Pacôme reçut par le ministère d'un ange la Règle qu'il a établie pour la conduite de ses frères, s'est fait d'une manière invisible toutes les fois qu'il a plu à Dieu d'instituer des observances religieuses par l'entremise de ses saints.

Question IV

Qui sont ceux qui ont embrassé les premiers la vie solitaire ?

Réponse

Il y en a qui croient qu'Elie, Elisée et les Rékabites ont été les premiers qui en ont fait profession. Mais il y a bien plus d'apparence de dire qu'ils en ont été les figures et que Dieu – qui a toujours voulu donner dans l'ancien Testament des marques des événements considérables qui devaient arriver dans le nouveau – a désigné dans le petit nombre de ces hommes incomparables, dont le monde n'était pas digne, cette multitude de saints solitaires qui devaient être la gloire, la sanctification et le soutien de son Église.

Saint Jean Chrysostome et saint Jérôme n'ont point eu d'autre pensée lorsqu'en parlant de l'origine de la vie monastique, ils ont remonté jusqu'au temps des Prophètes.

Ceux qui l'ont cherchée dans la vie que saint Jean-Baptiste a menée dans le désert et dans la conduite et la conversation des apôtres, comme Cassien, ont estimé que le détachement, la pauvreté, la pénitence, la sainteté et la perfection de ces hommes tout divins, avait été transmises aux solitaire, qu'elle était devenue leur partage, et qu'ils étaient en cela comme leurs enfants et leurs successeurs, et leurs disciples.

D'autres ont écrit que les chrétiens qui s'assemblèrent dans la naissance de l'Église aux environs d'Alexandrie, qui vivaient dans la séparation, dans la pauvreté, dans une communauté parfaite de tous biens, et qui partageaient leurs journées par des exercices de religion et de piété, avaient commencé la vie monastique ; mais pour ne point s'arrêter à ceux qui ont plutôt eu des qualités, des pratiques et des austérités communes avec les solitaires, que la vérité de leur état.

Il est constant que saint Paul l'anachorète est le premier (depuis la prédication de l'Évangile) qui embrassa la vie solitaire et se cacha dans un désert de la basse Thébaïde pour y suivre et pour y trouver Jésus Christ dans une entière séparation des hommes, et dans une nudité parfaite. Saint Antoine à qui Dieu le fit connaître, garda le même genre de vie dans l'Egypte, quoiqu'il eut habité une solitude moins resserrée et des lieux plus accessibles, et qu'il se soit laissé voir à ceux qui le cherchaient et qui avaient besoin de lui ou pour la guérison de leurs maladies, ou pour la sanctification de leurs âmes.

Le même saint Antoine après s'être sanctifié dans le désert par une longue suite de travaux et d'années fut contraint de le quitter pour prendre la conduite de plusieurs personnes qui se soupirent à lui comme à leur supérieur, et à leur Père ; et peupla l'Egypte de Cellules et de monastères[11].

Saint Pacôme[12] parut aussitôt après dans la haute Thébaïde, assembla un grand nombre de solitaires et reçut de Dieu, comme nous venons de dire, par l'entremise d'une Ange, la Règle selon laquelle il devait les conduire.

Saint Macaire presque dans le même temps se retira dans le désert de Scéthé[13]. Saint Ammon dans celui de Nitrie. Saint Sérapion dans les Solitudes d'Arsinoé et de Memphis. Saint Hilarion dans la Palestine[14].

Ce qui fut comme la source de cette multitude innombrable d'anachorètes et de cénobites qui remplirent en peu d'années toute l'Afrique et l'Asie. Et qui de là se répandirent dans toutes les parties de l'Occident.

Voilà précisément quel a été le commencement et l'origine de la vie monastique ; voilà quels ont été ceux dont il a plu à Dieu de se servir pour l'instituer dans son Église. Et tout ce qui a précédé dans les âges supérieurs ne peut être considéré que comme des desseins et des projets qui n'ont eu leur accomplissement, leur effet et

---

[11] Jérôme : Vie de saint Antoine ; Vie de saint Hilarion.
[12] Vita Patris
[13] Cassien : Conférences ; 15. 3 ; p. 212 Tome II; SC n°54
[14] Saint Jérôme : « *Vie de s. Hilarion* »

Chapitre II - Question IV

leur véritable forme que dans le temps que nous venons de marquer, par le ministère et par les travaux de ces grands hommes.

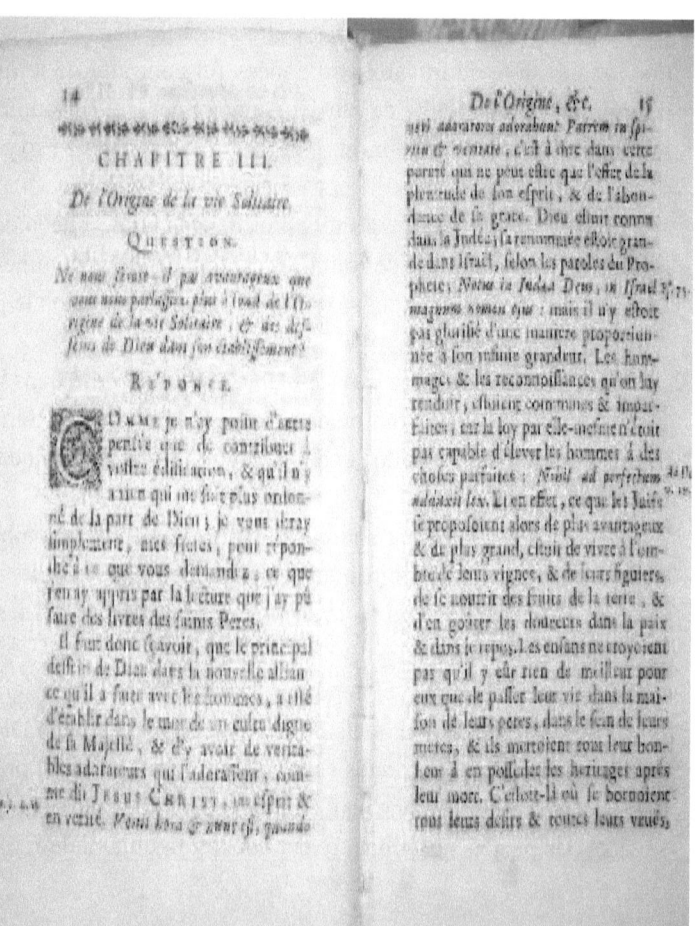

Chapitre III

De l'origine de la vie solitaire

Question I

Ne nous serait-il pas avantageux que vous nous parliez plus à fond de l'origine de la vie solitaire, et des desseins de Dieu dans son établissement ?

Réponse

Comme je n'ai point d'autre pensée que de contribuer à votre édification, et qu'il n'y a rien qui me soit plus ordonné de la part de Dieu, je vous dirai simplement, mes frères, pour répondre à ce que vous demandez, ce que j'en ai appris par la lecture que j'ai pu faire des livres des saints Pères.

Il faut donc savoir que le principal dessein de Dieu dans la nouvelle alliance qu'il a faite avec les hommes, a été d'établir dans le monde un culte digne de sa Majesté, et d'y avoir de véritables adorateurs qui l'adorent – comme dit Jésus Christ – en esprit et vérité. *Venit hora et nunc est, quando veri adoratores adorabunt Patrem in Spiritu et veritate*[15], c'est-à-dire dans cette pureté qui ne peut être que l'effet de la plénitude de son esprit et de l'abondance de sa grâce. Dieu était connu dans la Judée, sa renommée était grande en Israël, selon les paroles du Prophète : *Notus in Judœa Deus, in Israël magnum nomen ejus*[16].

Mais il n'était pas glorifié d'une manière proportionnée à son infinie grandeur. Les reconnaissances et les hommages qu'on lui rendait, étaient communs et imparfaits car la loi par elle-même

---
[15] Jn 4, 23
[16] Ps 75, 2

Chapitre III - Question I

n'était pas capable d'élever les hommes à des choses parfaites : *Nihil ad perfectum adduxit lex*[17]. Et, en effet, ce que les Juifs se proposaient alors de plus avantageux et de plus grand, était de vivre à l'ombre de leurs vignes et de leurs figuiers, de se nourrir des fruits de la terre, et d'en goûter les douceurs dans la paix et dans le repos. Les enfants ne croyaient pas qu'il n'y eût rien de meilleur pour eux que de passer leur vie dans la maison de leurs pères, dans le sein de leurs mères, et ils mettaient tout leur bonheur à en posséder les héritages après leur mort. C'était là où se bornaient tous leurs désirs et toutes leurs vues à l'exception de quelques personnes favorisées particulièrement de Dieu, lesquelles s'élevant au-dessus de la lettre et de l'impuissance de la loi par des mouvements extraordinaires de son saint Esprit, vivaient dans la séparation des choses présentes et dans l'attente des biens futurs, paraissant ainsi dans le premier testament, comme des figures et des images vivantes de ce qui ne devait s'accomplir que dans le second.

Enfin, les temps déterminés dans les conseils éternels arrivèrent, et Dieu pour construire cette nouvelle maison, qui selon la prédiction du Prophète[18] devait surpasser par son éclat et par sa sainteté celle qui la précédait, en jetta les fondements sur les ruines de ce qui avait fait la gloire et le bonheur de la première. Il établit pour les chrétiens une loi nouvelle, dont l'excellence et la perfection consiste principalement dans le mépris et le renoncement des richesses, des plaisirs et de tous les autres biens que les Juifs avaient considérés comme la seule récompense de leur fidélité dans l'observation de la loi, et l'unique objet de leurs espérances.

Dieu donc, suscité des hommes selon son cœur, il les appela à son service et leur donnant en même temps la volonté et la force

---

[17] He 7, 19
[18] Ag 2, 9

d'exécuter ses ordres, ils quittèrent toutes choses et sans écouter ce que la nature leur pouvait dire pour empêcher cette séparation si prompte et si entière, ils abandonnèrent leurs biens, leurs occupations, leurs pères et leurs mères, et suivirent Jésus Christ qui les appelait sans différer d'une seul moment : *Relictis retibus et Patre secuti sunt eum*[19].

Les apôtres furent ces véritables adorateurs qui embrassèrent les premiers cet état si pur et si parfait ; et qui montant selon les termes de l'Écriture jusqu'au comble de cette tour évangélique, communiquèrent ensuite ce même esprit et ce même détachement presqu'à tous ceux qui se soumirent à la foi de Jésus Christ. Les martyrs l'eurent dans un degré tout-à-fait éminent puisque, non seulement ils renoncèrent à leurs biens à leurs pères à leurs enfants et à leurs frères, mais même à leur propre vie :*Adhuc et animam suam*[20], et qu'ils préférèrent à tous les avantages du monde, la gloire et le bonheur de la perdre pour la confession du Nom de Jésus Christ.

Mais enfin, les chrétiens se multipliant, l'Église comme une mère trop féconde commença de s'affaiblir, et devint languissante par le grand nombre de ses enfants. Les persécutions ayant cessées, leur foi et leur ferveur diminua dans la paix et dans le repos. Et les exemples aussi bien que les enseignements qu'ils avaient reçus dans apôtres, s'effacèrent de leurs cœurs comme de leur mémoire. Cependant, Dieu qui voulait maintenir cette pureté parfaite dans son Église et en empêcher la dissipation, y conserva quelques personnes remplies de l'esprit de ses apôtres qui comme de nouveaux martyrs, se séparèrent de leurs biens, de leurs pères, de leurs femmes et de leurs enfants, par une mort qui ne semblait ni moins

---

[19] Mt 4, 22
[20] Lc 14, 26

réelle, ni moins sainte ni moins miraculeuse que celle que les premiers martyrs avaient endurée. Ils se retirèrent dans les solitudes les plus écartées, s'exposèrent à la nudité, au froid, à la faim, à toutes les injures des saisons les plus rigoureuses, à la fureur des bêtes sauvages, enfin à la rage et à l'envie des démons, pour louer Dieu, et pour contempler ses beautés infinies, dans le silence du cœur, dans le calme de toutes les passions, et dans la séparation de tout ce qui pouvait les distraire de la méditation des choses éternelles.

Cet esprit se répandit sur les anachorètes et sur les cénobites. Les déserts et les monastères en furent remplis. Les Antoines, les Hilarions, et les Pacômes assemblèrent par l'ordre de Dieu, des hommes qui se joignirent à eux pour pratiquer la même perfection, et vivre dans le même dépouillement, et la même désoccupation des créatures.

Et afin qu'on ne put pas regarder cette nouvelle institution comme une invention humaine, Dieu justifia leur mission, et fit voir la part qu'il y avait par des prodiges pareils à ceux qu'il avait opérés par le ministère des apôtres. Ces hommes apostoliques chassaient les démons, guérissaient les maladies, ressuscitaient les morts, commandaient aux éléments, et se faisaient obéir par les bêtes les plus farouches.

Tous les moines qui les ont suivis et dont ils ont été véritablement les maîtres et les Pères, ont été formés selon les desseins de Dieu dans la même sainteté et dans la même séparation des choses sensibles. Et non seulement cette pureté s'est fait voir d'une manière éclatante dans la personne de Fondateurs, mais il se peut dire qu'elle a été remarquée dans tous ceux qui ont été institués de leur temps et élevés de leurs mains, et que la sainteté comme la pénitence des religieux qui ont paru dans l'origine des observances monastiques dans tous les âges de l'Église, n'a été que peu ou point du tout inférieure à celle des solitaires des premiers siècles.

Si la disposition présente des choses donne des idées toutes contraires, c'est un effet de la décadence et de la corruption des temps. Mais l'état monastique est toujours en lui-même ce qu'il était autrefois. Dieu, dont les desseins ne sont pas changés et qui n'a point révoqué ses ordres, ne demande pas encore à présent moins de perfection et de détachement dans les religieux qu'il faisait il y a quatorze cents ans. Et saint Bernard n'a pas craint d'aller trop loin, quand il a dit à ses frères[21] qu'ils avaient promis à Dieu de vivre dans la perfection des apôtres.

Ainsi, quoique la plupart des moines ne conservent plus rien de cette sainteté primitive, quoiqu'ils aient entièrement dégénéré de l'esprit de leurs Pères, qu'on ne voit presque plus dans leur conduite, ni marque ni vestige de cette abnégation profonde, à laquelle ils sont si essentiellement obligés, et qu'ils soient autant dans les affaires et dans les conversations des hommes qu'ils devaient en être éloignés ; si on juge non par les abus et par les coutumes, mais par lé vérité, on reconnaîtra sans peine que la vie monastique est l'état d'une souveraine mortification :qu'elle demande une occupation de Dieu pure et continue, sans distraction de l'esprit et sans partage du cœur ; qu'elle exclut les relations extérieures les plus innocentes, qu'un véritable solitaire, comme saint Jean Climaque[22] n'a plus d'amour qui le possède, plus de soins qui l'occupent, plus d'inquiétudes qui les troublent, ni pour ses parents ni pour ses amis, ni pour les biens et la gloire du monde, et qu'en ayant rejeté tout le soin, toutes l'affection et toute l'attache, et se haïssant soi-même

---
[21] Sermon 27 *De Diversis* SBO, Vol. I p. 198
[22] *L'Echelle Sainte* Gr. 2 ; art. 12 ? Bellefontaine; Spiritualité Oriental, n° 24

Chapitre III - Question I

avant toutes choses, il suit Jésus Christ dans une désoccupation parfaite, dans une ferveur toujours nouvelle, n'ayant rien plus souvent dans la bouche de son cœur que ces paroles du Prophète[23] : *Quid enim mihi est in cœlo, et à te quid volui super terram ?* Qu'y a-t-il, Seigneur, dans le ciel ou sur la terre que je puisse désirer, si ce n'est vous ?

Dieu qui a fait cesser dans ce solitaire tous les différents devoirs de charité et de justice à l'égard du monde ; qui a rompu jusqu'au moindre des liens qui pouvaient encore l'attacher et le rendre redevable aux hommes ; qui ne lui permet plus de s'occuper du soin de secourir les pauvres, de consoler les affligés, de visiter les malades, d'instruire les ignorants, ni même de donner la sépulture à son père ; Dieu, dis-je, qui se l'applique uniquement à lui-même, se met à la place de toutes les choses dont il l'a séparé ; il le décharge des sollicitudes de Marthe pour l'engager à la contemplation de Marie ; et devient le seul objet de ses soins et de son amour.

Il est donc évident que les religieux ont le bonheur de remplir dans l'Église de Dieu la place des martyrs et d'imiter la perfection des apôtres ; qu'ils succèdent à cette abnégation parfaite dans laquelle ils ont vécu ; et qu'ils ne sont plus obligés à moins par leur état qu'à retracer dans toutes leur vie cette éminente sainteté des anachorètes, et des anciens solitaires. Car ils ne peuvent pas ne point entrer dans des dispositions qui leur sont si essentielles, qu'ils ne sortent de l'ordre de Dieu, qu'ils ne ruinent ses desseins, qu'ils ne s'opposent à la destination qu'il avait faite de leurs personnes, qu'ils ne se tirent du nombre de ceux dont il veut être adoré en esprit et en vérité, et par conséquent qu'ils ne blessent leur profession en ce qu'elle a de principal et qu'en rendant toutes leurs espérances

---
[23] Ps 72, 25

vaines, ils ne se privent malheureusement et pour jamais de l'effet de leur conversion.

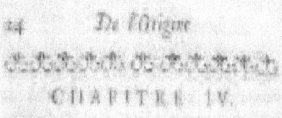

Chapitre IV - Des différentes manières de vie qui se sont formées parmi les anciens solitaires.

Chapitre IV

Des différentes manières de vie qui se sont formées parmi les anciens solitaires.

Quoique ceux qui ont traité cette matière en aient parlé différemment, il est constant néanmoins qu'ils n'ont eu tous en cela qu'une même pensée, et qu'ils ont partagé toute la profession monastique entre les anachorètes et les cénobites. Cassien nous a marqué dans ses Conférences[24] quatre sortes de moines. Il met les cénobites dans le premier ordre, parce qu'il estimait qu'ils avaient commencé dès le temps des apôtres, et que les anachorètes en étaient sortis comme les fruits naissent des fleurs, ou plutôt les disciples des maîtres.

Les anachorètes tiennent donc le second lieu selon son sentiment. Il parle ensuite de certains moines déréglés qu'il appelle sarabaïtes, et traite enfin d'une quatrième espèce de solitaires qui commençaient à paraître de son temps, et que se retirant de leurs monastères par un esprit de libertinage et d'indépendance, s'attribuaient le nom et la qualité d'anachorètes.

Saint Jérôme[25] dit qu'il y avait dans l'Egypte trois sortes de solitaires. Que les uns vivaient dans les monastères, les autres seuls dans les déserts, et que d'autres se mettaient trois ensemble.

Saint Benoît[26] suit à peu près le sentiment de Cassien quand il divise toute la vie solitaire entre les anachorètes, les cénobites, les sarabaïtes et les gyrovagues.

---

[24] Coll. 18 4 et 8 SC Vol.54 pp. 13-14, 21 n'ayant rien plus souvent dans la bouche de son cœur que ces paroles du Prophète :*Quid enim mihi est in cœlo, et à te quid volui super terram ?* Qu'y a-t-il, Seigneur, dans le ciel ou sur la terre que je puisse désirer, si ce n'est vous ?
[25] Ep. Ad Eustochium Reg. C. 1
[26] RB I

Saint Jean Climaque ne parle que des anachorètes, des cénobites et de quelques autres solitaires qui vivaient deux ou trois ensemble sous la conduite d'un supérieur. Ce que l'on doit conclure de toutes ces divisions, c'est que les solitaires qui vivent dans les monastères sous un supérieur et sous une règle commune, sont les cénobites ; que ceux qui vivent séparés dans les solitudes, doivent être nommés anachorètes, et que ceux qui ne gardent que l'apparence de l'une ou de l'autre de ces deux professions sans en avoir ni la sainteté ni la vérité, sont des moines qui, vivant dans le désordre et la corruption, ne sont pas dignes d'avoir place entre les véritables solitaires, ni d'ne porter le nom.

Question Première

Quels étaient ceux d'entre les anciens solitaires à qui l'on a donné le nom d'anachorètes ?

Réponse

Les anachorètes ont toujours tenu le premier rang dans la profession monastique, à cause de la perfection de leur vertu et de l'éminence de leur sainteté. Ce qu'ils ont de commun avec les cénobites, c'est qu'ils se proposent une même fin, qui est de servir Dieu, de s'unir intimement à lui, et de le posséder dans un parfait renoncement à tous les biens de la terre. Les cénobites vont à Dieu par le crucifiement de leur volonté, par les travaux et les exercices d'une conversation exacte et réglée, dans la société des frères, soutenus de leurs prières et de leurs exemples, sous l'obéissance et la conduite d'un supérieur.

Pour les autres, ils y tendent en se séparant des personnes du monde et de toutes les choses de la terre par une abnégation totale d'eux-mêmes, par un dégagement entier de tout ce qui n'est point

Chapitre IV - Question Première

Dieu, et par une application immédiate et continuelle de cet objet infini, avec le seul secours de Jésus Christ et l'assistance de ses saints anges. Et suivant à la lettre ces paroles de l'Écriture[27] : *Ne solliciti sitis animæ vestrae quid manducetis... Respicite volatilia cœli, etc.* ils s'abandonnent à sa Providence pour le soin de leurs corps comme pour celui de leurs âmes.

Mais pour vous exprimer avec plus d'étendue ce que je pense de cet état angélique, je vous dirai, mes frères, que les anachorètes sont ces hommes admirables, qui emportés dans les solitudes les plus profondes par l'Esprit saint qui conduisit autrefois Jésus Christ dans le désert, n'ont plus que le même esprit pour guide, et pour règle de leur vie et les anges pour témoins de leurs combats. Ce sont ces chastes colombes du Prophète[28], qui étant soutenues sur les ailes d'une foi vive et d'une espérance constante, s'envolent du milieu du monde, pour chercher et pour trouver tout ensemble une nouvelle terre, de nouveaux cieux, et un autre soleil, qui ne change point, qui les éclaire et les console d'une lumière invariable. Ce sont ceux qui ayant consumé par le feu d'une charité toute brûlante jusqu'aux moindres inclinations de la nature, ont tellement caché leur vie en Jésus Christ selon les paroles du saint apôtre, que si l'on voyait leurs actions, on n'y remarquerait rien qui ne soit digne de ce divin Sauveur, et qu'il n'ait opéré lui-même par la plénitude de son esprit.

Ou plutôt, on ne verrait en eux qu'une seule action. Car ayant comme perdu tout sentiment, et le souvenir des choses visibles et passagère, ils ne font plus que soupirer après la jouissance de cette Majesté infinie, de laquelle ils contemplent par avance les beautés ineffables, jusqu'à ce que ce jour bienheureux arrive, auquel Dieu,

---
[27] Mt 6, 24-26
[28] Ps 54, 7

selon ses promesses[29], doit les combler de ses consolations, et établir en eux sa demeure pour jamais : *In æternum exultabunt, et habitabis in eis*.

Tantôt les saints les ont considérés comme des anges incarnés qui protégeaient les Etats et les Empires auprès de Dieu par de continuelles prières ; tantôt, comme des colonnes qui soutenaient l'Église par la pureté de leur foi ; tantôt comme des pénitents qui apaisaient par des torrents de larmes la colère de Dieu, irrité contre les hommes, tantôt comme des martyrs qui par des travaux et des souffrances volontaires, confessaient le Nom de Jésus Christ, et rendaient des témoignages publics de sa sainteté de sa religion et de la toute puissance de sa grâce ; tantôt comme des étoiles brillantes qui remplissaient le monde de lumières, en dissipaient les ténèbres, et empêchaient les hommes de languir dans la nuit et dans l'assoupissement du péché.

C'est ce qui nous apprend saint Grégoire de Nazianze, quand il dit[30] que ces saints solitaires s'unissaient intimement à Dieu par leur séparation du reste des hommes, et d'eux-mêmes ; qu'ils étaient en même temps dans les rochers et dans le ciel, qu'ils causaient par leurs larmes un heureux déluge qui expiait une partie des péchés du monde ; et qu'étendant les mains vers Dieu dans leurs oraisons,

ils éteignaient les flammes des tentations, résistaient aux démons, et aux persécutions des hommes, adoucissaient les bêtes les plus cruelles, domptaient les passions les plus violentes, et mettaient en fuite les ennemis de Dieu.

---

[29] Ps 5, 12
[30] Orat. 12: *Le Livre des Prières* p. 102. SC. n° 78 ; Cerf 1961.

Chapitre IV - Question Première

Rufin confirme la même chose dans son *Histoire Ecclésiastique*[31], en nous disant : J'ai vu véritablement le trésor de Jésus Christ enfermé dans les vases fragiles des hommes, et l'ayant trouvé, je n'ai point voulu le cacher comme si j'en eusse été jaloux...

J'ai vu parmi eux plusieurs Pères qui menaient une vie céleste dans la terre, et de nouveaux prophètes suscités pour luire dans le monde, tant par l'éminence de leur piété que par la prédiction des choses futures. Nous avons vu des hommes si grands devant Dieu que la puissance des prodiges et des miracles rendaient un témoignage public à la grandeur de leurs mérites. Aussi est-il bien juste que ceux qui ne respirent rien de terrestre et de charnel reçoivent une autorité toute céleste. J'en ai vu quelques uns qui avaient l'esprit si pur et si exempt de toutes pensées, et de tout soupçon de malice à l'égard des autres qu'ils avaient même oublié le mal que l'on fait dans le monde : leur âme était si tranquille, et leur cœur si rempli de sentiments de tendresse et de bonté que c'est avec raison qu'on dit d'eux : *Ceux qui cherchent votre loi, Seigneur, jouissent d'une profonde paix*[32].

Au reste, ils demeurent dans le désert éloignés les uns des autres, et séparés de cellules, mais unis ensemble par la charité. Ils se séparent ainsi d'habitation afin que comme ils ne cherchent que Dieu seul, le bruit, la rencontre des personnes, ou quelque parole inutile ne trouble point le repos de leur silence, et la ferveur de leurs saintes méditations. C'est ainsi qu'ayant l'esprit dans le ciel et que demeurant fermes chacun dans sa grotte, ils attendent la venu de Jésus Christ, comme des enfants celle d'un bon père, comme des soldats tout prêts à combattre, celle de leur général ; ou comme des

---
[31] Præf. In vit. Patrum
[32] Ps 118, 165

serviteurs fidèles, celle de leur Maitre qui doit leur donner tout ensemble et la liberté et la récompense.

Nul d'entre eux n'a d'inquiétude, ni pour sa nourriture, ni pour ses habits, sachant qu'il est écrit que ces inquiétudes sont des inquiétudes de païens[33]. Mais ils recherchent avec passion la justice et le Royaume de Dieu ; et ces autres choses leur sont encore données par-dessus, selon la promesse du Sauveur du monde.

Si quelquefois ils ont besoin de ce qui est nécessaire pour le corps, ils ont recours à Dieu, et non pas aux hommes. Et après lui avoir demandé comme à leur père, ils le reçoivent aussitôt. Leur foi est si grande qu'elle peut même déplacer les montagnes ; et plusieurs d'entre eux ont arrêté par leurs prières les débordements des fleuves qui ruinaient tout le pays d'alentour. Ils sont entrés à pied au milieu des rivières, et passant dans les endroits les plus creux, y ont tué des bêtes monstrueuses. Ils ont fait en nos jours de tels miracles, et en si grand nombre, ainsi qu'autrefois les prophètes et les apôtres, qu'on ne peut pas douter que ce ne soit par les mérites de ces saints que le monde subsiste aujourd'hui.

Ce qu'il y a encore de plus merveilleux, c'est que les choses excellentes étant d'ordinaire extrêmement rares, il se trouve néanmoins que ces solitaires sont autant infinis en nombre comme ils sont incomparables en vertu. Ils sont dispersés dans les lieux proches des villes et dans la campagne, mais la plus grande partie et les plus considérables sont retirés dans les déserts où ils composent une armée céleste qui est toute prête à donner bataille, qui est logée dans des tentes; qui n'attend que l'ordre de son Roi, une armée de conquérants, qui n'ont que le Royaume du ciel pour objet de leur conquête.

---

[33] Mt 6, 32

Chapitre IV - Question Première

Ils combattent avec les armes de la prière, et ils se défendent des attaques de leur ennemi avec le bouclier de la foi. Ils vivent dans une parfaite pureté de mœurs ; ils sont toujours dans la paix, dans la douceur et dans le calme ; le lien de la charité ne les unit pas moins étroitement que pourrait faire celui du sang et de la nature. Une sainte et divine émulation se forme continuellement entre eux : chacun s'efforce d'être le plus modéré, le plus patient et le plus humble. S'il s'en trouve un qui excelle par-dessus les autres en prudence et en sagesse, il se rabaisse tellement et se rend si familier à tous, qu'il semble selon le commandement de Dieu, qu'il soit le moindre d'entre eux e le serviteur de tous ses frères.

Mais rien n'est comparable à ce que saint Ephrem nous rapporte[34] de la pénitence, de la sainteté, de la mortification et des autres circonstances de la vie et de la mort de ces bienheureux Solitaires : « Les cavernes et les rochers, dit ce grand saint, sont leurs demeures. Ils se renferment dans les montagnes comme entre des murs et des remparts inaccessibles. La terre est leur table. Les herbes sauvages qu'elle produit sont leur nourriture ordinaire, et les eaux qui coulent dans les ruisseaux, ou qui sortent des fentes et des ouvertures des roches sont tout leur rafraîchissement. Ils se font des églises de tous les lieux où ils se rencontrent ; leurs prières sont continuelles, et ils passent les journées entières dans ce saint exercice. Les louanges de Dieu qu'ils font retentir de toutes parts dans les concavités des montagnes, sont les sacrifices qu'ils lui offrent, ils en sont eux-mêmes les prêtres et les victimes ; ils guérissent nos maladies par l'efficace de leurs oraisons et ces saints intercesseurs sont toujours présents devant Dieu et ne s'en séparent jamais. Ils ne savent ce que c'est que de s'élever dans les honneurs, et de rechercher les premiers rangs. Leur bassesse est toute leur gloire, et

---

[34] In sanct. Patr. defunct.

c'est par elle qu'ils s'efforcent de se rendre fidèles imitateurs de celui qui étant riche, s'est fait pauvre pour l'amour de nous[35]. Ils ne se donnent aucun repos dans ce monde, parce qu'ils sont remplis des consolations spirituelles ; ils vont errant dans les déserts, et vivent avec les bêtes sauvages qu'ils y rencontrent.

Ils sont sur les sommets des montagnes comme des flambeaux ardents qui éclairent ceux qui les viennent trouver par le mouvement d'une piété sincère. Ils sont dans les solitudes comme des murs inébranlables, et c'est ce qui fait qu'ils y conservent une paix ferme et constante. Ils se reposent sur les collines comme des colombes, et ils se tiennent comme des aigles sur la cime des rochers les plus élevés.

S'ils se lassent quelquefois dans la suite de leurs travaux, ce leur est une espèce de délice de prendre un peu de repos sur la terre, mais ils se réveillent aussitôt et avec une ferveur toute nouvelle ils font retentir de toutes parts les louanges de Dieu comme des trompettes éclatantes. Jésus Christ qui ne les abandonne point, et les armées de ses anges qui les environnent sans cesse, les défendent contre les attaques de leurs ennemis. S'ils mettent les genoux à terre, elle est aussitôt toute trempée de leurs larmes, et lorsque leurs prières sont finies, Dieu lui-même ne dédaigne pas de servir ses serviteurs ».

Leur mort n'est ni moins heureuse ni moins admirable que leur vie, à ce que ce même saint nous apprend. « Ils n'ont aucun soin de se construire des tombeaux car ils sont crucifiés au monde et la violence de l'amour qui les unit à Jésus Christ leur a déjà donné le coup de la mort. Souvent, l'endroit même où ils s'étaient arrêtés pour finir leurs jeûnes, est celui de leur sépulture. Plusieurs d'entre eux se sont endormis d'un sommeil doux et tranquille dans la force

---

[35] Cf. 2 Co 8, 9

Chapitre IV - Question Première

et dans la ferveur de leurs prières. D'autres étant comme attachés à la pointe des rochers escarpés, ont remis volontairement leurs âmes entre les mains de Dieu.

Il y en a qui se promenant avec leur simplicité ordinaire sont morts dans les montagnes qui leur ont servi de sépulcres. Quelques uns sachant que le moment de leur délivrance était arrivé, confirmés dans la grâce de Jésus Christ, après s'être armés du signe de sa Croix, se disposaient eux-mêmes et se mettaient de leurs propres mains dans le tombeau. D'autres se sont reposés dans le Seigneur en mangeant quelques herbes que sa providence leur avait préparées.

Il s'en est trouvé qui, en chantant des louanges de Dieu, ont expiré dans le moment et dans l'effort de leur voix, la mort seule ayant terminé leurs prières et fermé leurs bouches. Enfin, ces hommes incomparables attendent incessamment que la voix de l'archange les réveille de leur sommeil et que le moment étant arrivé auquel la terre doit rendre par le commandement de Dieu, les corps qui lui ont été confiés, ils renaissent et refleurissent de nouveau, comme des lys d'une blancheur, d'un éclat et d'une beauté infinie, et que Jésus Christ couronne de son éternité bienheureuse, les travaux qu'ils ont endurés pour son service et pour sa gloire. » je ne doute pas, mes frères, que ce que vous venez d'entendre ne vous cause des désirs violents d'imiter ces bienheureux solitaires, et qu'étant embrasés d'une sainte ardeur, vous ne disiez comme les deux disciples[36] : *Nonne cor nostrum ardens erat in nobis, dum loqueretur ?* je ne doute pas, dis-je, que toutes vos pensées ne vous portent du côté du désert et que chacun de vous ne s'écrie avec le prophète[37] : *Quis dabit mihi pennas sicut columbae et volabo et*

---

[36] Lc 24, 32 Brannte nicht unser Herz in uns, als Er mit uns redete?
[37] Ps 54, 7 / 55, 7 Hätte ich doch Flügel wie eine Taube, dann flöge ich davon und käme

requiescam ? Mais il faut arrêter vos sentiments, modérer votre zèle et ne pas lui donner en cela tout ce qu'il vous demande, car les temps sont passés, les portes des solitudes sont présentement fermées, les entrées n'en sont plus libres et la Thébaïde n'est plus ouverte comme elle l'était autrefois.

Question II

Quelles étaient les solitaires que l'on appelait cénobites ?

Réponse

Il est vrai, mes frères que depuis longtemps, Dieu ne regarde plus le désert comme il faisait dans ce premier âge de l'Église ; qu'il en a retiré son esprit et qu'il n'y répand quasi plus ses bénédictions. Mais il est vrai aussi qu'il n'a pas renfermé toute l'excellence de la vie monastique dans les seuls anachorètes ; les grâces dont Jésus Christ a favorisé les cénobites, ne sont pas beaucoup inférieures à celles dont il les avait comblés. Il n'a pas paru moins admirable dans plusieurs de ses saints qui l'ont servi dans les monastères, que dans ceux qu'a conduits dans le désert. L'Église n'a guère moins trouvé de secours et d'ornements dans les uns que dans les autres, et quoique l'état des anachorètes par lui-même soit supérieur à celui des cénobites, cependant les cénobites se sont souvent élevés à la sainteté des anachorètes. Et vous savez qu'encore que l'esprit de Dieu qui souffle où il lui plaît, ait enlevé tout d'un coup du milieu du monde les Pauls, les Antoines et les Hilarions, néanmoins selon les règles ordinaires, ce sont les cloîtres qui ont formé les anachorètes. C'est dans les travaux, dans les sueurs, dans les combats, dans les mortifications, dans l'obéissance et dans les

---

zur Ruhe!

Chapitre IV - Question II

autres exercices qui s'y pratiquent que l'on acquérait les dispositions nécessaires pour vivre saintement dans le désert.

Les monastères sont des champs d'une fécondité admirable où l'on élevait ces divines plantes, où elles se cultivaient,
et où elles prenaient leur accroissement et leur perfection, avant que d'être transplantées dans les déserts. Enfin, si vous ne pouvez plus vous cacher dans le fond des solitudes les plus retirées avec les Palémons, les Paphnuces et les Macaires, vous pouvez et vous devez imiter les Pacômes, les Théodores, les Benoîts et les Bernards puisque votre état, comme nous l'avons dit bien des fois, ne vous engage pas à moins qu'à tendre incessamment à ce que Jésus Christ nous a enseigné de plus parfait et de plus saint.

N'est-ce pas à vous, mes frères, je veux dire aux cénobites que s'adressent ces paroles de saint Bernard[38] : « *Altissima est professio vestra, cælos transit, par Angelis est, angelicæ similis puritati ; non enim solum vovistis omnem sanctitatem, sed omnis sanctitatis perfectionem et omnis consummationis finem. Aliorum est Deo servire, vestrum adhærere ; aliorum est Deum credere, scire, amare, revereri ; vestrum est sapere, intelligere, cognoscere, frui.*

Votre profession est très élevée ; elle passe les cieux, elle égale les Anges. Elle n'est point inférieure à la pureté de ces Esprits si purs. Vous ne vous êtes pas seulement engagés d'acquérir la sainteté mais la perfection de la sainteté et le comble de la perfection même. C'est aux autres à servir Dieu mais c'est à vous à lui être parfaitement unis. Il suffit aux autres de croire en dieu, de le connaître, de l'aimer et de l'adorer, mais pour vous, vous devez entrer

---

[38] Ad fratres de Monte Dei p. 154 n° 15 : SC 223 – Cerf 1975. Œuvre de Guillaume de Saint Thierry, attribuée à saint Bernard jusque ± fin du XIXe siècle. Pour plus de détails, voir Introduction au volume 223 des Sources Chrétiennes

dans les lumières de la sagesse et de son intelligence pour le voir en lui-même et pour en jouir ».

Ce que rapporte saint Jean Climaque n'explique-t-il pas les mêmes vérités lorsqu'en parlant des religieux d'un monastère de l'Égypte, il nous dit[39] : « J'ai vu parmi ces saints des choses qui étaient véritablement utiles et admirables. J'ai vu une société de frères que l'Esprit de Dieu avait liés ensemble et qui possédaient en un degré merveilleux ce qu'il y a de plus parfait dans l'action et dans la contemplation. Ils s'exerçaient tellement dans toutes sortes de vertus et dans la méditation des choses saintes qu'ils n'avaient presque point besoin des avertissements des supérieurs, s'excitant d'eux-mêmes les uns les autres à une ferveur et une vigilance toute divine…

On voyait encore parmi eux un spectacle qui causait une révérence pleine de crainte, et qui semblait plus angélique qu'humaine ; savoir des vieillards sur le visage desquels reluisait une majesté digne de respect, qui accouraient comme des enfants pour recevoir les ordres du supérieur et qui mettaient leur plus grande gloire dans leur soumission et dans leur humilité.

J'y vis des hommes qui avaient passé cinquante années dans l'obéissance, et les ayant prié de me dire quelle conformation ils avaient tiré des exercices pénibles de cette vertu, quelques uns d'eux me disaient, qu'étant descendus dans l'abîme de l'humilité, ils se délivraient par elle de toutes guerres et de tous combats. et les autres qu'ils avaient acquis une parfaite insensibilité dans les injures et dans les offenses.

J'en ai vu d'autres parmi ces hommes dignes d'une éternelle mémoire[40], qui étant tout blanc de vieillesse, et ayant des visages

---

[39] L'Echelle sainte ; Degré 4, art. 17-24 , p. 60
[40] Id. art. 20

Chapitre IV - Question II

d'anges, avaient acquis par la ferveur de leurs travaux, et par le secours de Dieu, une très parfaite innocence, et une très sage simplicité qui n'avait rien de l'affaiblissement de la raison, et de cette légèreté puérile qui fait qu'on méprise les vieillards du monde. On ne voyait en eux au dehors qu'une extrême douceur, une bonté merveilleuse, et une agréable gaité, sans qu'il n'y eut rien de feint ni d'étudié, ni de fardé, soit dans leurs paroles, soit dans leurs mœurs. Ce qui ne se trouvait pas en beaucoup d'autres. Et pour ce qui concernait le dedans de l'âme, ils ne soupiraient d'une part qu'après Dieu et après leur supérieur, comme de petits enfants simples et innocents qui regardent amoureusement leur père ; et d'autre part ils tournaient l'œil de leur âme avec un regard rude et audacieux sur les démons et sur les vices ».

Ce que nous lisons dans la vie de sainte Marie d'Égypte[41], de ce monastère situé le long du Jourdain, dans lequel saint Zozime se retira par l'ordre de Dieu, ne nous confirme-t-il pas dans tous ces sentiments ? On y voyait des vieillards vénérables de visage, admirables dans leurs actions, fervents en esprit, et qui servaient Dieu sans aucune discontinuation. Il n'y avait point d'heures de la nuit que l'on ne chantât des psaumes et durant le jour, ils les avaient toujours en la bouche et travaillaient sans cesse de leurs mains. On ne savait là ce que c'était que d'entretiens inutiles ; ils n'avaient pas la moindre pensée ni du bien, ni des autres choses temporelles et à peine en connaissaient-ils le nom.

Mais ils employaient toute l'année à considérer quel est le néant de cette vie qui n'est qu'un passage plein de douleurs et de misères, et à méditer des choses semblables. Une seule leur paraissait importante. Et ils travaillaient tous avec ardeur pour l'acquérir

---

[41] *Vie de sainte Marie l'Égyptienne pénitente*, par Sophrone, traduction française: Arnaud d'Andilly. Editions Jérôme Millon, Montbonnot-Saint-Martin, 1985

qui est de se réputer comme morts au siècle, auquel ils avaient renoncé en quittant le monde et généralement à toutes les choses qui en dépendent. vivant ainsi comme s'ils ne vivaient plus, ils nourrissaient leur esprit d'une viande qui ne leur manquait jamais qui est la parole de Dieu, et leur corps de pain et d'eau seulement afin d'avoir plus de sujet d'espérer en la miséricorde de leur Maître.

Ces solitaires travaillaient si puissamment pour s'avancer et pour acquérir la perfection qu'ils faisaient voir comme un nouveau Paradis sur la terre... La solitude dans laquelle ils vivaient était si profonde que ce monastère, tout saint qu'il était, n'était ni fréquenté, ni même connu de la plupart de ceux qui en étaient les plus proches ; et on n'en ouvrait jamais la principale porte, à moins que quelque solitaire n'y vint pour des affaires nécessaires.

Le premier dimanche de carême[42], on célébrait, selon la coutume les divins mystères, et chacun recevait le Corps et le Sang précieux de Notre Seigneur Jésus Christ qui donne la vie aux âmes. Puis après avoir un peu mangé à l'ordinaire, ils s'assemblaient dans l'oratoire, où ayant fait leur oraison à genoux, ils se donnaient les uns aux autres le saint baiser et mettant encore les genoux en terre, ils embrassaient leur Abbé et lui demandaient sa bénédiction afin d'être assistés dans le combat qu'ils allaient entreprendre.

On ouvrait ensuite toutes les portes du monastère et alors, en chantant tous d'une voix ce psaume[43] : « Le Seigneur est ma lumière et mon salut, qui craindrais-je ? Le Seigneur est le protecteur de ma vie, qui sera capable de m'épouvanter ? », ils sortaient ne laissant qu'un ou deux frères dans le monastère, non pas pour garder ce qui y était, puisqu'ils n'avaient rien qui soit propre pour les voleurs, mais afin de ne pas laisser leur oratoire, sans que quelqu'un

---

[42] Cassien : Conférences ; 15. 3 ; p. 212 Tome II; SC n°54
[43] Ps 26, 1-2

Chapitre IV - Question II

y chante les louanges de Dieu. Chacun portait avec soi de quoi vivre selon qu'il le voulait ou le pouvait, et selon son besoin : les uns des figues, les autres des dattes, les autres des légumes trempés dans de l'eau. Et il y en avait qui ne portaient que leur corps et leur habit, mangeant seulement des herbes qui croissent dans le désert lorsqu'ils étaient pressés par la faim. Chacun était sa règle à soi-même, et c'était une loi inviolablement observée entre eux de ne s'informer point de quelle sorte, et dans quelle abstinence ils avaient vécu durant ce temps. Pour ce sujet, ils passaient aussitôt le Jourdain, et s'éloignant fort les uns des autres, ils ne se rejoignaient plus : la solitude leur tenant lieu de toutes les compagnies qu'on pourrait trouver des les villes. Et s'ils voyaient venir de loin quelqu'un de leurs frères, ils se détournaient aussitôt de leur chemin, et s'en allaient d'un autre côté ; vivant ainsi à Dieu seul et à eux-mêmes, chantant très souvent des psaumes et ne mangeant qu'à certains temps. Après avoir jeûné de la sorte, ils s'en retournaient au monastère avant le jour de la Résurrection glorieuse de Notre Seigneur Jésus Christ qui est la vie de nos âmes, et s'y trouvaient tous au dimanche que le sainte Église célèbre avec des rameaux de palmes : chacun remportait avec lui le témoignage que lui rendait sa propre conscience, de la manière dont il avait travaillé dans sa retraite, et des semences qu'il avait jetées dans son âme pour la rendre forte et généreuse à entreprendre de nouveaux travaux pour le service de Dieu. Voilà quelle était la Règle qu'on observait parfaitement dans cette maison. Voilà de quelle sorte chacun de ces solitaires s'unissait à Dieu dans ce désert, et combattait contre soi-même pour se rendre agréable à lui seul et non pas aux hommes, sachant que toutes les choses qu'on fait pour l'amour des hommes et à dessein de leur plaire, nuisent, au lieu de servir à ceux qui les font.

Saint Jean Chrysostome ne nous donne pas une moindre idée de cet état si saint, lorsqu'il nous dit[44] que si de son temps on allait voir les solitudes de l'Égypte, on trouvait qu'elles étaient plus belles qu'aucun paradis terrestre, qu'il y avait des multitudes innombrables d'anges, sous des corps et des figures mortelles, des peuples tout entiers de Martyrs, des compagnies de Vierges ; que la tyrannie des démons y était détruite, et l'empire du Fils de Dieu florissant. ... Que l'on voyait les camps de Jésus Christ, ses armées célestes, ses bergeries royales répandues dans cette vaste contrée ; que la sainteté des femmes n'y était pas moins éclatante que celle des hommes. ... Que le ciel n'était pas si brillant par la diversité de ses astres et de ses étoiles, que les déserts de l'Égypte par le grand nombre de cellules et de grottes des solitaires, qui s'étant dépouillés de toutes les choses présentes, et crucifiés au monde, s'élevaient sans cesse au comble de la perfection évangélique, passant les nuits entières à veiller et à chanter des Cantiques, et les jours en jeûnes, en prières, et en ouvrage des mains, par une fidèles imitation du zèle et de la vertu des apôtres ».

Mais la peinture, mes frères, que saint Basile nous fait de cette profession si sainte[45] est quelque chose de si élevé et de si grand, que je vous priverais d'une consolation et d'une instruction tout-à-fait importante, si je ne vous la rapportais dans le détail. « J'appelle vivre dans une communauté parfaite, dit ce grand évêque et ce grand solitaire tout ensemble, lorsqu'on en a banni toute propriété de biens, qu'on en a retranché toute opposition de sentiments, toute sorte de trouble, de contestation et de dispute ; que toutes choses y sont communes, les âmes, les pensées, les corps et tout ce qui peut être nécessaire pour leur nourriture et leur conservation ; lorsqu'on

---

[44] JCOC; Comment. in Mt. Tome VII:Hom. 8; 4-5, pp 65-66
[45] Constitut. Mon. c.18

Chapitre IV - Question II

y possède Dieu en commun par un même commerce de piété, qu'on y a les mêmes combats et les mêmes travaux, et qu'on y espère les mêmes couronnes. Enfin, quand plusieurs n'y font qu'un seul et qu'un seul se rencontre en plusieurs.

Y a-t-il rien qui égale une telle société, rien qui soit ni plus achevé, ni plus heureux que cette affinité et cette union si intime ? Que peut-il y avoir de plus charmant que cette conspiration des mœurs et des âmes ? des gens qui sont venus de pays et de nations différentes se trouvent unis dans une conformité si parfaite qu'on ne voit qu'une seule âme en plusieurs corps et que plusieurs corps ne paraissent que les organes d'une seule âme.

S'il y en a un d'entre eux qui soit attaqué de quelque infirmité dans le corps, plusieurs compatissent à son mal ; si un autre a reçu quelque plaie dans l'âme, et qu'il soit tombé dans le péché, plusieurs s'appliquent à le guérir, et à le relever de sa chute.

Ils sont également les maîtres et les serviteurs les uns des autres, et conservent une liberté invincible. Ils s'entredonnent des marques d'une servitude exacte qui n'est causée ni par nécessité, ni par l'infortune ni par la violence qui remplit toujours de douleurs ceux qui la souffrent, mais qui est le pur effet d'une élection tout libre et toute pleine de joie, la charité faisant que des personnes libres s'assujettissent les unes aux autres, et gardent leur liberté par le choix libre qu'elles en ont fait.

Ces hommes sont de parfaits imitateurs de notre Sauveur, et de la vie qu'il a menée dans sa chair mortelle ; car de même qu'en formant la compagnie de ses disciples, il leur a rendu toutes choses communes, et qu'il s'est donné lui-même en commun à ses apôtres, ainsi les solitaires se soumettant à leur supérieur, et observant la règles de leur Institut, ils expriment parfaitement la conversation de Jésus Christ, et celle des apôtres.

Le soin qu'ils ont de garder entre eux une communauté parfaite, les rend de zélés imitateurs de la vie des anges. Car, comme il n'y a ni contention, ni querelles ni différends[46] entre les anges, que chacun d'eux possède les biens de tous les autres,
et que tous ensemble ils jouissent pleinement de leurs avantages particuliers, que leurs richesses ne sont point de ces biens matériels qu'on puisse borner, ni qu'on doive partager pour les besoins de plusieurs, que leurs possessions n'ont rien de terrestre, et que leur trésor est tout spirituel, cela fait que chacun conserve ses propres avantages sans diminution et qu'ils sont également riches en se les communiquant les uns aux autres sans jalousie et sans peine. Et véritablement toute la richesse des anges n'étant rien que la contemplation du souverain bien, et la très claire intelligence des vertus, tous peuvent s'y élever, tous peuvent l'acquérir, et chacun d'eux peut l'avoir et la conserver en son particulier. Voilà ce que sont les véritables solitaires. Comme ils sont détachés de toutes les choses de la terre, et qu'ils sont uniquement appliqués à celles du ciel, ils possèdent tout ensemble et chacun en particulier un même bien par une communication qui est exempte de toute division et de tout partage.

Que l'on ne s'imagine pas que j'aie fait tout ce détail pour exagérer l'état et le mérite de la vie solitaire, car ma parole est bien plus capable de rabaisser par sa faiblesse une chose si grande, que non pas de la rehausser par sa force et par sa puissance. Dans le fond, je n'ai point eu d'autre dessein que de faire connaître, autant qu'il me serait possible, la grandeur et l'excellence d'une profession si relevée.

Qu'y a-t-il en ce monde que l'on puisse lui égaler ? C'est là qu'on voit un père qui imite notre Père céleste, et des enfants qui

---

[46] Mot vieux pour désaccord

Chapitre IV - Question II

s'efforcent de rendre à leur supérieur, des témoignages de leur affection.

Des enfants, dis-je, qui n'ont qu'un même cœur, qui donnent tous ensemble la main à leur père pour recevoir sa conduite dans la pratique des actions de vertu, et qui ne regardant point la nature comme la cause de cette sainte intelligence, la font dépendre d'une raison plus forte et plus noble, qui est la grâce et l'opération du saint Esprit.

Quelle image pourrait-on trouver ici-bas capable d'exprimer l'éminence de leur vertu ? Assurément il n'y en a point sur la terre, et on ne saurait la rencontrer que dans le ciel. Le Père que nous y avons est impassible, il conduit les hommes sans passion, par sa raison toute seule. Les enfants de ce Père sont incorruptibles, c'est l'incorruption que les a produits. La charité lie tout ce qui est dans le ciel et c'est la même charité qui les unit sur la terre.

Le démon perd courage, il n'oserait attaquer un bataillon si redoutable, il ne se sent pas assez fort, pour rien entreprendre contre des ennemis si concertés et si préparés au combat, et particulièrement, voyant que cette charité et cet esprit qui les unit d'une manière si étroite, leurs sert comme c'est un bouclier qui les couvre, et qui empêche qu'ils ne trouvent le moindre jour pour leur faire aucune attaque. Si vous considérez quel a été la conspiration des sept Maccabées dans les combats, vous trouverez que celle de ces saints solitaires, est plus ardente et plus animée.

C'est d'eux dont le Prophète a voulu parler dans ses Cantiques, lorsqu'il a dit[47] que c'est une chose excellent et agréable que de voir des frères unis ensemble dans une parfaite unité, voulant exprimer par le terme d'excellent la sainteté de leur état. Et par celui d'agréable la douceur qui se rencontre dans cette entière union des

---
[47] Ps 132, 1/ 133, 1

cœurs et des esprits. Et pour moi j'estime que ceux qui se rendent fidèles dans la pratique d'une vie si sainte, imitent de près celle qu'on mène dans le ciel.

Mais nous n'avons pas besoin, mes frères, de recourir à la Palestine, ni à la Thébaïde, ni de chercher des instructions et des exemples dans les temps si éloignés, puisque nous en avons de domestiques et de présents. Si nous considérons de près la Règle de saint Benoît, ce qu'il a prescrit à tous ceux qui la professent, et les obligations qu'il leur impose, nous y trouverons une copie fidèle et un retracement véritable de ce qui s'est pratiqué dans les monastères de l'Orient.

Ce grand saint adresse sa règle[48] à des hommes dont l'emploi principal doit être de combattre contre leurs vices et leurs passions sous les enseignes de Jésus Christ, avec les armes d'une obéissance exacte et fidèle. Il veut qu'ils aient incessamment ses jugements devant les yeux[49] et qu'ils considèrent les peines dont il punira les crimes des méchants, et les couronnes dont il récompensera la fidélité des justes. Il veut qu'ils s'observent avec tant de vigilance et qu'ils règlent avec tant de soin les moindres de leurs pensées, les mouvements de leurs cœurs, de leurs mains, de leurs pieds, de leurs yeux, de leurs langues, qu'il ne leur échappe jamais rien qui ne soit digne de la perfection de leur état, et que toute leur conduite soit irrépréhensible. il veut que les frères vivent dans une union si parfaite qu'il n'y ait entre eux ni division, ni dispute, mais une émulation sainte qui fasse qu'ils essayent à l'envi les uns des autres de se rendre en toutes rencontres des marques de leur charité, de leur respect et de leur déférence. Il veut qu'ils aiment leur supérieur d'une amitié cordiale ; qu'ils exécutent ses ordres et ses volontés comme

---

[48] RB : Prolog. in Reg.
[49] Id. c. 7.

Chapitre IV - Question II

celles de dieu ; qu'ils imitent Jésus Christ dans ses humiliations, ses abaissements et ses souffrances ; qu'ils se mettent sous les pieds de tout le monde par la disposition d'une humilité sincère ; qu'ils s'éloignent en tout des maximes et des conduites des gens du siècle et qu'ils soupirent sans cesse après les choses éternelles de toute la capacité de leurs âmes.

Enfin, il veut qu'ils s'élèvent par les exercices d'une piété continuelle à cette charité consommée qui bannissant toute crainte, fait que les hommes servent Dieu sur la terre comme les anges le servent dans le ciel, c'est-à-dire sans aucune vue des châtiments, mais par le seul motif de la vérité et de la justice, par le pur amour qu'ils portent à Jésus Christ et par la consolation qu'ils ont de lui plaire. Ce sont ces divines maximes, mes frères, qui ont formé toutes ces observances différentes qui sont sorties de cette grande Règle, comme autant de fleuves d'une source, ou plutôt d'un abîme de grâces inépuisables : celles des Chartreux, des Camaldules, des Vallombreuses, des Célestins et tant d'autre, entre lesquelles les religieux de l'Ordre de Cîteaux se sont fait une obligation principale de prendre et de suivre en tout l'esprit de ce grand Saint et ont fait voir en cela une conversation si parfaite et si achevée qu'il se peut dire que les anciens solitaires n'ont point eu d'autres avantages sur eux que celui de les avoir précédés dans le temps. Ils se montrèrent dans l'affaiblissement de l'état monastique, comme des astres dans une nuit profonde.

Ils remplirent le monde d'un éclat auquel on ne s'attendait point. Ils parèrent l'Église d'une beauté toute nouvelle ; ils la sanctifièrent, et Dieu par le mérite et par la réputation de leur sainteté répandit ses bénédictions jusque dans les pays et les nations les plus barbares. Voici un monument par lequel vous connaîtrez, quelle était l'éminente vertu de ces grands solitaires. Je demeurai durant quelques jours avec ce grand saint (dit Guillaume, abbé de saint Thierry[50], parlant de saint Bernard), quoique j'en fusse très indigne. Et en quelque part que je portais ma vue, j'étais rempli d'admiration, comme si je voyais de nouveaux cieux et une nouvelle terre, en voyant des hommes de notre temps retracer en nos jours la vie si parfaite et si admirable des anciens moines de l'Égypte nos premiers Pères. Car on voyait alors dans Clairvaux comme l'image d'un siècle d'or, puisque des hommes vertueux qui avaient été triches et honorés dans le monde, se glorifiaient dans la pauvreté de Jésus Christ et plantaient une Église par leur sang, par leurs travaux, et par leurs peines, par la faim, la soif, le froid, la nudité ; acquérant à cette maison par les persécutions, par les injures et par les nécessités qu'ils ont souffertes, les commodités et la paix dont elle jouit maintenant. Ils ne pensaient pas tant à vivre pour eux que pour Jésus Christ, et pour les frères qui devaient servir Dieu dans cette abbaye.

Ils ne se mettaient point en peine de ce qui leur manquait, pourvu qu'ils laissassent après eux de quoi pourvoir aux nécessités de la maison, de telle sorte néanmoins qu'on ne cesse pas d'y pratiquer la pauvreté volontaire qu'on y avait embrassé pour Jésus Christ.

D'abord que l'on descendait de la montagne et que l'on était prêt d'entrer dans Clairvaux, on reconnaissait Dieu de toutes parts dans ce monastère, et cette vallée muette publiait par la simplicité des bâtiments, l'humilité des pauvres de Jésus Christ qui l'habitaient. Et ceux qui arrivaient dans cette vallée qui était pleine d'hommes, et où il n'était permis à personne d'être oisif, tous tra-

---

[50] Guillaumme de st Thierry:*De Vita S.Bern.:10*

Chapitre IV - Question II

vaillant, et chacun étant occupé à l'ouvrage qu'on lui avait ordonné, y trouvaient au milieu du jour un silence pareil à celui du milieu de la nuit.

Le seul bruit qu'il y entendait, était le son des différents ouvrages des mains, ou celui de la voix des frères lorsqu'ils chantaient les louanges du Seigneur. La renommée de ce grand silence, et l'ordre qu'ils gardaient pour le conserver, imprimait une telle révérence dans l'esprit des séculiers mêmes qui y présentaient (survenaient), qu'ils craignaient non seulement de dire des choses mauvaises ou inutiles, mais encore d'en dire quelqu'une qui ne soit pas assez sérieuse et assez grave. La solitude de ce désert, dans lequel ces serviteurs de Dieu demeuraient cachés, qui était environné d'une forêt sombre, épaisse et resserrée entre des montagnes voisines qui le pressaient de toutes parts, représentait en quelque façon la grotte de notre Père saint Benoît, où il fut trouvé par les bergers, comme s'ils avaient voulu garder encore quelque forme de la demeure et de la solitude de celui dont ils voulaient imiter la vie. Car, bien qu'ils soient en si grand nombre, ils ne laissaient pas d'être solitaires, et l'ordre selon lequel la charité était réglée, faisait qu'encore qu'ils ne soient beaucoup dans ce lieu-là, ils ne laissaient pas toutefois d'être comme seuls. Parce qu'au lieu qu'un homme qui est dans le dérèglement et dans le désordre, se tient lieu à lui-même d'une troupe et d'une multitude d'hommes lorsqu'il est tout seul, ici au contraire par l'unité de l'esprit et par la régularité du silence d'un si grand nombre de personnes, chacun d'eux en particulier était comme seul ; et l'ordre de la discipline qui réglait leurs paroles et leurs actions, conservait la solitude du cœur parmi la multitude et la compagnie.

Si leurs maisons et leurs bâtiments étaient simples, leur façon de vivre l'était aussi. Le pain qu'ils mangeaient semblait plutôt être fait de terre que de son ; il était fait du blé que la terre de ce désert stérile produisait à peine, quoi qu'elle fut cultivée avec beaucoup de soin et de travail par les Frères ; les autres viandes[51] dont ils se nourrissaient n'avaient presque point d'autre goût que celui que la faim ou l'amour de Dieu leur donnait. Et même le novices avaient tant de simplicité dans leur ferveur, qu'ils trouvaient que ces mets étaient encore trop délicats. Et considérant comme poison tout ce qui causait du plaisir à celui qui le mangeait, ils refusaient ces dons de Dieu, à cause de la douceur et du goût qu'ils y sentaient.

    C'est sur ces témoignages, mes frères, qu'il faut que vous jugiez de l'état des cénobites. C'est par les paroles et par les actions des saints, que vous devez connaître la vérité d'une profession si sainte. En voilà, ce me semble, assez pour vous consoler. Car si vous ne pouvez présentement habiter les déserts, vous pouvez, comme nous l'avons déjà dit, en imitant ces saints moines dont nous vous rapportons des choses si rares et si touchantes, acquérir la perfection et la vertu de ceux qui les ont habités.

---

[51] Etait le mot general pour « aliment »

Chapitre V

De l'essence et de la perfection de la vie cénobitique

Question première

En quoi consiste cette perfection, et qu'est-ce qui lui est de plus essentiel ?

Réponse

Comme le dessein de Dieu, mes frères, en instituant dans son Église la profession monastique, a été d'y établir des hommes qui le serviraient en esprit et en vérité, et qui lui rendraient un culte tout pur et tout saint, dans un dégagement entier de toutes les choses sensibles, on ne saurait ne pas demeurer d'accord que la première et la principale obligation d'un solitaire ne soit de s'appliquer à Dieu dans le repos et dans le silence du cœur, de méditer incessamment sa loi, de se tenir dans une désoccupation parfaite de tout ce qui peut l'en distraire ; et de s'élever avec un soin et une application continuelle à cette perfection à laquelle il l'a destiné par un fidèle accomplissement de ses volontés et de ses conseils. Comme c'est-là ce que Dieu s'est proposé dans l'institution de cet état, c'est aussi ce qui lui est plus essentiel. et c'est à ce point que toutes les règles, toutes les pratiques de piété, et les exercices de pénitence se doivent réduire. On jeûne, on veille, on travaille, on garde le silence, on fuit les hommes, on embrasse le célibat, la pauvreté, le joug de l'obéissance, afin d'obtenir de Dieu cette sainteté qui est l'essence, le fond et la fin de la vie religieuse.

Cassien n'avait point d'autre sentiment, quand il nous a dit dans la personne du saint Abbé Moïse[52], que le but d'un solitaire était la

---

[52] Cassien : *Première conférence de l'abbé Moïse* , c. 5 : sSC 42 ; pp. 79...

pureté du coeur ; qu'il devait y tendre par tous les exercices de sa profession et le conserver exempt des moindres dissipations et des moindres troubles, afin de l'offrir sans cesse à Dieu comme une hostie d'une sainteté parfaite : *Cor perfectum et mundissimum Deo semper offerre, et intactum a cunctis perturbationibus custodire.*

Saint Basile enseigne partout[53] qu'un solitaire a embrassé une condition qui surpasse les bornes de la nature des hommes ; qu'elle n'a rien de corporel et de sensible ; qu'il a choisi la vie et le partage des anges ; qu'il doit être appliqué sans interruption quelconque à contempler la Majesté de Dieu, et que la considération d'aucune autre beauté ne l'en peut plus distraire[54]... Il dit que la profession religieuse est l'état des personnes qui se sont proposé de ne plus vivre que pour la gloire de Jésus Christ ; que la sanctification d'un religieux est d'être attaché à Dieu dans tous les temps, de toutes ses forces et d'une manière inséparable, et de rechercher de toute l'étendue de ses soins, les moyens de lui plaire.

Saint Jérôme dit[55] que les moines qui chantent le jour et la nuit, les louanges de Dieu, doivent s'acquitter de cet exercice avec autant de sainteté que les martyrs le louent dans la région des vivants, puisqu'ils sont eux-mêmes des martyrs, et qu'ils font sur la terre ce que les anges font dans le ciel : *Siquidem et ipsi Martyres sunt ; quod énim faciunt Angeli in Cœlis, hoc Monachi faciunt in terris.*

C'est d'eux que saint Grégoire a voulu parler lorsqu'il a dit[56] qu'il y avait des hommes qui ne se réservant rien, sacrifiaient à Dieu leurs sens, leurs langues, leurs vie et tout ce qu'ils avaient

---

[53] Instit. Mon. serm. 1
[54] PR q. 53
[55] In Psal. 115
[56] Grég. *Homil. 20. super Ezech*. SC 360, Livre II, Homélie VIII, 16; p.413
  Cité par saint Thomas dans *Somme* : 2a 2æ Q. 186 art. 3

Chapitre V - Question première

jamais reçu de sa main : *Nihil sibimetipsis reservant, sed sensum, linguam, vitam et substantiam quam perceperunt, omnipotenti Deo immolant.*

C'est ce que saint Benoît avait devant les yeux quand il a prescrit des Règles pour la sanctification de ses frères[57] ; et qu'il les élève par ces différents degrés d'humilité à cette charité parfaite, laquelle bannissant toute craint, fait que l'on observe sans peine, comme naturellement avec plaisir, et par une sainte habitude, ce qu'auparavant on n'observait qu'avec tremblement et par l'appréhension des châtiments. *His omnibus humilitatis gradibus ascensis, Monachus mox ad charitatem Dei perveniet illam, quæ perfecta, foras mittit timorem.*

Saint Bernard dans la division qu'il fait des diverses occupations que les religieux peuvent avoir dans les Monastères, n'en admet aucune qui n'aille directement à Dieu, qui ne le regarde, et dont il ne soit le véritable et le seul objet[58]. *Consideremus, fratres quemadmodum in hac domo nostra tria hæc distribuerit ordinatio charitatis, Marthæ administrarionem, Mariæ contemplationem, Lazari pænitentiam.* Car soit qu'ils vivent dans les gémissements et qu'ils répandent des larmes comme Lazare ; soit qu'ils imitent la charité et la sollicitude de Marthe dans leur ministère, ou bien qu'ils aient choisi la contemplation de Marie pour leur partage, ils peuvent dire avec les Prophète[59] : *Oculi mei semper ad Dominum*, qu'ils ne considèrent que Jésus Christ ; que leurs yeux ne sont ouverts que pour lui. Bien qu'ils le servent différemment, ils ne le perdent jamais de vue et rien n'est capable de les en distraire. Car, en effet, Lazare est occupé de ses jugements ; Marthe de ses besoins et Marie toute

---

[57] RB. 7
[58] Serm. 3, 4. *De Assumptione*, SBO Vol.. V, Serm 3 ; 4 ; p. 241
[59] Ps 24, 15

brûlante d'un saint amour, soupire incessamment après ses beautés infinies.

Ce sont des vérités si constantes, mes frères, qu'il ne faut point d'autorité par les prouver. Il n'y a point de religieux qui ne doive savoir que la religion est toute spirituelle, et que toute sa fin dans le dessein de Dieu et dans celui des hommes, s'ils sont éclairés de sa lumière, n'est que la sanctification de ceux il y appelle : *Hæc est voluntas Dei sanctifcatio vestra*[60]. Il ne les sépare que pour les purifier des taches et des impressions malignes qu'ils ont pu recevoir par la contagion des choses matérielles et terrestres, pour les en préserver à l'avenir, et pour les rendre tout purs et tout saints. Il ne les cache au monde que pour leur cacher le monde, et ne les retire dans le secret de sa face que pour se les appliquer uniquement, en couvrant comme d'un voile toutes les choses et les personnes desquelles il les éloigne, de sorte que le monde ne leur étant pas moins crucifié qu'ils sont crucifiés au monde, ils ne vivent plus que pour Dieu. Ils n'ont ni de sentiments, ni d'actions, ni de paroles que pour lui dire comme le saint apôtre : Mon Dieu, vous êtes ma vie, et je regarde ma dissolution comme un bonheur. *Mihi vivere Christum est et mori lucrum*[61]. Ainsi, mes frères, tout l'état et toute la profession d'un cénobite, n'est rien qu'un regard et qu'une continuelle application à Dieu.

C'est ce qu'elle a de principal et de plus essentiel, et toutes ses autres obligations se rapportent à celle-là comme à leur fin.

Question II

Faut-il croire que les religieux doivent regarder les conseils évangéliques comme des préceptes ?

---

[60] 1 Th 4, 3
[61] Ph 1, 21

Chapitre V - Question II

Réponse

C'est un sentiment constant, et qui est appuyé sur des raisons si solides, qu'il n'y a pas lieu de le révoquer en doute.

L'Évangile qui ne contient rien que les instructions que Jésus Christ a données aux hommes, si divise en deux classes ; savoir dans les préceptes et dans les conseils et quoiqu'il ait proposé les conseils aussi bien que les préceptes à tous les chrétiens, néanmoins tous ne sont pas obligés également de les suivre. Car il suffit au commun des chrétiens d'observer les commandements comme des moyens absolument nécessaires, et sans lesquels ils ne sauraient faire leur salut.

Mais pour ceux qui veulent tendre à une vie plus excellente et plus parfaite, ils embrassent les conseils, et les observent. Ainsi la différence qu'il y a entre les uns et les autres, c'est que les premiers se contente d'une vie commune qui consiste à se soumettre aux commandements, et à les accomplir ; et que les autres s'élèvent à une vie parfaite par la fidélité avec laquelle ils exécutent les conseils. C'est une distinction que Jésus Christ lui-même a faite, et qu'il nous a enseignée par sa parole lorsqu'ayant dit à ce riche de l'Écriture, que s'il voulait être sauvé, qu'il garde les commandements, et qu'ayant appris de lui qu'il les avait gardés, il lui répondit[62] :

Si vis perfectus esse, vade, vende quæ habes, et da pauperibus, et habebis thesaurum in cælo ; et veni, et sequere me. Si vous voulez être parfait à exécuter les conseils, renoncez donc comme moi aux biens de la terre, à ses occupations, et à ses affaires qui en sont inséparables, et vivez comme vous me voyez vivre. C'est ce que marque l'apôtre par ces paroles[63] : *Ambulare sicut ipse ambulavit,*

---
[62] Mt 19,21
[63] 1 Jn 2, 6 ?

aimer c' qu'il a aimé, éviter ce qu'il a évité, estimer ce qu'il a estimé, être chaste comme il l'a été, pauvre comme lui, obéissant comme lui, se soumettre à tout le monde comme lui, s'estimer le dernier de tous, souffrir les injures comme lui, être humble comme lui, fuir les honneurs et les dignités, prier, veiller, jeûner, travailler comme lui. En un mot pratiquer les conseils qu'il a donnés aux hommes, puisqu'on ne peut ignorer qu'il ne les ait pratiqué lui-même ; comme nous l'apprenons par ce témoignage de l'Écriture : *Cœpit Jesus facere, et docere*[64] : Jésus Christ a commencé de faire avant que d'enseigner ; encore par celui-ci[65] : Je vous ai donné l'exemple, afin que vous fassiez comme j'ai fait ; *Exemplum dedi vobis ut quemadmodum ego feci vobis ita et vos faciatis*.

Cette vérité étant certaine, on ne peut pas disconvenir que ceux qui par leur état ont promis à Dieu de travailler à devenir parfaits, et à tendre à la perfection évangélique, ne se soient obligés de suivre les conseils, et ne se soient fait une obligation indispensable de les pratiquer puisque selon l'instruction de Jésus Christ suivre les conseils et de tendre à être parfait, c'est la même chose. Il suffit donc, mes frères, pour vous montrer que les conseils sont des préceptes pour les religieux, de vous faire voir qu'ils sont obligés par leur état de tendre à la perfection.

C'est ce que Jésus Christ nous dit positivement et que les saints nous ont confirmé avec tant de netteté et de précision, qu'on ne saurait ne pas connaître quel a été en ce point leur sentiment. Jésus Christ dit à ce riche dont nous venons de parler, que s'il veut être parfait, il faut qu'il vende sous ses biens, et qu'il le suive. N'est-ce pas absolument ce que fait un religieux par sa profession ? Il renonce aux biens de la terre par son vœu de pauvreté ; il suit Jésus

---

[64] Ac 1, 1
[65] Jn 17, 15

Chapitre V - Question II

Christ par l'engagement qu'l prend de vivre dans la chasteté, dans l'obéissance, et dans toutes les vertus qui en dépendent. Il embrasse un genre de vie rempli d'actions de piété, d'exercices, de religion, de prières, de mortifications, de renoncements, d'humiliations et de quantité d'autres pratiques qu'on ne peut considérer que comme une imitation exacte de la conduite de Jésus Christ. Il le suit donc, et selon son témoignage, c'est tendre à la perfection, c'est donc pratiquer les conseils évangéliques, et par conséquent les conseils lui deviennent par son vœu, des préceptes.

Pour ce qui est des Saints, il n'y a rien qu'ils aient plus enseigné que cette vérité. Vous lisez dans les ouvrages de saint Denys[66], que les religieux n'exprimaient rien dans leur profession, sinon qu'ils renonçaient à toutes les choses sensibles et passagères, et à tout ce qui pouvait les détacher de l'union intime et inséparable qu'ils étaient obligés d'avoir avec Dieu. Ce grand saint dit que le prêtre qui les recevait à la profession, leur demandait s'ils ne renonçaient pas, non seulement à toute vie distraite et partagée, mais encore à toute pensée de dissipation ; qu'il leur exposait ensuite cet état tout parfait qu'ils allaient embrasser, en leur déclarant qu'une vie médiocre ne leur convenait plus, et qu'ils étaient obligés d'une mener une, d'une excellence consommée, et de tendre à l'unité divine. Il dit que les choses qui sont permises dans un genre de vie commun leur sont interdites pour jamais ; qu'ils doivent tendre et s'élever à la ressemblance de Dieu par des vertus toutes vives et toutes particulières. ... Et dans l'énumération qu'il fait des Ordres de la *Hiérarchie Ecclésiastique*, après avoir nommé les prêtres et les Evêques, qu'il appelle semblables à Dieu, ceux qui ne peuvent pas encore être présents aux saints Mystères parce qu'ils ne sont pas purifiés, et ensuite ceux auxquels il est permis d'y assister, qui sont

---
[66] De Ecclesiastica Hierarchia. c. 6.

les peuples ; il ajoute à la fin que le rang des moines est le rang des parfaits.

Saint Basile qui a écrit de ces matières avec plus d'étendue et plus d'application, dit en parlant aux religieux,[67] il faut vous donner en ce monde des commandements relevés, dont la pratique embrasse tous les devoirs de la vérité, et comprend toute l'étendu de la charité qu'on doit avoir pour Jésus Christ, comme vous êtes déjà sortis de cette enfance en Jésus Christ et vous n'avez plus besoin de lait ; mais que vous êtes capables d'une nourriture plus solide, pour perfectionner en vous l'homme intérieur. ... et à un autre endroit[68] : avancez-vous dans la vertu, afin d'approcher les anges, passez votre vie dans une cellule, en louant Jésus Christ le jour et la nuit, imitant en cela les Chérubins.

C'était le sentiment des solitaires de l'Égypte et de la Thébaïde, comme on le voit par le témoignage du saint Abbé Pynuphe, qui représentait à ceux qu'il admettait à la profession religieuse, qu'ils étaient obligés de s'attacher très intimement à Jésus Christ ; que Dieu menace d'un supplice épouvantable ceux qui, après s'être engagés dans la vie religieuse, s'acquittent des devoirs d'une vie si sainte, d'une manière commune.... et qui n'auront pas répondu par la sainteté de leurs actions, à la profession qu'ils ont embrassée. ... Qu'un religieux est un homme qui est mort au siècle, à ses œuvres et à ses affections, qui est crucifié au monde, comme le monde est crucifié pour lui ... et que les yeux de son âme doivent être incessamment attachés au lieu, où il doit croire, qu'il est prêt d'aller à chaque moment.

---

[67] Reg. fus. q. 4 ; GR. q. 4, p. 57GR
[68] Serm 1 de *Inst. monach.*

Chapitre V - Question II

Saint Jérôme écrit à Héliodore[69] qui s'était retiré avec lui dans le désert qu'il avait promis à Dieu d'être parfait, que ne l'étant pas après s'y être engagé, il s'est moqué de Dieu.

Saint Jean Climaque dit que le véritable solitaire est un homme qui retrace dans un corps matériel et corrompu, l'état d'un esprit incorporel.

Saint Benoît veut[70] que ceux que l'on reçoit à la profession, cherchent Dieu purement, qu'ils aient de l'empressement à donner des marques de la destruction de leur volonté par leur obéissance, et de leur sincère humilité par l'ardeur avec laquelle ils souffriront les opprobres ; qu'ils soient toujours préparés à endurer avec patience les ignominies et les injures, qu'ils renoncent à eux-mêmes en toutes choses, et que leur assujettissement soit si entier qu'ils ne puissent disposer en rien du monde, ni de leurs corps, ni de leur âme[71] : *Quibus nec corpora nec voluntates licet habere in propria postestate*. Peut-on désirer une perfection plus élevée ? Et peut-on croire que ceux qui se sont engagés à vivre selon cette Règle, ne se soient pas engagés à tendre à une souveraine perfection, et à la pratique des conseils évangéliques ?

Saint Bernard dit a ses frères[72] pour leur montrer quelle est l'excellence de leur vocation, que Dieu ne les a pas seulement mis au nombre de ses élus, mais qu'il les a appelés dans la société des parfaits, *non solum in numerum electorum suscepit, sed vocavit ad collegium perfectorum.*

---

[69] XIV à Héliodore. Lettres, Tome I n°2... p.34.
[70] RB 58; 7 ;
[71] Id. 33
[72] Serm. *De Divers*. 27, 3; SBOperfectorum..

Saint Thomas[73] dit que la religion n'est pas l'état d'une perfection acquise, mais qu'elle enferme l'obligation de tendre à l'acquérir ; et que les religieux sont ceux qui consacrent totalement et leurs personnes, et tout ce qui leur appartient au service de Jésus Christ : *Religiosi sunt illi que se suaque totaliter divino servitio mancipant quasi holocaustum Deo offerentes.* Et dans ces derniers temps tous ceux qui ont parlé sur ce sujet, conviennent dans ce même sentiment. Il s'ensuit évidemment de tout ce que je viens de vous rapporter que les religieux sont obligés par leur était de tendre à la perfection, qu'ils ne sauraient ne pas le faire sans violer ce qui lui est le plus essentiel et sans manquer à l'engagement qu'ils ont pris devant Dieu. Et comme nous apprenons par les instructions que Jésus Christ nous a données, qu'être parfait et tendre à la perfection, c'est pratiquer ses conseils, il faut par nécessité demeurer d'accord qu'un religieux est obligé de pratiquer les conseils évangéliques, ou plutôt que ces conseils lui deviennent des préceptes, dont les uns ne reçoivent aucune dispense, savoir la pauvreté, la chasteté, l'obéissance et toutes les autre vertus qui en sont les suites, et qui les accompagnent.

C'est-à-dire que ce religieux doit tendre autant qu'il lui est possible à acquérir la pureté du cœur si prescrite par les saints, aussi bien que la pureté de sens, qui sans cela lui serait inutile ; à s'avancer de toutes ses forces dans l'humilité, puisque la religion, selon saint Bernard[74], n'est qu'un état d'abjection ; à se mépriser lui-même et à s'estimer comme il est porté dans la Règle de saint Benoît[75], le dernier de tous les hommes ; à témoigner dans toutes ses

---

[73] *Somme* 2a 2æ q.186 art. 2
[74] SBO VOL VII Ep. 142 p. 340
[75] RB. 7

Chapitre V - Question II

œuvres que cette disposition est dans le fond de son cœur ; à souffrir toutes sortes d'opprobres, d'injures et d'ignominies, à renoncer à lui-même en toutes sortes de rencontre, et à se dépouiller de toute volonté propre, tant pour ce qui regarde son corps que pour ce qui regarde son esprit ; à donner des marques d'un désintéressement et d'une pauvreté entière lorsqu'il en trouvera les occasions ; à exercer à l'égard de ses frères une charité qui passe le commun des chrétiens, à édifier, à servir d'exemple et à faire paraître dans toutes ses actions, et dans toute sa conduite, une piété qui éclaire le monde, qui serve de lumière et qui montre la voie de la vérité et du salut à ceux qui vivent dans les ténèbres et les engagements du siècle. Et enfin, à soutenir l'Église par le mérite de ses prières et par la sainteté de sa vie.

Les autres conseils, comme sont le silence, les jeûnes, l'abstinence de la viande même dans l'extrémité de la vie, les couches dures, les veilles, la nudité des pieds, la discipline, le cilice, les oraisons, la psalmodie, enfin les pratiques principales établies dans les observances, obligent tellement le religieux qu'il ne peut s'exempter par lui-même de les observer, sans quelque péché, s'il n'a une raison juste, et quelque nécessité véritable, et sans péché mortel s'il s'en exempte avec mépris. Toutes ces pratiques ne laissent pas d'être soumises à l'autorité des supérieurs, lesquels peuvent en accorder la dispense pour des causes et des considérations légitimes. Ce qui des uns et des autres doit néanmoins toujours s'entendre des conseils qui sont selon l'état de chaque religieux en particulier, conformes à sa profession et à l'observance dans laquelle il est engagé.

C'est ce que saint Thomas explique positivement quand il dit que le religieux n'est point tenu à toutes sortes de conseils, pourvu que ceux qu'il néglige, il ne les néglige pas par mépris ; mais qu'il est expressément tenu de pratiquer ceux qui lui sont prescrits, et marqués par la Règle dont il a fait profession. *Ad illa quæ ei determinata et taxata sunt secundum regulam quam professus est*[76]. Et c'est avec beaucoup de raison que ce saint règle les conseils selon la profession des religieux, car autrement un religieux se trouverait engagé à des exercices de piété opposés à son état. Et puis il y en a qui supposant une vertu consommée et une perfection acquise, ne peuvent tenir lieu de préceptes aux religieux, puisqu'ils ne sont obligés que de tendre et de travailler à l'acquérir ; quoique néanmoins ils soient dans l'obligation de s'efforcer, autant qu'ils le peuvent de les mettre en pratique, selon le devoir auquel ils se sont engagés par leur profession, et de s'élever à ce que la religion a de plus pur, de plus excellent et de plus saint.

En voilà trop, mes frères, pour éclaircir votre doute, et pour vous persuader que c'est avec beaucoup de fondement que nous avons avancé que les religieux doivent observer les conseils évangéliques et les considérer comme des préceptes.

Question III

N'est-ce pas une opinion toute commune, que la religion consiste pour ce qui lui est essentiel, dans la pratique des trois vœux, de chasteté, de pauvreté et d'obéissance ?

Réponse

Si l'on prend les vœux de chasteté, de pauvreté et d'obéissance dans toute l'étendue que les saints leur ont donnée, il est certain, mes frères, qu'il n'y a rien de si grand et de si parfait dans la vie religieuse qu'ils n'enferment. Mais si on les regarde d'une manière

---

[76] Id. supra (p. 252 :... sed ad illa, determinate, quæ sunt ei taxata secundum regulam quam professus est.)

Chapitre V - Question IV

littérale et grossière : que l'on entende par la chasteté, la seule pureté des sens ; par la pauvreté un simple retranchement des biens extérieurs, et par l'obéissance une soumission vulgaire et commune qu'on réduit d'ordinaire à ne pas s'élever contre les supérieurs, et à prendre quelques permissions de ceux qui gouvernent dans les besoins et dans les rencontres ; quoique ce soient des moyens nécessaires pour acquérir la vérité et la sainteté de cette profession, que la religion les suppose comme des conduites essentielles, et qu'elles soient les trois colonnes sur lesquelles ce temps tout spirituel doit s'établir, s'élever et se construire ; cependant elle tend à des choses plus excellentes et plus parfaites.

Elle demande un dégagement et des dispositions beaucoup plus relevées. C'est un état angélique qui ne peut se resserrer dans des bornes si étroites, et prétendre le renfermer dans ce triple renoncement et dans ces trois vœux, c'est vouloir réduire un édifice d'une magnificence et d'une beauté rare, à ses simples fondements.

Question IV

Dites-nous donc ce que nous devons entendre par ces trois vœux. Commencez par nous parler de la chasteté.

Réponse

Il ne faut point douter, mes frères, que Jésus Christ ne demande des personnes qui s'engagent à lui par les vœux sacrés de la religion, une pureté qui convienne à une affinité si relevée. On se contentera si on veut de la chasteté des corps dans les mariages qui se contractent avec les enfants des hommes. Mais celui qui surpasse en beauté des enfants des hommes avec des distances infinies, veut dans les âmes qu'il reçoit au nombre de ses épouses une pureté qui soit digne de la sienne, et c'est à elles que s'adressent plus particulièrement qu'aux autres ces paroles du saint Esprit[77] : *Sancti estote quoniam sanctus sum ego* : Rendez votre sainteté telle que ma sainteté en soit la règle et la mesure. En effet ; vous voyez que l'Epoux dans ses Cantiques veut que la beauté de l'épouse soit parfaite et accomplie

Son cœur est tellement sensible à tout ce qui vient d'elle, que l'indifférence d'une de ses regards, le dérangement d'un de ses cheveux lui fait une blessure profonde[78] : *Vulnerasti cor meum in uno oculorum tuorum et in uno crine colli tui*. Aussi ne veut-il pas qu'il y ait en elle le moindre défaut ni la moindre tache : *Tota pulchra es amica mea, et macula non est in te*. Il la nomme deux fois belle, pour nous marquer qu'elle doit avoir une beauté double et qu'il faut qu'elle n'ait pas moins de pureté dans son âme que de chasteté dans son corps : *Quam pulchra es amica mea ; quam pulchra es*. Il n'y a guère d'apparence que Jésus Christ ne voulut de ceux auxquels il s'unit par un engagement aussi étroit et aussi intime qu'est celui de la religion, que la seule chasteté des sens, ou celle de l'âme par rapport aux dérèglements extérieurs. Et non pas une chasteté parfaite, c'est-à-dire une intégrité qui bannit toutes les convoitises, tous les vices, toutes les passions, et généralement tout ce qui est capable de lui déplaire. Peut-on croire que cette âme lui sera plus agréable pour être exempte des impuretés grossières, si elle ne l'est pas de l'orgueil, de la vaine gloire, de la colère ou de l'envie ? Et ne voyons-nous pas que les vierges folles, quoiqu'elles se soient conservées chastes, ne laissèrent pas d'être rejetées de la chambre nuptiale, et traitées comme des impudiques ? Ainsi, mes frères, la chasteté à laquelle un religieux est obligé ne dit pas moins qu'une

---

[77] Lv 11, 44 ; 1 P 1, 16
[78] Ct 4, 9 ; 7 ; 1

Chapitre V - Question IV

conversation[79] irrépréhensible. Elle s'étend sur toute sa conduite, et elle ne souffre rien de ce qui peut en altérer la pureté. Comme il se donne entièrement à Jésus Christ, et qu'il n'y a plus ni d'action ni de parole, ni de pensées ni d'instants de sa vie qui ne lui appartiennent il faut qu'il remplisse tout seul la capacité de son cœur. Tout ce qui peut y être qui n'est point Jésus Christ, ou qui n'y est pas en son nom, par son ordre ou pour l'amour de lui, doit être mis au nombre des choses qu'il en doit exclure et qu'il n'y peut retenir, à moins que de blesser cette chasteté parfaite, dans laquelle il doit vivre.

Mais afin que vous ne croyiez pas, mes frères, que je vous débite mes imaginations, ou mes propres sentiments, je vous rapporterai ici tout au long ceux de saint Basile[80]. Ce grand saint nous apprend que la grâce de la virginité ne consiste pas seulement à s'abstenir du commerce du mariage, mais qu'il faut aussi être vierge dans toute la conduite de la vie et dans tout le règlement des mœurs que toutes les actions des personnes, qui sont appelées à cet état, doivent marquer une parfaite continence et être exemptes de toute corruption et de toute impureté. En effet[81] on tombe quelquefois dans la fornication par les discours ; on commet des adultères par les regards ; on se souille par l'ouïe ; on laisse entrer la corruption dans son cœur et on passe les bornes de la tempérance en buvant et en mangeant avec excès.

Si donc, nous avons dessein de retracer dans notre âme les excellents caractères de la divine ressemblance par l'exemption du vice et des passions déréglées afin de parvenir par ce moyen à la jouissance de la vie éternelle, ayons soin de ne rien faire qui soit

---

[79] voir l'emploi du mot „conversatio" dans: la *Règle de st Benoît* (traductioin par D. Ph. SCHMITZ) et à la fin de l'introduction de l'édition de Maredsous 1962
[80] De Instit. Monach. :Serm. 1
[81] cf. : Mt 5, 27-30

indigne de cette profession sainte, ni qui puisse nous exposer au jugement de notre ennemi.

Car Ananie avait d'abord la liberté de ne point promettre à Dieu tous ses biens et de ne pas s'engager par un vœu à les lui donner, mais depuis qu'il les avait consacrés par le motif d'une gloire humaine, et pour acquérir l'estime et l'admiration des hommes, par une action si extraordinaire et si eclatante, et qu'ensuite il ait retenu une partie du prix qu'il avait reçu en les vendant, il attira sur lui une si grande indignation de Dieu, dont saint Pierre fut le ministre, qu'il ne trouva plus de porte ouverte pour entrer dans la pénitence. C'est pourquoi avant que d'avoir fait profession de la vie religieuse, qui est si digne de respect et de vénération, il est libre de mener une vie commune et de s'établir dans le mariage, selon les lois que Dieu a prescrites et la permission qu'il en a donnée. Mais après que l'on a embrassé par son propre choix ce genre de vie si extraordinaire, et qu'on en a fait profession, il faut se conserver pour Dieu dans la pureté, comme on lui conserve sans souillure les vases qui lui sont consacrés, de peur d'attirer sur soi-même la condamnation d'un horrible sacrilège, en souillant de nouveau par le commerce et le ministère d'une vie molle et relâchée, un corps qui est consacré à Dieu par la profession religieuse.

Lorsque je parle ainsi, je n'ai pas seulement devant les yeux l'obligation que nous avons d'éviter une seule espèce de désordre et de péché, comme se le persuadent ceux qui ne mettent toute la perfection de la virginité que dans la seule chasteté du corps. Mais j'ai dessein de faire voir que quiconque veut se conserver pour Dieu, comme une chose qui lui est consacrée, ne doit se laisser corrompre par nulle affection des choses du monde.

Chapitre V - Question IV

Et qu'il doit fuir toutes les manières selon lesquelles on peut se souiller. Car, la colère, l'envie, le souvenir des injures, le mensonge, l'orgueil, la dissipation, les discours inconsidérés et tenus à contretemps, la paresse dans les prières, le désir des choses qui ne sont rien, la négligence des commandements de Dieu, la vaine recherche des habits, l'affectation de l'agrément du visage, les conversations et les entretiens contraires à la bienséance et à la nécessité ; toutes ces choses sont si opposées à la profession religieuse et celui qui s'est consacré à Dieu par la virginité, doit prendre un si grand soin de les éviter, qu'il lui est presqu'aussi dangereux de tomber dans quelqu'un de ces désordres que de commettre des péchés grossiers et des actions expressément défendues.

Il faut donc qu'un chrétien qui a renoncé au monde, use d'une grande vigilance pour considérer toutes ces choses, de sorte que comme il est un vase consacré au Seigneur, il ne se laisse pas souiller par les passions déréglées. Mais il doit faire une réflexion particulière sur ce qu'ayant entrepris de passer les bornes de la nature humaine, il a embrassé un genre de vie qui n'a rien de sensible et de corporel parce qu'il a choisi pour son partage une vie toute angélique, l'exemption du mariage étant attachée à la nature des anges, et c'est ce qui l'oblige à ne se pas laisser dissiper par quelque autre objet, quelque beau et quelque excellent qu'il puisse être, et à avoir les yeux continuellement attachés à contempler Dieu.

Si donc un chrétien qui est élevé à la dignité des anges par la profession religieuse se laisse encore souiller par des vices et des passions humaines, il est semblable à la peu d'un léopard dont le poil n'est ni entièrement blanc ni tout-à-fait noir, mais marqueté par le mélange de plusieurs couleurs différentes. Que ceci soit dit généralement pour toutes les personnes qui ont embrassé une vie chaste et continente.

Saint Cyprien[82] avait le même sentiment lorsqu'il a donné le nom de vierges folles à celles qui s'imaginent avoir une piété solide parce que leur corps est chaste, quoique leur cœur soit corrompu par l'avarice, par l'orgueil, par l'envie, et par la médisance : *ita sunt et virgines fatue, quæ solidam existimant pietatem, corpus habere viro intactum ; cum animus avaritia, superbia, invidia et obtrectatione, sit corruptissimus.*

C'est ce que Cassien voulait nous exprimer, quand il a dit[83] qu'il faut que le premier des soins d'un solitaire, et que le dessein et l'effort continuel de son cœur soit de s'attacher inviolablement à Dieu, d'arrêter fixement son esprit dans les choses divines, et que tout ce qui ne tend point là, quelque grand qu'il puisse être, ne doit tenir que le second rang... Qu'il doit offrir sans cesse à Dieu un cœur parfait, un cœur tout pur et dégagé du trouble et du dérèglement de toutes les passions ; que lorsqu'il s'éloigne de Dieu par quelque distraction et qu'il s'en aperçoit, il doit rappeler son cœur de son égarement[84], s'en affliger aussitôt et se donner aux larmes et aux soupirs, qu'il doit savoir qu'il s'égare de son souverain bien, autant de fois qu'il détache sa pensée de cet objet et qu'il commet une fornication spirituelle, lorsqu'il cesse même pour un seul moment de contempler son Sauveur.

Saint Ephrem[85] nous dit dans le même esprit, que Dieu est jaloux, qu'il est saint et qu'il est sans tache ; qu'il habite l'âme de ceux qui le craignent, et qu'il fait la volonté de ceux qui ont de l'amour pour lui. Voulez-vous devenir un temple de Dieu, chaste et incorruptible, que son image soit incessamment gravée dans votre cœur, je ne dis pas une image qui se trace sur le bois, ou sur

---

[82] De dupl. Martyr.
[83] Coll. 1, 8 SC 42, p. 85...
[84] Ibid. c. 13 p. 90
[85] De Virg. 4.

Chapitre V - Question IV

quelque autre matière sensible par la variété des couleurs ; mais qui s'imprime dans le fonds des âmes d'une marnière merveilleuse et toute spirituelle, par les jeûnes, par les veilles, par la continence, par la prière et par d'autres actions saintes ...

Efforcez-vous donc, mes frères, d'imiter les saints Pères par la conduite de votre vie, et par la pratique des vertus, exercez-vous comme eux dans la continence, cultivez-la par l'esprit, cultivez-là par le cœur, cultivez-la par les sens, par la composition de votre personne, par votre nourriture, par votre langue, par vos regards, par vos pensées, afin qu'en toutes choses vous paraissiez un athlète parfait et accompli.

Saint Jean Chrysostome[86] était tout plein de cette vérité lorsqu'il dit qu'une vierge qui a de l'inquiétude par les choses du monde, ne mérite pas d'être mise au rang des vierges puisque pour porter avec justice ce nom glorieux il ne suffit pas de renoncer au mariage, mais qu' la chasteté de l'âme est nécessaire à cette profession. J'appelle la chasteté de l'âme non seulement de n'avoir pas de sales pensées ni de désirs pernicieux ; de n'être ni curieux ni superbe dans ces habits mais de mener une vie tout-à-fait pure, exempte de l'inquiétude des affaires du monde.

Car comme il n'y a rien de plus honteux que de voir un soldat mettre bas les armes, pour faire son occupation de la débauche des cabarets, ainsi il n'y a rien de plus sale que de voir des vierges embarrassée volontairement dans les affaires temporelles. ...

Aussi, le plus grand avantage de la virginité consiste en ce qu'elle retranche toutes les occasions des soins superflus, et toutes les inutilités de la vie, et qu'elle consacre entièrement l'âme aux divins exercices de la piété ; sans cela, elle serait moins excellente que le mariage parce qu'elle ne produirait que des épines dans l'âme

---

[86] Hom . 4; *De Pœnitent.*

et qu'elle y étoufferait la semence toute pure et toute divine de la sainteté qui y doit régner. ... Les cinq vierges[87] qui avaient leurs lampes éteintes étaient vierges quant au corps, mais elles n'étaient pas pures d'esprit, et quoi qu'elles n'étaient pas corrompues par le commerce des hommes, elles s'étaient souillées par l'affection des richesses : leur corps était pur à la vérité, mais leur âme était toute pleine d'adultères. Elle était remplie de mille mauvaises pensées, par une continuelle révolution d'avarice, de dureté envers les pauvres, d'envie, de paresse, d'oubli, d'orgueil et en un mot de tous les vices spirituels et intérieurs qui peuvent détruire l'état vénérable de la virginité chrétienne. Car à quoi sert la virginité quand elle est jointe à la dureté d'un cœur impitoyable. ?

Saint Augustin n'était pas d'un autre avis quand il a dit[88] qu'une vierge chaste consacrée à Dieu, doit avoir tout ce qui pouvait servir d'ornement à la virginité, et sans quoi la virginité lui aurait été honteuse. Car que lui servirait d'avoir l'intégrité du corps si elle n'avait pas celle de l'âme ?

Quel avantage trouverait-elle de ce que nul homme n'aurait approché sa personne si elle était superbe, sensuelle, causeuse, querelleuse ... Puisque Dieu condamne toutes ces dispositions : *Quid si enim corpore integra et mente corrupta ? quid est quod dixit, quid si nullus tetigerit corpus, sed si forte ebriosa sit, superba sit, litigiosa sit, linguosa sit, hæc omnia damnat Deus.*

Saint Fulgence dit[89] que la chasteté d'une vierge qui s'est vouée au service de Dieu ne sera point entière si elle ne conserve l'humilité de son cœur, comme la pureté de son corps ; que Jésus Christ n'en reçoit point dans sa couche sacrée qui soit superbe. Et que cet

---

[87] *Traité de la virginité* ; n° 77 p. 167
[88] In Psal. 75 AOO Tome IV-1 Col 1146.. .(latin) Tome I, p. 1473. Cerf – Paris 2007 (français)
[89] Epist. ad Proba

Chapitre V - Question IV

époux parfaitement humble ne veut point d'épouses qui soient orgueilleuses.

Sainte Synclétique de laquelle saint Athanase parle avec tant d'éloges[90] et qui dans son sentiment n'a pas tenu un moindre rang entre les vierges de Jésus Christ que saint Antoine parmi les solitaires, nous apprend en peu de paroles, mais toutes pleines de lumières, que les contrats de ceux qui se donnent à Dieu par les vœux de la religion, ont deux clauses essentielles sans lesquelles il les regarderait avec indignation, et rejetterait leurs promesses, qui sont de se soucier bien peu de leurs corps et de prendre un très grand soin de leurs âmes. Et voilà, dit cette grande sainte, quelles sont les articles du contrat de mariage des vierges avec le divin Epoux.

Saint Bernard nous a dit[91] dans cette même pensée, qu'il n'y a rien de plus beau et de plus orné que les cieux, mais qu'ils n'ont rien de comparable à la gloire et à la beauté de l'Epouse.

Car en cela même qu'ils sont corporels et sensibles, et qu'ils perdront leur être et leur figure, il faut qu'ils lui cèdent. Mais pour l'Epouse sa beauté aussi bien que sa figure est toute spirituelle, et elle est éternelle comme l'éternité même dont elle est l'image. Son éclat par exemple est la charité, et la charité, comme vous l'avez lu, ne se perd jamais[92].

C'est la justice et la justice persévère dans les siècles des siècles[93]. C'est la patience, et la patience des pauvres sera enfin couronnée[94]. Qu'est-ce que la pauvreté volontaire[95] ? Qu'est-ce que l'humilité ? L'une ne mérite-elle pas le Royaume éternel et l'autre

---

[90] In ejus vita ; c. 12
[91] Ct 27, 2-3. SBO Vol. 1, p. 181..., 2-3. SBO Vol I, pp. 181 ...
[92] 1 Co 13, 8
[93] Ps 111, 3
[94] Ps 9, 19
[95] Mt 5, 3 ; 23, 12

une exaltation qui ne finisse jamais[96] ? Ne peut-on pas dire la même chose de la crainte du Seigneur[97] qui persévèrera jusque dans l'éternité ? La prudence, la tempérance, la force, et toutes les autres vertus semblables, ne sont-ce pas autant de perles précieuses, qui servent d'ornement à l'épouse et qui brillent d'une splendeur immortelle, parce qu'elles sont comme la base et le fondement de l'immortalité ? Ne vous imaginiez pas que le zèle tout saint que l'épouse a pour son époux, se contente d'un autre ciel que celui dans lequel son bien-aimé habite.

Voilà ce que les saints ont estimé de la chasteté religieuse, voilà ce que cette grande idée qu'ils avaient de la Majesté de Dieu leur a fait dire. Ils n'ont pu croire qu'une créature élevée par sa vocation et par sa grâce à un degré d'honneur et de gloire si excellent, que celui d'être unie à Jésus Christ en qualité d'épouse puisse contracter une moindre obligation par cet engagement sacré, que celle d'être pure dans le cœur comme dans les sens : *ut sit sancta et corpore et spiritu*[98], et d'acquérir autant qu'il est possible dans une nature sujette à tant d'infirmités et de faiblesse, une sainteté qui approche de la sienne, en recherchant par toutes sortes de soins, de se rendre agréable à ses yeux et s'éloignant avec la même application de tout ce qu'elle sait, qui serait capable de lui déplaire. Ils connaissaient que la sainteté de Dieu ne pouvait pas désirer de moindres dispositions d'une âme qui lui était si étroitement attachée ; qu'il devait y avoir de la proportion et du rapport entre la sainteté de l'Epoux et celle de l'épouse ; qu'il ne lui était plus permis, comme dit saint Augustin[99], d'aimer d'une manière commune, celui par la miséricorde duquel elle avait cessé d'aimer ce qu'elle

---

[96] Mt 5, 3 + 23, 12
[97] Ps 18, 10
[98] 1 Co 7, 34
[99] Aug. : *Lib. de s. Virgin.* c. 55. Colonne 617 AOO Tome (latin) OCSA Tome XII

Chapitre V - Question V

aurait pu légitimement aimer. Sa beauté devait être tout intérieure et toutes ces diversités dont le prophète veut qu'elle soit environnée, ne sont rien que cette multiplicité de vertus qui se rencontrent nécessairement partout où elle est, comme ses compagnes et comme ses filles.

Question V

Si la chasteté a une si grande étendue, et si elle demande une pureté si parfaite : comme il n'y a point de péché qui n'attaque la pureté de l'âme, il semble donc qu'il n'y en aura point qui n'attaque aussi le vœu de chasteté, et qui ne soit par conséquent la violation des vœux.

Réponse

Il est vrai qu'il n'y a point de péché qui n'attaque cette vertu. Mais il ne s'ensuit pas qu'il soit une violation et une destruction de la promesse qu'on en a faite. Car, quoique le vœu de chasteté s'étende sur toute la conduite de la vie, et le règlement des mœurs, comme dit saint Basile, néanmoins il n'enferme essentiellement qu'une protestation et qu'une volonté réelle d'acquérir cette pureté parfaite de l'âme. Et tant que cette volonté ne sera point révoquée, ce vœu subsistera toujours quoique l'on fasse des actions qui puissent ne lui être pas entièrement conformes, et qui en blessent l'intégrité. Mais ce vœu se peut rétracter en plusieurs manières. Ou par le consentement que l'on donne à une impureté soit qu'il soit exécuté, ou qu'il ne le soit pas. Ou par une volonté directement opposée à cet engagement. Comme si, par exemple, un religieux emporté par un esprit de libertinage, ou rebuté par les difficultés qui se rencontrent dans la vigilance continuelle qu'il faut avoir pour arriver à cette perfection, abandonnait la résolution d'y travailler.

Ou que par quelque autre péché de l'esprit, comme celui de l'orgueil, de la haine, de l'envie ou de la colère : ou bien que par inapplication, et lorsqu'il vit dans la paresse et dans la négligence, il ne prenne pas tous les soins nécessaires pour s'avancer dans la vertu et pour remplir les devoirs de sa profession. Car il est évident que dans tous ces cas, il ne tend plus à l'état qu'il s'était proposé et qu'il en a perdu la volonté : il manque à ce qu'il avait promis à Dieu et il viole par son infidélité le vœu et la protestation qu'il lui avait faite. Mais s'il tombe dans quelque faute légère, quoiqu'elle ne convienne pas à la pureté à laquelle il doit tendre, néanmoins on aurait tort de dire qu'il aurait violé son vœu et de regarder son péché comme une prévarication criminelle, puisque dans le fond, il ne laisse pas de conserver sa première volonté et qu'il persévère dans le désir d'acquérir cette pureté qui est renfermée dans l'essence de son vœu.

Etsi convincitur transgressor mandati, non tamen pacti prævaricator[100]. Je ne vous parle point de la continence et de la chasteté des sens, parce que vous êtes informés de ses obligations, et qu'il n'y a pas sur cela diversité de sentiments. Souvenez-vous seulement, mes frères, que c'est la base de tout l'édifice qui périt avec elle quoiqu'elle ne suffise pas toute seule pour sa conservation. Croyez toujours que vous portez un trésor dans un vase de terre. Evitez comme un naufrage tout ce qui peut lui donner la moindre atteinte et regardez tout excès dans une matière si importante comme le plus grand et le plus irrémédiable de tous les maux.

Car bien qu'il n'y ait point de chute dont la main de Dieu ne puisse nous relever, et que tandis que l'on est en état de pleurer ses désordres, on est encore en état d'en obtenir le pardon. Cependant ces sortes de guérisons sont si rares, que l'on peut dire que celui

---

[100] Bernard : de Prec. et disp. c. 13

Chapitre V - Question VI

qui a manqué de fidélité dans un engagement si saint, ne saurait trouvez assez de larmes pour plaindre son malheur, non plus que pour effacer son péché.

Question VI

Tout ce que vous nous avez dit de la chasteté, paraît si digne de la sainteté de Dieu et de l'excellence de notre profession que nous ne saurions comprendre que l'on puisse en avoir d'autres pensées. Mais quels sentiments devons-nous avoir de la pauvreté religieuse ?

Réponse

Les saints ont regardé la pauvreté comme la richesse des solitaires. C'est elle qui les met en état de n'avoir aucun besoin des choses du monde, et même de les regarder avec mépris. Celui-là n'est pas riche qui a beaucoup, mais celui qui ne désire rien. En effet, quand un homme serait le maître de plusieurs mondes, son ambition ne serait pas satisfaite ; s'il avait des désirs, il aurait des vides, et par conséquent il serait dans l'indigence : *Divites eguerunt et esurierunt*[101]. Et au contraire ceux qui, par un mouvement apostolique ont renoncé aux choses d'ici-bas, jouissent d'une abondance véritable : *inquirentes dominum non minuentur omni bono* parce qu'ils ne souhaitent plus rien et qu'ils trouvent en Dieu dès ce monde-même, le centuple de ce qu'ils ont quitté pour l'amour de lui.

L'attente des choses futures les remplit et les occupe de telle sorte qu'ils perdent jusqu'au sentiment et à la mémoire des choses présentes : *Semper dives est christiana paupertas, quia plus est*

---

[101] Ps 33, 11

quod habet, quam quod non habet ; nec pavet in isto mundo indigentia laborare cui donatum est in omnium rerum domino omnia possidere[102].

Cette disposition, mes frères, est si grande qu'elle ne peut être que l'effet d'une totale abnégation. Il faut que celui qui veut s'établir dans ce bienheureux état, se dépouille de tout sans réserve, qu'il se mette le premier au nombre des choses dont il faut qu'il se sépare. Que rien de créé et de périssable ne tienne la moindre place dans son cœur, et qu'il suive Jésus Christ dans un désintéressement si parfait qu'il puisse dire avec ce grand martyr : *Jam Christi incipio discipulus, nihil eorumquœ sunt in mundo desiderans*[103].

Et quel avantage tirerait un religieux d'avoir abandonné les biens de la fortune, s'il conservait d'autres affections et d'autres attaches ?

Il ne devait avoir d'autres motifs dans ce renoncement, que celui de se donner à Dieu, sans division, et sans partage, et de le servir dans une profonde paix et dans une application qui ne puisse être troublée par les inquiétudes et par les soins qui se rencontrent toujours dans la jouissance et dans le maniement des choses de la terre Cependant comme notre cœur, selon l'Écriture[104], se trouve où est notre trésor, et que nous sommes liés par les objets que nous aimons, et qui nous plaisent, il ne donnerait à Dieu qu'une partie de lui-même, et au lieu de l'en rendre le maître absolu, il bornerait son Royaume qui ne reçoit point de limites. Il lui ôterait par une espèce de sacrilège ce qu'il oserait se réserver et s'attirerait sa colère et son indignation en ne lui offrant qu'une victime imparfaite, au lieu de lui sacrifier un holocauste.

---

[102] Saint Léon : Serm. 4 : de Quadrag. SC n° 49. Serm 4, 2, p.45
[103] St Ignace d'Antioche: Epist. ad Rom. p.133. SC n° 10.
[104] Luc 12, 34

Chapitre V - Question VI

Comment, mes frères, par une telle conduite trouverait-il dans la solitude ce repos et cette tranquillité qu'il y a cherchée ? Car, outre que c'est une grâce que Dieu n'accorde qu'aux solitaires dont l'unique étude est d'observer ses saintes voies et de les suivre, et que c'est la récompense de ceux qui ne préfèrent rien au soin de lui plaire, il y a une malignité attachée à toutes les choses de ce monde quand on ne les considère que pour l'amour d'elles-mêmes, qui fait qu'elles ne contentent jamais ceux qui les possèdent. On les désire avec cupidité ; on les recherche avec empressement ; on en jouit avec inquiétude. Quand on les a, on est tourmenté de la crainte de les perdre et quand elles nous échappent, ce n'est jamais sans douleur et sans murmure.

Ainsi un solitaire qui se donne à Dieu avec des restrictions et des réserves, peut être pauvre dans l'estime des hommes, mais il ne l'est pas au jugement de Dieu. Il n'a ni les satisfactions d'un riche du monde, ni les consolations d'un pauvre de Jésus Christ :
il se prive des faux plaisirs qui se trouvent dans les richesses, et se réserve les véritables ennuis qui les accompagnent. Ses passions l'agitent dans son cloître comme s'il était dans le siècle. L'envie, la colère, l'impatience, la tristesse remissent son cœur. Et par un juste jugement de Dieu, ce qu'il s'était retenu pour être son soulagement, et la douceur de sa vie devient l'instrument de sa persécution et de son martyre.

Soyez donc persuadés, mes frères, qu'un religieux n'aura jamais de repos dans sa retraite, s'il ne s'abandonne entièrement à celui duquel seul il le doit attendre. Et s'il ne regarde comme des dispositions de sa providence tout ce qui lui peut arriver de privations, et de souffrances, par la faim, par la soif, par le froid, par la chaleur, par les maladies, par la conduite de ses supérieurs, et par la mauvaise humeur de ses frères, toute sa course ne sera qu'une suite de tentations ou plutôt une continuité de chutes et de rechutes. Le démon lui fera mille et mille blessures mortelles, en toutes les différentes choses sur lesquelles il n'aura pas voulu s'abandonner. Il se tournera tantôt d'un côté, tantôt d'un autre, pour trouver une situation qui le soulage mais ce sera inutilement. Il passera ses jours dans l'amertume et finira une vie misérable par une mort encore plus malheureuse. C'est cet inconvénient, mes frères, que le bienheureux Cassien déplore[105] lorsqu'il dit qu'il a vu des solitaires qui, après avoir quitté sans peine de grands établissements, s'être dépouillés de leurs bien et les avoir distribués aux pauvres pour l'amour de Jésus Christ, se mettaient en colère, s'emportaient pour des choses de néant et qui, exerçant ainsi leurs anciennes passions sur des bagatelles, rendaient leurs premières actions inutiles, et en perdaient le fruit, le mérite et la récompense. *Pristinum tamen cordis affectum in rebus minimis retinentes et pro ipsis nonnumquam () mobiliter irascentes ; veluti qui non habeant Apostolicam charitatem, ex omnibus () infructuosi sterilesque redduntur.*

Sainte Synclétique[106] était bien éloignée de faire consister la pauvreté religieuse dans le retranchement des seules richesses, puisqu'elle veut que l'on se prépare à ce renoncement par les austérités corporelles, par les jeûnes et les veilles ; en couchant sur la terre, en faisant quantités d'autres exercices de pénitence. Et elle enseigne que la pauvreté volontaire est quelque chose de si grand, qu'elle ne convient qu'à ceux qui sont déjà dans la pratique et dans l'habitude des autres vertus.

Saint Basile, pour répondre à la question qui lui est proposée, savoir s'il faut commencer par renoncer à toutes choses et entrer ainsi dans le service de dieu ; ... ne pouvait expliquer son sentiment

---

[105] Cassien : Col I, 6 ; SC N° 42, 6, p. 83-84
[106] Athan. In vit. Sanctæ Synclet.

Chapitre V - Question VI

sur ce sujet d'une manière plus précise qu'en disant[107] : Nous croyons que ce commandement que notre Seigneur a fait à tous ceux qui voulaient être ses disciples de renoncer à tout, s'étend à plusieurs différentes choses, dont il est nécessaire de nous éloigner. Car, premièrement nous avons renoncé au diable et aux passions de la chair ayant rejeté loin de nous les passions qui se cachent, comme étant honteuses.

Ensuite nous avons aussi abjuré toute sorte de parenté corporelle, de familiarité humaine et de pratique contraire à la perfection de l'Évangile et du salut. Mais ce qui est encore plus nécessaire que cela, chacun renonce à soi-même lorsqu'il dépouille le vieil homme avec ses œuvres, le vieil homme qui se corrompt en suivant l'illusion de ses passions. Enfin, il faut aussi renoncer à toutes les affections des choses du monde, qui sont capables de nous empêcher d'atteindre au but de la véritable piété. De sorte que le renoncement parfait consiste à s'affranchir de toutes sortes de passions déréglées, à n'avoir même nulle attache à la vie, à prononcer en soi-même l'arrêt de sa propre mort et à ne point mettre sa confiance en soi-même.

Or, ce renoncement doit commencer par un entier retranchement des choses extérieures tells que sont les richesses, la vaine gloire, la conversation de la vie précédente, et l'affection à toutes les choses inutiles, ainsi que les saints disciples de Jésus Christ nous ont enseigné par leurs exemples. Comme saint Jacques et saint Jean, lorsqu'ils ont abandonné leur propre père Zébédée et leur barque qui était l'unique fonds de leur subsistance ; Saint Matthieu lorsqu'il a quitté le bureau des impôts pour suivre ce divin Sauveur... tant il est vrai qu'un homme qui est possédé d'un ardent désir de suivre Jésus Christ ne peut plus prendre aucun soin des

---
[107] Basile GR p. 68.

choses de cette vie. Et l'amour des parents et des domestiques n'a plus la force de le toucher, quand cet amour est contraire aux commandements de Dieu. Car c'est en cette rencontre que doit avoir lieu ce que notre Seigneur a dit[108] : amour est contraire aux commandements de Dieu.

Si quelqu'un vient à moi, et ne hait pas son père, sa mère, sa femme, ses enfants, ses frères et ses sœurs, et même sa propre vie, il ne peut être mon disciple.

Quand donc nous nous réservons quelque possession temporelle et quelque bien corruptible, notre esprit y étant plongé comme dans une espèce de bourbier, c'est une nécessité inévitable à notre âme d'être incapable de la contemplation de Dieu dans ce misérable état et de se trouver sans mouvement à l'égard des désirs des choses du ciel et des biens éternels qui nous sont promis.

Car il est impossible que nous jouissions de ces biens si nous ne sommes transportés d'un désir ardent pour les demander dans nos prières ; et pour les souhaiter avec un zèle qui nous fasse regarder comme légers et très peu considérables les travaux que nous sommes obligés d'entreprendre afin de les acquérir.

Le renoncement est donc comme nous venons de le faire voir, une rupture des liens de cette vie terrestre et passagère, un affranchissement de toutes sortes d'affaire humaines qui nous rend plus prompts et plus disposés à entrer dans la voie de Dieu, une occasion favorable de jouir et de posséder sans aucun obstacle tout ce qu'il y a de plus précieux et ce qui surpasse le prix de l'or et des pierreries les plus excellentes et les plus rares. Enfin, pour comprendre tout son mérite en peu de paroles, c'est un admirable transport qui fait passer le cœur de l'homme à une conversation toute céleste, et

---

[108] Luc 14, 26

Chapitre V - Question VI

qui le met en état de pouvoir dire[109] : nous vivons déjà dans le ciel, comme en étant citoyens.

Et pour exprimer le plus grand de ses avantages, c'est le commencement de notre ressemblance avec Jésus Christ qui, étant riche s'est rendu pauvre pour l'amour de nous. Et cette disposition nous est si nécessaire qu'à moins d'y entrer, nous ne pouvons jamais vivre selon les règles de l'Évangile. Car comment serait-il possible sans cela d'acquérir ou la contrition du cœur, ou l'humilité de l'esprit ; ou le moyen de se mettre au-dessus de la colère, de la tristesse, des inquiétudes, et des passions pernicieuses de notre âme parmi les richesses et les soins de cette vie, et dans la forte inclination et l'habitude que nous avons à tant d'autres choses ?

Cassien traite la même vérité fort au long dans sa troisième conférence[110], et établit par la tradition des Pères, et l'autorité de l'Écriture, que les religieux sont obligés de travailler de toutes leurs forces à trois sortes de renoncements. Le premier, dit-il, est de rejeter tous les biens, et toutes les richesses de ce monde. Le second est de renoncer à soi-même, à ses vices, à ses mauvaises habitudes, et à toutes les affections déréglées de l'esprit et de la chair. Et le troisième est de retirer son cœur de toutes les choses présentes et visibles, pour ne s'appliquer qu'aux éternelles et aux invisibles.

Dieu nous apprend à faire tout ensemble ces trois sortes de renoncements, par le commandement qu'il fit d'abord à Abraham[111] : Sortez, lui dit-il, de votre terre, c'est-à-dire quittez les biens de ce monde, et toutes les richesses de la terre.

Sortez de votre parenté, c'est-à-dire sortez de votre vie ordinaire et de ces inclinations mauvaises et vicieuses, qui s'attachant

---
[109] Ph 3, 20
[110] Col. III 6, Conférence de l'abbé Pafnuce, SC n° 42 p. 145
[111] Gn 12, 1

à nous par notre naissance, et par la corruption de la chair et du sang, se sont comme naturalisées et devenues une même chose avec nous-mêmes. Sortez de la maison de votre père, c'est-à-dire perdez la mémoire de toutes les choses de ce monde et de tout ce qui se présente à vos yeux. ... Nous devons donc retirer nos yeux et nos affections de cette maison terrestre et périssable pour les élever à cette maison céleste, dans laquelle nous devons éternellement demeurer. Mais cela ne se peut accomplir, que lorsqu'étant encore dans la chair, nous ne vivons plus selon la chair, et que nous pouvons dire par nos actions, et par nos paroles : « nous sommes déjà citoyens des cieux[112] ».

Mais il nous serait peu utile d'avoir entièrement accompli pas une foi vive et humble le premier de ces renoncements, si nous n'accomplissons le second avec la même vigilance et la même ardeur. C'est ainsi que nous pourrons passer ensuite au troisième, en ne pensant plus qu'au ciel, et sortant de la maison du démon, qui a été notre père dès le moment de notre naissance, par cette vie du vieil homme dont nous vivions lorsque nous étions enfants de colère, comme le reste des hommes[113].

Nous arriverons à ce troisième renoncement, lorsque notre esprit n'étant plus appesanti par la contagion de ce corps animal et terrestre, et étant purifié des affections de la terre, s'élèvera au ciel par la continuelle méditation des choses divines, et sera tellement occupé dans la contemplation de la vérité éternelle qu'il oubliera qu'il est encore environné d'une chair fragile.

Et lorsqu'étant ravi en Dieu, il se trouvera tellement absorbé par sa présence qu'il n'aura plus d'oreilles pour écouter, ni d'yeux pour

---

[112] Ph 3, 20
[113] Eph 2,3

voir, et qu'il ne pourra pas même être frappé par les objets les plus sensibles.

C'est pourquoi, mes enfants, si nous désirons véritablement arriver à la perfection, nous devons après avoir quitté de corps, nos parents, et notre pays, et avoir méprisé les richesses et les plaisirs de ce monde, renoncer aussi de cœur et de volonté à toutes les choses visibles, sans avoir jamais le moindre retour sur tout ce que nous avons quitté.

Il ne faut pas ressembler aux Juifs que Moïse délivra de l'Egypte. Ils en sortirent de corps, et ils y rentrèrent de cœur.

Ils quittèrent le vrai Dieu qui les tira de leur captivité par tant de prodiges et ils adorèrent ces mêmes idoles d'Égypte qu'ils avaient méprisées auparavant : ils retournèrent de cœur en Egypte, dit l'Écriture. Ils dirent à Aaron[114] : faites-nous des dieux qui marchent devant nous. Tous ceux qui après avoir renoncé au monde, retournent encore à leurs premiers désirs et à leurs anciennes affections, crient comme ce peuple par leurs actions et par leurs pensées : Hélas que nous étions heureux en Égypte ! Et je crains fort, mes enfants, qu'il ne se trouve aujourd'hui une aussi grande multitude de ces personnes, qu'était celle des Juifs qui violèrent la loi de Dieu du temps de Moïse ; car des six cents mille hommes armés qui sortirent de l'Egypte, il n'y en eut que deux qui entrèrent dans la terre promise[115].

Saint Benoît[116], mes frères, ne donne pas une moindre étendue à la pauvreté religieuse lorsqu'il veut que les religieux n'aient rien qui leur soit propre, et qu'ils se dépouillent de toutes choses sans exception. Il déclare que leur pauvreté doit être si grande qu'ils ne

---

[114] Ex 32, 1
[115] Ex 14, 38
[116] RB 33

conservent pas le moindre droit, ni sur leurs corps ni sur leurs volontés. C'est-à-dire qu'ils ne peuvent plus disposer d'eux-mêmes ni dans les actions intérieures ni dans les extérieures. Et que pour les choses dont ils ont des besoins absolus, quelles qu'elles soient, ils doivent les espérer de leur supérieur comme l'on attend de Dieu ce qui est nécessaire pour la conservation de l'être et de la vie. *Quibus nec corpora sua nec voluntates licet habere in propria potestae… Omnia vero necessaria a patre monasterii sperare.*

C'est ce que pensait St. Jean Climaque, quand il a dit[117] que la pauvreté volontaire est un renoncement à tous les soins de la terre ; un affranchissement de toutes les inquiétudes de la vie ; un voyage où, pour aller plus aisément et plus légèrement vers le ciel, on se décharge de tout ce qui peut empêcher de s'avancer dans le chemin du salut ; une ferme foi aux préceptes de l'Évangile ; un bannissement de toute tristesse et de tout chagrin. Que le solitaire qui est vraiment pauvre est maître de tout le monde, remettant tous ses soins dans le sein de Dieu et ayant tous les hommes pour ses serviteurs ; qu'il ne demandera pas aux hommes les choses dont il a besoin, mais qu'il recevra de la main de Dieu celles qu'il recevra de la main des hommes. Que le pauvre volontaire possède la tranquillité des l'esprit, qui s'obtient par le calme des passions ; qu'il ne fait davantage d'état des choses qui sont en ses mains que si elles n'étaient point dans la nature. Que lorsqu'il se retire dans la solitude, il les regarde toutes comme du fumier ; et que s'il s'attriste de se voir dans quelque besoin, il n'est pas encore vraiment pauvre.

Vous ne pouvez inférer autre chose, mes frères, de ces sentiments et de ces maximes si élevées, sinon que la pauvreté religieuse n'est pas un simple retranchement des biens et des richesses extérieures, mais qu'elle sépare le cœur aussi bien que la chasteté, de

---

[117] Grad. 16. art. 11,12 13

Chapitre V - Question VI

tout ce qu'il y a de visible et d'invisible, s'il n'est point éternel. Qu'elle prive de tout et qu'elle ne nous laisse que Dieu seulet les choses qui peuvent nous conduire à la possession de son Royaume. Vous me direz peut-être, mes frères, que je vous propose un état de perfection ; je vous l'avoue. Mais que proposerai-je à ceux que Dieu a destinés pour être parfaits, sinon la perfection meme ?

À qui proposerai-je la sainteté si ce n'est aux saints, je veux dire aux moines, puisque Dieu ne les a suscités dans son Église que pour être des saints ; pour y perpétuer la vie des apôtres et y remplir la place que les martyrs tenaient autrefois ? Enfin, peut-on croire que ceux dont toute la vie n'est qu'un retracement littéral de celle de Jésus Christ, ne soient pas obligés de vivre non seulement selon ses préceptes, mais encore selon ses instructions et ses conseils ? Cependant quoique cette perfection soit renfermée dans le vœu de pauvreté, et qu'elle lui soit essentielle, elle a ses commencements, ses progrès et sa consommation. Tous les religieux sont obligés de tendre à ce renoncement, mais non pas de l'avoir dans la perfection.

Ce leur est un devoir indispensable de s'y élever par des soins et des efforts continuels. Mais Dieu qui veut que cette disposition soit dans tous ceux qui se consacrent à lui par le vœu de la pauvreté, et qui n'en dispense personne, ne les oblige pas de l'avoir dans une même excellence. Il se contente de leurs volontés pourvu qu'ils ne négligent rien et qu'ils fassent un fidèle usage des moyens et des pratiques que les Règles prescrivent pour l'acquérir.

Il y en a auxquels il s'est rendu si présent et dont le dégagement est si parfait qu'ils n'ont pas les moindres pensées des choses mortelles. D'autres lui gardent une si grande fidélité qu'ils dissipent ces pensées dans le moment qu'ils les aperçoivent. Ils s'en trouvent sur qui elles s'arrêtent davantage, elles y forment même des désirs ; mais les impressions en sont tellement superficielles qu'elles n'ont ni suite ni effet. Il s'en rencontre de plus faibles qu'elles attaquent avec plus d'opiniâtreté et de violence, et qui dans la résistance et dans le combat reçoivent quelques blessures, mais elles sont légères.

Il y en a de plus imparfaits et de moins avancés, qui conservant des affections et des attachements à des choses de rien, après en avoir quitté de plus importantes, essaient néanmoins d'obtenir de Dieu par leurs prières, par leurs gémissements et par leurs travaux, ce parfait affranchissement qu'ils reconnaissent leur être si nécessaire. Il se peut dire que ceux-là ne laissent pas d'être pauvres, et qu'ils ont dans le désir ce qui n'est pas encore passé dans leurs œuvres. Mais tenez pour constant qu'un religieux qui ne joint pas quelqu'un de ces différents degrés au renoncement qu'il a pu faire des choses extérieures, n'est point véritablement pauvre. Que sa pauvreté n'est point celle qu'il a dû promettre à Dieu dans son engagement. Qu'il n'est pauvre que dans son imagination, et dans l'opinion de ceux qui ignorent la perfection de son état. Et que ne pouvant pas dire avec ceux dont il est obligé d'imiter le dépouillement et les privations : *Ecce nos reliquimus omnia, et secuti sumus te ?* Il n'aura nulle part aux couronnes que Jésus Christ leur promet par ces paroles : *Amen dico vobis quod vos qui secuti estis me, centuplum accipietis et vitam æternam possidebitis*[118].

Question VII

Après nous avoir parlé de la chasteté et de la pauvreté, nous vous prions de nous dire quelque chose de l'obéissance.

---

[118] Mt 19, 27-29

Chapitre V - Question VII

Réponse

Les hommes pour la plus grande partie, mes frères, ne sont ni plus justes, ni plus exacts dans les opinions qu'ils se sont formées de l'obéissance, que dans celles qu'ils ont conçues de la chasteté et de la pauvreté religieuse. Ils en parlent d'une manière si éloignée de ce que les saints nous en ont appris, qu'il semble qu'ils n'aient pas moins d'envie de rendre les religieux les maître de leurs conduites, que les autres en ont eu de les établir dans la dépendance. Les uns par des motifs purement humains, cherchent des expédients et des raisons spécieuses pour les affranchir de la nécessité d'obéir. Les autres qui n'ont que les ordres de Dieu devant les yeux, les y soumettent par des considérations toutes saintes. Les uns regardent l'obéissance comme un joug de fer ; les autres la considèrent comme un assujettissement de bénédiction. Les uns se figurent qu'un religieux aura plus de repos quand sa volonté sera moins contrainte ; les autres sont persuadés qu'il n'en peut avoir de véritable et de constant, si elle n'est entièrement détruite. Enfin, les saints éclairés de la lumière du saint Esprit ne souffrent point de volonté propre dans les solitaires. Ils veulent qu'ils soient soumis dans tous les temps, en toutes choses et dans toutes les circonstances de la vie parce qu'ils savent que la profession monastique n'est rien tant que la dépendance, la docilité, et la soumission de l'esprit. Et les hommes qui ne sont pas saints et qui se conduisent par des inclinations et des vues naturelles, ont trouvé le secret de fortifier l'amour et la volonté propres, en affaiblissant l'obéissance, et de ruiner cet état si excellent et si saint en le réduisant à une conversation toute commune, et qui n'a rien qui soit digne de sa première institution. Mais sans m'arrêter à faire la discussion des mauvaises raisons de ceux qui mettent toute leur étude à obscurcir les vérités les plus saintes et les plus évidents ; il vous sera plus utile d'entendre les sentiments des Saints sur cette matière ; pourvu que vous teniez pour une maxime fondamentale de rejeter comme monnaie fausse tout ce qui n'a pas la marque ni le caractère de la tradition des saints Pères.

Saint Basile après avoir fait la description d'un supérieur, dit[119] : Au cas où vous en ayez trouvé un qui soit tel, abandonnez-vous à lui en renonçant et rejetant toute volonté propre, afin que vous deveniez comme un vase tout pur, et que vous receviez les biens que l'on y répandra pour la gloire de Dieu, et pour votre propre avantage. Car si vous conservez encore quelqu'une de vos anciennes passions, et que ces mêmes biens viennent à se corrompre, on vous rejettera comme un vase vil et méprisable.

Tenez pour une maxime constante de ne jamais rien faire sans son avis. Tout ce que vous ferez sans sa participation est une espèce de larcin, et un sacrilège qui conduit à la mort et qui ne peut vous être d'aucune utilité, quelque apparence de bien que vous y trouviez.

La véritable et parfaite obéissance des inférieurs se remarque, non seulement en ce qu'on s'abstient par le conseil du supérieur, des choses mauvaises et déraisonnables, mais encore en ce que l'on ne fait pas celles qui sont dignes de louange sans son ordre. Car bien que l'abstinence et toutes les mortifications corporelles soient utiles, si néanmoins quelqu'un les embrasse par sa propre inclination et qu'il fasse en cela ce qu'il lui plaît, au lieu de se soumettre à l'avis de son supérieur, le mal qu'il commet est beaucoup plus grand que le bien qu'il prétend faire. Car celui qui s'oppose aux puissances, résiste à l'ordre de Dieu[120].

---

[119] Tract. Ascet. pp. 236... : de abdicatione rerism
[120] Cf. : Rm 13, 1-2

Chapitre V - Question VII

Depuis que quelqu'un est entré dans le corps[121] et dans la société des frères, si on juge qu'il soit un membre capable de servir, quand même la chose qu'on lui commanderait lui paraîtrait excéder ses forces, il faut qu'il se détache de son propre jugement et qu'il donne des marques de sa docilité et de son obéissance, en se soumettant jusqu'à la mort à l'ordre de son supérieur qui exigerait de lui des choses apparemment au-dessus de son pouvoir. Il doit se souvenir que notre Seigneur s'est rendu obéissant jusqu'à la mort, et jusqu'à la mort de la croix[122]. Autrement sa résistance et son opposition découvrirait beaucoup d'autres vices dans sa personne, comme la faiblesse de la foi, l'incertitude de son espérance, son orgueil et sa présomption. Car jamais on ne désobéit à son supérieur qu'on n'ait auparavant conçu du mépris pour lui. Et au contraire un homme qui met sa confiance dans les promesses de Dieu, et qui en attend l'effet dans une ferme espérance, se portera toujours avec ardeur aux choses qui lui seront ordonnées, quelque peine, et quelque difficulté qu'il y trouve ; sachant, comme dit l'apôtre[123], que les souffrances de cette vie n'ont aucune proportion avec la gloire future que Dieu doit un jour découvrir en nous.

Il faut donc qu'un supérieur soit persuadé, que s'il ne conduit ses frères selon les règles de la vérité, il s'attire un châtiment terrible et inévitable de la part de Dieu qui recherchera leur sang dans ses mains. Il faut aussi que les inférieurs soient tellement soumis, qu'ils embrassent avec ferveur toutes sortes de commandements, quelque difficiles qu'ils puissent être, persuadés qu'ils doivent être, que Dieu leur prépare dans le ciel une grande récompense.

---

[121] Basile : GR 28 pp. 106-107...
[122] Ph 2, 8
[123] Rm 8, 18

Il enseigne[124] que celui qui est préposé pour la distribution des travaux, doit régler ses ordres sur la disposition et la force des particuliers ; de crainte que ce ne soit à lui que s'adressent ces paroles : « Vous voulez faire passer l'iniquité pour le droit et pour des lois ». *Fingis laborem in præcepto*[125]. Mais que celui auquel on commande ne doit jamais contredire, l'obéissance n'ayant point d'autres bornes que la mort.

Le même saint veut dans un autre endroit[126], que celui qui embrasse la profession monastique, soit d'un esprit et d'une volonté ferme, constante et invariable, que sa résolution ne puisse être changée ni même ébranlée par les attaques et les efforts des mauvais esprits ; que sa fermeté égale celle des martyrs, et qu'il persévère jusqu'à la mort, soit qu'il s'agisse des commandements de Dieu, soit qu'il faille obéir à ses supérieurs, puisque c'est en cela que consiste l'essentiel de sa profession.

Il dit ailleurs[127] qu'un moine ne peut disposer d'un seul instant de sa vie ; que comme un instrument ne se peut donner aucun mouvement de lui-même mais le reçoit de la main de l'artisan, et qu'un membre n'a plus d'action pour peu qu'il soit retranché du corps auquel il doit être inséparablement uni, de même un religieux ne doit rien faire sans l'ordre de son supérieur. Que si sa faiblesse l'empêche d'obéir aux choses qu'on lui commande, qu'il la déclare à son supérieur, qu'il lui en laisse le jugement, et que pour lui, il se porte à exécuter ses ordres, se souvenant de cette parole de l'Écriture[128] « vous n'avez pas encore résisté jusqu'au sang ».

---

[124] Basile : PR. Quæst. 152 ; p. 251p. 251
[125] Ps 93, 20
[126] Const. monast. c. 19
[127] Ib. c. 27
[128] He 12, 4

Chapitre V - Question VII

Cassien dit[129] que la Règle que les religieux gardaient dans l'obéissance était si étendue qu'il ne leur était pas permis de faire les moindres choses, ni de satisfaire aux moindres besoins, sans la permission de leur supérieur. Ils exécutaient tous ses ordres sans discussion, et avec autant de promptitude que s'ils leur venaient de la part de Dieu. Ils recevaient avec tant de foi et de religion les commandements qu'on leur faisait quelquefois dans les choses impossibles, qu'ils s'employaient de toutes leurs forces à les exécuter. Le respect qu'ils avaient pour celui qui leur commandait, ne souffrant pas qu'ils en examinent l'impossibilité : *Ut non numqquam impossibilia sibimet imperata, ea fide ac devotione suscipiant, ut tota virtute, ac sine ulla cordis hæsitatione perficer ea, aut consummare nitantur, et ne impossibilitatem quidem præcepti pro senioris sui reverentiâ metiantur.*

Saint Jérôme dit[130] qu'il faut qu'un religieux soit soumis en toutes choses, qu'il n'ait aucune volonté, qu'il ne puisse ni vouloir, ni ne pas vouloir que selon les ordres qu'il recevra de son supérieur ; qu'il ne trouve ni difficulté ni peine dans les choses qui lui seront commandées, quand bien même elles seraient contraires à ses inclinations. Que celui qui est véritablement obéissant et qui s'est une fois dépouillé de son propre jugement pour l'amour de Jésus Christ ne sait plus ce que c'est que de dire cela est pénible, cela est injuste. *Vere obediens et qui pro Christo caret omni arbitrio voluntatis, nihil novit difficile, nihil injustum.* Souvenez-vous, continue-t-il, que dès le premier pas que vous avez fait dans la vie religieuse, vous avez remis à Jésus Christ tout le droit que vous aviez de vouloir et de ne pas vouloir :

---

[129] Inst. Lib. 4 : c. 10 SC SC 109 p.134 n° 109 pp. 134-
[130] Reg. Mon. c. 8

et qu'il ne vous en reste plus que pour obéir aux personnes qui vous tiennent sa place. Car c'est à Jésus Christ même que vous rendez l'obéissance lorsque vous obéissez à ceux auxquels il vous a soumis... Il conclut par ces paroles : ce n'est donc pas un monastère, ce ne sont pas des moines, lorsque les inférieurs ne rendent pas aux supérieurs l'obéissance qui leur est due. *Non igitur est monasterium, non religiosi, non monachi, ubi subditis obedientia deest erga prælatum.*

Saint Fulgence disait[131] que ceux-là étaient véritablement moines qui ayant renoncé à leur volonté propre étaient dans une indifférence parfaite, et dans une disposition à ne se porter à rien par eux-mêmes, mais à se laisser conduire en toutes choses par les ordres et par les avis de leurs supérieurs.

Saint Grégoire[132] nous apprend que la véritable obéissance n'examine ni les intentions ni les commandements des supérieurs, parce que celui qui a soumis à un autre la conduite de sa vie n'a qu'une joie qui est celle de faire ce qu'il lui commande. Celui-là ne juge point qui sait parfaitement obéir, car il ne connaît point d'autre bien que d'exécuter les ordres qu'on lui donne. *Vera namque obedientia nec præpositorum intentionem discutit ; nec præcepta discernit, quia qui omne vitæ suæ judicium majori subdidit, in hoc solo gaudet, si quod sibi præcipitur operatur.*

Saint Jean Climaque dit[133] que l'obéissance est un affranchissement de toute crainte de la mort, un parfait renoncement à son âme propre, un mouvement simple par lequel nous agissons sans discernement. C'est une mort volontaire, dit-il, c'est une vie exempte de toute curiosité. L'obéissance met la propre volonté dans le tombeau

---

[131] In vita B. Fulgentii : cap 27
[132] L. 2 exposit. In lib reg. I c. 4
[133] Ech. Ste IV, 3. ; Epist. ad Past. Art. 59

et ressuscite l'humilité. Celui qui est vraiment obéissant ne forme non plus de contradiction, ni de discernement dans les choses qui sont bonnes, ou dans celles qui sont mauvaises, que s'il était mort. Et celui qui aura fait mourir son âme de cette mort sainte, n'aura point sujet de craindre lorsqu'il rendra compté à Dieu de toutes ses actions. Enfin, l'obéissance est une renonciation que l'on fait au discernement par une plénitude de discernement.

Saint Benoît ordonne dans sa Règle[134], que l'on obéisse au supérieur avec autant d'exactitude et de soin qu'à Dieu même. Que les religieux se conduisent en tout par ses avis et par ses ordres, qu'ils lui rendent une obéissance simple, sincère et cordiale ; et que cette obéissance soit entière et générale. *Omni obedientia se subat majori* ; selon l'exemple de Jésus Christ qui a obéi jusqu'à la mort... Enfin, il veut que l'obéissance n'ait point de bornes, et que l'on entreprenne avec amour les choses mêmes qui sont impossibles, quand elles sont commandées.

Saint Bernard enseigne[135] que l'obéissance parfaite ne connaît point de loi, ni de limites, qu'elle n'est point resserrée dans les bornes étroites de la profession ; qu'elle s'élève par une volonté pleine dans la vaste étendue de la charité, et qu'elle embrasse dans une disposition libre et remplie d'allégresse et de vigueur toutes les choses qui lui sont commandées. Il nomme une moindre obéissance, une obéissance imparfaite, lâche et servile. Il dit que la Règle de saint Benoît ordonne qu'un religieux se soumette à son supérieur dans une entière soumission ; qu'elle ne lui permet pas de la renfermer dans les termes de sa profession, ni de la borner précisément à son pacte et à ses promesses. Mais qu'elle demande qu'il porte son obéissance au-delà de se vœux et qu'il obéisse en

---

[134] RB. 4 ; 7 ; 62
[135] De præcep. Et disp. c. 6. SBO Vol. III; p.p. 261...

toutes choses quand même elles seraient impossibles. Il dit que le véritable obéissant n'examine point les commandements, et qu'il lui suffit de savoir qu'on lui commande. Il ne pouvait mieux montrer ce qu'il pensait, de l'exactitude de l'obéissance qu'en disant si le supérieur me commande de me taire, et qu'il m'échappe une parole par oubli ou inconsidérément, j'avoue que j'ai comme une faute contre l'obéissance, mais elle est vénielle. Que si, par contre, j'ai rompu le silence par mépris, et avec connaissance et délibération, cette désobéissance est une prévarication criminelle, c'est une offense mortelle. Et si je persévère jusqu'à la mort sans en faire pénitence, elle sera cause de ma damnation. *Si jubente seniore ut sileam, verbum mihi forte per oblivionem, elabitur reum me fateor inobedientiæ, sed venialiter, si ex contemptus sciens et deliberans sponte in verba proruperá, et rupero silentii legem, prævaricatorem me constituo, et criminaliter : et si impœnitens persevero usque ad mortem, peccavi et damnabiliter.*

Lors donc que saint Bernard dit, qu'on ne peut pas contraindre un religieux qui s'est engagé dans une vie sainte, de faire au-delà de ce qu'il a promis, et qu'au cas on le voudrait, il n'est pas obligé d'obéir à son supérieur : son dessein n'est que d'empêcher ceux qui gouvernent et d'abuser de leur pouvoir, de régler la conduite des inférieurs par leurs caprices, d'en exiger des choses extrêmes, et sous prétexte d'une plus grande perfection, détruire par un zèle indiscret, des observances saintement instituées. N'ayant jamais entendu parler de quelque action particulière, mais bien du changement d'un état. Car bien qu'un supérieur ne puisse réduire ses religieux à une vie qui soit inférieure à celle qu'ils ont professée, et qu'en ce point ils ne lui doivent aucune obéissance : cependant il peut en quelques rencontres leur commander quelque action d'une moindre perfection par des considérations saintes ; et il ne faut

Chapitre V - Question VII

point douter qu'ils ne soient obligés de lui obéir. De même il peut en commander de supérieures à l'état, et pour lors on est dans l'obligation de se soumettre.

Saint Thomas[136] dit que la vertu la plus essentielle, et qui constitue davantage l'état monastique est l'obéissance ; que la volonté du supérieur de quelque manière qu'on la connaisse est un précepte et un commandement tacite. Et que l'obéissance parfaite veut qu'un religieux obéisse en toutes choses, lorsqu'on ne lui commande rien qui soit contre sa Règle, ou contre la loi de Dieu. *Perfecta*[137] *obedientia est, ut simpliciter in omnibus obediat quæ non sunt contra Regulam, aut contra Deum.*[138]

Vous voyez bien, mes frères, par tous ces témoignages et ces instructions différentes, qu'encore que les saints semblent porter l'obéissance les uns plus loin que les autres, néanmoins ils conviennent tous que si un religieux est véritablement obéissant, il n'a plus de volonté propre. Il est dans la main de son supérieur pour toute sa conduite, ses actions, et toutes les circonstances de sa vie. Il doit recevoir avec une soumission entière, toutes les choses qui lui sont commandées dans l'étendue de sa profession, pour sa perfection et selon l'esprit de sa Règle, quand même elles lui paraîtraient impossibles, si ce n'est qu'elles se trouveraient évidemment contraires aux commandements de Dieu ; et à moins de vouloir se contenter de cette manière d'obéir que saint Bernard appelle lâche et servile[139], et qui ne peut plus convenir à ceux que Dieu destine à ce qu'il y a de plus grand et de plus saint dans la religion. Il faut qu'il s'élève à cette obéissance parfaite, qui ne sait point se prescrire de bornes et de limites. Et, sans faire réflexion sur ce qu'il peut ou ce

---

[136] 2. 2. quæst. 186. art. 3, in corp.
[137] Dans le texte : Peracta : corrigé par Rancé en Perfecta dans son errata. SDVM tome I
[138] Quod l. 1. ; quæst. 8 ; art. 1
[139] Lib.de præcept.et disp. (...) 6, 12 ; SBO Vol. III p. 262

qu'il ne peut pas, il embrasse dans une foi vive, comme étant la volonté de Dieu même, tout ce qui peut lui venir de la part de ceux qui tiennent sa place, qui lui expliquent sa loi, et qui lui parlent en son nom.

Pour ceux qui prétendent :

1. qu'il n'y a que les choses absolument essentielles qui tombent sous l'obéissance ;

2. qu'on peut omettre sans scrupule et sans péché celles qui sont moins importantes ;

3. qu'on ne pèche contre l'obéissance en ce qui regarde les ordres des supérieurs, que lorsqu'ils commandent en vertu de la sainte obéissance, ou lorsque l'on s'oppose à leurs commandements par une résistance formelle ;

4. qu'on peut en examiner les intentions et les motifs ;

5. qu'il suffit pour garder l'obéissance de conserver une dépendance éloignée des supérieurs et de prendre leur permission dans les rencontres plus considérables et que dans les autres, c'est un assujettissement inutile, leurs imagination sont tellement contraires à la raison, à toute la piété des cloîtres, aussi bien qu'aux enseignements et aux maximes des saints, qu'il n'y aurait pas moins d'extravagance à les soutenir que de témérité et de scandale.

Nous ne saurions assez répandre de larmes, mes frères, sur le malheur de nos temps et sur nos propres misères, en voyant cette vertu qui a sanctifié les déserts, fait de véritables cieux des solitudes les plus affreuses, et rendu les moines des premiers siècles égaux aux anges, tellement bannie des monastères, qu'à peine en remarque-t-on quelques traces dans les observances même les plus exactes et les plus disciplinées. L'on y obéit avec tant de réserve et d'une manière si éloignée de ce que les saints ont voulu par le terme d'obéissance, qu'il semble que ce qui s'en pratique, ne soit que

Chapitre V - Question VII

pour empêcher que le nom de s'en perde et que la mémoire ne s'en efface ; soit que Dieu veuille qu'elle se conserve pour notre propre honte, et afin que notre infidélité paraisse incessamment devant nos yeux ; soit afin que ce souvenir produise en nous une douleur et une crainte salutaire, toute les fois que nous nous considérons hors de la voie de nos pères, et privés d'un secours si puissant et si efficace, dans lequel plus qu'en toute autre chose, consiste l'essence, la gloire et le repos de notre profession.

Je dis l'essence parce que c'est l'obéissance lorsqu'elle est parfaite, qui forme et qui constitue le religieux dans son état. C'est par elle qu''il se consacre et qu'il s'immole à Dieu. C'est elle qui lui donne le coup de cette mort bienheureuse par laquelle il cesse de vivre de la vie du monde, pour ne plus vivre que de celle de Jésus Christ : *Vivo ego jam non ego, vivit vero in me Christus*[140]. Je dis la gloire parce qu'un religieux n'en a plus que celle de Jésus Christ. Et comme il n'y a rien par où il l'honore, et en quoi il puisse contribuer davantage à l'exaltation de son saint nom que par l'obéissance, il n'y a rien aussi par où il contribue davantage à sa propre gloire. *Melior est obedientia quam victimæ*[141]. Il ferait beaucoup moins et rendrait à Dieu de moindres hommages, quand il lui sacrifierait un millier d'hécatombes, qu'en lui sacrifiant sa volonté propre par le vœu et par l'action de l'obéissance. Car comme l'explique saint Grégoire, il ne sacrifie rien dans cette oblation extérieure qu'une chair étrangère ; au lieu que dans l'autre, c'est sa personne qu'il sacrifie, et qu'il est lui-même l'hostie et la victime. *Obedientia jure victimis præponitur, quia per victimas aliena caro, per obedientiam vero voluntas propria mactatur*[142].

---

[140] Ga 2, 20
[141] 1 S 15, 22
[142] Grég. Le Grand : Moral. Lib. 35, c. 10

D'ailleurs selon ces paroles du Sage, la vie de l'obéissant est une suite de victoires : *Vir obediens loquetur victorias*[143]. En effet, toutes les vertus ont chacune en particulier un vice et un déréglement opposé qu'elles attaquent. La pauvreté, par exemple, combat l'avarice ; la douceur, la colère ; la continence, l'impureté ; la ferveur, la paresse. Mais l'obéissance seul les surmonte tous à la fois, par la destruction de l'amour de la volonté propre qui en est l'origine et le principe. Aussi est-il vrai que le religieux qui est soumis au joug de cette obéissance parfaite, a gagné autant de batailles, défait autant d'ennemis, et acquis autant de couronnes qu'il y a de passions différentes qui peuvent lui faire la guerre.

C'est ce qui fait précisément que l'on trouve cette sainte tranquillité, et ce sacré repos dans la solitude des cloîtres. Car comme toutes les passions y sont détruites ou assujetties par l'obéissance, qu'elle en a coupé les racines, et tari toutes les sources, il n'y a plus rien qui soit capable d'y causer des agitations et d'y exciter des tempêtes. La paix y est profonde, et Jésus Christ, qui est le roi de la paix et qui se plaît partout où elle se rencontre, y établit son royaume. Il y règne, il y conserve le bon ordre et y maintient toutes choses dans un accord et dans une intelligence invariable.

Ce sont des biens que l'état monastique ne reçoit que de la seule obéissance. C'est elle qui lui produit tous ces avantages quand elle est entière selon les règles et les maximes des saints, et telle qu'elle a paru autrefois dans les véritables solitaires. Mais comme elle enferme tant de bénédictions, et qu'elle est tout ensemble le repos, la gloire, et l'essence de cette profession si sainte c'est aussi contre elle que l'envie des démons s'est particulièrement irritée. C'est elle qu'ils ont attaquée avec plus de violence et d'opiniâtreté. Ils ont inspiré aux inférieurs l'amour de l'indépendance, et ont donné aux

---

[143] Pr 21, 28 (Vulgate).

Chapitre V - Question VII

supérieurs une aversion de l'assujettissement nécessaire pour recevoir les marques et les devoirs d'une obéissance exacte. Les uns sont devenus sans docilité, et les autres sans sollicitude ; ainsi ils ont tous conspiré par des conduites différentes, mais également contraires aux desseins de Dieu, à la destruction de cette vertu principale. Ils l'ont altérée, ils l'ont affaiblie, ils l'ont éteinte et toute sa sainteté des cloîtres qui ne peut subsister sans elle, s'est trouvé enveloppée dans ses ruines.

Voilà, mes frères, la cause de nos plus grands maux. Cependant il ne servirait de rien de la connaître ni même de s'en affliger, si on ne travaillait à les guérir. C'est pourquoi demandons à Jésus Christ par des prières et des gémissements continuels, qu'il fasse revivre dans son Église l'esprit de ses serviteurs et de ses saints ; qu'il donne aux pasteurs des entrailles de pères ; qu'il excite leur charité et leur vigilance, en sorte que quittant toute autre occupation, ils s'appliquent uniquement à la conduite de ceux dont la divine providence les a chargés. Et pour nous, mes frères, qu'il nous fasse entrer dans ce renoncement et cette abnégation de nous-mêmes ; qu'il nous remplisse de cette confiance, de cette simplicité et de cette docilité cordiale, sans laquelle l'obéissance n'est qu'une soumission de contrainte, une dépendance de police, une déférence extérieure qui n'a rien que d'humain.

Je pense, mes frères, qu'il n'est pas nécessaire de m'étendre davantage sur ce sujet et que ce que nous avons dit est suffisant pour répondre à la question que vous m'avez proposée. Je ne doute point que vous ne voyiez avec une entière évidence que, comme la profession religieuse n'a rien de si grand et de si relevé qui ne soit contenu dans la chasteté, la pauvreté, et l'obéissance, si vous prenez ces trois vertus dans toute l'étendue et la perfection que les saints leur ont donnée. Aussi n'y a-t-il de plus déraisonnable ni qui convienne moins à cet état tout saint et tout céleste, que de vouloir qu'il consiste en ces trois dispositions prises d'une manière commune et grossière. Puisqu'encore qu'elles en soient les fondements et les bases, non seulement elles ne sauraient toutes seules lui donner la sainteté qui lui est essentielle, mais même elles se rencontrent souvent avec des dérèglements et des excès qui les rendent entièrement inutiles.

Car ne peut-il par arriver, ou plutôt n'arrive-t-il pas souvent qu'un moine soit chaste, qu'il ne possède rien des biens et des richesses de la terre, qu'il rende à ses supérieurs une obéissance telle que nous l'avons marquée ; et que, cependant, il soit rempli de colère, d'orgueil, d'envie, d'ambition ; sujet à l'intempérance, au murmure, à la tristesse, porté à former des jugements et des soupçons contre ses frères, abandonné à la négligence, à la paresse, à la vanité de ses pensées ; immortifié, superbe, impénitent, menteur. Enfin, ne se peut-il pas faire qu'il soit esclave de tous les vices, de tous les dérèglements, et de toutes les passions de l'esprit, et que son âme toute défigurée, cache aux yeux du monde sa laideur et sa difformité sous l'apparence d'une sainteté dont elle n'a pas les moindres principes ?

Y aurait-il rien de plus injuste que de s'imaginer que cet homme, qui n'est à proprement parler qu'un hypocrite de profession, et un trompeur travesti, parce qu'il est chaste, pauvre et obéissant, en la manière que nous l'avons supposé, ait les qualités essentielles à son état ; c'est-à-dire qu'il soit un véritable moine au jugement de Dieu, comme il le peut être dans le sentiment des hommes, qui ne jugent de lui que par son habit ? On lit dans la Règles des moines, qu'on attribue à saint Jérôme, qu'il ne suffit pas à celui qui doit avoir une vertu parfaite et consommée de mépriser les richesses, et de renoncer aux biens qu'on peut acquérir et perdre en

Chapitre V - Question VII

un moment. Les païens, tout vicieux qu'ils ont été, ont fait la même chose, mais le disciple de Jésus Christ doit faire plus que les philosophes, qui comme de vils esclaves n'ont recherché que l'approbation des hommes, et la gloire du monde.

Ce n'est point assez pour vous de quitter les biens extérieurs, si vous ne suivez Jésus Christ. Il veut une victime toute vivante, et qui soit selon son cœur : en un mot, ce ne sont pas vos trésors, mais c'est vous-mêmes qu'il demande. *Non satis est perfecto et consummato viro opes contemnere, dissipare pecuniam, ac projicere, quod in momento et perdi et inveniri potest ; fecit hoc Antithenes, fecerunt plurimi quos vitiosissimos legimus ... Tibi non sufficit opes contemnere, nisi Christum sequaris, te ipsum vult dominus hostiam vivam, placentem Deo, te inquam, non tua.*

C'est aussi ce qui nous a été enseigné par l'Écriture quand elle nous dit, comme nous l'avons déjà remarqué, que la chasteté n'a servi de rien aux vierges folles[144] ; que la pauvreté de celui qui aura distribué ses biens aux pauvres, lui sera inutile, si elle est destituée de la charité et des autres vertus qui en sont inséparables[145]. Et quand elle nous donne pour modèles de notre obéissance celle de Jésus Christ exprimée par ces paroles[146] : *descendi de cœlo, non ut faciam volontatem meam, sed ejus qui misit me... Humiliavit semetipsum factus obediens usque ad mortem, mortem autem crucis*, ce qui marque une obéissance d'une étendue et d'une perfection telle que les saints nous l'ont apprise, et sans laquelle elle ne mérite pas qu'on lui en donne le nom.

---

[144] Mt 25
[145] 1 Co 13
[146] Jn 6, 38 + Ph 2, 3

Si l'étendue de ces devoirs vous étonne, mes frères, et s'il vous venait dans la pensée de dire comme le prophète[147] : *latum mandatum tuum nimis* ; Seigneur, que vos commandements vont loin !

Armez vous d'une résolution sainte, animez votre foi, excitez votre zèle, travaillez, efforcez-vous, c'est être déjà parfait que désirer de l'être et d'y travailler. Et consolez-vous dans l'assurance que vous donne saint Augustin, que Dieu aura égard à vos efforts, qu'il suppléera par sa miséricorde à ce qui pourra se trouver de défectueux dans le chemin que vous aurez commencé, et dans l'œuvre que vous aurez entreprise. Avancez seulement, ne perdez pas courage, et faites que si le dernier jour vous surprend avant que vous ayez remporté la victoire, au moins il vous rencontre les armes à la main : *Tantum proficere affecta, ut si non te invenit dies ultimus victorem, inveniat vel pugnantem*[148].

Jugez de tout cela mes frères, que l'aveuglement des moines est grand et qu'il y en a très peu qui soient instruites de l'excellence et de la sainteté de leur profession. Et, en effet, les vérités sont tellement affaiblies par les usages et les coutumes, que la corruption des temps a introduites dans les professions les plus saintes, qu'elles ne sont plus reconnaissables. Chacun a les yeux fermés sur ses principaux devoirs. On règle sa conduite sur les pratiques que l'on trouve établies ; on veut vivre comme on voit vivre les autres. Et on s'imagine qu'on est en sûreté quand on fait ce qu'ils font, comme si le grand nombre était un garant fort assuré. Et que l'iniquité se trouvait justifiée aussitôt qu'elle est devenue publique.

---

[147] Ps 118, 96
[148] August. Serm. de temp. 119 OCSA. III 2588 6 ; V 1600 CD ; 2069 C

Chapitre VI - Des principaux moyens par lesquels les Religieux peuvent s'élever à la perfection de leur état.

Chapitre VI

Des principaux moyens par lesquels les Religieux peuvent s'élever à la perfection de leur état.

Dieu dont la sagesse et la miséricorde sont infinies et qui, en formant les conditions différentes où il appelle ses élus, a ordonné toutes choses pour leur sanctification, a aussi disposé les moyens nécessaires pour accomplir les devoirs de leur état. Il n'y a point de profession (je ne parle pas de celles que la cupidité des hommes a introduites dans le monde) à laquelle il n'ait attaché dans ce dessein, des moyens propres et des grâces particulières. Car Dieu ne tente point les hommes ; il ne sait ce que c'est que de leur tendre des pièges ; il ne leur commande point des choses impossibles ; et jamais les obligations qu'il leur impose n'excèdent leurs forces. Comme donc, la religion[149] devient un commandement pour ceux qu'il y destine et qu'il y appelle, il ne manque pas non plus de leur donner toutes les assistances convenables et de leur ouvrir toutes les voies et les chemins nécessaires pour les faire arriver à la fin à laquelle il les destine. Ainsi, quand les religieux auront assez de zèle et de fidélité pour s'acquitter de leurs devoirs dans tout le détail et l'étendue de leur Règle, quand ils vivront dans l'observation de tout ce qu'elle leur prescrit,

1. qu'ils seront fervents dans l'amour de Dieu,

2. qu'ils regarderont leur Supérieur comme leur père, et qu'ils auront en lui une entière confiance,

3. que le Supérieur les considérera et les aimera comme ses enfants,

4. qu'ils seront exacts à rendre à leurs frères, la charité qu'ils leur doivent,

---

[149] Au temps de Rancé, le mot „religion" signfie aussi la vie religeuse.

5. qu'ils seront assidus à l'oraison,
6. qu'ils aimeront l'humiliation de l'esprit,
7. qu'ils conserveront la pensée de la mort,
8. la présence des jugements de Dieu,
9. cette componction du cœur si sainte et si salutaire,
10. qu'ils vivront dans la retraite,
11. dans le silence,
12. dans l'austérité de la vie et la mortification des sens,
13. les travaux corporels,
14. les veilles,
15. dans une pauvreté exacte,
16. et qu'ils supporteront les maladies dans une disposition digne de la sainteté de leur état.

S'ils se rendent exacts dans toutes ces pratiques, sans se dispenser d'aucuns de ces points, assurez-vous, mes frères, qu'ils acquerront cette perfection que Dieu demande d'eux, qu'ils s'élèveront au sommet de cette échelle mystique du saint Patriarche ; qu'ils obtiendront le mérite et la pureté de leur état ; qu'ils fourniront une carrière heureuse, et qu'enfin, ils recevront de la main du juste Juge cette couronne qu'il a promise selon l'apôtre, à ceux qui auront persévéré dans le combat, gardé la foi et consommé l'œuvre dont il les avait chargés.

Que si vous voyez que dans cette multitude innombrable de personnes consacrées à Jésus Christ, il y en a si peu qui répondent à la dignité de leur profession par la sainteté de leur conduite ; si vous voyez la plupart des cloîtres dans un si grand affaiblissement, dans une langueur, dans une licence, et dans une conversation si éloignée de cette institution primitive, il ne faut point douter, mes frères, que ce désordre n'a point d'autres causes que celles de nos

Chapitre VI - Des principaux moyens par lesquels les Religieux peuvent s'élever à la perfection de leur état.

propres infidélités[150] : nous avons quitté les pratiques anciennes, nous avons abandonné les voies qui ont sanctifié nos prédécesseurs et nos pères, nous avons retranché de nos Règles tout ce que notre cupidité ne pouvait souffrir, nous avons aboli les vérités pour vivre selon des maximes qui flattent nos sens ; le joug de Jésus Christ, tout aimable qu'il est, et les nécessités saintes auxquelles il nous avait assujettis nous ont paru insupportables, nous avons fait ce que le Prophète exprime par ces paroles : „Vous avez rejeté mon joug ; vous avez rompu les liens qui vous attachaient à mon service et vous avez osé dire : je ne veux plus vous servir". *A saeculo confregisti jugum meum, rupisti vincula mea, et dixisti : Non serviam*[151] », et détruisant ainsi tout ce que Dieu avait établi de rempart et de défense pour notre sûreté, nous sommes devenus la proie de nos ennemis. Il n'était pas juste qu'il donne à ceux qui se sont retirés de son ordre et de sa main, et qui font une profession publique de violer sa loi, la protection qu'il n'a promise qu'à ceux qui la doivent observer.

Il ne faut donc pas dire que cette perfection première n'est plus possible ; que c'est inutilement que l'on propose un état auquel on ne saurait plus atteindre ; que les temps n'en sont plus capables ; et que Dieu ne fait plus de saints, comme si sa puissance ou sa bonté avaient reçu des bornes, que les hommes eussent acquis par la suite des années une dureté impénétrable et que l'Église eût perdu toute sa fertilité. Car Dieu nous apprend par la bouche de son Prophète que son bras n'est point raccourci et que sa miséricorde est toujours la même : « *Non est abbreviata manus domini, ut salvare nequeat neque aggravata est auris ejus ut non exaudiat*[152] ». Mais nous

---

[150] S. Ephrem : Serm. Ascet. *De vit. Monastic.*
[151] Jr 2, 20 / Jer. 2,20
[152] Is 59, 1 / *Jes 59,1*

avons les premiers resserré nos cœurs, le mépris que nous avons fait de sa loi et nos iniquités toutes seules ont suspendu l'effet et arrêté le cours de ses grâces : *Iniquitates vestrae diviserunt inter vos et Deum vestrum* [153]. Et nous pouvons dire dans le sens du même Prophète : *Utinam attendisses mandata mea, facta fuisset sicut flumen pax tua et justitia tua sicut gurgites maris*[154]. Quand nous serons plus religieux et plus exacts dans l'observation de nos Règles ; quand nous porterons plus de respect aux ordres de Dieu ; quand nous serons plus attachés à lui obéir et à lui plaire qu'à satisfaire nos passions, que nous préférerons cet heureux assujettissement à la liberté fausse qui nous flatte, et qui nous trompe, nous en recevrons autant de protection que dans les siècles passés, ses grâces nous viendront comme autrefois avec plénitude, par des épanchements et des communications abondantes ; nous parviendrons à la perfection de nos Pères ; nous jouirons de cette paix profonde qui est le partage de ceux qui s'attachent à faire sa volonté avec une exactitude, une fidélité et une confiance invariable.

Les campagnes deviennent stériles à force de produire ; mais l'Église est un champ dont la fécondité ne cesse jamais ; sa fertilité est infinie ; Jésus Christ en est la source et le principe. Elle est encore tous les jours arrosée de son sang et ne doutez pas, qu'elle ne puisse encore porter des hommes comparables aux Antoines, aux Pacômes, aux Hilarions et aux Macaires.

Pour ce qui est de ceux qui ne sont point touchés de cette obligation si essentielle et qui, au lieu de tendre aux choses parfaites, se contentent d'une conduite molle et relâchée : plaignez-les, mes frères, et ne portez aucun jugement contre eux.

---

[153] Is 59,.2 / Jes 59,2
[154] id. 48, 18 / Jes. 48,18

Chapitre VI - Des principaux moyens par lesquels les Religieux peuvent s'élever à la perfection de leur état.

Affligez-vous de leurs égarements comme de vos propres maux et tenez pour une maxime générale et constante que la vie d'un moine qui néglige la perfection et les pratiques de sa Règle par lesquelles il peut y arriver, est une opposition et une résistance d'état à la volonté et à l'ordre de Dieu ; hors duquel il n'y peut avoir de salut. Mais n'en faites jamais l'application aux personnes particulières sans des nécessités indispensables, la certitude ne suffit pas pour juger, si nécessité ne nous y engage.

Vous voyez, mes frères, que toutes ces différentes pratiques de vertu, dont je vous ai parlé jusqu'ici, sont comme autant de degrés par lesquels un Solitaire doit s'élever à cette perfection qui paraît si fort au-dessus de nous et que ce qui a changé tout le fonds et toute la face de l'Ordre Monastique, est que l'on a quitté ces saintes observances pour lesquelles les saints Pères ont conservé tant de sentiments de respect et de religion. Mais il est nécessaire d'en parler en détail, et avec plus d'étendue afin de nous instruire davantage de nos obligations et de nos devoirs.

Chapitre VII

De l'amour de Dieu

Question première

Quel est le fonds et l'origine du premier de ces devoirs, qui est celui d'aimer Dieu ?

Réponse

Comme entre tous les préceptes divins, celui d'aimer Dieu est le premier et le plus indispensable ; il n'y en a point aussi dont l'obligation soit plus claire et plus évidente. Il semble qu'elle ne puisse être ignorée que de ceux qui sont assez aveugles et assez malheureux pour ne le pas connaître ; et l'on peut dire que si les Cieux et tout ce que l'Univers enferme, nous parlent incessamment de sa magnificence et de sa gloire, ils nous disent en même temps l'obligation que nous avons de l'aimer. Car serait-il possible que l'on sache qu'il est l'auteur de tous ces ouvrages, que toutes ces merveilles sont les effets de sa bonté et de sa puissance ; qu'elles ont pris dans cette source infinie de toutes sortes de richesses, ce qui éclate en elles de bon et de beau et que l'on ne crut pas qu'on est obligé de l'aimer ?

Il en est, mes frères, de l'amour à l'égard de Dieu, comme de l'adoration ; si toutefois l'aimer et l'adorer sont des actions distinctes. Sa Majesté souveraine est l'objet de l'adoration qu'on lui rend ; et sa bonté infinie est le motif de l'amour que les hommes lui doivent. Et comme le commandement d'adorer Dieu n'est qu'une confirmation de ce devoir si essentiel, que contractent toutes les créatures raisonnables dans le moment qu'elles sortent de ses mains, le précepte de l'aimer ne fait rien que confirmer cette

Chapitre VII - Question première

loi immuable avec laquelle nous naissons ; et quand Dieu n'aurait jamais prononcé ces paroles : *Diliges dominum Deum tuum*[155], nous ne laisserions pas d'être dans l'obligation de l'aimer.

Mais sans vous arrêter à ces considérations générales, regardez-vous vous-mêmes, et vous trouverez cette vérité dans le sentiment de votre cœur beaucoup mieux que vous ne pouvez l'apprendre dans les réflexions et les raisonnements des hommes. Moïse disait au peuple de Dieu – parce que sa dureté lui était connue – « Adressez-vous à vous pères et à vos ancêtres » ; *Interroga patrem tuum et annuntiabit tibi, majores tuos, et dicent tibi*[156]. Et pour moi, mes frères, je vous renvoie à vous-mêmes : interrogez votre propre conscience ; considérez avec une sainte attention toutes les choses que Dieu a faites en votre faveur, dans l'ordre de la grâce, comme dans celui de la nature. Pensez qu'il vous couvre de sa protection contre un nombre presque infini d'ennemis invisibles, qu'il vous préserve de mille accidents qui vous menacent ; que c'est lui, comme dit le Prophète, qui vous pardonne toutes vos iniquités[157], qui guérit vos faiblesses et vos maladies, qui délivre votre vie de la puissance de la mort, qui vous remplit des biens et des marques de sa bonté ; qui contente tous vos désirs, qui renouvelle votre jeunesse comme celle de l'aigle ; qui prend votre défense contre ceux qui vous font injure, et qu'enfin il vous comble de miséricordes. Pour lors, vos entrailles se trouveront émues, vous ne connaîtrez plus ni de devoir ni de précepte, que celui de l'aimer. Toute votre consolation sera d'épancher votre cœur en sa présence vous n'aurez ni assez de temps, ni assez de moyens pour lui donner des témoignages de votre reconnaissance. Et vous vous récrierez comme le

---

[155] Dt 6, 5
[156] Dt 32, 7
[157] Ps 102 (103) 3,

Prophète, par des transports continuels : „Ô mon âme bénissez le Seigneur ; qu'il n'y ait rien en moi qui ne rende gloire à son saint nom et ne perdez jamais le souvenir de ses grâces et de ses bienfaits[158] „. *Benedic anima mea Domino : et omnia quae intra me sint nomini sancto ejus... et noli oblivisci omnes retributiones ejus.*

Quoique cette loi soit immortelle, que nous la portions gravée dans le fond de nos âmes, et qu'il soit aussi essentiel à toute créature raisonnable d'aimer Dieu que de l'adorer, Dieu n'a pas laissé néanmoins d'en faire un précepte qu'il a voulu accompagner de circonstances importantes, en sorte qu'il fît en nous de plus profondes impressions ; qu'il fût plus capable de résister à la corruption du cœur humain, et d'en arrêter l'inconstance.

Et afin que les hommes n'en connaissent pas seulement l'obligation et la nécessité, mais qu'ils en connaissent aussi toute l'étendue, il ne s'est pas contenté de nous dire, „vous aimerez le Seigneur votre Dieu", *Diliges dominum Deum tuum*[159] ; mais pour nous montrer que nous devons l'aimer d'un amour qui n'eût ni bornes, ni mesures, ni réserve, il ajoute ces mots: de tout votre coeur, *Ex toto corde* ; de toute votre âme, *Ex tota anima* ; de tout votre esprit, *ex tota mente*. Enfin, de toutes vos forces et de toute votre puissance, *Ex tota fortitudine tua.*

Ces mots si essentiels à ce précepte qui est le plus important de tous, et le plus nécessaire – aussi bien que le plus saint – se trouvent dans une infinité d'endroits de l'Ancien et du Nouveau Testament. Moïse, qui est le premier dont il a plu à Dieu de se servir pour le déclarer aux hommes, a pris un soin tout particulier d'en recommander l'observation. Il dit au peuple dans le chapitre 6 du Deutéronome : vous aimerez le Seigneur votre Dieu de tout votre cœur,

---

[158] Id. 1-2 / Ps 102 (103) 1-2
[159] Dt 6, 4

Chapitre VII - Question première

de toute vote âme, et de toute votre force ; *Diliges dominum Deum tuum ex toto corde, ex tota anima tua, ex tota fortitudine tua.* Que ce commandement que je vous fais aujourd'hui demeure dans votre cœur ; vous l'apprendrez à vous enfants, vous le méditerez sans cesse dans votre maison, dans vos voyages, en vous couchant et vous levant ; *Erunt verba hæc quæ ego præcipio tibi hodie, in corde tuo, et narrabis ea filiis tuis, et meditaberis in eis sedens in domo tua, et ambulans in itinere, dormiens atque consurgens*[160].

Dans le chapitre 10[161] : O Israël, qu'est-ce que le Seigneur votre Dieu demande de vous, sinon que vous le craigniez et que vous marchiez dans ses voies, que vous l'aimiez, et que vous le serviez de toute votre cœur, et de toute votre âme : *Quid Dominus Deus petit a te, nisi ut timeas Dominum Deum tuum ; et ambules in viis ejus, et diligas eum ac servias Domino Deo tuo in toto corde tuo, et in tota anima tua.*

Dans le chapitre 13[162] : Vous n'écouterez point les paroles de ce Prophète, de ce rêveur, car c'est le Seigneur votre Dieu qui vous éprouve afin que tout le monde connaisse si vous l'aimez, ou non, de tout votre cœur et de toute votre âme : *Non audies verba Prophetae illius, aut somniatoris quia tentat vos Dominus Deus vester ut palam fiat utrum diligatis eum, an non, in toto corde et en tota anima vestra.*

Dans le chapitre 11[163] : Si vous obéissez au commandement que je vous fais aujourd'hui d'aimer le Seigneur votre Dieu, et de le servir de tout votre cœur et de toute votre âme ; *Si ergo obedieritis mandatis meis, quæ ego hodie præcipio vobis, ut diligatis dominum*

---

[160] Dt 6,6.
[161] Dt 10, 12
[162] Dt 13, 3
[163] Dt 11,13

Deum vestrum et serviatis ei in toto corde vestro, *et in tota anima vestra.*

Dans le chapitre 30[164] : Si vous écoutez la parole du Seigneur votre Dieu ; si vous gardez ses commandements, les cérémonies qui sont dans sa loi, et que vous retourniez à votre Dieu de tout votre cœur et de toute votre âme. *Et si audieris vocem domini Dei tui et custodieris præcepta ejus, et ceremonias quæ in hac lege conscripta sunt, et revertaris ad dominum tuum in toto corde tuo et in tota anima tua.*

Vous voyez dans le Livre de Josué[165] la confirmation de ce même précepte. Gardez, dit-il au peuple d'Israël, avec soin et d'une manière effective le commandement que vous avez reçu de la bouche de Moïse le serviteur de Dieu : Aimez le Seigneur, marchez dans toutes ses voies, observez ses commandements, attachez-vous à lui, et servez-le de tout votre cœur et de toutes votre âme. *Custodiatis attente et opere compleatis mandatum et legem quam præcepit vobis Moïses famulus Domini, ut diligatis dominum vestrum et ammbuletis in omnibus viis ejus et observetis mandata illius, adhæreatisque ei, ac serviatis in omni corde et in omni anima vestra.* Et peu de temps avant que de mourir, il reconmmande la même chose au peuple[166] : Ayez bien soin par dessus tout d'aimer le Seigneur votre Dieu ; *Hoc tantum diligentissime præcavete ut diligatis Deum vestrum.*

Le prophète Roi ne nous apprend rien davantage, sinon d'aimer, de servir, et de chercher Dieu de tout notre cœur. Ses sentiments, ses expressions, ses paroles enflammées marquent quelle était la violence de son amour. C'est de tous ses efforts et de toute

---

[164] Dt 30,10
[165] Jos 22, 5
[166] Jos 23, 11

Chapitre VII - Question première

sa puissance qu'il loue et qu'il confesse toujours le nom du Seigneur. Tantôt il est enivré de l'abondance de ses grâces ; tantôt il le regarde comme son Père et a pour lui la tendresse d'un enfant, tantôt il soupire après lui, comme un cerf échauffé désire les ruisseaux et les fontaines ; enfin son âme s'épanche en sa présence et se fond comme de la cire par l'ardeur du feu qui le consume.

Il dit dans le psaume 118 (119)[167] que ceux-là sont heureux qui sont sans tache, qui marchent dans la loi de Dieu, qui étudient ses préceptes, et qui le cherchent de tout leur cœur : *Beati immaculati in via qui ambulant in lege Domini, qui scrutantur testimonia ejus, in toto corde exquirunt eum*. Et il dit en quantité de lieux que ceux qui aiment Dieu sont dans l'abondance et jouissent d'une paix profonde.

Craignez Dieu, dit l'Ecclésiastique[168], de toute votre âme ; aimez de toute votre puissance celui qui vous a donné l'être ; honorez Dieu de toute votre âme ; *In tota anima tua, time Dominum, in omni virtute tua dilige eum qui te fecit... Honora Deum ex tota anima tua*. Dans le chapitre 13: Aimez Dieu dans tous les temps de votre vie et invoquez-le pour votre salut : *omni vita tua dilige Deum et invoca illum in salute tua*. Et dans le chapitre 30[169] : Ayez compassion de votre âme, en vous étudiant à plaire à Dieu et ramasssez toute la vertu et la sainteté de votre cœur : *Miserere animae tuae placens Deo, congrega cor tuum in sanctitate ejus*.

Isaïe[170] veut que la conversion d'un pécheur soit aussi entière et aussi profonde que l'a été son égarement, c'est-à-dire que comme

---

[167] vv. 1-2 / Ps 118,1
[168] Si 7, 31-33 (Vulg.) ; 13, 18
[169] v. 24 (Vulg.) / Sir 30,40
[170] Is 31, 6 / Jes 31,6

les pécheurs se sont éloignés de Dieu de toute la force de leurs cupidités, ils reviennent à lui de toute l'étendue de leur amour : *Convertimini, sicut in profundum recesseratis, filii Israël.*

Dieu promet à son peuple par le prophète Jérémie[171], de l'exaucer dans ses prières et de se laisser trouver, pourvu qu'il le cherche dans toute l'étendue de son cœur : *Et invocabitis me, et ibitis, et orabitis me, et ego exaudiam vos. Quæretis me et invenietis, cum quæsieritis me in toto corde vestro.*

Cette obligation si clairement exprimée dans l'Ancien Testament, se reconnaît dans le Nouveau avec tant d'évidence et on l'y voit dans un si grand jour, que saint Augustin dit que la loi nouvelle ne commande qu'une seule chose, qui est d'aimer : *Lex nova nihil nisi amorem jubet.* Il est certain qu'il n'y a rien que l'on remarque davantage dans la parole de Jésus Christ, dans tous les endroits de sa vie et de sa mort, dans les instructions que nous avons reçues de ses apôtres ; et que l'on aperçoit partout cette déclaration si importante que Jésus Christ lui-même a faite aux hommes, quand il a dit[172] : « Je suis venu apporter sur la terre le feu d'une charité toute divine ; puis-je vouloir autre chose, sinon que ce feu s'enflamme ; *Ignem veni mittere in terram, et quid volo nisi ut accendatur ?* »

Les Pharisiens lui ayant demandé quel était le plus grand des préceptes de la loi, il leur répondit[173] que c'était celui d'aimer Dieu de tout son cœur, de toute son âme et de tout son esprit. Et dans saint Marc[174], il ajoute „de toute sa puissance „ : *ex tota virtute.* Il confirme le même précepte dans saint Luc[175], où il dit à tous les hommes[176] : Si quelqu'un veut venir après moi, qu'il renonce à soi-

---

[171] Jr 29, 12-13 / Jes 29, 12-13
[172] Lc 12, 49 / Lk 12,49
[173] Mt 22, 37
[174] Mc 12, 28-30 / Mk 12,28-30
[175] Lc 10, 27 / Lk 10,27
[176] Lc 9, 23-24 / Lk 9, 23-24

Chapitre VII - Question première

même, qu'il porte sa croix tous les jours, et qu'il me suive. Dans le verset 24 : Celui qui perdra son âme pour l'amour de moi la sauvera. Et dans le chapitre 14[177] : « Si quelqu'un vient à moi et ne hait pas son père et sa mère, sa femme et ses enfants, ses frères, et ses sœurs et même sa propre vie, il ne peut être mon disciple. Quiconque ne porte pas sa croix et ne vient pas après moi ne peut être mon disciple ». On ne saurait pas demander un amour plus vif ni qui aille plus loin.

Ce que Dieu nous a fait connaître par la parole de son Fils, il nous l'a enseigné dans sa mission sur la terre. Car depuis qu'il nous a dit[178] qu'il avait aimé les hommes jusquau'point d'envoyer son Fils unique, afin que quiconque croit en lui ne périsse point mais qu'il ait la vie éternelle : *Sic Deum dilexit mundum ut filium suum unigenitum daret...,* nous ne saurions plus douter de quel amour nous sommes obligés de l'aimer, puisque nous ne pouvons ignorer qu'une grâce infinie ne mérite et n'exige une reconnaissance infinie. La reconnaissance est une disposition de justice et de charité tout ensemble ; c'est un sentiment du cœur qui se règle et se mesure par la nature de la grâce, par la qualité du motif et de la personne qui la confère. Et comme il n'y a rien en ceci que d'infini : le don est Jésus Christ ; *Filius datus est nobis*[179]. Nous le recevons de la charité du Père : *Propter nimiam charitatem suam qua dilexit nos, et cum essemus mortui peccatis, con vivificavit nos in Christo*[180]. Et par conséquent, il faudrait que la reconnaissance pour être proportionnée fût infinie. Mais si cela n'est pas possible parce que l'homme étant borné dans sa nature l'est aussi dans tous ses sentiments et ses disposistions, au moins on ne saurait disconvenir qu'il

---

[177] Lc 14, 26-27 /Lk 14, 26-27
[178] Jn 3, 16 / Joh 3,16
[179] Is 9, 6 / Jes 6,6
[180] Ep 2, 4-5 / Eph 2,4-5

ne doive à son bienfaiteur et à son Dieu toute la reconnaissance dont il peut être capable ; et qu'il ne soit obligé de l'aimer de tout son cœur, de toutes ses forces et de toutes ses puissances.

Nous voyons la même chose dans tous les accidents de la naissance de Jésus Christ ; dans le cœur de sa vie mortelle, mais principalement dans toutes les circonstances de sa Passion, puisqu'elle est un martyre d'amour, comme un martyre de sang ; et que la charité toute seule a été la cause de son martyre : *... cum dilexisset qui erant in mundo, in finem dilexit eos*[181]. Aussi l'Église n'a rien de plus touchant à nous dire lorsque voulant exciter l'amour et la piété de ses enfants, après avoir rappelé dans leur mémoire les grâces que la miséricorde de Dieu leur a faites, elle finit par celle-ci qui est le comble été la consommation de toutes les autres, et se récrie en lui adressant sa parole dans le mouvement de sa tendresse : « Seigneur vous avez livre votre propre Fils à la mort pour racheter votre esclave : *Ut servum redimeres filium tradidisti*[182].

Saint Jean, dans sa première Epître, ne parle rien que de charité et d'amour : « N'aimons pas de paroles et de la langue, mais par œuvres et en vérité ; celui qui n'aime point ne connaît point Dieu »[183] parce que Dieu est charité.

Saint Paul dans la première à Timothée[184], dit que la charité est la fin du précepte ; c'est-à-dire qu'un chrétien n'est fait que pour aimer.

Il ne faudrait pas demander après cela de quelle manière on doit aimer Dieu ; toutes ces considérations parlent assez d'elles-mêmes : et si elles ne sont pas également entendues, c'est à cause que c'est le langage du coeur : il faut en avoir un pour l'entendre, et la plupart

---

[181] Jn 13, 1 / Joh 13,1
[182] cf. « Exsultet » de la nuit pascale. /
[183] 1 Jn 3, 18 + 4, 8 / 1 Joh 3, 18 u. 4,8
[184] v. 1, 5 / 1 Tim 1,5

Chapitre VII - Question première

des hommes n'en ont point. Mais pour les Saints qui ont reçu ce cœur et cet esprit nouveau que Dieu nous promet par son Prophète[185] : *Dabo vobis cor novum et spiritum novum ponam in medio vestro...* Ils sont pénétrés de ces vérités et nous voyons par les instructions qu'ils nous ont laissées - comme autant de monuments de la grandeur de leur amour – qu'elles avaient fait en eux de profondes impressions.

Saint Basile[186] nous apprend que la charité que nous devons avoir pour Dieu n'est point une chose qui s'enseigne car, dit ce grand docteur, nous n'avons jamais eu besoin d'instruction pour savoir qu'il faut se réjouir de la lumière, aimer la vie, chérir ceux qui nous ont donné la nassaince et de qui nous avons reçu l'éducation. Ont doit croire avec beaucoup plus de fondement que l'amour de Dieu ne s'acquiert point par une instruction étrangère, mais que dans le moment que cet animal raisonnable que l'on appelle homme a été créé, notre inclination naturelle nous a donné une faculté raisonnable qui nous a fait trouver en nous-mêmes cette inclination à aimer Dieu. Mais il faut savoir qu'encore que ce commandement soit unique, il embrasse néanmoins en puissance tous les autres, et il n'y en a aucun qu'il n'accomplisse. Car celui qui m'aime, dit Jésus Christ[187], gardera mes commandements. Nous n'avons pas besoin d'instruction, ajoute saint Basile, pour aimer avec ardeur ce qui nous touche par des considérations domestiques, par les engagements de la nature, et nous sommes portés par notre propre inclnation à vouloir du bien à ceux auxquels nous avons de l'obligation. Qu'y a-t-il de plus admirable que la beauté de Dieu ? Pouvons-nous nous former une idée plus agréable dans notre esprit

---

[185] Ez 36, 26
[186] GR (In Reg. Fus.) quest. 2 ; *Les Règles monastiques*, p. 49 /
[187] Jn 14, 23 / Joh 14,23

que celle de sa magnificence ? Que peut-on concevoir de plus impétueux – et dont la violence soit moins supportable – que le désir que Dieu fait naître dans une âme qui est purifiée de toutes sortes de malice ? Et qui peut dire avec vérité comme l'Epouse du Cantique : « Je fus blessée de la divine charité[188] » ?

Il dit encore que l'amour de Dieu est une dette que nous sommes obligés de lui payer ; et que le plus grand de tous les maux qui puisse arriver à l'âme, c'est d'être privée de cette vertu... Que si tous les animaux aiment naturellement ceux qui leur ont donné la naissance, comme il paraît dans les bêtes et dans les enfants envers leurs mères, ne paraissons-nous point plus déraisonnables que des enfants, et plus brutaux que des bêtes, en demeurant sans aucun mouvement d'amour envers celui qui nous a créés comme s'il ne nous était rien ? Car quand nous ne serions point convaincus d'ailleurs des effets de sa bonté, cette seule considération, qu'il nous a donné la naissance, nous obligerait à l'aimer avec ardeur par-dessus toutes les choses imaginables, et à nous attacher continuellement à lui comme des enfants le sont au col de leur mère. Enfin, après s'être étendu sur les obligations que nous avons à Dieu de nous avoir donné la vie par la création, et racheté de la mort par les abaissements de son Fils, il finit par ces paroles : Il est si bon qu'il n'attend rien de notre part en échange de tant de bienfaits, sinon que nous l'aimions ; et il n'exige point de nous aucune autre reconnaissance.

Saint Macaire[189], après avoir parlé de l'attachement que les gens du monde ont aux personnes et aux grandeurs passagères, dit

---

[188] Cf. Ct 2, 5 / vgl. Hld 2,5
[189] Macaire : *Homélie 10* „Les homélies spirituelles de saint Macaire", p. 154 ... Abbaye de Bellefontaine : Spiritualité orientale n° 40 / Makarius 10, Homilie

Chapitre VII - Question première

que si ceux qui se conduisent par les sentiments de la chair les désirent avec tant d'ardeur, les âmes qui sont éclairées de ce rayon spirituel, vivifiées de l'esprit de la divinité, et qui ont le cœur blessé des traits de l'amour divin dont elles brûlent par Jésus Christ sont comme enchaînées par cette beauté, par cette gloire ineffable, par cette magnificence incorruptible, par ces richesses inconcevables de leur Roi véritable et éternel ; que l'envie qu'elles ont de le posséder les embrase d'une cupidité sainte ; qu'elles sont toutes à lui et qu'elles s'y attachent sans réserve.

Saint Augustin dit[190] que Dieu est la source de notre béatitude, la fin de tous nos désirs. Que c'est lui que nous devons choisir, ou plutôt que nous devons reprendre, parce que nous l'avons perdu en le négligeant. Qu'il faut que nous allions à lui par l'amour, afin qu'y étant arrivés, nous y trouvions notre repos et notre bonheur puisque rien ne manque à ceux qui ont acquis cette fin : *Hunc eligentes, seu potius reeligentes, amiseramus enim negligentes, ad eum dilectione tendimus, ut perveniendo requiescamus. Ideo beati, quia illo fine perfecti.* ... Il nous est commandé d'aimer ce souverain bien, de tout notre coeur, de toute notre âme et de toute notre puissance. Et nous devons y être conduits par ceux qui nous aiment, comme nous devons y conduire ceux que nous aimons. Nous accomplissons ainsi ces deux préceptes, en quoi consiste toute la loi et les Prophètes[191] : *Diliges Dominum Deum tuum* ... Afin donc que l'homme pût apprendre à s'aimer lui-même, on lui a donné une fin à laquelle il rapportât toutes ses actions... La charité de Dieu est une action de rectitude qui regarde Dieu incessamment ; c'est le

---

[190] *De Civitate Dei* Lib. 10 c. 4 /
[191] Mt 22, 37

lien des âmes, la société des fidèles[192] : *Caritas est actio rectitudinis oculos semper habens ad deum, glutinum animarum et societas fidelium.*

Le commandement que l'on vous donne est court[193] : Aimez et faites ce que vous voudrez. Si vous gardez le silence, que ce soit par amour. Si vous parlez, que ce soit par amour. Si vous pardonnez, que ce soit par amour. Ayez la charité dans le fond de votre cœur, il ne peut rien naître que de bon de cette racine. *Breve præceptum tibi præcipitur. Dilige et fac quod vis. Sive taceas, dilectione taceas ; sive clames ; dilectione clames ; sive emendes, dilectione emendes ; sive parcas, dilectione parcas : radix sit intus dilectionis. Non potest de illa radice nisi bonum exire.*

Ce saint Docteur a tellement cru que l'amour de Dieu devait entrer dans toutes les actions et dans tous les endroits de la vie d'un chrétien, qu'il nous enseigne que bien vivre, n'est autre chose qu'aimer Dieu de tout son cœur, de toute son âme, et de tout son esprit. Il réduit toutes les vertus à la charité seule : il dit qu'elle prend des noms différents selon ses mouvements, ses exercices et ses applications différentes ; qu'elle s'appelle tantôt tempérance lorsqu'elle empêche que nulle volupté ne corrompe l'amour que nous portons à Dieu ; tantôt force lorsqu'elle fait que nulle adversité ne nous en sépare ; tantôt justice quand elle ne souffre pas que l'on serve à d'autre qu'à lui ; et tantôt prudence quand elle veille pour discerner les choses, de peur qu'on ne se laisse surprendre par l'artifice et par le déguisement.

Saint Fulgence dit[194] que la pensée se porte où est notre trésor, selon cette parole de la vérité : *Ubi enim est thesaurus tuus, ibi est*

---

[192] Augustin in : Commentaire de la première Epître de Jean : Traité VII, 7 / *Augustinus, In Ioannis euangelium tractatus VII. 7*
[193] Augustinus, In Ioannis epistulam ad Parthos tractatus VII (Migne 35, 2033).
[194] In sermone de confessoribus et dispensatoribus domini ; Mt 6, 21

Chapitre VII - Question première

et cor tuum. Si donc nous voulons avoir un trésor dans le ciel, aimons les choses célestes. Voulez-vous savoir où est votre trésor, regardez ce que vous pensez, et il arrivera que vous connaîtrez votre trésor par votre amour, et votre amour par votre pensée.

Saint Paulin dit[195] que la bonté de Dieu est telle qu'il veut bien nous remettre nos iniquités passées, pourvu que nous le servions pour notre utilité, comme nous avons servi les démons pour notre dommage, selon la parole de l'apôtre[196] : *Sicut exhibuistis membra vestra servire immunditiæ, et iniquitati ad iniquitatem, ita nunc exhibete membra vestra servire justitiæ in sanctificationem.* C'est-à-dire que nous nous plaisions dans le Seigneur autant que nous sommes, plus dans le péché ; que nous recherchions le Royaume de Dieu avec autant d'ardeur que nous avons recherché les dignités mondaines. Enfin, que nous ayons pour les choses du ciel autant de soin et d'affection que nous en avons eu pour celles de la terre : «*Ut eadem affectione delectemur in Domino qua delectati sumus in peccato : sic ambiamus regnum Dei, quomodo ambivimus sæculi dignitatem et denique tam diligenter curemus bona cælestia, quam terrrena curavimus.* »

Que rendons-nous à Dieu, dit le même saint[197], pour tous les maux qu'il a endurés pour l'amour de nous ? pour son Incarnation, pour les opprobres, pour les mauvais traitements, pour sa flagellation, pour sa passion, pour sa mort, pour sa sépulture ? donnons-lui notre amour pour ce que nous lui devons ; donnons-lui notre charité pour présent ; notre reconnaissance pour salaire et, malheur à nous si nous manquons de l'aimer. *Reddamus ergo amorem pro debito ;*

---

[195] Epist. 29 ad Apr.
[196] Rm 6, 19 / Röm 6,19
[197] *Ép. 4 ad Sev.*

charitatem pro munere, gratiam pro pecunia : Vœ nobis nisi dilexerimus.

St Bernard dit[198] de l'amour de Dieu : Voulez-vous savoir pourquoi et comment il faut aimer Dieu ? Je vous réponds que la cause par laquelle on le doit aimer, c'est lui-même et pour la mesure, c'est de l'aimer sans mesure. *Vultis a me audire quare et quomodo diligendus sit Deus ? Et ego dico, quod causa diligendo Deum Deus est ; modus, sine modo diligere.*

Saint Jean Climaque[199] dit que l'amour divin ne tombe point, ne s'arrête point dans sa course et ne donne point de repos à celui qui ayant été une fois percé de ses traits, est comme transporté d'une sainte et bienheureuse ivresse. …Une mère, dit le même saint, ne prend pas tant de plaisir à tenir entre ses bras son enfant qu'elle nourrit de son lait, que celui que l'on peut nommer l'enfant de l'amour divin, prend plaisir d'être toujours uni à Dieu et comme dans les bras de ce Père. Celui qui aime véritablement se représente sans cesse le visage de la personne qu'il aime, et le regarde avec tant de joie au-dedans de sa pensée, que le sommeil même n'est pas capable de le détourner de cet objet, son affection le lui faisant voir en songe. Il en arrive ainsi dans les choses spirituelles. Ce qui fait dire à l'épouse dans le Cantique[200], ces paroles que j'admire, lorsque blessée du trait de l'amour divin, elle dit : « Je dors par la nécessité de la nature, mais mon cœur veille par la grandeur de mon amour ».

---

[198] *Traité de l'amour de Dieu. Chap. 1*
[199] *Grad 30, art 3,12,13 Ech.ste. pp. 305-306 Ed. Bellefontaine, Spiritualité orientale 24 / Johannes Klimakos, Grad. 30, Art. 3, 12.13.*
[200] Cf. Ct 5,2.: Ego dormio, et cor meum vigilat. / Vgl. Hld 5,2

Question II

Dites-nous précisément comment nous devons entendre ce précepte d'aimer Dieu et ce que nous devons faire pour nous en acquitter ?

Réponse

Il faudrait, mes frères, ne pas déférer au témoignage de l'Écriture, ni aux sentiments des saints Pères, pour vous répondre autre chose sur cette question, sinon quand Dieu nous a fait ce commandement, *Diliges dominum Deum tuum*. Il a voulu nous marquer que nous étions obligés de l'aimer de tout le sentiment de notre cœur; de toute son étendue et de toutes ses puissances : c'est-à-dire autant que nous le pouvons et que nous en sommes capables.

Nous l'aimons de tout notre cœur, *Ex toto corde* ; quand nous allons et que nous nous unissons à lui par tous les mouvements de notre cœur et que nous y attachons toutes ses affections. Nous l'aimons de tout notre esprit, *Ex tota mente*, quand notre esprit s'occupe de lui, qu'il est le principal objet de nos pensées, et que le plus grand de nos soins est de méditer ses beautés et de méditer ses vérités éternelles. Nous l'aimons de toute notre âme, *Ex tota anima*, quand nous le regardons dans l'usage que nous faisons de toutes les facultés de notre âme et que nous employons notre homme tout entier, intérieur et extérieur, pour le servir et pour lui plaire. Nous l'aimons de toutes nos forces, *Ex tota virtute* : lorsque ; en lui rendant une obéissance exacte dans toutes les choses qu'il nous a prescrites, nous l'avons devant les yeux. Et qu'observant jusqu'au moindre de ses commandements, nous nous le proposons pour l'unique fin de tout notre conduite, selon cette parole de l'apôtre :

quoique vous fassiez, faites-le au Nom de Jésus Christ[201] : *Omne quodcumque facitis in verbo aut in opere, omnia in nomine Domini Jesu Christi.*

Ne croyez pas, mes frères, que l'on satisfasse à ce commandement par une obéissance simplement extérieure, par une observation de la loi, par des exercices de piété, ni par une pratique littérale des préceptes, quelque exacte qu'elle puisse être, lorsqu'elle ne sort pas du sein de Dieu comme de sa fournaise, qu'elle n'est pas animée de son amour et qu'elle ne va pas à lui comme à sa fin.

Ne vous imaginez pas que l'intégrité avec laquelle vous pourriez garder toutes vos règles, votre fidélité dans vos jeûnes, vos veilles, vos travaux, vos mortifications, votre silence et vos autres austérités suffisent pour vous acquitter de cette obligation. La charité de Dieu est une disposition toute intérieure, et quoiqu'elle s'exprime par des œuvres, et qu'elle se déclare par les actions des sens, néanmoins elle réside dans le cœur. C'est le cœur qui aime véritablement : l'amour est une affection du cœur, quand le cœur n'agit pas, il n'y a point de véritable amour.

En effet, que penseriez-vous d'un courtisan qui après avoir reçu mille témoignages de la bonté de son roi, lui dirait : « Je vous obéirai en toutes choses, j'exécuterai tous vos ordres exactement. Mais mon cœur est de glace pour vous, il ne sent aucun mouvement d'affection qui l'attache à votre personne ». Ne diriez-vous pas qu'il serait le plus injuste et le plus ingrat de tous les hommes, et qu'il mériterait de perdre pour jamais les bonnes grâces de son prince ? Pouvez-vous juger plus favorablement d'un chrétien, qui étant redevable à Jésus Christ, le Roi des rois, de son être, de sa vie, de son salut, se contente de lui rendre une soumission légale ; d'obéir extérieurement à ses commandements, et qui, à la vérité garde ses

---

[201] Col 3, 17 / Kol 3,17

Chapitre VII - Question II

préceptes à la lettre, mais qui n'a pour lui ni sentiment ni tendresse et qui se persuade qu'il n'est pas obligé d'en avoir ? Cette disposition ne mérite-t-elle pas que son divin maître lui demande, selon les paroles de l'Écriture[202], comment il ose paraître devant lui sans être revêtu de la robe nuptiale ? Qu'il le chasse de sa présence, et qu'il rejette sans aucune compassion, et sa personne et ses services!

Vous savez, mes frères, que Jésus Christ nous a dit que depuis la nouvelle alliance, son Père voulait être adoré en esprit et en vérité[203] : *Venit hora et nunc est, quando veri adoratores adorabunt Patrem in spiritu et veritate. Nam et Pater qœrit, qui adorent eum.* C'est un des avantages que la seconde loi a par-dessus la première, et saint Augustin[204] nous apprend que le vrai culte que nous devons à Dieu, est la piété même, et que l'on n'adore Dieu qu'en l'aimant. *Pietas et cultus Dei, nec colitur ille nisi amando.* Il faut donc l'aimer en esprit et en vérité, pour lui rendre une adoration spirituelle et véritable.

Nous aimerons Dieu en esprit quand nous l'aimerons par la tendresse et par le sentiment de notre cœur ; quand notre âme se portera à cette souveraine bonté par les pensées et les affections saintes d'une charité toute divine. Et nous l'aimerons en vérité lorsque notre amour sera effectif, conforme à toutes ses volontés et à toutes les règles, selon lesquelles il nous a déclaré qu'il voulait que nous l'aimions. Ces règles, dit saint Augustin[205], sont ces paroles : « *Diliges dominum tuum ex toto ... Et proximum tuum sicut te ipsum ; hæc enim regula dilectionis divinitus constitua est. Diliges proximum tuum sicut te ipsum : Deum vero ex toto corde*" De sorte que,

---

[202] Cf. Lc 19, 22 + Mt 22, 12 / *Vgl. Luk 19,22 ; Mt 22,12.*
[203] Jn 4, 23-24 / Joh. 4,23
[204] *La cité de Dieu* : Lib. 10, c. 4 / Nicht de Civitate Dei, sondern *Ep. 140, XVIII, 45. PL 33,557, CSEL 44,II,III, S.193*
[205] *Lib I De Doct. Christ.* : c. 22. / *De Doctrina Christiana I, 22*

pour rendre notre amour réel et effectif, et pour aimer Dieu dans cette vérité qu'il demande de nous, il faut l'aimer dans le sens de ces paroles : *ex toto corde*. C'est-à-dire qu'il faut l'aimer de toute notre capacité et de tous nos efforts, dans tous les temps, les lieux et les circonstances de notre conduite. Il faut, comme l'explique le même saint, que nous lui rapportions toutes nos pensées, toutes les actions de notre esprit, tout l'état de notre vie. Ces termes, continue-t-il, *ex toto corde*, montrent que tout lui appartient, ne laissent aucun vide et ne permettent pas qu'aucune affection étrangère trouve en nous la moindre entrée ni qu'elle y occupe la moindre place. Au contraire, s'il se présente quelque autre chose à notre esprit qui sollicite notre cœur, il faut qu'il se tourne aussitôt où le doit porter l'impétuosité de notre amour : *Si quid aliud diligendum venit in animum : illuc rapiatur quo totus dilectionis impetus recurrit.*

Rien n'est plus pressant et plus positif que ce que nous apprend saint François de Sales, quand il dit dans son *Traité de l'Amour de Dieu* : C'est par un effet tout particulier de sa Providence, que le Concile de Trente exprime le céleste commandement d'aimer Dieu par le mot de dilection plutôt que par celui d'amour ; car bien que la dilection soit un amour, elle n'est pas un simple amour[206], mais un amour accompagné de choix et d'élection, comme la parole même le porte, ainsi que le remarque saint Thomas. Car ce commandement nous enjoint un amour élu entre mille, comme le bien-aimé de cet amour est exquis entre mille, ainsi que la bien-aimée Sulamite l'a remarqué au Cantique[207].

C'est l'amour qui doit prévaloir sur tous nos amours, et régner sur toutes nos passions. Et c'est ce que Dieu requiert de nous,

---

[206] Rancé écrit / Rancé schreibt: 'bien que la dilection soit un amour, si est-ce qu'elle n'est pas un simple amour, mais ...'
[207] Cf. Ct 7, 1-10.

Chapitre VII - Question II

qu'entre tous nos amours, le sien soit leplus cordial, dominant sur tout notre cœur, le plus affectionné, occupant toute notre âme ; le plus général, employant toutes nos puissances ; le plus relevé, remplissant tout notre esprit, et le plus ferme, exerçant toute notre force et vigueur.... Et il continue en disant : L'amour de Dieu est l'amour sans pair parce que la bonté de Dieu est la bonté sans pareille. 'Écoute Israël, ton Dieu est seul Seigneur, et partant tu l'aimeras de tout ton cœur , de toute ton âme, de tout ton entendement et de toute ta force ; parce que Dieu est seul Seigneur et que sa bonté est éminent au-dessus de toute bonté. Il le faut aimer d'un amour relevé, excellent et puissant, au-dessus de toute comparaison....Et il conclut : Or , ne voyez-vous pas, Théotime, que quiconque aime Dieu de cette sorte, il a toute sa force et toute son âme dédiée à Dieu, puisque toujours et à jamais en toutes occurences, il préfèrera la bonne grâce de Dieu à toutes autres choses, et sera toujours prêt de quitter tout l'Univers pour conserver l'amour qu'il doit à la souveraine bonté. Et c'est enfin l'amour d'excellence ou l'excellence de l'amour qui est commandé à tous les mortels en général et à chacun d'eux en particulier dès lors qu'ils ont le franc usage de raison. Amour suffisant pour un chacun et nécessaire à tous pour être sauvés.

Ainsi, mes frères, si vous voulez accomplir ce précepte *Diliges Dominum*... aimez Dieu comme les enfants aiment leur père; unissez-vous à lui par l'aspiration, par le désir de votre cœur, n'y laissez rien entrer qui n'ait rapport à la gloire de son nom. Faites autant que la fragilité et l'inconstance humaine le peut permettre, qu'il soit l'objet unique ou principal de toutes vos pensées, la fin de vos paroles, et de vos actions. Ne négligez rien des choses qu'il vous a prescrites soit dans son Évangile, soit dans votre Règle. Faites que le soin que vous aurez d'obéir à ses volontés, n'ait point d'autre but que celui de lui plaire. Ayez-le devant les yeux, comme vous l'ordonne l'apôtre[208] dans les choses mêmes les plus naturelles et les plus nécessaires : *Sive ergo manducatis, sive bibitis sive aliud quid facitis, omnia in gloriam Dei facite.* Joignez le cœur à vos œuvres, l'esprit à la lettre de votre obéissance ; vous vous garantirez par là de l'aveuglement de ceux qui se figurent et qui disent qu'ils aiment Dieu et qui cependant se dispensent de l'observation de ses préceptes, et ne donnent aucune marque sensible de leur amour. Vous éviterez l'inconvénient opposé, dans lequel se trouvent ceux qui multiplient leurs actions, qui sont exacts dans l'accomplissement des devoirs d'une piété toute extérieure, et qui font consister l'obligation d'aimer Dieu dans une justice purement légale, sans croire qu'il soit nécessaire de l'aimer par le mouvement du cœur. L'illusion des premiers est condamnée par ces paroles du Saint Esprit : *Qui dicit se nosse eum et mandata ejus non custodit, mendax est et in hoc veritas non est.*[209] Et Jésus Christ a jugé l'égarement des autres, quand il a dit : *Populus hic labiis me honorat, cor autem eorum longe est à me.*[210]

Moïse disait[211] au peuple de Dieu qu'il n'avait point d'excuse dont il pourrait se couvrir au cas où il ne serait pas fidèle à obéir à ce précepte : qu'il n'était ni au-dessus de lui ni loin de lui et qu'il ne pouvait pas dire : *Comment monterons-nous dans ciel ?* ou : *Irons-nous au-delà des mers pour le chercher ?* Puisqu'il l'avait devant les yeux, dans le fond de son cœur, en sorte qu'il ne tenait qu'à lui de l'accomplir. Mais vous serez bien plus inexcusables que ce peuple, si vous manquez de l'observer. Je ne dis pas d'une ma-

---

[208] 1 Co 10, 31. / 1 Kor 10,31
[209] 1 Joh 2,4
[210] Mt 15,8 / Jes 29, 13
[211] Dt 30, 11 ... / Dtn 30, 11-13

nière commune, mais dans toute la perfection qui vous sera possible, après les grâces, les facilités et les avantages qu'il vous a donnés.

Ce qui fait que l'Amour de Dieu est si rare dans les hommes, c'est qu'ils sont ou partagés, ou emportés par d'autres amours. Ce nombre presque infini d'objets, qui les environnent, tend incessamment des pièges à leur fidélité. Tout ce qui frappe leurs sens, frappe leur esprit et entre presque toujours dans leur cœur ; le penchant qu'ils ont aux créatures est si grand et si continuel qu'ils se laissent gagner par leurs moindres attraits comme s'ils étaient sans force et sans défense. Si on échappe aux attaques de l'ambition, on ne résiste pas à celles de l'avarice. Si on méprise les plaisirs, on se laisse aller au désir de la réputation et de la gloire, et souvent la paresse abat ceux qui ont surmonté les passions les plus vives et les plus violentes.

Pour vous, mes frères, Dieu vous a levé tous ces obstacles, et vous a préservés de ces sortes de tentations en vous retirant dans la solitude. Vous êtes à l'égard du monde, comme s'il n'était plus ; il est effacé dans votre mémoire, comme vous l'êtes dans la sienne. Vous ignorez tout ce qui s'y passe, ses événements, et ses révolutions les plus importantes ne viennent point jusqu'à vous. Vous n'y pensez jamais que lorsque vous gémissez devant Dieu de ses misères ; et les noms mêmes de ceux qui le gouvernent vous seraient inconnus si vous ne les appreniez par les prières que vous adressez à Dieu pour la conservation de leurs personnes. Enfin vous avez renoncé, en le quittant, à ses plaisirs, à ses affaires, à ses fortunes, à ses vanités, et vous avez mis tout d'un coup dessous vos pieds, ce que ceux qui l'aiment et qui le servent ont placé dans le fond de leur coeur.

Ainsi, mes frères, que rien ne vous empêche de donner le vôtre à Jésus Christ d'une manière qui soit digne de l'obligation que vous lui avez. Répondez à l'excès de sa bonté par la plénitude de votre amour ; que votre âme soupire sans cesse après lui, qu'elle aille à lui par de continuels efforts, et qu'elle ressente, s'il est possible cette bienheureuse défaillance dont parle le Prophète quand il dit[212] : *Concupiscit et deficit anima mea in atria domini*. En un mot, rendez toutes vos actions si pures et si saintes dans l'usage que vous ferez de votre pauvreté, de votrre solitude, de votre silence, de votre austérité, et de tant d'autres dons que vous avez reçus de Jésus Christ. Qu'elles soient à ses yeux comme autant de sacrifices d'une louange immortelle pour toutes les miséricordes qu'il vous a faites.

Question III

Que peut-on croire d'un Religieux qui néglige des choses prescrites par sa Règle, sous prétexte qu'elles lui semblent peu importantes, et qui veut bien commettre des fautes qui lui paraissent légères ?

Réponse

On peut dire avec beaucoup de raison qu'un religieux qui agit de la sorte n'aime pas Dieu véritablement, qu'il a quitté la voie de son salut, et qu'il marche dans un chemin qui le conduit à la mort. Car, premièrement, Dieu nous déclare qu'il donne sa malédiction à ceux qui le servent avec négligence. *Maledictus qui facit opus Dei fraudulenter*[213].

---

[212] Ps 83 (84), 3
[213] Jr 48, 10 / Jer 48,10

Chapitre VII - Question III

Secondement, nous voyons par l'Écriture, que celui qui n'évite pas les petites fautes, ne s'empêchera jamais d'en commettre de grandes. *Qui spernit modica, paulatim decidet*[214].

En troisième lieu, ce religieux est dans une résistance, fixe et arrêtée, aux ordres de Dieu. Il l'a destiné pour une vie toute sainte et toute parfaite, à laquelle il veut qu'il tende et qu'il s'élève incessamment. Cependant il a une volonté toute contraire puisqu'il se plaît dans ses imperfections, que ses misères le contentent, et que rien n'est plus opposé au désir qu'il doit avoir de devenir parfait, que l'attachement qu'il a à son péché. „Malheur, dit saint Bernard[215], à ces misérables religieux qui se contentent de leurs défauts et de leurs imperfections, ou pour mieux dire, de leur pauvreté et de leur indigence : car qui est celui d'entre eux qui aspire seulement à la perfection qui est marquée dans l'Écriture ? *Vae generationi huic miserae ab imperfectione sua, cui sufficere videtur insufficientia, immo inopia tanta, quis enim ad perfectionem illam, quam scriptuae tradunt, vel aspirare videtur?*

Enfin, ce qui fait que ce religieux ne commet pas de grandes fautes, mais qu'il ne se soucie point d'en commettre de petites, c'est qu'il sait que les unes seraient châtiées avec rigueur, et qu'il s'imagine que les autres doivent être impunies ou qu'elles n'auront que des peines légères. Il craint le châtiment, mais il n'aime point la justice, et il n'y a que la punition qui suit les crimes qui l'empêche de les commettre. Ainsi cet homme, appelé de Dieu par son état, à la perfection des apôtres, languit malheureusement dans une disposition qui ne serait pas supportable dans le moindre des chrétiens. Et il compte pour rien d'offenser la Majesté de son Dieu et de lui faire des injures, pourvu qu'il puisse se flatter en se persuadant qu'il

---

[214] Si 19,1 / Sir 19,1
[215] Sermon *De Diversis*, 27 / Sermo 27,5

ne les vengera pas, et qu'il ne sera point écrasé du poids se ses jugements. Mais cet insensé se trompe : car quoique ses péchés soient véniels par eux-mêmes, ce désir de le commettre et cette incorrigibilité volontaire est un état qui cause la mort. C'est un péché contre le saint Esprit, c'est une impénitence qui ne sera jamais pardonnée. Que personne ne dise en lui-même, s'écrie saint Bernard[216], ces fautes sont légères et je ne me soucie pas de les commettre, ni de m'en corriger, ce n'est pas une chose fort importante de demeurer des ces péchés qui sont petits et véniels : *Nemo dicat in corde suo, lævia sunt ista, non curo corrigere, non est magnum si in his maneam venialibus minimisque peccatis*. Cela même est une impénitence, c'est un blasphème contre le saint Esprit, c'est un blasphème irrémédiable. *Hæc est enim impenitentia, hæc blasphemia in Spiritum sanctum, hæc blasphemia irremissibilis*. Paul, à la vérité commit des blasphèmes, mais non pas contre le saint Esprit puisqu'il pécha dans le temps de son incrédulité et par ignorance. Et c'est ce qui fut cause qu'il en obtint le pardon. *Paulus quidem blasphemus fuit, sed non in Spiritum sanctum, quia ignorans fecit; in incredulitate non in Spiritum sanctum blasphemans : ideo consecutus est misericordiam.*

Croyez donc, mes frères, qu'il n'y a rien de petit de ce qui déplait à Dieu et qui combat ses volontés et ses ordres. Tous les péchés sont des désobéissances ; et ceux qui nous paraissent légers, quand on les regarde auprès des grands maux, deviennent considérables aussitôt qu'ils sont mis auprès de la Majesté de Dieu, ou qu'on les voit dans leurs effets et dans leurs suites.

Saint Grégoire de Nazianze étant de retour de la solitude du Pont, eut tant de regret de s'être blessé à l'œil en s'amusant à tourner

---

[216] Sermon 2 „*De Conversione S. Pauli*" / *Sermo 1 in conversione S. Pauli*

une branche d'osier, qu'il ne voulut pas s'approcher des saints Mystères, qu'après avoir expié sa faute par la prière et par les larmes.

On lit[217] que le saint abbé Moïse pour avoir contesté avec chaleur contre saint Macaire, ce qui est presque inévitable quand on soutient des opinions contraires, fut puni de Dieu qui permit dans le moment même, que le démon le possédât. Sa possession fut violente et extraordinaire, et il n'en fût délivré que par les prières de saint Macaire.

Saint Jean Chrysostome[218] veut que nous travaillions de toutes nos forces à déraciner ces petits péchés; et qu'au lieu de nous arrêter à ce qu'ils nous paraissent peu considérables, nous les regardions comme les sources des grands maux. C'est une chose étonnante, dit-il, qu'il faille avoir plus d'application et plus de soin pour éviter les petits péchés que les grands. Car les uns donnent d'eux mêmes de l'horreur, et les autres qui nous semblent petits, nous laissent dans une véritable paresse. Nous les méprisons, et jamais nous ne faisons les efforts nécessaires pour les détruire : de sorte qu'ils deviennent grands par notre négligence. Personne ne se porte tout d'un coup à faire des crimes parce qu'on est retenu par la honte que l'on a de les commettre. Mais on y vient par des voies insensibles. Quelqu'un s'est pris à rire à contre-temps, un autre veut l'en reprendre; il répond aussitôt; „Quel mal y a-t-il de rire et quel inconvénient en peut-il arriver?" Cependant on se laisse aller de là à rire des paroles de raillerie, on en dit ensuite des déshonnêtes; et enfin, on fait des actions honteuses.

Saint Augustin[219], parlant sur ce même sujet, compare les petites fautes aux eaux de la pluie, lesquelles ne tombant que goutte

---
[217] Cassien : Coll. 7; c. 27 / *Johannes Cassian, Collationes Patrum*
[218] Hom 87 in Mt
[219] *In Psalmum 129*

à goutte, ne laissent pas de remplir le canal des rivières, et de causer des débordements qui entraînent les arbres et leurs racines, désolent les champs et les campagnes[220]. Qu'importe, dit le même saint, que le vaisseau périsse tout à la fois par la violence d'un coup de mer, ou bien que l'eau venant à y entrer par la sentine, et le gagnant insensiblement sans que personne y donne ordre, il soit submergé peu à peu et fasse naufrage.

Et dans un autre endroit[221] : „Vous vous êtes déchargés du fardeau des grands péchés, prenez garde que la multitude des petits ne vous accable".

On ne peut pas ignorer quel a été en cela le sentiment de saint Grégoire[222] puisqu'il dit que les chutes des pêcheurs commencent d'ordinaire par les moindres fautes ; que passant à de plus grandes, ils arrivent aux crimes énormes, et que l'âme étant une fois déchue de la justice, roule continuellement de péché en péché par le poids de l'iniquité qui la pousse, et tombe enfin dans les abîmes les plus profonds.

Il dit ailleurs que les âmes languissent dans les actions basses et séculières; qu'elles font plusieurs fautes sans s'en apercevoir, qu'elles comptent pour rien certains péchés qu'elles commettent, et regardent les vains discours et les pensées inutiles comme des fautes légères. Mais lorsque le feu de la componction vient à les échauffer, elles considèrent comme des crimes grands et mortels ce qu'elles ne regardaient auparavant que comme des petites fautes.

Non seulement ces fautes paraissent importantes, quand on les met ensemble ou qu'on les considère dans toutes leurs suites, mais même quand on les voit séparées et en particulier. Si quelqu'un

---

[220] Idem in *Reg.Relig.*
[221] Id. *In Psalmum 39*
[222] Moralia in cap.39; Job l.31, c.9

Chapitre VII - Question III

avait fait une action que fut digne de la mort, ne serait-ce pas une véritable extravagance de dire qu'il n'aurait commis qu'une faut légère? Un tel excès pourrait-il passer pour une affaire de rien dans la pensée d'un homme sage? Cependant ceux qui ne font aucun cas de ces péchés que l'on nomme petits, et qui les commettent sans remords, sont beaucoup moins raisonnables et moins justes puisque l'on peut assurer qu'il n'y a point de ces sortes d'offenses qui ne méritent un châtiment plus grand que la mort ; que celles que les larmes n'auront point lavées seront punies par les flammes[223] : *Iniquitas omnis parva magnave sit puniatur necesse est aut ab ipso homine pœnitente, aut a Deo vindicante*. Et que les péchés des Élus que la pénitence n'aura point effacés pendant leur vie, seront châtiés après leur mort des mêmes peines qui puniront les crimes des réprouvés, avec cette différence qu'elles finiront dans les uns et que dans les autres elles seront éternelles : *Post hanc vitam in purgabilibus locis centupliciter quæ fuerint hic neglecta reddentur usque ad novissimum quadrantem*[224].

Que les hommes disent donc ce qui leur plaira, pour se cacher une vérité qui leur paraît si désagréable et si dure, ils n'empêcheront point que la foi ne nous apprenne que tout ce qui échappera à la pénitence, passera par le feu. *Ipse autem salvus erit, sic tamen, quasi per ignem*[225].

Si nous pouvons juger de la grandeur qui se trouve dans les moindres péchés, par la sévérité avec laquelle nous savons que Dieu les châtiera dans l'autre vie, nous le pouvons aussi par la manière rigoureuse dont souvent il les a punis dans celle-ci. Qui pourrait croire que les Bethsamites[226], qui ne firent autre chose que de

---

[223] Aug. Conci. 3, in Ps. 58 / *Aug. Concio 1, in Ps 58*
[224] S. Bernardus. Sermo. *In obitu Domini Humberti* 8
[225] 1 Co 3, 15 / 1 Kor 3,15
[226] cf. 1 S 6, 19: /1 Kön 6,19 „cinquante mille hommes" : glose ajoutée au texte. D'après

lever les yeux pour regarder l'Arche d'Alliance qui passait, ce qui ne semble qu'une curiosité sainte et un acte de piété, eussent été si rigoureusement châtiés, qu'il en coûta la vie à cinquante mille hommes ; et que la faute d'Oza fût estimée si grande qu'il méritât d'être frappé de mort subite[227] ? L'Arche de Dieu est ébranlée, il appréhende qu'elle ne tombe et il étend la main pour la soutenir. Cette hardiesse qui ne paraît rien qu'un effet de sa religion, est regardée de Dieu, et jugée tout ensemble comme une témérité condamnable.

Moïse, tout aimé de Dieu qu'il était, fût privé de la consolation d'entrer dans la Terre Promise, à cause d'une seule parole qui lui échappa[228] aux eaux de contradiction. L'Ange du Seigneur faillit lui ôter la vie parce qu'il avait différé la circoncision de son fils[229].

L'ordre que David donna pour le dénombrement du peuple[230] déplut tellement à Dieu, qu'il le punit par la mort de soixante et dix mille personnes.

Mais Jésus Christ ne pouvait nous marquer davantage à quel point il est jaloux de l'obéissance qu'on doit rendre aux moindres de ses commandements, que par ces paroles étonnantes qu'il dit à s. Pierre[231] : „Si je ne vous lave pas les pieds, vous n'aurez point de part avec moi". Je m'abstiens, dit saint Basile[232], de dire présentement que le sujet pour lequel il entendit de la bouche de Jésus Christ une menace si terrible, ne fut point pour s'être rendu coupable de négligence, ni de mépris envers la personne de son divin Maître; mais que la résistance qu'il apportait à ses ordres, était une

---

le texte grec, „soixante-dix hommes". -
[227] 2 S 6, 7. / *1 Kön 6, 6 und 7*
[228] Nb 20, 10 Meriba / Num 10,10
[229] Ex 4, 24 / Ex 14
[230] 2 S 24, 2...15 / *2 Sam 24,2-15*
[231] Jn 13, 8 / Joh 13,8
[232] Pref. In Reg. fus.

marque du profond respect qu'il avait pour lui, et un témoignage de sa piété.

Enfin, cette suprême Majesté de Dieu, cette excellence infinie, demande de la part des hommes une reconnaissance si profonde, et des hommages si étendus et si continuels que les moindres choses qui l'offensent contractent une injustice et une difformité qui ne se peut comprendre. Si notre foi était plus vive et notre charité plus ardente qu'elle n'est, nous aurions plus de crainte de commettre un seul péché que de souffrir dix mille morts. Ne vous étonnez donc pas, mes frères, si saint Jean Climaque[233] fait retentir sa caverne de ses cris et de ses sanglots ; si sainte Catherine de Gênes veut se jeter au milieu des flammes à la vue et aux sentiments de ces sortes de fautes, dont on ne veut pas s'apercevoir. Mais soyez surpris qu'il se trouve des chrétiens qui, sachant que Jésus Christ jugera les justices[234], n'ont ni crainte ni scrupule de commettre des péchés.

Le grand saint Théonas[235] disait que ce qui fait que nous tombons dans cette erreur, est que nous ignorons jusqu'où va l'obligation de ne point pécher ; et qu'étant comme aveuglés d'une nuit profonde, nous ne pouvons apercevoir en nous une infinité de taches et d'ordures qui s'y sont amassées. Nous ne sentons point, par exemple, les remords d'une componction salutaire lorsqu'une mauvaise tristesse nous rend stupides et languissants. Nous ne nous affligeons point lorsque nous sommes frappés d'une tentation subtile de la vaine gloire ; nous ne pleurons point de ce que nous avons été trop lents, trop tièdes, ou trop lâches à prier : nous estimons n'avoir commis aucun péché, lorsque, récitant les psaumes ou étant en oraison, nous pensons à toute autre chose qu'à nos prières ou à nos

---

[233] In ejus vita.
[234] Ps 74(75), 3
[235] Cassien : *Coll.* 23 c. 7 – S. C. 64, pp. 149... *Ed. Cerf* 1959 / *Johannes Cassian, Collationes Patrum*

psaumes. Enfin, nous croyons n'avoir rien perdu quand nous abandonnons le souvenir de Dieu pour penser à des choses terrestres et passagères, de sorte qu'on peut nous appliquer très justement cette parole de Salomon[236] : Ils m'ont frappé, et je ne l'ai point senti ; ils se sont moqué de moi et je ne m'en suis pas aperçu. *Verberaverunt me sed non dolui, traxerunt me et ego non sensi.*

Mais les véritables solitaires, dit le même saint, mettent tout leur plaisir, leur joie et leur bonheur dans la seule contemplation des choses divines et spirituelles. Lorsqu'ils en sont arrachés un moment quoique malgré eux, et par la violence de leurs pensées, ils punissent aussitôt par leur pénitence cette distraction, comme une espèce de sacrilège. Et ne pouvant se consoler d'avoir préféré au Créateur une créature vile et méprisable, vers laquelle ils ont tourné leur regard, ils se considèrent presque comme coupables d'impiété. Comme ils ressentent une extrême joie de tenir toujours leurs yeux arrêtés sur la gloire et sur la Majesté de Dieu. Ils ne peuvent souffrir ces petits nuages des pensées terrestres, quand même elles ne dureraient qu'un moment. Et ils ont en horreur tout ce qui les sépare tant soit peu de la contemplation de cette clarté ineffable.

---

[236] Pr 23, 35 (Septante) / Spr 23, 35

Chapitre VIII

De l'amour et de la confiance envers les Supérieurs

Question Première

Est-ce une chose nécessaire d'avoir une confiance entière dans les Supérieurs ?

Réponse

Le supérieur est le chef de la congrégation ; il est la tête d'un corps duquel tous ses frères sont les membres et les parties. Et comme le propre de la tête dans le corps humain est de gouverner et de conduire, de former tous les mouvements et toutes les actions, et que tout se rapportant à elle, il ne se passe rien dont elle ne soit l'origine et le principe, il faut aussi que dans une communauté réglée, tout se fasse par les ordres et dans la dépendance du supérieur, qu'il dispose de toutes choses pour l'utilité publique et pour le bien des particuliers ; qu'il applique les sujets, et qu'il ordonne de leurs occupations et de leurs exercices ; qu'il dirige leur conscience ; qu'il règle leur piété et qu'il n'y ait rien sur quoi sa vue et sa direction ne s'étende. C'est ce que pensait saint Benoît quand il a déclaré que le supérieur doit tenir la place et faire les fonctions de Jésus Christ dans le monastère : *Christi enim agere vices in monasterio creditur*[237], qu'il a tout dans sa disposition, et qu'il n'y a rien qui ne soit soumis à ses ordres.

Ce gouvernement si entier et si absolu demande dans le supérieur une connaissance parfaite des personnes qui sont sous sa charge. Sans cela l'autorité, qui ne lui est donnée que pour établir et conserver le bon ordre, ne ferait rien que causer le trouble et la

---

[237] RB I, c. II / Regel des Hl. Benedikt 2,2

confusion. Comme il manquerait de lumière, il agirait sans prudence ; il ne pourrait avoir que ses fantaisies et ses conjectures pour sa Règle. C'est un aveugle qui ferait tout au hasard, ou un médecin qui serait chargé de traiter et guérir des malades, dont il ne connaîtrait ni la maladie ni le tempérament.

Supposé donc, ce qui est tout à fait évident, que le supérieur doive connaître parfaitement ses frères pour les conduire, il s'ensuit aussi qu'ils doivent prendre une confiance entière dans leur supérieur puisque sans cela il n'est pas possible qu'il les puisse connaître. Car à moins que cette connaissance lui vint par des moyens extraordinaires, et qu'elle lui fût donnée par la voie des révélations, il n'en aura jamais que de conjecturales et d'incertaines si les frères n'ont le soin de lui montrer le fond de leur cœur, de lui en découvrir tous les mouvements et de lui en développer jusqu'aux moindres replis. Ce qui ne peut être que l'effet d'une parfaite confiance.

Comme il n'y a rien dont la conservation d'une Congrégation monastique dépende davantage, ni qui puisse plus contribuer à cette unité d'esprit qui en fait toute la vérité, toute la beauté et la durée, il 'y a rien aussi que les saints moines aient recommandé avec plus de zèle. Les supérieurs l'ont enseignée à leurs disciples avec une application particulière ; les véritables disciples l'ont pratiquée avec toute l'exactitude et la fidélité qui leur a été possible.

Saint Basile dit[238] qu'un supérieur prudent sait faire un discernement exact des mœurs, des passions et des mouvements intérieurs des personnes qui vivent sous son obéissance et se servir à leur égard de ce qu'il estime leur convenir davantage. Il ajoute qu'au lieu d'avoir un amour propre et une inclination pour eux-mêmes qui les empêche de discerner la vérité, il n'y a rien au contraire de si facile que de se faire connaître et conduire par les autres parce que

---

[238] *Const. Monast.* c.22

Chapitre VIII - Question Première

l'amour propre n'obscurcit pas la lumière de la vérité et ne trouble pas le jugement de ceux qui sont chargés de la direction de leurs inférieurs... Et tant que cette union d'esprit et de cœur subsistera dans une communauté religieuse, la paix s'y entretiendra sans peine ; et on s'y appliquera à son salut avec l'amour et la concorde de tout le monde.

Le même saint s'étant proposé la question[239], savoir si la supérieure doit être présente quand une de ses sœurs se confesse, répond que ce sera avec plus de bienséance et de sûreté si la supérieure déclare elle-même la faute de cette sœur au supérieur. Qui par la connaissance qu'il a des choses spirituelles, pourra lui prescrire la manière d'en faire pénitence et de s'en corriger.

Nous lisons dans Cassien[240], que pour élever les solitaires à la perfection d'une sincère humilité, on leur apprenait à ne point cacher par une honte pernicieuse aucune des pensées que s'excitaient dans leur cœur, mais à les découvrir au supérieur au moment où elles y étaient formées. Et au lieu de s'arrêter à leur jugement propre, on voulait précisément qu'ils n'estiment rien de bon ou de mauvais, que ce qui aurait été jugé tel par le discernement du supérieur. Il dit encore que le démon, tout artificieux qu'il est, ne viendra point à bout de tromper un solitaire quoi que jeune et sans expérience, si ce n'est qu'il le persuade de cacher ses pensées par un mouvement d'orgueil ou de honte. Les saints moines tenaient pour maxime que c'était une marque toue évidente qu'une pensée venait du démon quand on avait peine à la déclarer à son supérieur. Il ajoutait dans le chapitre 37 du même livre, qu'un solitaire pour persévérer dans le service de Jésus Christ, doit observer la tête des

---

[239] Basile : *Les Règles Monastiques*: PR. 110, p. 232. Ed. Maredsous, 1969
[240] *Institutions Cénobitiques* – Livre IV, c. 9 ; p. 133 SC : Collection Sources Chrétiennes n° 109. Éditions du Cerf – Paris 1965

tentations[241] qui lui arrivent, c'est-à-dire le commencement, afin de les découvrir à ceux qui le dirigent. Vous savez sans doute, mes frères, l'histoire de l'abbé Sérapion[242], qui fût délivré d'une manière toute visible et toute miraculeuse du démon de la gourmandise qui le possédait, dans l'instant même qu'il confessa son péché à son supérieur ; et de quelle sorte ce saint Abbé veut que l'on marche sur les traces des anciens Pères et qu' l'on découvre au supérieur les secrets de son cœur.

Saint Jean Climaque[243] veut aussi qu'un solitaire avant toutes choses confesse ses péchés à son supérieur, et à lui seul ; et qu'il soit prêt d'en faire une confession publique, s'il lui ordonne. Il dit qu'il doit représenter à Dieu en esprit et avec sincérité sa confiance et son amour envers son père spirituel. Il ajoute que celui qui découvre toutes ses tentations, et produit tous ses serpents à la vue de son supérieur montre à l'ennemi la fermeté de sa confiance ; et que celui qui les tient cachés dans son cœur est encore dans l'égarement, et suit des routes perdues.

Saint Benoît ordonne dans sa Règle[244], qu'un religieux ne manque pas de découvrir à son supérieur par une humble confession ses mauvaises pensées et les péchés qu'il peut avoir commis en secret. Il veut qu'il détruise par sa confiance en Jésus Christ les mauvaises pensées qui lui surviennent et qu'il les déclare à son supérieur qu'il nomme son père spirituel.

---

[241] Id. Livre IV, chapitre 37, p. 179. / ebenda Buch IV, Kap. 37, S. 179
[242] *Conférences*, (*Collationes Patrum* Tome I, Conf. II ; chapitre IX, p. 121 SC : Collection Sources Chrétiennes n° 42. Éditions du Cerf – Paris 1955.
[243] Jean Climaque: „*L'Échelle Sainte*" : Degré 4, art. 10 Collection : Spiritualité Orientale n° 24 ; Ed. Abbaye de Bellefontaine ; 1978
[244] Chap. VII, 5e degré d'humilité

Chapitre VIII - Question Première

Saint Bernard ne pouvait pas être d'un autre avis, quand il déclare[245] qu'un religieux doit avoir une confiance remplie d'estime pour son supérieur, lui rendre une soumission infinie, et cordiale et qu'il ne suffit pas de lui obéir par une obéissance extérieure et littérale. *Nec enim sufficit exterius obtemperare majoribus nostris nisi ex intimo cordis affectu sublimiter sentiamus de eis.*

C'est ce que ce grand saint nous a confirmé par toute sa conduite, et ce que l'on voit particulièrement dans un de ses sermons[246], sur ces paroles du Cantique des Cantiques : *Dentes tui sicut grex tonsarum*[247]. Il compare les religieux aux dents ; et entre les rapports et les convenances différentes qu'il y remarque, il dit que les religieux ainsi que les dents, ne retiennent et ne réservent rien : *nihil morari intra se patiuntur*[248] ; qu'ils ne peuvent souffrir leur conscience et celle de leurs frères, chargée de la moindre faute. C'est ce qui cause, ajoute-t-il ; cette importunité qui, à la vérité vous est utile, et qui fait que vous venez à nous ; que vous nous fatiguez si souvent et que sans aucune nécessité vous y employez des journées entières. *Quia nec modicum quidem offendiculum tolerabile reputant, aut intra se, aut in conscientiis singulorum. Hinc est illa vestra opportuna importunitas, qua tam saepe fatigatis nos, ut multoties, etiam cum necesse non sit, multum in his diei expendatis.*

Vous voyez dans la Règle de saint Fructueux[249], l'obligation qu'ont les frères, de déclarer avec larmes, componction de cœur et humilité, toutes leurs pensées, leurs négligences, et les autres semblables accidents qui leur arrivent, à l'Abbé ou à celui qui conduit le monastère, ou aux anciens auxquels on a donné l'autorité.

---

[245] *Sermon 3 pour l'Avent, (In Adventu Sermo 3)* SBO Vol. IV, p. 178 – Romae, Editiones Cistercienses, 1966
[246] *De diversis*, 93 p 349... SBO Vol. VI-1, p. 349 n° 1 ...p.350 n°2
[247] Ct 4, 2 / Hld 4,2
[248] *De Diversis* 93, id. supra, lignes 5-10 / *De Diversis, Sermo* 93,2
[249] c. 13 (Kap. 13) des hl Fructuosus von Tarragona

Pendant que cet esprit a régné dans les solitudes, Dieu les a comblées de grâces et de bénédictions. La simplicité et la dépendance des moines a été la gardienne et la conservatrice de leur innocence, et l'on peut dire qu'ils ont été des hommes parfaits, tant qu'ils ont été assez heureux pour se conserver dans cette sainte enfance.

Question II

Quelles sont les qualités que doit avoir un supérieur afin que les religieux puissent avoir en lui une entière confiance ?

Réponse

Si un supérieur connaît parfaitement la sainteté de son état, s'il en a les véritables maximes, s'il observe exactement sa Règle, s'il a de la charité pour ses frères, et qu'il le fasse paraître par le soin et par l'application avec laquelle il travaille à leur salut ; enfin, s'il se conduit dans le monastère avec tant d'édification que l'on puisse lui attribuer ces paroles si remarquables de saint Benoît[250] : *Christi vices agere in monasterio creditur* ; il le faut croire en toutes choses, se mettre en ses mains, et s'y abandonner sans discernement et sans bornes. Mais si son incapacité, sa négligence, le peu de sentiment qu'il a de sa profession, et le dérèglement de ses mœurs donnent de justes soupçons et des sujets légitimes de se défier de sa conduite : alors il faut marcher avec plus de précaution et de réserve examiner ses voies par ses propres yeux. Et c'est dans ce cas comme saint Bernard nous l'apprend, qu'il faut avoir de la prudence et de la liberté. De la prudence pour discerner s'il n'y a rien dans ce qu'il nous ordonne de combattre la loi de Dieu. Et de la liberté pour

---

[250] RB 2

résister sans scrupule, s'il s'y trouve quelque chose de contraire[251]. *Necessariam esse prudentiam, qua advertatur, si quid adversatur, et libertatem qua et ingenue contemnatur.* Cependant il faut lui obéir comme à Jésus Christ même, quand il parle en son nom, c'est-à-dire quand il ne propose que ses vérités et sa volonté, et marquer par toutes ses actions et ses paroles qu'on respecte son caractère et sa personne, lors même que l'on se trouve obligé de se séparer de ses sentiments.

Question III

Ne suffirait-il pas que les frères, eussent de l'ouverture et de la confiance en quelqu'autre religieux, qu'en leur supérieur ?

Réponse

Comme le soin des âmes a été donné aux supérieurs, et que la conduite de la communauté leur appartient, il faut aussi que les frères s'adressent à eux dans tous leurs besoins, et qu'ils leur donnent toute leur confiance ; et cette disposition ne peut être changée, qu'il n'en naisse des inconvénients considérables.

Il est certain que, comme il y a une bénédiction toute particulière à demeurer dans l'ordre de Dieu, à se tenir dans l'état dans lequel il nous a mis, à conserver les choses comme elles sont parties de ses mains, et qu'il prend plaisir à les ouvrir pour ceux qui observent avec religion toutes ses ordonnances, on ne saurait aussi douter qu'on ne se prive de beaucoup de biens, de grâces et d'avantages, pour peu qu'on se déplace, qu'on sorte de son dessein, et qu'on ôte les choses hors de la situation où il les avait mises. Et comme il a établi les supérieurs monastiques pour la direction des frères et que,

---

[251] Saint Bernard : *Epitre 7,12 (Brief 7,15-17) au moine Adam.* (texte SBO : *sed necessariam assero et prudentiam, qua advertatur...*) SBO Vol. VII ; p.40

par conséquent, les frères, leur doivent toute leur confiance. Cette direction et cette confiance ne peut être transmise à d'autres personnes que la congrégation n'en souffre et n'en reçoive du dommage, de la perte et de l'affaiblissement. Et cette conduite qui ne sera pas tout à fait telle que Dieu l'avait instituée, ne sera ni si éclairée ni si charitable ni si utile. Les frères, ne rencontrant point dans un ministère extraordinaire la consolation et le secours qu'ils auraient trouvé dans leurs véritables pasteurs.

Il faut encore remarquer qu'une communauté est un Corps qui ne peut subsister que par la liaison que les parties ont entre elles, et par les rapports et les relations intimes qu'elles ont avec leur chef. Cependant il est presque impossible que cette intelligence et cette union se conserve dans son intégrité, lorsque les frères quittent la conduite de leur supérieur pour en prendre une autre. Et l'on ne saurait guère éviter que les cœurs et les esprits ne se divisent par la diversité des directions.

Premièrement, il n'y a presque point d'homme qui n'ait son sens et son esprit particulier, et cet esprit se communique toujours à ceux avec lesquels on a des commerces et des habitudes étroites.

Secondement, il n'y a rien de plus ordinaire que de se lier d'amitié aux personnes dont on prend les avis et en qui on met toute sa confiance. Ainsi, c'est une manière de nécessité que les Congrégations se divisent et que les frères se partagent lorsqu'il en naît des occasions, par les attachements qu'ils ont aux sentiments ou aux intérêts de ceux qui les dirigent. De sorte que s'il arrive que les directeurs aient quelque mécontentement de la part des supérieurs, ils ne manqueront point de se joindre à eux, d'entrer dans leurs ressentiments et dans leurs déplaisirs et de former tous ensemble un parti dans le monastère.

Chapitre VIII - Question III

Pour ce qui regarde le supérieur, comme on a toujours besoin de vertu pour s'y soumettre et que l'autorité a quelque chose dont la nature a de la peine à s'accommoder, les inférieurs pour la plupart, sont bien aises de se soustraire à leur connaissance et à leur conduite, et de trouver des occasions de s'ouvrir à leurs frères, de se confier à des personnes qui leur soient égales et s'accoutumant à des communications qui flattent leur inclination et leur liberté, celles qu'ils pourraient avoir avec leur supérieur leur deviennent insupportables. Ils les évitent, leur cœur est entièrement fermé pour eux. Et par l'interruption de tout commerce, ils perdent sans aucun retour le respect et l'amitié qui leur est due. Semblables à ces ruisseaux, qui s'écoulant par les ouvertures qu'ils rencontrent, sortent de leurs cours ordinaires et n'y rentrent jamais.

Il y a un autre inconvénient qui n'est pas moins à craindre ni moins ordinaire. Il arrive souvent que des religieux quittent la conduite de leur supérieur, non pas pour en prendre un autre, mais afin de n'en point avoir. Et soit que le peu de cas qu'ils font de leurs frères, ou l'éloignement qu'ils ont de toute dépendance et de toute sujétion, les empêchent de leur donner créance. Ils vivent à eux-mêmes, dans la main de leur conseil sans conducteur et sans conduite, et sans avoir ni suivre d'autres règles que leurs cupidités et leurs passions.

Vous voyez, mes frères, combien il est important que les Congrégations se gouvernent par l'esprit du supérieur ; que rien n'échappe à ses yeux ; que tout se rencontre dans sa direction et dans sa dépendance. Et que ce qui fait qu'il se forme dans les cloîtres des partis, des murmures et des intrigues ; qu'on y voit éclater des divisions avec tant de scandale ; que la piété, la paix, la concorde, la simplicité et les autres vertus religieuses y sont si rares, c'est que les ouailles ne sont point attachées à leur Pasteur.

Et que sa voix n'en est point écoutée, c'est que les frères, se tirent de la main de leur supérieur au lieu de le craindre comme leur maître, de l'aimer comme leur père, selon ces paroles de saint Macaire[252] : *Præpositum monasterii timeas Dominum, diligas ut patrem*, de regarder enfin Jésus Christ en sa personne, et d'en faire l'objet unique de sa confiance.

Question IV

Faut-il croire que ceux qui dirigent dans des communautés religieuses en la place des supérieurs, ne soient pas dans l'ordre de Dieu?

Réponse

Un état peut être dans l'ordre de Dieu en deux manières, ou lorsqu'il est institué de son choix et par le pur mouvement de son saint Esprit, ou bien quand il se trouve seulement établi par sa permission et par une espèce de tolérance. Le supérieur du monastère est dans le premier rang, il tient la place de Jésus Christ par l'institution même de Jésus Christ et par la disposition de sa volonté. Quant à ceux qui dirigent, et qui confessent sous l'autorité du premier supérieur, il y en a qui n'exercent ces sortes de fonctions qu'à cause de l'indocilité des frères, qui n'ayant pas pour lui l'estime et la confiance qu'ils devraient avoir, ne sauraient s'accommoder de sa conduite. On ne peut mettre ces directeurs que dans le second rang ; ils ne sont établis que par la condescendance que l'on a pour les faibles, les imparfaits et les dyscoles[253] ; et c'est à la dureté de leurs cœurs qu'on les accorde. C'est ainsi que le gouvernement des Juges

---

[252] *In Reg.* c. 1
[253] Dyscole : adjectif ; XIV siècle. Vieux, vient du grec „colon" : qui est difficile à vivre en raison de sa mauvaise humeur. (Dictionnaire *Le Robert* ; Tome II p. 331, Paris 1969 /

Chapitre VIII - Question IV

sur le peuple juif, était purement dans l'ordre de Dieu et de son institution ; et la domination des rois une concession ou une volonté de Dieu qui avait bien voulu se rendre, et acquiescer à celle des hommes.

Nous voyons aussi que quoiqu'il eût choisi le premier de leurs rois ; et qu'il eût reçu l'onction royale de la main de Samuel, il ne laissa pas de se plaindre de leur inconstance, de leur ingratitude et de marquer que cette manière de gouvernement, à leur égard, n'était pas selon son cœur.

Ainsi les religieux qui par leur indocilité, par mépris, par inquiétude ou par des défiances mal fondées, s'éloignent de leurs supérieurs naturels, et les obligent de leur donner des directeurs et des confesseurs à leur mode ne doivent point douter que Dieu ne leur fasse le même reproche qu'il fit à son peuple, en parlant à son Prophète : „Ce n'est point vous, mais c'est moi qu'ils ont rejeté ; c'est de ma conduite qu'ils se sont lassés et non pas de la vôtre[254]„. *Non enim te abjecerunt sed me.*

Il y en a d'autres qui ont le soin des âmes dans les monastères gouvernés par les abbés, et qui portent le nom de Prieurs, d'Anciens ou de Présidents, comme nous le voyons dans les Règles anciennes. Mais ce n'est ni l'indocilité ni la mauvaise humeur des frères qui donne lieu à cette institution. Le supérieur les établit pour le soulager dans ses fonctions, lorsque des nécessités saintes et véritables, et des impuissances réelles l'empêchent de se donner en tout temps, et à tous les besoins des frères. Il choisit un d'entre eux, recommandable par sa piété et par la pureté de ses mœurs. Il lui fait part de son autorité et de sa sollicitude pour les consoler, pour veiller sur eux et pour faire, dans les nécessités qui peuvent survenir, ce qu'il lui est impossible de faire par lui-même. Cependant comme il n'a

---
[254] 1 S 8, 7 / 1 Sam 8,7

pas seulement la mission et l'autorité de son abbé, mais encore son esprit, ses sentiments et ses ordres, et qu'il lui rend un compte exact de la disposition des frères jusqu'aux moindres de leurs pensées, la confiance se conserve toute entière, l'unité ne se rompt point. Cette subordination ne fait aucun dommage à l'autorité première et principale : et le supérieur étant informé de toutes choses, ordonne lui-même ce qu'il estime nécessaire pour guérir les maladies, calmer les tentations, dissiper les pensées fâcheuses qui peuvent inquiéter les frères. Enfin, il règle tout et la Congrégation ne se conduit que par ses ordres. Vous remarquerez, mes frères, que nous n'entendons point parler ici de la confession, de laquelle vous savez que le secret doit être inviolable.

C'est ce que nous lisons dans la Règle du Maître[255] où il est précisément ordonné que, s'il s'élève dans le cœur d'un des frères, quelque pensée dangereuse, et qu'il en ressente de l'agitation, il en avertisse aussitôt les Présidents ; et que les Présidents après avoir fait leurs prières, ne manquent pas d'en donner avis à l'Abbé afin que si cette méchante disposition s'opiniâtre, il fasse lui-même ce qu'il jugera le plus à propos pour la dissiper, ou par l'application des endroits de l'Écriture qui lui paraîtront les plus propres, ou par diverses pénitences qu'il enjoindra à toute la communauté. *Ergo cum alicui fratri cogitatum malum in corde aduenerit et senserit se exinde fluctuari, statim suis hoc præpositis fateatur et mox oratione facta nuntient hoc ipsum abbati...*

On ne peut pas disconvenir que cette institution ne soit très innocente et très sainte de la part des frères, comme de la part du supérieur ; qu'elle ne soit dans l'ordre de Dieu, conforme à tous ses desseins, et très différente de celle qui soustrait les frères de la main

---

[255] R.Me. ; S.C. n°106 Tome 2 c.15, p.64-65. / *Regula Magistri, S.C. n°106 Tome 2 Kap.15, S. 64-65.*

de leur supérieur et que n'est causée que par le dérèglement de leur esprit, par le désordre de leurs mœurs et par l'aversion qu'ils ont de sa personne et de sa conduite.

On voit encore d'autres directeurs dans les monastères, qui n'y sont établis que pour suppléer à l'impuissance du premier supérieur, soit qu'elle soit causée par une non résidence (comme pouvait être celle de saint Bernard, lorsque les affaires de l'Église l'arrachaient malgré lui d'entre les bras de ses frères); soit qu'elle vienne de son incapacité, de ses maladies, ou du dérèglement de ses mœurs. C'est une direction qui est juste, qui est fondée sur des causes légitimes ; et on doit croire que les inférieurs en tirent tous les secours et toutes les assistances qui leur sont nécessaires.

On n'a point en tout cela d'intention de préjudicier à la puissance Ecclésiastique, à laquelle appartient naturellement toute conduite, et toute direction spirituelle, qu'elle conserve si utilement en tant de Congrégations religieuses ; non plus qu'à la prévoyance si sainte et si charitable de l'Église qui l'a portée à vouloir qu'on donne de temps en temps des confesseurs extraordinaires, pour le soulagement des consciences. Elle a ordonné qu'il y ait dans les communautés monastiques[256] des confesseurs établis par le supérieur. Qu'il serait libre à ceux qui le voudraient de se servir de leur ministère ; et que le supérieur recevrait ceux qui s'adresseraient à lui pour la confession sans y contraindre personne. Elle a cru qu'il fallait par ces règlements, subvenir aux faiblesses et suppléer à l'inapplication ou à la mauvaise conduite des pasteurs. Ce qui n'empêche pas qu'on doive souhaiter que les uns et les autres rentrent dans les pratiques primitives, et dans la simplicité des anciens, sans quoi il est presque

---

[256] Clément VIII : Concile de Trente, session 21, c. 10 / *Klemens VIII, Trienter Konzil, 21. Sitzung, Kap. 10.*

impossible que l'union se rencontre jamais dans les cloîtres, aussi étroite, et aussi constante qu'elle y doit être.

Question V

Ne doit-on pas craindre avec fondement que cette grande dépendance de la volonté des supérieurs, ne préjudicie à l'observation exacte des Règles et ne contribue à l'introduction des relâchements?

Réponse

C'est un inconvénient, mes frères, dans lequel vous ne tomberez point si vous vous conduisez en cela par les véritables principes. Les supérieurs monastiques tiennent, à notre égard la place de Jésus Christ, dont ils sont les vicaires et les ministres. Ils sont établis de sa main ; ils nous gouvernent en son nom ; et ils ont reçu l'autorité pour faire que ceux qui leur sont soumis respectent celle de Dieu, exécutent ses ordres, s'acquittent de leurs devoirs et s'avancent incessamment dans les voies de leur salut. Ainsi l'accomplissement du précepte et de la loi de Dieu, et notre sanctification est toute la fin de la puissance monastique. C'est pour cela qu'elle a été instituée. Dieu n'a mis des hommes sur nos têtes qu'afin que nous trouvions dans les soins qu'ils doivent avoir, dans leur sollicitude[257] et leur vigilance, les secours et les facilités nécessaires pour nous sanctifier, pour lui obéir et pour lui plaire, de sorte que comme les supérieurs doivent trouver une soumission sans limites, quand ce qu'ils vous commandent est selon la loi de Dieu, pour votre perfection, selon l'esprit de votre Règle et dans l'étendue de votre profession. Aussi lorsque leurs commandements se trouvent contraires à celui de Dieu, qu'ils vous abaissent au lieu de vous élever, et qu'ils

---

[257] „sollicitude" : mot ajouté par Rancé : cf. l'errata précédant le chapitre premier.

Chapitre VIII - Question V

tendent à l'affaiblissement et à la destruction des règles, pour la conservation desquelles la puissance leur a été donnée, vous ne leur devez point d'obéissance et vous êtes obligés de savoir que celui qui a dit, en parlant des supérieurs : *Qui vos audit me audit, qui vos spernit me spernit*[258], a dit aussi qu'il valait mieux obéir à Dieu qu'aux hommes. Et : quand un aveugle conduisait un autre aveugle, l'un et l'autre tombaient dans le précipice.

Saint Basile dit[259] que comme Dieu qui est le Père de tous les hommes, et qui veut bien qu'on le nomme ainsi, exige une très parfaite obéissance de ceux qui le servent, ainsi celui qui remplit la place du Père spirituel parmi les hommes, prenant les lois divines pour règles de ses ordonnances et de ses commandements, oblige ceux qui dépendent de lui, à lui rendre une obéissance entière sans nulle contradiction.

Le même saint dit[260] que si ce qui nous est commandé par nos supérieurs est contenu dans le commandement de Dieu ou qu'il lui soit conforme, il faut s'y soumettre aux dépens de notre vie. Mais si c'est quelque chose qui lui soit opposé, ou qui ne puisse être exécuté sans violer la loi, quand un ange du ciel ou un apôtre nous l'ordonnerait, et que pour nous y engager, il nous promettrait la vie éternelle, ou nous menacerait de la mort, il ne faudrait y avoir aucun égard, l'apôtre nous ayant dit[261] : „Quand un ange du ciel vous annoncerait un autre Évangile, qu'il soit anathème".

Il dit dans un autre endroit[262] que les supérieurs sont uniquement établis pour enseigner la vérité et la justice ; qu'il faut que les

---

[258] Lc 10, 16 ; cf. aussi : Mt 15, 14 / *(Lk 10, 16 ; vgl. auch Mt 15, 14)*
[259] Const. Monast. c.19
[260] PR q. 113
[261] Ga 1, 8 / Gal 1,8
[262] Const. Monast. c.21;22

inférieurs leur obéissent lorsqu'il n'y a point de péché dans les choses qu'ils leur commandent.

C'est ce que saint Augustin exprime en ces termes[263] : „Malheur aux conducteurs aveugles, et malheur à ceux qui les suivent" ; *væ cæcis ducentibus, væ cæcis sequentibus.* Et lorsqu'il dit avec tant de force dans un autre endroit, en parlant aux inférieurs : „Ce qui fait que je ne veux pas, c'est que Dieu ne le veut pas lui-même ; que si je ne le veux pas et que Dieu le veuille, ne laissez pas de faire, mais s'il arrivait que Dieu ne voulant pas je le voulusse, celui qui m'obéirait, obéirait à sa perte". *Ideo nolo, quia Deus non vult, nam si ego nolo, et Deus vult agite ; si autem Deus non vult, etiam si ego vellem, malo ageret, qui ageret"*

Vous ne doutez pas, mes frères, que votre Règle ne soit à votre égard la loi de Dieu même et qu'elle ne contienne ses volontés. Celui par le ministère duquel elle vous a été donnée vous la propose comme ses ordres et ses commandements. Voilà ses mêmes paroles[264] : *Ausculta, o fili, præcepta magistri.* Et saint Bernard vous dit[265] que « cette Règle qu'il vous était libre de suivre ou de ne pas suivre avant que de l'avoir embrassée, vous engage par la profession que vous en avez faite, et que vous êtes dans l'obligation de pratiquer fidèlement ce qu'elle vous prescri » : *Attamen hoc ipsum quod dico voluntarium, si quis ex propria voluntate semel admiserit et promiserit deinceps tenendum, profecto in necessarium sibi ipse convertit, nec jam liberum habet dimittere, quod ante tamen non suscipere liberum habuit.* Et dans le même chapitre : *Cum tamen profitentibus in præcepta, prævaricantibus in crimina fiant.*

---

[263] In Ps 56 / *Enarr. in Ps 56*
[264] RB ; Prologue
[265] *De præcepto et dispensationec. c. I*, 2 SBO Vol. III p. 255

Chapitre VIII - Question V

Ainsi, quoique les supérieurs puissent vous dispenser en quelques cas par des nécessités véritables et des considérations importantes, de quelques points de votre Règle, cependant s'ils vous en proposaient l'extinction ou l'affaiblissement, vous ne devez avoir ni d'égard à leurs conseils, ni de soumission à leurs ordres, puisque vous ne pourriez vous conformer à leur volonté sans vous retirer de celle de Dieu.

C'est ce que le même saint Bernard nous confirme quand il dit[266] que nous nous consacrons au service de Dieu en présence de notre abbé et non pas sous son bon plaisir ; qu'il est le témoin de notre profession, mais que ce n'est pas lui qui l'a dictée ; qu'il est supérieur pour nous aider à nous acquitter de nos devoirs, et non pas pour nous en empêcher ; pour châtier nos transgressions et non pour les autoriser. *Testis proinde adhibetur Abbas, non dictator professionis, adjutor, non fraudator adimpletionis ; vindex, non autor prævaricationis.* Si je me mets dans les mains de mon abbé, ajoute ce saint, en parlant de la cédule de la profession, ce que j'ai promis de ma bouche et signé de ma main devant Dieu et devant les saints Anges, je l'observerai sans aucune réserve, sachant que ma Règle me déclare que si je manque à mes promesses, Dieu duquel je me serai moqué, ne manquera pas de me condamner. *Audiens ex regula, si quando aliter fecero, à Deo me esse damnandum quem irrideo.* De sorte que si mon abbé ou même un ange du ciel, m'ordonnait quelque chose de contraire, je lui refuserai une obéissance que je ne puis lui rendre sans transgresser les vœux que j'ai faits à Dieu, et sans en être parjure, l'Écriture m'apprenant que je serai ou condamné ou justifié pour ma bouche, et que les lèvres qui prononcent le mensonge, donnent la mort... Enfin, que mon abbé pense de quelle manière il répondra de ces paroles que la Règle lui

---

[266] *Epist. 7* ; 17 SBO, Vol. VII, pp. 45-46 / *Epist. 7 ; 17 SBO, Vol. VII, S. 43-44)*

adresse : *Ut præsentem regulam in omnibus conservet*[267]. Et de ce commandement si général qu'elle fait à tous ceux qui l'ont professée sans exception, *Ut omnes scilicet per omnia magistram sequantur regulam, nec ab ea temere devietur à quoquam.* Pour ce qui est de moi, ma résolution est de le suivre partout et en toutes choses comme mon Maître. Mais avec cette restriction qu'il ne m'arrivera jamais de m'éloigner en rien du monde de ce qui m'est ordonné par la Règle que j'ai promis et juré d'observer en sa présence. *Ego sic ipsum sequi decrevi semper et ubique magistrum, ut nequaquam a Regulae, quam teste ipso juravi et statui custodire, deviem magisterio*[268].

Saint Bernard établit partout le même sentiment[269] ; il déclare qu'il faut obéir à son supérieur, mais sans rien faire contre l'intégrité de sa profession. Il veut que le supérieur se contienne dans de justes bornes, qu'il prenne garde que ses commandements ne soient ni au-dessus, ni au-dessous de la Règle ; qu'il n'empêche point que l'on rende à Dieu ce qu'on lui a promis ; qu'il n'exige rien qui soit au-delà des promesses, qu'il n'y ajoute rien sans la volonté des inférieurs, mais aussi qu'il n'en diminue rien sans une nécessité juste et véritable. *Ergo prælati jussio, vel prohibitio non prætereat terminos professionis, nec ultra extendi potest nec contrahi citra...*

Question VI

Ne semble-t-il pas que saint Bernard enseigne en quantité de lieux des maximes toutes contraires à cette vérité?

---

[267] RB 64, 20-21
[268] Epistola 7, 17
[269] *De Præc. et disp.* c. 5 SBO Vol. III p. 261

Chapitre VIII - Question VI

Réponse

C'est une pensée qui n'est que trop commune dans les cloîtres et il n'y a rien que les moines relâchés aient davantage dans le cœur et dans la bouche. Ils veulent couvrir de l'autorité de ce grand saint le désordre et le dérèglement de leur vie, et ce qu'il dit avec beaucoup de lumière et de vérité, ne sert qu'à les jeter dans l'erreur et à les remplir de ténèbres. L'endroit qui selon les apparences, les favorise davantage, est tiré du Sermon 41ᵉ De Diversis[270], dans lequel saint Bernard dit qu'il y a des biens et des maux qui sont tels de leur nature ; et qu'il y en a d'autres qui tiennent le milieu, et qui sont tantôt bons et tantôt mauvais, selon les différents regards et les diverses circonstances, comme marcher, s'asseoir, parler, se taire, manger, jeûner, dormir, veiller, et autres choses semblables, lesquelles étant faites avec la permission du supérieur, méritent une grande récompense. Que c'est en cela que les religieux doivent leur rendre obéissance, et faire ce qu'ils disent, sans leur demander raison de leur conduite : *Nihil interrogantes propter conscientiam*[271], parce que Dieu n'a rien déterminé de positif dans ces sortes de choses, mais qu'il les a soumises à l'autorité des supérieurs. Et il ne faut point se mettre en peine s'ils sont doctes ou habiles, ou s'ils ne le sont pas.

Voilà la grande raison de ceux qui veulent que les supérieurs puissent impunément dispenser des Règles et que l'on soit obligé de leur rendre une obéissance aveugle. Mais leur pensée est bien éloignée de celle de saint Bernard.

Ce grand saint, voyant qu'il pouvait y avoir des supérieurs assez rigides et des religieux assez exacts ou assez scrupuleux dans l'observation de leur Règle pour s'attacher à la lettre dans tous ses

---

[270] Chapitre IV; SBO Vol. VI-1 p. 247 / Sermo 41, Kap.3; SBO Vol. VI-1, S. 247.
[271] 1 Co 10, 25 / i Kor 10,25

points et dans tous ses temps sans avoir aucun égard aux considérations légitimes qui font que, non seulement il est permis, mais même qu'il y a obligation d'en dispenser, a voulu éclaircir les doutes, lever les difficultés et donner aux uns et aux autres des connaissances certaines pour se conduire.

C'est pour cela qu'il distingue trois sortes de préceptes[272]. Il appelle les uns immuables parce qu'ils sont appuyés sur la vérité éternelle, qu'ils sont toujours les mêmes et qu'ils ne changent jamais. Les autres sont invariables et ne peuvent être ni changés ni modifiés que par un ordre et une disposition de Dieu toute particulière. Et il y en a qu'il nomme des préceptes stables, c'est-à-dire qui doivent être religieusement observés et desquels cependant les Supérieurs peuvent accorder des dispenses. Il met au rang des premiers tout ce qui peut être contenu dans les saintes Écritures, ou dans les Règles particulières touchant la mansuétude, la charité, l'humilité et les autres vertus, dont les fonctions sont toutes spirituelles et toutes intérieures, et qui doivent s'observer par toutes sortes de personnes, et dans tous les temps. Il met entre les seconds, les défenses des meurtres, des larcins, des adultères et des semblables actions qui sont prohibées par la loi et que Dieu n'a pas laissé de permettre en quelques rencontres, comme nous le lisons dans les Histoires saintes. Les autres sont les exercices, les pratiques et les observances de pénitence et de mortification qui se trouvent prescrites par les Règles des Saints ; comme le jeûne, les veilles, les travaux corporels, les couches dures, l'abstinence de viande, sur lesquels s'étend l'autorité des Supérieurs et dont ils peuvent donner les dispenses. Mais il déclare en même temps que les Supérieurs ont la puissance de dispenser, et non pas celle de détruire ; qu'ils sont soumis aux Règles et qu'ils n'en sont pas les maîtres. Et que si l'on doit

---

[272] *De Præc. et disp.* c. 2 SBO vol. III p. 256.

Chapitre VIII - Question VI

leur obéir lorsqu'ils en dispensent par de considérations justes, on doit aussi leur résister quand ils le font sans avoir des raisons et des fondements légitimes.

Il déclare[273] que tous ces points dont nous venons de parler, ne dépendent pas de la volonté du Supérieur, que ce n'est pas à elle, mais à sa charité, à sa religion, à sa foi, à sa prudence, que la dispensation[274] en a été commise. L'abbé n'est pas au-dessus de la Règle, à laquelle il s'est assujetti lui-même par sa profession ; qu'il a été établi pour empêcher que les frères ne la transgressent, et non pas pour abolir ce qui a été ordonné par leurs instituteurs et par leurs Pères : *"Super transgressiones fratrum, non super traditiones Patrum constituitur qui Abbas elegitur"* ; qu'il est dit pour lui comme pour les autres : *Omnes magistram sequantur regulam nec ab ea temere devietur à quoquam, ergo nec ab ipso Abbate*[275] ; Que l'obéissance que les religieux lui promettent, n'est pas générale mais limitée et précisément, selon la Règle : *„Spondet quidem obedientam non tamen omnimodam, sed determinate secundum regulam.* Qu'il ne doit pas suivre son propre esprit dans les choses qu'il ordonne, mais ce qui lui est prescrit par la Règle ; que ce n'est point assez qu'il se propose un bien, qu'il faut que ce bien ait été institué par saint Benoît, où au moins qu'il soit conforme, et qu'il convienne à ce qu'il a établi : *„Non quodlibet justum, sed quod tantum prædictus Pater Benedictus instituit"* [276]; et que s'il sort de ces conditions, et qu'il fasse des ordonnances qui ne soient pas renfermées dans ces limites, ceux qui sont sous sa charge ne sont point obligés de s'y soumettre.

---

[273] *De Præc. et disp.* c. 4 SBO Vol. III p. 259...
[274] *Dispensation* : mot vieilli = distribuer, dispenser
[275] 4, 10 ; SBO : p. 260)
[276] Texte SBO : *„nec quodlibet rectum, sed hoc tantum quod prædictus Pater instituit"*
De Præc. et disp. IV, 10 p 260

Enfin, saint Bernard enseigne que les Supérieurs ne peuvent donner de dispense sans un besoin réel, sans une nécessité véritable et conformément aux Règles, pour quelque temps, pour quelques lieux, pour quelques personnes et pour quelques raisons particulières. Et qu'une dispense qui n'a pas ces marques et ces caractères et qui n'est point accordée dans ces circonstances, ne doit être considérée que comme une prévarication : *„Absque necessitate remissio voti, non dispensatio, sed prævaricatio est"*[277].

Ainsi, mes frères, saint Bernard ne dit rien de contraire aux principes que nous vous donnons pour constants. Il veut, comme nous l'avons montré, que l'on refuse d'obéir aux Supérieurs lorsqu'ils nous proposent ou l'affaiblissement ou la destruction des Règles. Et il veut cependant qu'on s'y soumette quand ils dispensent des mêmes Règles, par des raisons justes, par une économie charitable et par de véritables nécessités. Voilà précisément ce qu'a pensé saint Bernard. C'est à cela qu'on doit réduire tout ce qu'il a écrit sur cette matière. Et ceux qui lui donnent un autre sentiment lui imposent et lui attribuent sans fondement des maximes qu'il n'a jamais enseignées.

Question VII

Dites-nous quelles sont ces raisons de charité et ces nécessités véritables conformes à la Règle ?

Réponse

Saint Benoît, mes frères, nous a donné une Règle qui n'a pas moins de discrétion que de sainteté. Il a voulu qu'elle soit austère, mais il n'a pas voulu qu'elle soit sans modération, et il y a gardé des mesures si justes, qu'encore qu'à l'exception de ce qui s'est pratiqué

---

[277] Ibid. De Præc. et disp. V, 11 ; SBO III p. 261

Chapitre VIII - Question VII

dans le Désert et par les premiers Solitaires, il n'y ait point eu de règle dans l'Église de Dieu plus pénitente et plus exacte que la sienne. Il n'a pas laissé néanmoins comme un père charitable de pourvoir aux nécessités, à l'impuissance et aux infirmités de ses enfants.

Il ordonne dans le chapitre 3, que tous ceux qui ont fait profession de sa règle, l'observent dans tous ses points. Il n'en exempte personne, il y assujettit les Supérieurs avec encore d'exactitude que les autres, et toutefois, il recommande sur toutes choses dans le chapitre 36 qu'on ait soin des malades, il enjoint qu'on relâche en leur faveur de la sévérité de la Règle. Il veut, dans le chapitre 37, qu'on ait les mêmes égards pour les enfants et pour ceux qui, à cause de leur vieillesse, ne sont pas en état d'en supporter la rigueur. Il exempte les religieux des jeûnes réguliers, lorsque les chaleurs et les travaux sont excessifs. Il veut enfin qu'on tienne envers eux une conduite inégale, et que l'on accorde à chacun ou plus ou moins, selon les infirmités et les nécessités particulières.

C'est dans ces cas, dans ces besoins et dans des rencontres semblables que les Supérieurs ont le droit et le pouvoir de dispenser de la Règle et d'en adoucir l'autorité. Ce sont-là les véritables raisons par lesquelles il faut que la charité l'emporte au-dessus de la lettre[278]. „*Interdum Regulae littera cedat pro tempore charitate*". C'est pour lors qu'un Supérieur peut sans craindre d'engager sa conscience, dispenser des jeûnes, des travaux corporels, des veilles, couches dures, de l'abstinences de la viande, et des autres régularités pénible et laborieuses, et qu'il doit avec l'application et la vigilance d'un véritable pasteur, régler et disposer toutes choses pour la consolation et la sanctification des âmes que Jésus Christ a mises sous sa conduite.

---

[278] *De Præc. et disp.* c. 4, 9 SBO Vol. III p. 259

Il n'y a personne qui ne demeure d'accord que si l'on manquait d'user de ce tempérament, et de cette modification, lorsque la nécessité l'exige, les observances monastiques, qui doivent être des asiles et des ports de salut, seraient des lieux d'orages et de tempêtes : qu'on y trouverait plus d'inconvénients que d'avantages ; plus de maux que de secours et de remèdes. Les uns se laisseraient emporter à l'indiscrétion de leur zèle, et s'engageraient contre l'ordre de Dieu en des excès et des extrémités condamnables ; les autres dont le nombre serait incomparablement plus grand, n'étant pas capables de marcher d'une manière toujours égale, dans les inégalités de la santé et de la maladie, et se trouvant accablés du poids d'une austérité qui passerait leurs forces, tomberaient dans l'abattement, dans le murmure et dans la défaillance.

Question VIII

Quelle est la pensée de saint Bernard quand il dit que les Supérieurs peuvent donner des dispenses pour quelques temps, quelques lieux, quelques personnes, et quelques raisons particulières ?

Réponse

Il y a cette différence, mes frères, entre l'abrogation de la loi, et la dispense, que l'abrogation est absolue pour tous les lieux, pour tous les temps, pour toutes personnes, et pour des raisons générales ; et la dispense est restreinte et n'est que pour quelque temps, quelques lieux, quelques personnes et quelques nécessités particulières. De sorte que quand elle est juste, elle ne préjudicie point à la Règle, et elle ne dure qu'autant que les causes pour lesquelles elle a été accordée subsistent. Ce qui montre évidemment que les

Chapitre VIII - Question IX

dispenses que les Supérieurs monastiques prétendent pouvoir donner à des observances entières, sont abusives, parce qu'elles sont générales ; et que dans le sentiment de saint Bernard[279] on ne doit les considérer que comme des prévarications et des destructions aussi bien que celles que l'on accorde à des communautés ou à des personnes particulières quand elles ne sont point limitées par le temps, et qu'elles ne sont pas fondées sur les causes justes et des nécessités véritables. Ces Supérieurs couvrent leur conduite d'un prétexte de charité, mais ils n'en ont point en effet : car la charité ne peut être contraire à la vérité. Elle est soumise à toutes les volontés de Dieu, et respecte tous ses ordres ; jamais elle n'attaque, ni l'intégrité ni la sainteté de sa loi. Cependant il ne se trouve que trop de personnes qui, faute d'attention ou de lumières, quoique Jésus Christ nous ait appris qu'il faut perdre nos âmes pour les conserver, c'est-à-dire abandonner nos vies pour le salut de nos âmes, ne font point de scrupules de sacrifier les âmes de leurs frères aux plaisirs et aux satisfactions des sens ; de les priver du secours et du fruit d'une pénitence sainte et salutaire, et de les engager par une charité trompeuse et par une condescendance molle et cruelle, dans une perte et dans une condamnation toute certaine.

Question IX

Que doit faire un religieux quand il désire mener une vie plus exacte et plus parfaite que le reste de ses frères, et que le Supérieur l'en empêche ?

---

[279] *De Præc. et disp.* c 2 p. 256 / Vgl. *De Præc. et Disp.*, Kap. 2, SBO Vol. III, S. 256, und Kap. 4,9, SBO, Vol. III, S. 259

Réponse

Saint Bernard dit[280] que si ce religieux est dans une communauté où l'on vive avec piété, tempérance et justice, quoique la Règle ne s'y observe pas dans son exactitude entière, il peut acquiescer au sentiment de son Supérieur, se contenter de la vie commune de son monastère et réparer par la piété intérieure et par les dispositions secrètes de son cœur, ce qu'il estime qui manque à sa conversation extérieure ; de crainte de troubler le repos de ses frères, en les quittant, ou de s'exposer lui-même en vivant autrement qu'eux, aux tentations de vanité qui sont presque inévitables quand on se distingue dans une communauté réglée par une conduite plus exacte et plus sainte que celle des autres.

Cependant, si son désir s'augmente, s'il sent que sa volonté s'affermit après de longues et de solides épreuves : il faut qu'il suive les impulsions saintes qui le pressent et que sans s'arrêter à l'opposition de son Supérieur, il se retire dans une communauté où il lui soit permis de vivre dans la perfection à laquelle il aspire.

Il doit savoir que l'esprit de Jésus Christ est libre, qu'il inspire ceux qu'il lui plaît, qu'il ne souffre ni violence, ni contrainte ; que personne n'a droit ni autorité pour le combattre. En cela l'Église a laissé à ses enfants une liberté toute entière[281]. Et si elle a donné des privilèges à quelques observances qui défendent ces sortes de translations, ce n'a été que pour fixer l'inconstance qui n'est que trop ordinaire aux personnes qui sont renfermées dans les cloîtres et non pas pour s'opposer aux progrès de leur piété, pour résister au mouvement de la grâce ni pour empêcher qu'elles ne s'élèvent à une vie plus parfaite.

---

[280] Ibid. c. XVI ; SBO , p 284 / Ebenda, Kap. XVI, SBO, 284.
[281] Inn. III in decret. Liber 3 de Regul. et trans. tit. 31 c. licet / Innocenz III, in Decret. Buch 3, de Regularibus et Transeuntibus in religionem, tit. 31 c. licet

Chapitre VIII - Question IX

Si le monastère est dans le dérèglement ; si au lieu d'y vivre selon la vérité de l'Institut et d'y garder une discipline exacte, on y suit des pratiques et des coutumes entièrement relâchées ; ou bien que l'on s'y contente de ces mitigations que l'Église n'a point autorisées, qui n'ayant rien qui donne de l'horreur aux gens du monde, ne sont pourtant guère moins contraires à la sainteté des Règles et à la sanctification des âmes que des excès scandaleux : il n'y a pas à délibérer. Le religieux doit écouter la voix qui l'appelle, et croire que c'est à lui que le Prophète s'adresse quand il dit[282] : „*Fugite de medio Babylonis, et salvet unusquisque animam suam*". Il faut qu'il quitte son monastère comme une Babylone, et que, faisant au pied de la lettre ce que saint Bernard conseille à un homme du monde, par ces paroles[283] : „*Exi de medio eorum ne aut in urbe notabiliter vivas aut aliorum exemplo pereas*", Il se sépare de ses frères, et qu'il entre dans une communauté réglée, de crainte de hasarder son salut en menant parmi eux une vie particulière et remarquable, ou de périr comme eux, en suivant leurs mauvais exemples. Il faut se séparer, dit saint Cyprien[284], de ceux qui sont dans le dérèglement, ou plutôt, il faut les fuir de crainte qu'en se joignant à ceux qui vivent mal et marchant dans les voies du désordre et du crime, on ne quitte entièrement le chemin de la vérité et qu'on ne se rende coupable des mêmes maux. „ *Recedendum est a delinquentibus, vel immo fugiendum, ne dum quis male viventibus jungitur, et per itinera erroris, et criminis graditur ; a via veri itineris exerrans, pari crimine, et ipse teneatur*". Si néanmoins les portes lui étaient fermées, et que ce changement ne fut pas dans son pouvoir, qu'il soit

---

[282] Jr 51, 16 / Jer 51, 6
[283] Epist. 2 : Texte différent de SBO VII p 22: « *Exi de medio eorum ne aut in urbe notabiliter vivas aut exemplo pereas aliorum* » / Text lautet anders in SBO VII, S. 22: „*Exi de medio eorum ne aut in urbe notabiliter vivas aut* exemplo pereas aliorum"
[284] S. Cypr. „*De unitate Ecclesiae*".23

persuadé qu'il vaut mieux vivre dans la singularité que dans le relâchement.

Si on lui dit qu'il scandalise ses frères en les quittant, qu'il fait schisme et qu'il blesse la charité, il doit répondre avec saint Bernard[285] qu'il ne faut pas se mettre en peine si on scandalise ceux qu'on ne saurait guérir à moins de se rendre soi-même malade. *„Non valde vobis curandum est illorum scandalum qui non sanantur nisi vos infirmemini"*. Qu'il se souvienne que l'apôtre ordonne[286] qu'on se sépare de tout homme qui vit dans le dérèglement et dans la confusion. Et qu'il se dise hautement que c'est une charité fausse que celle qui nous lie à la société des méchants, et qui nous empêche de rompre, je ne dis pas de communion, mais de commerce avec ceux qui ont rompu avec Jésus Christ et qui ne sont ni dans son ordre ni dans ses voies. Qu'il soutienne que la plus grande marque qu'il puisse leur donner d'une charité sincère et véritable, est d'essayer par sa retraite de les faire rentrer en eux-mêmes, en sorte que la honte qu'ils auront d'être dans un état qui contraint ceux qui veulent servir Dieu, de se séparer d'eux, ouvre leurs yeux, touche leur cœur et leur donne des sentiments plus dignes de la sainteté de leur condition.

Saint Basile n'était pas d'un autre avis, lorsqu'il a dit[287] que le Religieux qui veut se séparer de ses frères parce que leur conversation lui est préjudiciable, doit les avertir de son dessein ; que s'ils l'écoutent et qu'ils se corrigent, il a gagné ses frères, et ne déshonore point la communauté par sa retraite. Mais que s'ils persévèrent dans le mal, il faut qu'il parle de la chose à quelques personnes capables d'en juger, et qu'après il n'appréhende point de se retirer puisque ce

---

[285] Epist. 91, 4 SBO III, c. XVI, p. 240 / Epist. 91, 4 SBO III, Kap. XVI, S. 240
[286] 2 Th 3, 6 / 2 Thess 3, 6
[287] GR. quest. 36 ; p. 120 / Grandes Règles (=Regulae fusius tractatae), Frage 36, S. 120.

Chapitre VIII - Question IX

n'est plus ses frères qu'il quitte, mais des étrangers, Jésus Christ nous ayant déclaré[288] que celui qui ayant été repris, persiste dans son péché, doit être regardé comme un païen et un publicain.

Si on n'ose pas condamner les translations, lorsqu'on quitte une Observance déréglée sans la permission du Supérieur, pour en embrasser une qui soit exacte et sainte, on ne laisse pas et c'est un sentiment assez commun, de vouloir qu'on ne puisse passer d'une Observance réglée dans une autre plus pure, plus austère et plus parfaite. On se sert pour le prouver de l'autorité de saint Bernard, qui dit dans le *Livre du précepte et de la dispense*[289], qu'il ne conseillerait pas à un religieux de sortir sans la permission de son Supérieur, d'une observance réglée dans laquelle on vivrait avec piété, tempérance et justice, pour en embrasser une, où l'on vivrait avec plus de perfection et d'austérité.

On peut répondre à cela, mes frères, que saint Bernard établit une règle pour la conduite ordinaire afin, comme nous l'avons dit, d'arrêter l'inquiétude, l'inconstance et la mobilité de l'esprit des moines, aussi bien que la trop grande facilité des supérieurs qui pourraient recevoir indifféremment tous ceux qui se présenteraient pour être admis dans leurs Congrégations. Mais cette règle a ses exceptions et saint Bernard s'en est lui-même dispensé toutes les fois qu'il en a trouvé l'occasion, et qu'il a eu des raisons de le faire, comme il est aisé de le remarquer par plusieurs de ses lettres.

Il avait reçu des Chanoines Réguliers de l'Ordre de saint Augustin sans aucune permission de leurs supérieurs et, sachant qu'ils trouvaient à redire à sa conduite, il leur mande qu'ils ne doivent point se mettre en peine du salut de leurs frères, qu'ils ont passé de

---

[288] Mt 18, 16-18
[289] Cap.16, 44 : SBO III : p. 284 / Kap.16, 44 : SBO III. S. 284

l'Ordre de Cîteaux de l'avis et par le conseil de personnes considérables ; qu'ils n'y ont été reçus qu'après beaucoup de prières, et qu'ils y sont venus par un désir sincère d'y pratiquer une vie plus austère, et plus étroite, que celle qui se gardait dans l'Observance de saint Augustin. Qu'ils ne doivent pas se croire offensés de ce qu'on les a admis, ni de ce qu'on les retient, pourvu que si dans l'année de leur noviciat, la volonté leur venait de retourner dans leur première Observance, on ne les en empêche pas ; et qu'ils auraient tort s'ils avaient la pensée de troubler par des excommunications inconsidérées, la liberté de l'esprit qui les inspire : „*Vestra non reffert ut spiritum libertatis, qui in eis est, anathemate inconsulto impedire nitamini*[290]".

Il écrit à Drogon, religieux de l'Abbaye saint Nicaise de Reims, qui était passé dans l'Abbaye de Pontigny. Il approuve son action, il le confirme dans son dessein ; il le loue de ce que, vivant dans son premier monastère avec tant de piété et de religion qu'il s'était acquis l'estime et la réputation d'un homme à la vertu duquel rien ne manquait, il n'a pas laissé d'en sortir comme du milieu du monde pour embrasser une vie plus sainte et plus élevée. Il lui dit que celui-là n'est point parfait qui ne travaille pas à le devenir davantage ; et que si on se scandalise de sa sortie, il ne doit pas s'en mettre en peine, selon ces paroles de Jésus Christ : „*Sinite illos, cæci sunt, et duces cæcorum*[291] ". Il ajoute que si on le menace de malédiction et d'anathème, le Patriarche Isaac répond pour lui lorsqu'il dit à son fils : „*Qui maledixerit tibi, sit ille maledictus*[292]". „Que la malédiction retombe sur celui qui vous *maudira* ; qu'il doit se reposer sur

---

[290] Epist. 3 „Ad quosdam canonicos regulares". Texte SBO : *Vestra non refert ut spiritum libertatis, qui in eis est, anathemate inconsulto frustra impedire intamini* SBO VII, p. 24
[291] Mt 15, 14 / Vgl. SBO, Epistola 34, S. 91.
[292] Gn 27, 20 (29) / Gen 27, 19

la pureté de sa conscience comme sur une muraille qui ne peut être forcée et dire avec le prophète[293] : „*Si consistant adversum me castra, non timebit cor meum*". Et que s'il résiste aux premiers efforts de ceux qui l'attaqueront, soit par leurs menaces, soit par leurs caresses, il foulera le démon sous ses pieds[294] : „*Conteres Satanam sub pedibus tuis*".

Il s'excuse dans une autre lettre[295] qu'il écrit à Aluise, abbé d'Aanchin, de ce qu'il avait reçu un de ses religieux, en lui disant seulement qu'il ne l'a point prévenu, qu'il ne l'a ni induit ni sollicité, et qu'il n'a fait que consentir et se rendre à son empressement et à ses instantes prières. Il faut remarquer que ce monastère venait d'être réformé et rétabli dans une régularité exacte. Et que sans doute ayant besoin de bons sujets pour s'y maintenir, il aurait pu ne pas retenir celui qui semblait l'abandonner sans nécessité.

On pourrait rapporter ici quantité d'autres faits, mais en voilà assez pour faire voir que saint Bernard n'a pas tenu dans ce point une conduite égale et qu'il n'a ni reçu ni refusé indifféremment les religieux qui se sont présentés pour entrer dans sa Congrégation. Mais bien qu'il s'est conduit, en cela comme en toute autre chose, avec son discernement et sa sagesse accoutumée, et qu'il n'a point donné dans l'exclusion, ni fermé les portes de son cloître à aucun religieux étranger, quand il a cru que Jésus Christ qui donne l'esprit de liberté, l'y conduisait.

Si cette pensée de saint Bernard, mes frères, avait été si générale, et ce sentiment si absolu qu'on le prétend, il serait vrai de dire qu'il n'aurait pas été suivi. On voit[296] que les Chartreux passaient dans l'Ordre de Cîteaux et les religieux de Cîteaux dans celui des

---

[293] Ps 26, 3
[294] Epist. 34, 2   SBO Vol. VII p. 91
[295] Epist. 65, 3   Id. p.161 *Ad Alvisum Abbatem Acquicincti*
[296] *Nomasticon* p. 557. dist. 9. c. 1 / *Nomasticon S..* 557. dist. 9. Kap. 1

Chartreux, pendant que l'une et l'autre Observance étaient dans sa grande vigueur. Et qu'ils furent contraints, pour apaiser l'inquiétude de ceux qui abusaient de cette liberté, e faire une convention mutuelle, par laquelle ils s'obligèrent de ne plus recevoir que par la permission des Supérieurs.

On lit encore une lettre qu'Etienne, abbé de sainte Geneviève, et depuis évêque de Tournay, écrit à Robert, abbé de Pontigny[297], touchant quelques religieux de l'Ordre de Grandmont, qui après s'être retirés dans son monastère, étaient agités par des scrupules qui leur étaient venus sur ce changement. Mais au lieu d'entrer dans leurs craintes, il les rassure ; il déclare que leur translation est légitime, et que n'ayant quitté la discipline, qu'afin de se soumettre à la discipline pour le bien de leurs âmes, et dans le désir de mener une vie plus étroite, le pas qu'ils ont fait les approche du ciel. Que les canons permettent aux vierges consacrées à Dieu, de sortir de leurs premières Observances pour en embrasser de plus austères, et que selon Gratien, ce grand interprète des Canons, les religieux doivent jouir de la même liberté. Il cite un Canon du Concile d'Autun, et une constitution d'Urbain II qui défend aux Chanoines Réguliers d'abandonner leurs Congrégations pour se retirer dans l'Ordre Monastique. Mais il dit qu'elle a été modérée par le pape Alexandre, et qu'il doute si en vertu de ces Constitutions, on pourrait rappeler les Chanoines Réguliers qui auraient passé dans l'ordre de Cîteaux. Que pour lui, si quelqu'un de ceux qui sont sous sa charge, avaient le dessein de s'y retirer, il essayerait de les en dissuader ; mais qu'ils ne voudrait pas les en faire sortir, s'ils y étaient entrés, de crainte de résister au saint Esprit, d'en troubler le mouvement et d'empêcher l'effet d'une liberté sainte qu'il donne aux âmes qu'il inspire. Mais ce qui fait voir évidemment, mes frères, quelle a été sur ce

---

[297] Steph. Torn. Ep.1

Chapitre VIII - Question IX

sujet la conduite de l'Église, est ce que nous lisons dans une Décrétale du Pape Innocent III : il déclare positivement qu'encore que le saint Siège Apostolique ait donné des privilèges à quelques religieux, chanoines réguliers, hospitaliers et Templiers, par lesquels il est défendu à ceux que se sont engagés dans leurs Congrégations d'en sortir contre la volonté de leurs Supérieurs pour se retirer dans d'autres Observances, afin que selon la parole de l'apôtre, chacun demeure dans sa vocation. Néanmoins que le sentiment de l'Église n'a point été de résister au saint Esprit, de faire violence à la liberté de ceux qui sont poussés par ses inspirations ; qu'il n'y a point de contrainte où se trouve l'Esprit de Dieu et que ceux qu'il meut et qu'il inspire, ne sont point sujets à la loi : « *Ubi Spiritus Dei ibi libertas, et qui Dei Spiritu aguntur, non sunt sub lege*[298] »

Et que ces privilèges ont été accordés pour empêcher qu'on ne passe témérairement, et avec inconstance d'un monastère dans un autre, sous prétexte d'une vie plus élevée, comme il est arrivé à plusieurs, de sorte que, ajoute ce grand Pape, celui qui a demandé la permission de se retirer dans une observance plus parfaite, est libre et dispensé par une loi particulière, de garder la loi générale et peut exécuter la résolution qu'il a formée, d'entreprendre une vie plus sainte sans s'arrêter au refus et à l'opposition inconsidérée de son Supérieur. „*Ex lege privata quæ publicæ legi præjudicat absolutus, libere potest sanctioris vitæ propositum adimplere, nonobstante proterva indiscreti contradictione prælati*[299] ».

Ainsi, mes frères, comme personne ne connaît mieux les sentiments et l'esprit de l'Église, que celui qui en est le Chef, vous devez être persuadés qu'elle n'a jamais empêché, et qu'elle n'empêche

---

[298] 2Co 3, 17 / *vgl.2 Kor 3,17 und Röm 8,14*
[299] Inn. III : *Decret L 3 de Regul. et trans. tit. 31 c. licet / Inn.* III: Dekretale 3 de Regularibus et Transeuntibus-. tit. 31 Kap. licet

point encore qu'un religieux ne quitte sa première Observance pour en embrasser une plus exacte, et plus austère, quand il le fait avec une intention pure et sincère et qu'il n'a point d'autre dessein que celui de se consacrer à une vie plus excellente et plus sainte.

 Soyez persuadés, mes frères, que la parole du supérieur est presque toujours infructueuse si elle n'est autorisée, et si elle ne prend de la force dans son exemple; que l'exemple même est quelque chose de sec, de languissant et de mort si la parole ne l'anime et ne lui donne la vigueur qu'il ne saurait avoir de lui-même. Et que la parole et l'exemple n'auront pas de suites, ni fort grandes ni fort heureuses, si le supérieur n'y joint sa vigilance et s'il ne se donne tout entier à la direction des âmes que la providence a mises dans ses mains. Et après qu'il se sera acquitté fidèlement de tous ses devoirs, il faut qu'il reconnaisse son impuissance - et qu'étant également convaincu et touché de cette grande vérité que l'apôtre nous apprend quand il dit: „ni celui qui plante ni celui qui arrose n'est quelque chose, mais celui qui donne la croissance, Dieu"[300], il s'adresse à Dieu et qu'il lui demande par ses prières, ses gémissements et ses larmes, qu'il regarde en pitié le troupeau dont il lui a plu le charger, qu'il bénisse sa sollicitude et qu'il lui donne cette sainte fécondité qui ne peut être que l'effet de sa grâce et l'opération de son Esprit.

 Voilà, mes frères, ce que doit faire un supérieur s'il est véritablement digne de son ministère et s'il veut satisfaire aux obligations qui lui sont imposées par ces paroles: il tient la place du Christ. Et c'est à quoi saint Benoît déclare que la place qu'il tient dans la congrégation l'engage, lorsqu'il dit expressément qu'il faut qu'il enseigne ses frères par ses œuvres comme par ses exhortations; qu'ils doivent trouver autant d'édification dans son exemple que dans ses

---

[300] 1 Co 3,7 / 1 Kor 3,7

Chapitre VIII - Question IX

paroles et qu'il ne sera point déchargé au jugement de Jésus Christ qu'après leur avoir rendu toutes les assistances qui auront été dans son pouvoir. Enfin, il a demandé des supérieurs tant de soin, d'application, d'assiduité et de diligence, qu'il n'y a pas lieu de douter qu'il ne veuille les séparer de toutes sortes d'emplois, d'occupations et d'affaires, afin qu'ils n'en aient qu'une seule qui est celle de veiller incessamment à la garde des âmes que Jésus Christ a rachetées de son sang et dont il leur a confié la conduite.

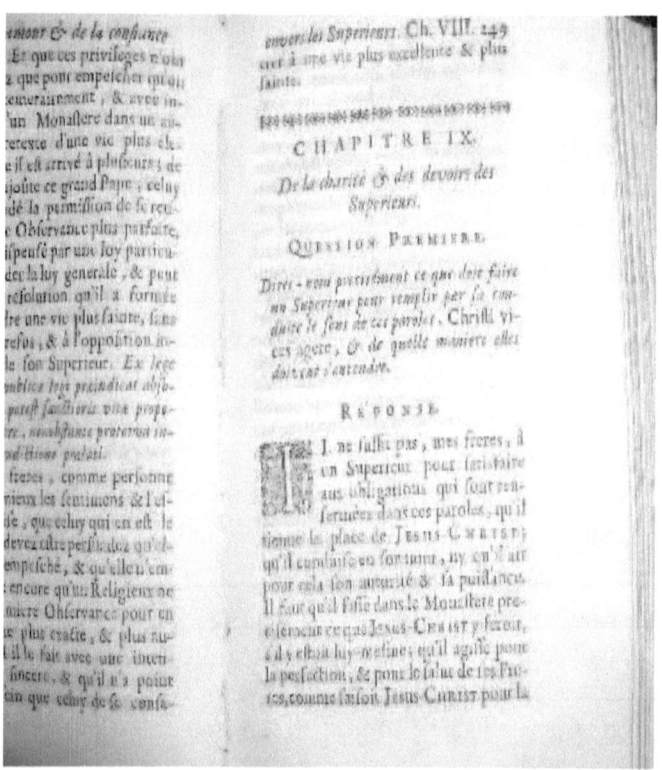

Chapitre IX

De la charité et des devoirs des Supérieurs.

Question Première

Dites-nous précisément ce que doit faire un Supérieur pour remplir par sa conduite le sens de ces paroles : Christi vices agere[301], et de quelle manière elles doivent s'entendre.

Réponse

Il ne suffit pas, mes frères, à un Supérieur, pour satisfaire aux obligations qui sont renfermées dans ces paroles, qu'il tienne la place de Jésus Christ, qu'il conduise en son nom, ni qu'il ait pour cela son autorité et sa puissance. Il faut qu'il fasse dans le monastère précisément ce que Jésus Christ y ferait, s'il y était lui-même ; qu'il agisse pour la perfection et pour le salut de ses frères, comme faisait Jésus Christ pour la sanctification de ses disciples ; qu'il exprime ses actions dans toutes ses œuvres, et qu'il fasse, pour le dire ainsi, que le Pasteur invisible devienne visible dans l'exactitude, et dans la piété avec laquelle il doit s'acquitter de son ministère. Et comme Jésus Christ – pour ne rien oublier de tout ce qui pouvait rendre ses disciples agréables aux yeux de son Père, et dignes du choix et de la distinction qu'il en avait faite – a voulu les former non seulement par ses prédications, mais par son exemple, qu'il a veillé sur leur conduite avec une application continuelle, et qu'il n'a point cessé de soutenir leur faiblesse par la force de ses prières, il faut aussi qu'un véritable Supérieur travaille sans relâche à l'instruction de ses frères, leur enseigne leurs devoirs par sa parole, et par ses œuvres ; s'applique à régler tout l'ordre et tout l'état de leur

---
[301] RB 63

Chapitre IX - Question Première

vie avec une vigilance fidèle; et par-dessus tout joigne une prière ardente à ses soins, et à ses travaux.

Soyez persuadés, mes frères, que la parole du Supérieur est presque toujours infructueuse, si elle n'est autorisée, et si elle ne prend de la force dans son exemple. L'exemple même est quelque chose de sec, de languissant et de mort si la parole ne l'anime et ne lui donne la vigueur qu'il ne saurait avoir de lui-même. La parole et l'exemple n'auront pas de suites, ni fort grandes ni fort heureuses, si le Supérieur n'y joint sa vigilance, et s'il ne se donne tout entier à la direction des âmes que la Providence a mises dans ses mains. Et après qu'il se sera acquitté fidèlement de tous ses devoirs, il faut qu'il reconnaisse son impuissance, et qu'étant également convaincu et touché de cette grande vérité que l'Apôtre nous apprend quand il dit : *Neque qui plantat, neque qui rigat est aliquid, sed qui incrementum dat Deus*[302], il s'adresse à Dieu et qu'il lui demande par ses prières, ses gémissements et ses larmes, qu'il regarde en pitié le troupeau dont il lui a plu le charger, qu'il bénisse sa sollicitude, et qu'il lui donne cette sainte fécondité, qui ne peut être que l'effet de sa grâce, et l'opération de son Esprit.

Voila, mes frères, ce que doit faire un Supérieur, s'il est véritablement digne de son ministère, et s'il veut satisfaire aux obligations qui lui sont imposées par ces paroles, *Christi vices agere*. Et c'est à quoi saint Benoît déclare que la place qu'il tient dans la Congrégation l'engage, lorsqu'il dit expressément qu'il faut qu'il enseigne ses frères par ses œuvres comme par ses exhortations ; qu'ils doivent trouver autant d'édification dans son exemple que dans ses paroles, et qu'il ne sera déchargé au jugement de Jésus Christ qu'après leur avoir rendu toutes les assistances qui auront été dans son pouvoir.

---
[302] 1 Co 3, 7

Enfin il a demandé des Supérieurs, tant de soin, d'application, d'assiduité, et de diligence, qu'il n'y a pas lieu de douter qu'il ne veuille les séparer de toutes sortes d'emplois, d'occupations et d'affaires afin qu'ils n'en aient qu'une seule qui est celle de veiller incessamment à la garde des âmes que Jésus Christ a rachetées de son sang, et dont il leur a confié la conduite.

Question II

Un Supérieur doit-il avoir une grande capacité pour instruire ses frères avec utilité ?

Réponse.

Il faut régler la science, et la mesurer par l'état et la condition des personnes, et on ne saurait se mécompter[303] de dire qu'un homme a toute la science qu'il doit avoir, toute la connaissance qui lui convient, et que Dieu demande de lui, quand il connaît ce qui concerne sa profession, qu'il en sait parfaitement le fond, la vérité, les règles, et qu'il n'ignore rien de ce qui peut le disposer, et le rendre plus capable pour s'acquitter de toutes les choses auxquelles elle l'oblige.

Il y a grande différence, mes frères, entre un Supérieur de Solitaires et un Docteur, ou un Pasteur Ecclésiastique. Celui-ci est une lampe allumée pour éclairer le monde, c'est un homme établi de Dieu pour instruire les peuples, et pour diriger les consciences. Il est redevable à tous ceux qui ont recours à lui, et il ne peut se dispenser de répondre aux doutes et aux difficultés qui lui sont proposées sur toutes sortes de matières, de quelque endroit qu'elles lui viennent, sa connaissance ne saurait aller trop loin, et sa capacité ne peut être trop étendue. Il faut qu'il sache parfaitement les

---

[303] mécompter : vieux français = se tromper

Chapitre IX - Question II

Dogmes et les Mystères de la foi, l'Écriture, la Tradition sainte, l'Histoire de l'Église, ses Décisions et les Règles, qu'il ait une lecture profonde des ouvrages des saints Pères, et qu'on puisse avec fondement lui attribuer ces paroles de. l'Ecclésiastique[304], *In versutias parabolarum introibit occulta proverbiorum exquiret.*

Mais pour l'autre, mes frères, c'est à proprement parler une lumière cachée sous le boisseau, un homme uniquement destiné à la conduite d'un petit nombre de personnes, dont la vie se doit passer toute entière dans la retraite, dans le silence, dans la mortification des sens et de l'esprit, et qui n'ayant de mission de la part de Dieu, que pour inspirer de la piété, et non pas pour donner de la doctrine, n'a pas besoin d'une érudition si vaste, ni de cette science qui ne se peut acquérir que par la suite et l'assiduité de la lecture et de l'étude. Il faut demeurer d'accord qu'il aura toute celle qui lui est nécessaire, s'il peut dire avec le saint Apôtre[305] : *Non judicavi me scire aliquid inter vos nisi Jesum et hunc crucifixum.* C'est là, mes frères, qu'il aura appris ce qu'est une obéissance sans limites, un désir insatiable des opprobres et des humiliations, une patience invincible dans les souffrances, une résignation entière à toutes les volontés de Dieu, une pauvreté sans réserve, une charité constante dans les injustices, un attachement invariable aux choses éternelles, et un renoncement parfait à celles qui n'ont point de consistance assurée ; enfin toutes ces autres dispositions qui sont l'essence, la vérité et la perfection de son état, qui se trouvent si divinement exprimées dans ces situations différentes, où Jésus Christ s'est voulu mettre pour contenter cet amour infini qu'il avait pour le salut des hommes. Voilà ce que doit savoir un homme qui conduit des Solitaires, voilà la véritable science dont il a besoin pour sanctifier son

---

[304] Si 39, 2-3
[305] 1 Co 2 ; 2

troupeau. Et si vous me demandez quel est le livre dans lequel il étudiera ce Jésus Christ crucifié, je vous dirai que c'est l'Écriture sainte, et que c'est pour cela que les saints Pères[306] lui en ont si particulièrement recommandé l'intelligence.

Question III

Voudriez-vous qu'un Supérieur n'eût point d'autre lecture que celle de l'Écriture sainte ?

Réponse.

Les Supérieurs étant uniquement établis pour porter ceux dont Jésus Christ leur a donné la conduite, à ce que la Religion a de plus élevé, de plus pur et de plus saint, on ne peut pas douter qu'ils ne soient obligés d'en avoir une connaissance parfaite. Et comme toute la Religion consiste dans les vérités de la Foi, et dans les maximes saintes que Jésus Christ nous a données pour la direction des mœurs ; il est également certain que l'obligation d'un Supérieur, est de lire, d'entendre et de méditer les Écritures, puisqu'elles sont les sources sacrées de ces vérités et de ces maximes. Il faut aussi qu'il joigne à cette sainte occupation la lecture des ouvrages des saints Pères, qui parlent de la conduite et du règlement de la vie. Et parce qu'il doit connaître son état à fond et dans toute son étendue, il faut encore qu'il lise avec soin et avec application, tout ce que les Saints lui peuvent apprendre touchant ses obligations, et ce que les écrivains ecclésiastiques ont écrit des vies, des actions, des Règles et des sentiments des saints Moines.

Voilà précisément quelles doivent être ses connaissances. Mais s'il arrive qu'il en ait de plus grandes, il faut qu'il les réduise à l'accomplissement de ses devoirs, les enferme dans les bornes de sa

---

[306] Basile : Inst. Monach. : *Serm. I* / Basilius, Institutio monachorum. Sermo I

Chapitre IX - Question IV

profession, prenne garde que se laissant aller aux mouvements qui ne sont que trop ordinaires aux personnes qui ont de l'acquis dans les sciences, il ne s'engage en des études et des occupations qui ne le regardent point, et qu'il ne perde malheureusement et le goût et la mémoire de celles dont il est chargé, et desquelles il sait que Dieu lui demandera compte.

Il est certain, mes frères, que les Supérieurs peuvent commettre de grands abus dans les sciences et que s'ils réglaient leurs occupations par les nécessités et par les devoirs, ils passeraient bien des heures dans la méditation de la loi de Dieu, qu'ils donnent à la recherche des choses qui ne leur sont point utiles, et qu'on pourrait leur dire avec beaucoup de justice, ce que notre Seigneur dit à sainte Marthe[307] : *Turbaris erga plurima porro unum est necessarium.*

Question IV

Ne peut-on pas dire, que si un Supérieur se renferme dans des bornes si étroites, il y a sujet de craindre qu'ayant moins de connaissance, il soit aussi moins utile à l'avancement de ses frères ?

Réponse.

Ce serait une crainte bien mal fondée. Y a-t-il rien de si peu raisonnable, que de vouloir qu'un homme soit moins propre pour apprendre aux autres son art ou son métier, parce qu'il n'aurait aucune connaissance des autres arts, ou des autres métiers ? On n'a jamais ouï dire: ce Jurisconsulte, tout habile qu'il est dans sa profession, n'est pas capable de l'enseigner, ni de former des disciples, parce qu'il n'est pas Théologien ou Astronome. En vérité il n'y au-

---

[307] Lc 10, 41 / Luk 10, 41-42

rait rien de moins supportable que de se figurer qu'un Solitaire renfermé dans son Cloître, ignorant toutes choses hors celles qui appartiennent à son état, ayant incessamment devant les yeux Jésus Christ crucifié, méditant ses vérités le jour et la nuit, n'ayant ni occupation, ni affaires que celles de veiller sur ceux dont il lui a donné le soin, fût moins digne de son emploi, et conduisit ses frères avec moins de bénédiction, parce qu'il ne saurait ni la tradition de l'Église ni son Histoire ni ses Canons, et qu'il n'aurait pas une lecture profonde des livres des saints Pères ! Nous voyons aussi que les Antoines, les Pacômes, et les Hilarions qui ont jeté dans l'Église les fondements de la vie Monastique et qui ont rempli tout l'Orient d'une multitude innombrable de Solitaires, ont puisé toute leur science dans la vérité même, et dans la méditation des saintes Écritures. Nous pouvons dire la même chose de saint Benoît qui a été le Père et l'Instituteur de tous les Moines dans l'Occident, et qui borne toutes les connaissances du Supérieur à l'intelligence de l'Écriture sainte. Nous apprenons de Cassien par les entretiens qu'il a eus avec ces hommes si saints et si éclairés, que c'était là toute la science du Désert. Saint Basile n'en demande point d'autre dans un Supérieur[308], lui qui savait mieux que personne quelle devait être sa capacité. Saint Jean Climaque[309], que tous les Moines doivent regarder comme leur maître, n'était pas d'un autre avis quand il a dit que le véritable Directeur s'instruit des connaissances et des vérités divines dans le Livre que Dieu écrit de son doigt dans le fond de son cœur, par les fortes inspirations et les vives lumières qu'il lui communique ; et qu'il n'a pas besoin de chercher dans les livres naturels et sensibles, l'intelligence qu'il reçoit de ce grand maître.

---

[308] PR q. 235 p. 295
[309] Ep. *Ad Past.* 5. Ech Ste p. 313

Chapitre IX - Question V

Si quelqu'un voulait soutenir que les sciences ecclésiastiques sont nécessaires, et peuvent beaucoup servir pour acquérir celles que nous demandons dans un Supérieur, la Providence se serait bien trompée, et on aurait grande raison de se plaindre de ce qu'elle l'aurait refusée aux Antoines, aux Pacômes, aux Hilarions, aux Palémons, aux Sabas, aux Siméons stylites et à une infinité d'autres. Mais disons plutôt que Dieu par miséricorde les a préservés de ce qui aurait été capable d'affaiblir le mérite de cette simplicité, et de cette humilité si profonde, qui a été toute leur gloire.

Question V

Vous croyez donc qu'un Supérieur ne peut s'appliquer ni à l'étude ni aux sciences qui ne sont pas de sa profession ?

Réponse.

Non, il ne le doit pas si l'ordre de Dieu et une disposition particulière de sa Providence ne l'y engage. En voici quelques raisons que nous ajouterons à ce que nous avons déjà dit sur ce sujet.

Premièrement, les Solitaires sont des Pénitents qui vont à Dieu dans l'obscurité de la retraite par la simplicité, par le silence, par un exercice continuel de tout ce qui est capable de les humilier. Leur Supérieur est obligé de marcher incessamment à leur tête. Il faut qu'il pratique le premier toutes les choses qu'il leur enseigne. Cependant comme il n'y a rien qui donne tant d'éclat et tant de gloire devant le monde, ni par où les hommes se rehaussent davantage, que par l'étude et par les sciences, il n'y a rien aussi de plus opposé à la profession des Solitaires, rien qui les tire plus de la vérité de leur état ni qui en dissipe plus promptement l'esprit et les sentiments. Et par conséquent, rien ne doit être plus interdit à celui qui les gouverne puisqu'il est leur modèle, les instruit par son exemple encore plus que par la parole. Il faut qu'ils lisent dans ses actions comme dans un livre vivant, toutes les règles de leur conduite.

Secondement, si le Supérieur sent le poids de sa charge, s'il connaît l'étendue de ses devoirs, s'il sait, comme il n'en peut douter, qu'il n'est plus à lui, mais que son temps, sa personne, et sa vie appartiennent à ses frères. Enfin, s'il les aime autant qu'il y est obligé, les journées lui paraîtront courtes par la grandeur de son emploi, comme par la grandeur de son amour. Et bien loin de s'engager en des occupations qui n'ont aucun rapport à son état, il fera scrupule de leur ôter un seul de ses moments qui leur sont uniquement destinés.

Troisièmement, l'étude, je dis même des choses les plus saintes, a ses dangers aussi bien que ses avantages. Ceux que Jésus Christ y applique ne manquent pas d'en trouver les biens et les utilités mais pour ceux qui s'y engagent par leur propre inclination, ils n'en ont que les inconvénients et les maux. Toutes leurs passions, j'entends celles de l'esprit, s'y nourrissent et s'y fortifient : l'orgueil, la vaine gloire, la présomption, l'inquiétude, l'envie, le mépris du prochain, la curiosité sont des excès qui leur sont presque inévitables. Et si, par hasard, le Supérieur qui sort des bornes de sa profession, ne se rencontre pas dans ces sortes de dérèglements; il y en a d'autres dans lesquels il ne s'empêchera pas de tomber. Son cœur deviendra sec, son esprit dissipé, son imagination remplie de mille fantômes; il perdra le goût de sa profession; l'obligation de veiller sur ses frères lui sera un joug insupportable! Il regrettera le peu de moments qu'il sera contraint de leur donner, ils lui deviendront à charge. Cette communication, qui doit être continuelle entre eux et lui, venant à cesser son ministère leur deviendra inutile. Il sera dans la Communauté, vivant à lui-même, au lieu d'y vivre pour les autres et il n'y aura rien qu'il y fasse moins, que ce qu'il est obligé d'y faire.

Vous m'alléguerez peut-être l'exemple de saint Bernard et de quelques Moines de l'Ordre de saint Benoît, qui se sont appliqués autrefois à enseigner les peuples. Mais touchant ce saint Docteur il est aisé de répondre que c'était un homme Apostolique. Il avait reçu des connaissances infuses, et Dieu l'a élevé au-dessus des exercices et des fonctions de son état pour l'édification et le soutien de l'Église universelle. Pour les autres, ils ont cédé aux besoins pressants des peuples ; il n'y avait point pour lors d'Académies publiques, ni de personnes capables d'instruire et la charité et la nécessité seule les a engagés dans un emploi qui ne convenait pas à leur profession. S'il fallait se conduire en cela par l'exemple, il y aurait bien plus d'apparence d'imiter une infinité de Solitaires qui ont servi Dieu dans la solitude et dans la simplicité, dans l'abjection et dans l'oubli des hommes, qu'un petit nombre de personnes qu'il lui a plu de conduire par des voies extraordinaires.

En un mot, mes frères, si un Supérieur passe sa vie comme il le doit, s'il la partage dans les exercices qui lui sont propres, a soin d'instruire ses frères par ses exhortations ; de les édifier par l'assiduité avec laquelle il s'acquittera des régularités communes ; veille sur eux comme un Pasteur charitable ; leur, donne tout le temps nécessaire pour les consoler et les soutenir selon leurs besoins et leurs dispositions différentes ; bien loin qu'il lui en reste pour l'employer à la recherche des sciences, à peine trouvera-t-il des instants pour gémir devant Dieu des fautes qu'il aura commises dans sa conduite, et pour le prier de lui donner la sagesse et la force de s'acquitter dignement d'une charge qui n'a nulle proportion à sa faiblesse et que les Anges mêmes, avec toutes leurs lumières et leur sainteté ne pourraient pas regarder sans crainte.

Question VI

Que doit faire un Supérieur, et jusqu'où doit aller son exactitude, pour satisfaire à l'obligation qu'il a d'instruire par son exemple ?

Réponse

Il faut, mes frères, que sa vie soit si exacte, qu'il observe sa Règle avec tant de fidélité, qu'il soit si ponctuel à s'acquitter de tout ce qu'elle lui prescrit, que les frères puissent en apprendre tous les devoirs dans sa seule conduite. Il est nécessaire pour cela qu'ils y remarquent toutes les choses qu'ils doivent pratiquer, et qu'ils n'y aperçoivent rien de celles dont il faut qu'ils s'abstiennent[310] : *Omnia bona et sancta factis amplius quam verbis ostendere (...) Omnia vero quæ discipulis docuerit esse contraria, in suis factis indicet non agenda.* C'est-à-dire qu'à la réserve des actions qui peuvent être attachées à sa qualité de supérieur et qui le distinguent de ses frères, il doit être, dans tous les exercices et les régularités de sa profession, garder sa Règle dans tous ses points pour former leur exactitude sur son exactitude ; leur religion sur sa religion ; non seulement parce que le plus efficace de tous les moyens dont il se puisse servir pour les porter à respecter leur Règle, est de leur faire connaître qu'il la respecte lui-même, mais parce que sans celui-là, tous les autres ensemble demeureraient inutiles.

En effet, mes frères, de quelle utilité pourraient être les soins d'un supérieur qui ne sera point observateur de sa Règle ? Quelle apparence y a-t-il qu'il recommande l'exactitude, lui qui n'en a point ? Qu'il enseigne des choses opposées à celles qu'il pratique ? Qu'il approuve ce qu'il n'observe point ? Qu'il porte à la péni-

---

[310] RB 2

Chapitre IX - Question VI

tence et à l'austérité, lui qui vit dans la bonne chère et dans la mollesse ; Qu'il exhorte à être assidu aux exercices réguliers, lui qui trouve mille raisons pour s'en exempter? Qu'il prêche la simplicité et la pauvreté religieuse pendant qu'il a le train et l'équipage d'un grand du monde ? Enfin, quel moyen qu'il inspire l'éloignement et l'aversion des maximes du siècle et qu'il apprenne à ses frères ce que saint Benoît entend par ces paroles[311] : *A sæculi actibus se facere alienum,* pendant qu'il en étudie toutes les manières, qu'il en suit les vanités, qu'il fait ce qu'il peut pour en avoir l'air, et pour en prendre les modes, et qu'il témoigne par un extérieur tout mondain, que l'esprit de la religion est comme éteint en lui, et qu'il ne lui en reste pas les moindres principes.

Que s'il se trouve qu'il puisse gagner sur lui d'exciter ses frères à la pratique de cette Règle qu'il observe si mal, peut-on s'imaginer qu'il le fasse avec la vigueur, le zèle, et toutes les autres circonstances sans lesquelles on ne persuade presque jamais ; qu'il parle de la différence qu'il y a entre les bons et les mauvais serviteurs ; qu'il propose aux uns les récompenses ; qu'il intimide les autres par les châtiments ; c'est à dire qu'il prononce de sa propre bouche l'arrêt de sa condamnation et qu'il donne à Jésus Christ un juste sujet de lui dire[312] : *Ex ore tuo te judico serve nequam ?*

Disons davantage et supposons que ce Supérieur s'applique avec toute la force qu'il doit et qu'il ne manque rien au devoir de la parole. Quel effet peuvent avoir des instructions toutes vides et destituées de bonnes œuvres ? Quelle impression peut faire un homme qui décrédite[313] tout ce qu'il dit par ses actions et qui tient une conduite toute contraire à celle qu'il prétend donner aux autres

---

[311] RB 4 , 20
[312] Lc 19 22 / Luk 19,22
[313] Décréditer : vieux français aujourd'hui : discréditer

? Il est certain que plus il appuie les vérités qu'il annonce, plus il se couvre de confusion, et le mépris qu'il s'attire en vivant contre ses lumières et trahissant le sentiment de son cœur, le rend indigne de toute créance. Ainsi, n'est-il pas possible qu'il inspire jamais l'amour du bien aux âmes qui ne l'ont pas encore. Mais il est presque inévitable qu'il ne le détruise dans ceux qui pourraient l'avoir acquis puisqu'il n'y a rien de plus fort et de plus puissant pour induire à des actions mauvaises, que le méchant exemple quand il se rencontre dans des personnes qui ont du rang et de l'autorité. Les inférieurs, comme dit saint Grégoire[314], se laissant beaucoup plus conduire par le mal qu'ils peuvent remarquer dans leurs supérieurs, que par leurs paroles : *Subjecti non sectantur verba quæ audiunt ; sed sola quæ conspiciunt exempla pravitatis.*

    C'est cet inconvénient que saint Benoît avait devant les yeux et auquel il voulait remédier, quand il ordonne à celui qui doit conduire le monastère, de se montrer Supérieur à ses frères par ses actions comme par sa charge, *Majoris nomen factis implere*[315]. Quand il dit qu'il faut qu'il les instruise et qu'il les porte aux choses saintes, encore plus par ses œuvres que par ses paroles : *Omnia bona et sancta factis amplius quam verbis ostendere.* Qu'il fortifie ses instructions par son exemple. Que par sa conduite il fasse connaître à ses frères qu'ils doivent s'abstenir de tout ce qui aura apparence de mal : *Omnia vero quæ discipulis docuerit esse contraria, in suis factis indicet non agenda.* Enfin, quand il enseigne qu'il doit être autant au-dessus d'eux par son exactitude dans l'observation de la Règle que par sa prélature et par son autorité : ... *Quanto*

---

[314] Greg Past. p.1 c.2
[315] RB 2

prelatus est cæteris, tantum eum oportet sollicitius observaræ præcepta regulæ[316].

Saint Basile[317], sans doute, avait cette même pensée lorsque nous apprenant quel doit être un supérieur, il demande de lui une perfection si consommée que rien n'est plus capable de remplir de frayeur ceux qui sont dans la conduite des âmes, et d'empêcher ceux qui sont libres de s'y engager. Il veut que ce directeur ne puisse s'égarer lui-même ni faire que les autres s'égarent, qu'il sache la manière de mener à Dieu ceux qui le cherchent, qu'il soit rempli de toutes les vertus, qu'il ait dans ses propres œuvres le témoignage de l'amour qu'il a pour Dieu, qu'il possède l'intelligence de l'Écriture sainte, qu'il ne se laisse jamais aller aux distractions.

Saint Jérôme dit que celui qui est établi pour l'instruction des autres doit être pur et exempt de toute iniquité, plein de zèle pour faire le bien, pénétrant pour découvrir les artifices des méchants, et comme porté et soutenu sur les ailes de toutes le vertus :
cum in docendis occuparis subditis mundus a peccatis omnibus, et strenuus in operibus bonis, perspicax in deprehendendis malorum insidiis, et virtutum pennis fultus esse, satage[318].

Saint Grégoire[319] veut que celui qui est établi pour le gouvernement des autres, soit élevé par l'excellence de sa vie, afin que sa direction et sa sollicitude puisse être utile. *In alto debet stare per vitam, ut possit prodesse per providentiam*. Il dit ailleurs, que celui qui n'est pas capable de conduire par sa bonne vie, ne doit pas accepter le gouvernement des âmes, de crainte qu'il ne commette lui-même les fautes pour la correction desquelles l'autorité lui a été donnée : *Ne qui adhoc eligitur ut aliorum culpas corrigat, quæ et*

---

[316] Id. 65
[317] Ser . De abdicatione rerum
[318] Comment. Lib. 1 in Prov. c. 6
[319] Homil. XI in Ezech. SC n° 327 XI, 4 p.327

resecare debuit ipse committat.[320]. Il dit qu'un supérieur doit exceller dans ses œuvres, afin qu'il puisse par sa vie, enseigner le chemin de la vie à ses disciples, et que le troupeau qui doit suivre les mœurs et la voix du Pasteur, avance par son exemple encore plus que par sa parole[321]. *Sit rector operatione præcipuus, ut vita viam subditis vivendo denunciet; et grex qui Pastoris vocem, moresque sequitur, per exempla melius quam per verba gradiatur.*

Saint Bernard dit qu'il faut joindre à la parole la voix de l'exemple ; c'est-à-dire que les actions conviennent aux paroles, ou plutôt les paroles aux actions, et que le soin de faire, précède celui d'enseigner. C'est un ordre très beau et très salutaire de porter le premier le fardeau qui vous imposez aux autres... L'exemple que l'on donne par l'action, est une instruction vivante et efficace ; et l'on persuade aisément ce que l'on enseigne lorsqu'on montre par ses œuvres qu'il est possible. *Memento voci tuæ dare vocem virtutis.« Quid illud » inquis ? ut opera tua verbis concinant, imo verba operibus, ut cures videlicet prius facere quam docere. Pulcherrimus ordo est et saluberrimus, ut onus quod portandum imponis tu portes prior (...)Sermo quidem vivus et efficax, exemplum est operis facile faciens suadibile quod dicitur, dum monstrat factibile quod suadetur*[322].

Saint Jean Climaque[323] ne pouvait pas nous marquer davantage, quel exemple un supérieur est obligé de donner, qu'en nous disant qu'il faut qu'il soit dépouillé de toutes sortes de passions, et qu'il lui est honteux de demander à Dieu pour ceux qu'il conduit, des grâces qui ne lui ont pas encore été accordées à lui-même.

---

[320] Morales sur Job: Lib 24 c.15
[321] Idem Past. 2, c 3
[322] Saint Bernard : *Ad Balduinum abbatem*. Ep 201,3; OSB vol. VIII p. 60
[323] In Ep. ad Past. n°. 13 et 14

Chapitre IX - Question VII

Ce sentiment ne paraîtra pas trop rigoureux, si on fait quelque attention sur ce que nous dit le saint apôtre quand il parle des qualités et des dispositions qui doivent se rencontrer dans la personne d'un évêque ; car s'il veut qu'il soit saint, irrépréhensible et qu'en toutes choses il soit l'exemple de ceux qu'il conduit : *In omnibus te ipsum præbe exemplum*[324], nonobstant la diversité de ses emplois, l'étendue de sa sollicitude, et malgré cette dissipation qui est presque inévitable dans la multiplicité de ses soins : que ne doit-on pas désirer d'un supérieur de solitaires duquel toutes les fonctions et les devoirs sont renfermés dans l'enceinte de son cloître et qui se trouvant de l'état et de la condition même de ceux qui sont sous sa charge, doit être par toutes ses actions et dans les moindres circonstances, leur règle, leur modèle et leur forme ?

Question VII

Vous croyez donc qu'un supérieur ne puisse s'attribuer aucune exemption, ni aucune dispense des régularités communes qui le distinguent de ses frères?

Réponse

Il faut qu'un supérieur aussitôt que l'autorité lui est donnée, ne manque pas de s'appliquer ces paroles du saint Esprit [325]: *Rectorem te posuerunt, noli extolli ; esto in illis quasi unus ex ipsis*. Qu'il soit parmi ses frères dans toutes les régularités communes, dans les travaux, dans les veilles, dans les jeûnes, qu'il embrasse les occupations les plus ravalées, qu'il garde la même austérité dans la nourriture, la même simplicité dans ses vêtements, que rien ne le dis-

---

[324] Tt 2, 7
[325] Si 32, 1 (illis : orthographe de Rancé . Vulgate : ipsis)

tingue que sa vertu, ou les actions qui peuvent être propres et attachées à son ministère. Il doit se souvenir en toutes occasions, à l'imitation de Jésus Christ, qu'il est destiné de Dieu pour servir ses frères, et non pas pour en recevoir des services[326] : *Non veni ministrari, sed ministrare.* Qu'il ne lui est pas permis ni d'affecter des différences humaines, ni de rechercher d'outres prééminences que celles qui sont établies dans le Règle et qui se trouvent dans les exemples des saints.

Question VIII

Quel moyen y a-t-il donc d'excuser les supérieurs qui ont des trains, des équipages et des carosses?

Réponse

C'est un usage tellement contraire à toute la piété monastique, aux maximes, et à la conduite des saints qu'on ne peut le regarder que comme l'effet d'un extrême dérèglement. Quelle apparence y a-t-il que des hommes qui dans l'ordre de Dieu, devraient être couverts du sac et de la cendre qui par leur état sont obligés de vivre dans les gémissements et dans les larmes ; qui font une profession toute couverte d'abjection et de pauvreté, suivent les manières de vivre du siècle, et imitent sans scrupule le faste et la vanité des gens du monde? Et de quelles raisons peuvent-ils se servir pour autoriser un excès si grossier et si scandaleux ?

Les supérieurs majeurs allègueront sans doute la nécessité qui les engage à des visites régulières. Mais ne sait-on pas qu'il y avait des visites régulières avant qu'il y eut de ces sortes d'équipages dans le monde? Que plusieurs généraux s'acquittent encore aujourd'hui de ces mêmes visites et vont de nations en nations et des

---

[326] Mt 20, 28

Chapitre IX - Question VIII

royaumes en royaumes, en se servant de voies qui n'ont rien de contraire à la simplicité de leur profession et qui ne dérogent point à l'édification qu'ils doivent à l'Église ? Quelques-uns apporteront leurs infirmités comme des raisons légitimes, et prétendront que ne pouvant faire les fonctions de leurs charges par d'autres voies, il leur est permis de se servir de celles-ci. Mais ils se trompent. Et il faut qu'ils sachent que les biens auxquels nous ne saurions arriver par des voies qui sont bonnes et droites, ne sont pas ceux Dieu demande de nous. En tout cas l'usage des litières est plus commode à un homme infirme que celui des carrosses, et puis, on pourrait se servir de voitures qui ayant la commodité des carrosses, n'en auraient ni la pompe ni la vanité. Si ceux qui se font sur cela des nécessités imaginaires font réflexion qu'il y a quatre-vingts ans, il n'y avait qu'un seul carrosse dans la capitale du Royaume, qu'il n'y a que cinquante ans, les gens les plus qualifiés n'allaient qu'à cheval, et que cependant les supérieurs faisaient leurs visites ordinaires, ils trouveraient que notre sentiment est plein de justice et de raison. Et qu'il n'y a que la coutume, la mode, le trop grand amour qu'ils ont pour les aises de la vie, ou l'esprit du monde qui leur impose.

    D'autres diront que c'est par une raison de bienséance et pour soutenir leur dignité. Mais quelle bienséance peut-on se figurer dans une conduite qui n'a ni rapport, ni proportion, ni convenance, ni aux personnes, ni à leur état? Ou plutôt peut-il y avoir une opposition[327] plus scandaleuse que de voir des personnes obligées par leur qualité de donner aux autres des exemples de mortification, d'humilité et de renoncement, paraître en public dans la superfluité, dans la pompe et dans le luxe des mondains?

---

[327] Rancé : „*Difformité*"

Si on dit pour prétexte qu'il y a des nations où cette simplicité ferait tort à l'autorité des supérieurs, ne faudrait-il pas en tout cas, s'appliquer plutôt à les désabuser avec le temps de cette erreur, que de se faire une perpétuelle nécessité d'y céder? Et ne doit-on pas espérer que des religieux, enfants et disciples des saints, reviendront aisément au sentiment de leurs maîtres et de leurs Pères ? Saint Bernard regarde comme une chose monstrueuse de voir des sentiments et des pensées basses dans un homme d'une dignité relevée : *Monstruosa res est gradus summus et animus infimus*[328]. Mais que ne dirait il pas s'il voyait revivre la vanité du monde dans une personne qui n'en est plus, qui l'a quittée pour suivre Jésus Christ et pour imiter ses confusions, ses abattements et ses opprobres, lui qui n'a point appréhendé d'en trop dire quand il a déclaré que c'était une apostasie d'avoir un cœur et un esprit séculier sous un habit religieux[329].

On sait de quelle force il condamne le faste des Suger, abbé de saint Denis, lequel marchait avec un train et un équipage qui ne convenait point à un homme de sa condition et qu'il traita sa conduite du plus grand scandale de son temps, quoi qu'il fût ministre d'État et qu'il tint dans le Royaume un rang et une autorité principale.

Cela a été si bien le sentiment de tout son Ordre, que dans le second siècle de sa fondation (an. 1281), on lit un Statut d'un chapitre Général qui porte que la condition des moines est si excellente, que les choses qui peuvent être innocentes aux autres chrétiens, leur sont interdites. Et que le Chapitre Général ayant été informé que quelques abbés, par une conduite molle et efféminée, se

---

[328] S Bernard : *De Consideratione.* Ad Eug.– SBO vol. III, Lib. II, c. VII p. 422 Texte: *Monstruosa res gradus summus et animus infimus*
[329] – Sermon 3 in Psalm *Qui Habitat*, SBO Vol. III : p. 396, 20 – Epist. 78

Chapitre IX - Question VIII

faisaient traîner des chariots, et porter dans des litières, il défend à l'avenir que dans l'Ordre, aucun, soit abbé soit religieux, ne soit si hardi que de tomber dans cet excès. Et au cas où cela arrive, il ordonne qu'il jeûnera au pain et à l'eau autant de temps qu'il sera demeuré dans cette faute. *Quoniam omnium Religiosorum tam excellens est conditio, quod ea quæ in cæteris membris Ecclesiæ non notantur ad culpam, in ipsis tamen illicita reputantur. Et generali capitulo datum est intelligi, quod quidam Abbates muliebrem mollitiem imitantes, in curribus et lecticis gestatoriis faciunt se portari : statuit et ordinat capitulum generale, quod nullus Abbas aut Monachus de cætero talibus uti audeant, vel præsumant : alioquin quandiu talibus usi fuerint : in pane et aqua jejunent : autoritate capituli generalis.*

Pour ce qui est de soutenir sa dignité, il faut être dans un aveuglement bien étrange, pour prétendre soutenir l'honneur d'une profession qui n'est, comme nous l'avons déjà dit bien des fois, qu'abjection, pauvreté et pénitence, par un éclat et par une magnificence toute humaine. Les saints moines nos prédécesseurs et nos Pères, sans le vouloir et comme malgré eux, se sont attirés le respect et la vénération des hommes par la sainteté de leurs vies et par cette grande exactitude avec laquelle ils s'acquittaient de leurs devoirs. Et jamais l'état monastique n'a trouvé de l'estime et de la considération dans le monde, que lorsqu'il s'est conservé dans sa vertu et dans sa simplicité primitive. Toute sa beauté lui est toujours venue du fond de sa religion, *Omnis gloria filiæ regis ab intus*[330]. Et présentement qu'on n'en a ni la vertu ni le mérite, on a peine de se voir dans un état qui n'a plus rien que de honteux et de méprisable : on fait ce que l'on peut pour s'en tirer, on a recours à des recommandations étrangères, et par une illusion déplorable, on cherche à se

---
[330] Ps 44, 14

contenter d'une gloire toute fausse et toute imaginaire parce qu'on n'en peut avoir de véritable et de solide.

On alléguera pour une troisième raison, que les temps sont changés ; qu'on ne doit plus prendre les choses sur le pied de leur première institution, et qu'elles ne vont plus comme elles allaient autrefois. Il est vrai que les siècles sont plus corrompus, mais il est vrai aussi que la sainteté des cloîtres ne doit pas céder à la cupidité des hommes. Le sel de la terre ne doit point participer à sa corruption et les ténèbres du monde ne doivent point obscurcir ceux qui sont établis de la part de Dieu pour en être la lumière : *Quæ societas luci ad tenebras* ?[331]

Vous voyez donc, mes frères, que cet usage n'est appuyé d'aucune raison ; il s'est formé dans la corruption du cœur ; il n'est que l'ouvrage de la cupidité et la production toute pure de l'esprit du monde. Cela ne vous doit point surprendre car, lorsque les moines ont perdu le désir et le sentiment de plaire à Dieu, toutes leurs pensées les portent à se complaire en eux-mêmes et à plaire aux hommes. Ils n'ont plus ni de forme réglée, ni de situation constante et, contre ce précepte de l'apôtre[332] qui défend de se conformer aux gens du siècle : *Nolite conformari huic sæculo*, ils en suivent presque toutes les maximes, les voies et les modes. Ils en copient ce qui leur en plaît davantage ; ils en prennent les mœurs, ils l'imitent dans son air, dans son langage, dans sa contenance, dans ses entretiens, dans la table, dans les habits, dans les équipages. Et on ne peut dire qu'ils ne conservent de marques extérieures de leur profession que celles que la crainte d'une diffamation et d'une confusion toute publique les empêche de quitter.

---

[331] 2 Co 6, 14
[332] Rm 12, 2

Chapitre IX - Question IX

Question IX

Dites-nous présentement quelle doit être l'obligation que les supérieurs ont de veiller sur ceux que Dieu a mis sous leur conduite?

Réponse

Il faut qu'un supérieur se persuade qu'entre tous ses devoirs, celui qui lui est le plus propre et le plus essentiel est de veiller à la garde de ses frères. Que la vigilance est la première et la plus importante des qualités d'un Pasteur et que le fruit de toutes les peines qu'il prend pour la conservation et l'augmentation de son troupeau, dépend du soin avec lequel il s'applique à le connaître afin de lui procurer tout ce qui peut lui être utile, et d'éloigner tout ce qu'il voit capable de lui nuire. Un laboureur qui, après avoir cultivé et ensemencé son champ, le néglige et n'a pas le soin d'empêcher que les oiseaux ne mangent le grain qu'il y a semé, ou qu'il ne soit étouffé par les méchantes herbes qui ne naissent que trop dans les terres les plus fertiles, ne trouvera rien moins que la moisson qu'il a espérée. De même, si un supérieur se contente de donner l'instruction à ses frères, quand même il joindra l'exemple à la parole, il n'en fait pas assez s'il n'empêche que cette semence divine ne se dissipe par le vent des tentations, et par les impressions malignes du démon dont les âmes les plus saintes ne sont pas exemptes.

Il faut donc qu'à l'exemple de celui qui, selon le Prophète, ne ferme jamais les yeux sur ses élus, les siens soient incessamment ouverts sur ses frères : *Ecce non dormitabit neque dormiet qui custodit Israël*[333]. Qu'il les soutienne par sa vigilance, qu'il soit présent à tous leurs besoins, et qu'il leur donne la main selon les états et les diverses dispositions dans lesquelles ils se rencontrent qu'il fortifie

---

[333] Ps 120, 4

les faibles, qu'il éclaire les aveugles. Qu'il relève ceux qui sont abattus, qu'il console les affligés, qu'il excite ceux qui sont dans la langueur, qu'il encourage les pusillanimes, qu'il exhorte les négligents, qu'il arrête ceux qui marchent avec trop de vitesse, qu'il redresse ceux qui s'égarent, qu'il tempère le zèle qui n'est pas selon les règles, qu'il reprenne les défauts, qu'il corrige les vices, qu'il tienne en tout, à l'égard des uns et des autres, une juste balance, et qu'il se transforme en mille manières différentes, afin qu'ils trouvent dans son ministère toute l'utilité qu'ils en doivent attendre. Et qu'il puisse dire lui-même avec l'apôtre : „Je me suis fait tout à tous pour conserver à Jésus Christ toutes les âmes dont il lui a plu de me donner la charge" : *Omnibus omnia factus sum, ut omnes Christo lucrifacerem*[334].

Question X

Vous voulez donc que l'application d'un supérieur soit continuelle?

Réponse

Personne ne trouve étrange qu'un magistrat consume sa vie et donne tout son temps à l'exercice de sa charge ; qu'un théologien passe les jours et les nuits dans l'étude de la science ecclésiastique ni que le ministre d'un prince s'applique tout entier aux intérêts et au gouvernement de l'État. Il faut aussi qu'un supérieur, qui est chargé d'une affaire beaucoup plus grande, (puisque la conduite d'une âme est quelque chose de plus important, comme disent les saints, que le gouvernement de tout un monde) fasse toute son occupation de l'emploi que Dieu lui a donné ; qu'il le regarde comme l'unique objet de ses soins, et qu'il se prépare par une sollicitude

---

[334] 1 Co 9, 22

Chapitre IX - Question X

continuelle au compte rigoureux que Dieu lui demandera un jour de ce trésor sacré dont il l'a rendu le dépositaire.

Saint Benoît[335] veut qu'un supérieur se souvienne incessamment du compte qu'il doit rendre à Jésus Christ des âmes qu'il lui a confiées, que ce sentiment fasse tout l'ordre et règle tout l'état de sa vie. C'est à cette pensée qu'il le rappelle en toutes les occasions afin que cette obligation lui soit tellement présente, qu'il n'y ait rien qui soit capable de l'en distraire. *Sciat, quia recepit animas regendas et præparet se ad rationem reddendam.* Il déclare que si le père de famille ne trouve pas dans son troupeau tout le profit qu'il en espère, qu'il l'imputera à la négligence du pasteur : *Culpae Pastoris incumbere, quidquid in ovibus pater familias utilitatis minus invenire potuerit.* Et qu'il ne serait point déchargé des âmes qui sont sous sa conduite, qu'il n'ait apporté tous les soins et toute la diligence pour la guérison de leurs maladies et pour la correction de leurs mœurs. En sorte que quand il paraîtra au jugement de Jésus Christ, il lui puisse dire avec son prophète : „Je n'ai point caché vos justices dans mon cœur, je leur ai déclaré vos volontés saintes ; ce sont eux qui m'ont méprisé". *Tantum iterum liber erit, si inquieto vel inobedienti gregi pastoris fuerit omnis diligentia attributa et morbidis earum actibus universa fuerit cura exhibita: Pastor earum in judicio domini absolutus dicat cum propheta Domino : Justitiam tuam non abscondi in corde meo, veritatem tuam et salutare tuum dixi, ipsi autem contemnentes spreverunt me.*

Saint Basile dit[336] que celui qui aime Dieu, se donne tout entier à l'instruction de ceux dont il est chargé ; qu'il se sert de tous

---
[335] RB 2
[336] Basile : Les Règles morales et le portrait du Chrétien. Reg. 7o, c. 9 Ed. Maredsous - 1969 - Pp. 54, 142.

moyens pour leur être utile, et qu'il doit persévérer dans cette application jusqu'à la mort, en public et en particulier.

Saint Chrysostome dit qu'un pasteur a besoin de beaucoup de prudence et de conseil, et qu'il ne saurait avoir trop d'yeux, ni trop de lumière pour éclairer l'obscurité des âmes qu'il conduit.

Saint Grégoire, pour montrer quelle doit être la vigilance des supérieurs, rapporte ce que Jacob disait à son beau-père[337] : „Je vous ai servi vingt ans, vos troupeaux n'ont point été stériles ; je ne suis point nourri de la chair de vos moutons ; je ne vous ai point rapporté les marques de ce qui avait été dévoré par les bêtes sauvages ; vous n'avez souffert aucune perte et je vous ai tenu compte de ce qui avait pu vous être dérobé. J'ai été comme brûlé par l'excès du froid et de la chaleur ; j'ai passé les nuits sans dormir". Si le pasteur des brebis de Laban, dit ce saint docteur, a souffert tant de peines et de maux, quelles veilles et quels travaux ne doit point endurer le pasteur des ouailles du Seigneur ? *Si igitur sic laborat et vigilat qui pascit oves Laban, quanto labori quantisque vigiliis debet intendere qui pascit oves Domini ?*

Saint Jean Climaque[338] exige d'un Supérieur une exactitude et une vigilance si particulière, qu'on ne peut douter qu'il ne veuille entièrement l'attacher à la direction de ses frères.

Et véritablement, à moins que ce ne soit son unique affaire, comment est-il possible, ainsi que le veut ce grand saint, qu'il entre dans le détail de tout ce qui les regarde, qu'il puisse connaître le caractère de leur esprit, leur tempérament, toutes leurs qualités bonnes ou mauvaises ; le degré de leurs vertus, leurs infirmités et leurs maladies spirituelles ; diversifier sa conduite selon ses connaissances ; mener les faibles par la main, porter les autres entre

---

[337] cf. Gn. 31, 40... Saint Grégoire : Ex Regest. Lib. 7; Indist 2 c.47
[338] Lettre au Pasteur

Chapitre IX - Question X

ses bras, selon l'expression du Prophète : *In brachio suo congregabit agnos fœtas ipse portabit*[339]. Et se tenir toujours près d'eux pour les secourir dans les moindres mouvements et les moindres agitations qui leur arrivent.

Il n'y a rien si digne d'être remarqué que l'instruction que l'Esprit de Dieu donne à tous les Pasteurs dans le Concile de Trente[340]. Ce saint Concile, après leur avoir recommandé, selon ce précepte de l'apôtre, *Attendite vobis et universo gregi*[341], de veiller et de travailler sans relâche pour s'acquitter de leur ministère, leur déclare qu'il ne faut pas qu'ils prétendent satisfaire à ce devoir, s'ils abandonnent et s'ils négligent de garder les brebis qui leur ont été confiées, le sang desquelles le souverain Juge ne manquera pas de rechercher dans leurs mains : *Quarum sanguis de eorum manibus, à supremo judice est requirendus*, étant une chose très assurée, que le pasteur ne sera point écouté, et qu'il n'aura point d'excuse légitime si le Loup dévore ses brebis sans qu'il le sache : *Cum certissimum sit non admitti Pastoris excusationem, si lupus oves comedit et pastor nescit*.

Mais on ne peut mieux apprendre quelle doit être leur vigilance que dans celle de Jésus Christ, et dans cette assiduité avec laquelle il s'est appliqué à former et à conserver ceux qui lui avaient été donnés de la main de son Père. Il a vécu parmi eux, supportant toutes leurs faiblesses et compatissant à leurs infirmités ; il les a repris dans leurs défauts ; il les a instruits le jour et la nuit, en public et en particulier ; il ne leur a rien caché des vérités qui pouvaient leur être utiles, comme il le témoigne lui-même : *Omnia quæcumque audivi à Patre meo, nota feci vobis*[342]. Il ne les a presque point

---
[339] Is 40, 11
[340] Concile de Trente ; Session 6, chap. 1 : „De reform"
[341] Ac 20, 28
[342] Jn 15, 15

perdus de vue, sinon quand il a voulu prier dans la solitude et dans le désert, pour leur salut, et pour celui de tout le monde. Il n'y a rien qui paraisse davantage dans la prière qui précède sa passion, et dans laquelle il exprime ses sentiments à son Père avec une entière effusion de son cœur, que la grandeur de son amour et de sa sollicitude. Dans ce moment auquel il fut livré à ses ennemis, il semble qu'il s'oubliait lui-même quand il dit : *Sinite eos abire*[343] ; comme s'il n'eut été en peine que de la conservation de ses disciples. Nonobstant ses liens et la violence de ses persécuteurs, dont il était environné, il ne laissa pas de penser à son apôtre ; d'avoir pitié de sa faiblesse, et de lui tendre la main pour le relever de sa chute, accomplissant jusqu'à la fin la vérité de ces paroles : *Cum dilexisset suos, in finem dilexit eos*[344].

Question XI

Voudriez-vous qu'un Supérieur se privât du soin des choses temporelles?

Réponse

Comme le gouvernement de tout le monastère appartient au Supérieur, et qu'il n'y a rien dans la communauté sur quoi son ministère ne s'étende ; quoiqu'il se renferme autant qu'il le peut dans le soins des âmes, il ne doit pas pour cela négliger le soin des choses temporelles. Mais il doit disposer tout avec tant d'ordre et de règle, parmi ses occupations importantes, qu'il trouve des moments pour donner à celles qui le sont moins.

Saint Benoît, qui veut qu'un supérieur conserve une perpétuelle présence de ses devoirs, ne laisse pas de lui dire que tout ce qui

---

[343] Rancé : *eos* ; Vulgate : *hos* (?)
[344] Jn 13, 1

Chapitre IX - Question XI

regarde le monastère, est dans sa disposition et se doit gouverner par ses ordres. Mais il l'avertit en même temps de s'appliquer avec tant de réserve et de modération, aux choses caduques et passagères, que les âmes, du salut desquelles il rendra compte à Jésus Christ n'en reçoivent aucun dommage. Il répond au prétexte duquel la plupart des supérieurs se servent pour couvrir l'application démesurée qu'ils ont aux affaires extérieures, en leur déclarant que la raison qu'ils pourraient prendre dans la pauvreté ou dans le peu de bien du monastère, n'est point légitime ; et qu'ils doivent savoir qu'il est écrit[345] : „Cherchez premièrement le Royaume de Dieu et sa Justice, et le reste vous sera donné et que rien ne manque à ceux qui le craignent". *Et ne causetur de minore forte substantia ; meminerit scriptum, Primum quærite regnum Dei et justitiam ejus, et hæc omnia adjicientur vobis, et iterum ; nihil deest timentibus eum.*[346]

Saint Grégoire dit[347] que le Pasteur doit tellement s'occuper aux choses extérieures, qu'il ne soit pas moins exact à s'appliquer aux intérieures, et il ne faut pas aussi qu'il s'attache si entièrement aux choses intérieures qu'il abandonne le soin qu'il est obligé de prendre des extérieures. *Sit rector internorum curam in externorum occupatione non minuens ; exteriorum providentiam in internorum occupatione non relinquens.* Il dit ensuite qu'il y en a souvent, lesquels comme s'ils ne se souvenaient plus qu'ils n'ont été établis sur leurs frères, que pour la sanctification de leurs âmes, s'appliquent de toutes les forces de leur cœur aux affaires séculières. Ils sont ravis d'y travailler lorsqu'elles se présentent ; et quand ils ne s'en

---

[345] Mt 6, 33
[346] RB 2
[347] Greg. 2 Past. c. 7

rencontrent point, cela leur cause le jour et la nuit des pensées pleines de trouble et d'inquiétude.

Saint Paul, continue-t-il, voulant empêcher ceux qui servent Jésus Christ, de s'engager dans les affaires du monde, dit que celui qui est enrôlé au service de Dieu ne doit point s'embarrasser dans des occupations séculières, afin qu'il puisse plaire à Dieu auquel il s'est donné. Il commande aux pasteurs de s'abstenir de ces sortes d'emplois, et leur donne tout ensemble les moyens de lui obéir en leur marquant que s'il arrivait des différends entre eux pour les choses de cette vie, ils prennent pour Juges dans ces matières, les personnes de l'Église les moins considérables, afin que ceux-là seulement qui n'ont nulles qualités spirituelles et supérieures soient employés aux affaires. Comme s'il disait qu'il faut que ceux qui ne sont pas capables des choses intérieures, s'appliquent à celles qui sont extérieures et qui se trouvent nécessaires. *Ut ipsi videlicet disceptationibus terrenis inserviant quos dona spiritualia non exornant ; ac si apertius dicat, quia penetrare interna nequeunt, saltem necessaria foris operentur.*

Si saint Grégoire n'a permis aux supérieurs Ecclésiastiques de se mêler des affaires séculières, qu'avec ces conditions et ces réserves, quoiqu'ils soient engagés par leur état dans les sollicitudes extérieures, que ne dirait-il pas des Solitaires qui en sont séparés par leur profession ? Mais quel serait son sentiment, s'il voyait des Supérieurs monastiques s'attacher avec ardeur aux choses temporelles ? Pourrait-il ne pas regarder comme une désertion, et comme un mépris inexcusable de leurs devoirs essentiels, la liberté qu'ils se donnent de quitter leurs communautés, d'abandonner leur troupeau comme des mercenaires, et de se trouver dans les Cours des Grands, dans les villes, et devant toutes sortes de tribunaux, contre cette déclaration expresse du Concile de Trente[348] : *Illud autem nequaquam se adimplere posse sciant, si greges sibi commissos mercenariorum more deserant?*

On nous dira qu'ils y sont contraints par des nécessités et des affaires importantes. Mais quel rapport y a-t-il entre cette affaire que le Supérieur embrasse avec tant de chaleur, et celle qu'il quitte avec si peu de scrupule? Quelle comparaison peut-il faire de cet intérêt temporel à celui de ces âmes dont il ne peut ignorer la valeur, puisqu'il sait qu'elles ne coûtent pas moins au Père éternel que la mort de son Fils? N'est-ce pas préférer les choses périssables aux éternelles, les biens de la terre aux biens du Ciel, et tomber précisément dans le malheur que ce saint Concile déplore d'une manière si touchante, lorsqu'il dit : *Nonnulli, quod vehementer dolendum est, hoc tempore reperiuntur qui propiæ etiam salutis immemores, terrenaque cœlestibus ac divinis humana præferentes, in diversis curris vagantur aut in negotiorum temporalium sollicitudine ovili derelicto*[349] ?

On ne manque pas de répondre que le mal n'est pas tel qu'on se figure ; que la bergerie ne demeure pas à l'abandon et que le supérieur y laisse des gens qui la garderont en son absence. Mais pourquoi ne se décharge-t-il pas sur eux du maniement des affaires temporelles plutôt que de la conduite de ses frères ? Pourquoi contre la disposition de sa Règle, l'exemple de Jésus Christ et celui de tous les saints, abandonne-t-il un soin principal qui lui est si recommandé pour se réserver[350] ce qui n'a rien que d'abject et de méprisable ? Il aura honte de dire qu'il ne trouve personne à qui il puisse confier ces sortes d'affaires puisqu'il en trouve bien sur lesquels il

---

[348] Concile de Trente ; Session 6, chap. 1 : „De reform. „
[349] Id.
[350] Rancé : „retenir"

se repose du gouvernement des âmes et que, pour cent personnes qui se rencontrent capables d'agir dans les affaires extérieures, à peine s'en trouve-t-il une seule qui ait les qualités nécessaires pour la direction des consciences. Ainsi, toutes choses étant considérées, il est clair comme le jour, que ce n'est que l'inquiétude, le peu de connaissance et de sentiment de son état, l'immortification, l'amour du siècle, ou l'avidité des biens qui se trouve dans les personnes qui ont renoncé au monde, comme dans celles qui en sont encore, qui tirent ce supérieur si facilement de son cloître, et qui l'aveuglent jusqu'au point de ne pas s'apercevoir qu'il engage son propre salut, en cessant de veiller sur celui de ses frères.

Saint Bernard dit[351], en parlant sur un semblable sujet, qu'un Égyptien, un homme sans foi, se reposa tellement sur un esclave et sur un étranger, du maniement de ses affaires et de tous ses biens, qu'il ne savait plus ce qu'il avait dans sa maison. *Ignorabat quid haberet in domo sua*[352]. Et un chrétien n'aura pas le même confiance dans un homme chrétien ? C'est une chose surprenante que les pasteurs aient en main des personnes auxquelles ils confient la conduite des âmes, et qu'ils n'en trouvent point à qui ils puissent donner la conduite de leurs affaires. Ce sont d'admirables estimateurs des choses, d'avoir de si grands soins des petites et d'en prendre si peu, ou même point de tout, des plus importantes. *Optimi videlicet æstimatores rerum, qui magnam de minimis, parvam autnullam de maximis curam gerant*[353]. Cela s'appelle, pour parler clairement, souffrir avec moins de peine la perte de ce qui appartient à Jésus Christ, que non pas de ce qui nous appartient à nous-mêmes. Nous tenons des registres exacts de ce que nous dépensons

---

[351] *De Consideratione. Ad Eug.* Lib. 4 c.6 n°19-20. OSB Vol. III pp. 463-464
[352] Gn. 39, 8
[353] ibid. supra: p. 463

Chapitre IX - Question XI

chaque jour, et nous ignorons ce qui dépérit dans le troupeau de Jésus Christ. On est ponctuel à se faire rendre compte par ses serviteurs du prix des viandes, de la quantité des pains que l'on mange. Mais pour les péchés des âmes, il est rare qu'on s'en mette en peine. Si une bête se laisse tomber, on la relève aussitôt ; une âme périt et personne n'y pense. *Cadit asina et est qui sublevet eam, perit anima et nemo est qui reputet*[354].

Saint Grégoire écrit[355] dans une ses lettres à un sous-diacre de N. que comme il est de son devoir d'empêcher que les moines n'aient des affaires qui les traduisent devant les tribunaux, et de faire qu'ils s'appliquent aux choses divines avec piété ; il est aussi de son soin de pourvoir à leurs affaires temporelles, de crainte que l'esprit étant partagé par la diversité des occupations, ne s'affaiblisse et ne s'acquitte avec langueur des fonctions ordinaires. Il ordonne ensuite que l'Abbé, qui fait le sujet de sa lettre, remette l'administration de toutes les affaires de son monastère à une personne qu'il lui nomme, en lui payant ses salaires. *Monasterii ipsius generaliter debeas constituto salario commendare negotia*[356]. Car il est avantageux, dit ce grand pape, à ceux qui servent Dieu, d'acheter leur repos par quelque sorte de dommage, afin de ne pas perdre le fruit et l'utilité de leur retraite, et de conserver le dégagement et la liberté d'esprit qui leur est nécessaire pour se pouvoir appliquer aux choses de Dieu. *Expedit enim parvo incommodo, à strepitu causarum servos Dei quietos existere, ut utilitates cellæ per negligentiam, non pereant ; et servorum Dei mentes ad opus divinum liberiores existant*[357].

---

[354] ibid p.464
[355] Lib. I regis Indict. 9 c.67: Grégoire le Gd :*"Registre des Lettres „,* Au sous-diacre Pierre en Sici*le.* août 591.. Ed. SC n°370 Tome I Lettre 67; p. 271
[356] Grégoire, id.pp.2
[357] Grégoire, id.pp.271-273

Mais s'il y a des supérieurs qui détruisent par leur absence ; il y en a dont la résidence n'est pas plus heureuse. Ils sont parmi leurs frères, comme s'ils n'y étaient pas. Ils sont présents de corps, dans le monastère, mais non pas de cœur et d'esprit. Et l'on peut dire qu'ils ont des yeux, des oreilles et des bouches, mais ce n'est ni pour voir, ni pour parler ni pour entendre. Leur vie est tellement occupée, ou de commerces ou d'affaires extérieures, ou de leur propre oisiveté, qu'ils n'ont pas même des instants ni pour veiller sur les actions de leurs frères, ni pour les entendre dans leurs besoins intérieurs, ni pour leur rompre le pain, et leur donner la nourriture de la parole. *Nulla subditorum mentes exhortatio sublevat, communes culpas increpatio nulla castigat*[358]. Et s'il arrive quelquefois qu'ils les reprennent ou qu'ils les exhortent, comme c'est par leur faute qu'ils n'ont aucune créance auprès d'eux, c'est toujours sans bénédiction et sans succès.

Il y en a d'autres qui font consister toute leur charge dans une inspection extérieure, dans une vie superficielle, et dans un régime de police. Ils sont dans leur Congrégation comme un magistrat dans une ville : ils se contentent de réprimer les excès et de corriger les fautes sensibles et s'imaginent que cette vigilance suffit et qu'ils font assez pour s'acquitter de leurs devoirs. Mais ils se trompent quand ils se persuadent que leurs œuvres sont pleines et qu'il ne manque rien à leur ministère. Car ils sont chargés de la part de Dieu, du salut de leurs frères qui se reposent entièrement sur leur conduite ; par conséquent ils sont obligés de les connaître, de pénétrer le fond de leur consciences et d'entrer dans les replis de leur cœur pour en régler toutes les dispositions et les sentiments, tant qu'ils s'en tiendront à une simple direction extérieure, et qu'ils réduiront à cet unique soin leurs principales fonctions, leur vie ne

---

[358] Greg Past. P2 c.7

sera qu'un vide effroyable. Il n'y aura que la seule figure, le dehors, et l'apparence de supérieur : les uns et les autres n'éviteront jamais la malédiction que Dieu donne par son Prophète aux Pasteurs qui n'ont pas fortifié les faibles, guéri les malades, rétabli ce qui était rompu, ramené ce qui s'était égaré ; et qui ne se sont pas mis en peine de chercher ceux qui auraient été assez malheureux pour se perdre.[359] *Quod infirmum fuit non consolidastis ; et quod ægrotum non sanastis, quod confractum est non alligastis, et quod abjectum est non reduxistis, et quod perierat non quæsistis.*

Question XII

Comment des Supérieurs rendront-ils toutes ces assistances à leurs frères, s'ils ne prennent pas seulement leurs avis et si, comme il est ordinaire, ils n'ont pour eux ni estime ni confiance?

Réponse

Il est vrai que le peu de créance que les religieux ont dans les supérieurs, fait qu'ils n'en tirent aucun secours. Ils ne leur sont d'aucune utilité et ils ont moins de part que personne à leur conduite. Mais de quelque côté que ce mal puisse venir, soit par la faute des inférieurs, soit par celle du supérieur ou, ce qui est vraisemblable, que ce désordre soit causé par la négligence et par le dérèglement des uns et des autres, le supérieur est indispensablement obligé de prendre une même voie pour les guérir, qui est celle d'employer tous ses soins pour s'acquérir l'estime, l'amitié et la confiance de ses frères. Il doit se servir pour cela de tous les moyens que la prudence et la charité chrétienne lui présentent. Il faut, avant toutes choses, qu'il leur paraisse amateur de sa Règle, et qu'il le soit en effet. Qu'il leur fasse connaître, par toute la suite et le détail de sa

---

[359] Grégoire le Grand Hom. Sur Ezéchiel ; c. 34, v. 4 :

vie, qu'il n'a qu'une affaire en ce monde qui est celle de servir Dieu et celle de les servir eux-mêmes auprès de Dieu, en travaillant sans relâche à leur salut. Il faut, dis-je qu'il les persuade de cette vérité, non par de simples discours mais par ses instructions et ses œuvres tout ensemble, par son exemple, par sa vigilance, par sa douceur, par sa patience, par ses prières, par un retranchement de toutes les choses et de toutes les personnes qui ne sauraient contribuer à son dessein. Et après cela, si leur malignité l'emporte par-dessus tous ses soins, si leur opiniâtreté résiste à tous ses efforts ; si toute la tendresse du père n'est pas capable d'amollir la dureté des enfants, ni de rien mettre dans leur cœur, il se consolera de leur perte dans le témoignage de sa conscience et dans l'assurance que le saint Esprit lui donne dans ses saintes Écritures, qu'elle ne lui sera point imputée. *Si autem tu annutiaveris impio ; et ipse non conversus fuerit ab impietate sua, ... liberasti animam tuam*[360].

Que si le supérieur au contraire n'es pas touché, comme il le doit être, du méchant état dans lequel ses frères se trouvent ; s'il néglige de les tirer des mauvaises dispositions où il les voit ; si parce qu'ils s'écartent de leur devoir il s'éloigne du sien ; si leur insensibilité le rend insensible ; s'il devient dur parce qu'ils sont durs ; s'il cesse de s'appliquer à la guérison de leurs maux parce qu'ils ne s'y appliquent pas eux-mêmes ; enfin, s'il n'emploie tous les moyens possibles pour les remettre dans le chemin de leur salut, il ne doit point douter qu'il ne participe à leurs péchés, que leur iniquité ne retombe sur lui, qu'il ne soit coupable de leur mort. Qu'il se flatte tant qu'il voudra d'une fausse sécurité, le malheur sera commun, le maître et les disciples se trouveront ensevelis sous les mêmes ruines. *Tantum iterum liber erit, si inqueto vel inobedienti*

---

[360] Ez 3,19

Chapitre IX - Question XIII

gregi pastori fuerit omnis diligentia attributa, et morbidis earum actibus universa fuerit cura exhibita[361].

Il faut demander à Dieu qu'il éclaire les supérieurs, ou plutôt qu'il frappe leur cœur et leur esprit tout ensemble et qu'il leur fasse comprendre que c'est le plus grand de tous les égarements que de s'imaginer qu'ils puissent refuser leurs soins, leur temps et leur assiduité à ceux pour lesquels Dieu veut qu'ils soient toujours prêts de répandre leur sang et de donner leur vie.

Question XIII

Dites-nous quelque chose de l'obligation qu'a un supérieur de prier pour ceux qui sont sous sa charge.

Réponse

Quoique l'obligation d'instruire ses frères, de les édifier par ses actions et de les soutenir par sa vigilance, soit essentielle à la condition d'un supérieur, elle souffre néanmoins quelque dispense. L'instruction peut cesser par le défaut de la voix, l'exemple par les maladies et la vigilance peut être interrompue par de semblables raisons. Mais il n'en est pas de même de la prière. Un supérieur est toujours en état de s'acquitter de ce devoir et tant qu'il peut lever les mains et les yeux au ciel pour son propre salut, il peut demander la même miséricorde pour ses frères, et satisfaire ainsi à l'engagement dans lequel il est de prier pour eux.

Premièrement, le fondement de cette obligation dans un pasteur, est sa propre faiblesse et son impuissance. Car comme il ne peut rien par tous ses soins, que tous ses travaux et que toutes ses peines sont inutiles, si elles ne reçoivent d'en haut la force, la vertu et l'efficace, et que cependant il est chargé, et doit répondre à Dieu

---

[361] RB c. 2

du salut de ses frères, on ne peut douter, à moins de vouloir que son ministère ne soit rien qu'un ministère de mort, qu'il ne soit obligé par-dessus toutes choses, de s'adresser incessamment à Jésus Christ et de lui demander par de continuelles prières, qu'il vivifie sa parole, qu'il anime son exemple, qu'il bénisse sa sollicitude. Enfin qu'il soit lui-même l'esprit et l'âme de sa direction et qu'il opère par elle la sanctification de ceux dont il a plu de lui confier la conduite.

Secondement, cette multiplicité de devoirs, cette diversité de soins et de services qu'un supérieur doit rendre à ses frères, fait que ses prières ne sauraient être ni trop ardentes ni trop continuelles. Comment sera-t-il le conducteur des aveugles, le soutien des faibles le médecin des malades, le consolateur des affligés, si Dieu ne lui donne la lumière, la force, la sainteté et la sagesse ? Trouvera-t-il dans son fond la lumière ? Il n'est que ténèbres. La force ? Il n'est que faiblesse. La sainteté ? Il n'est que péché. La sagesse ? Il n'est que folie. Et pourra-t-il prétendre que Dieu lui ouvre ses trésors, lui communique tous ses dons, et le remplisse de toutes ces dispositions saintes, s'il ne sollicite sa bonté et s'il ne les obtient par sa persévérance et la fidélité de ses prières ?

Troisièmement, un supérieur a sur lui tous les besoins de tous ceux qui sont sous sa charge ; toutes leurs infirmités deviennent les siennes, et toutes leurs peines lui sont tellement propres, qu'il doit dire avec l'apôtre[362] *Quis infirmatur et ego non infirmor, quis scandalizatur et ego non uror ?* Il ressent tous leurs maux, il est triste, il est affligé, il est languissant avec eux. Ainsi comme il n'y a point de moment auquel ne lui surviennent de nouvelles nécessités, il n'y en a point aussi auquel ne lui naissent de justes sujets et des raisons pressantes de recourir à Dieu pour l'avancement, le repos, la consolation et la perfection de ses frères.

---

[362] 2 Co 11, 19.

Chapitre IX - Question XIII

Enfin, le supérieur est celui par lequel Dieu fait part de ses grâces à tous ses frères. C'est par ses mains, qu'elles leur viennent, c'est le véritable dispensateur de ses biens. Il est le bassin, pour me servir des termes de saint Bernard[363], qui reçoit et se remplit, et qui répand ensuite les eaux qu'il a reçues. Et comme il faut qu'il attende incessamment de la libéralité de Jésus Christ, le pain qu'il doit rompre à ceux dont il l'a établi le pasteur et le Père ; il faut aussi qu'il ne cesse point de lui demander cette grâce pour l'obtenir, la prière étant une condition sans laquelle Dieu n'a point d'égard à nos besoins : *Petite et dabitur vobis*[364].

C'est dans ce sentiment que saint Paul dit aux Colossiens qu'il ne cesse point de prier Dieu pour eux, et de lui demander qu'il les remplisse de la connaissance de sa volonté, qu'il leur donne toute la sagesse et l'intelligence spirituelle, afin qu'ils se conduisent d'une manière digne de Dieu et qu'ils puissent lui plaire en toutes choses, porter des fruits de toutes sortes de bonnes oeuvres, et croître dans sa connaissance[365]. *Non cessamus pro vobis orantes et postulantes ut impleamini agnitione voluntatis ejus, in omni sapientia et intellectu spirituali ut ambuletis digne Deo per omnia placentes, in omni opere bono fructificantes, et crescentes in scientia Dei.*

Quand saint Basile[366] dit qu'un supérieur est une personne qui représente Jésus Christ et qui fait l'office de médiateur entre Dieu et les hommes, il n'entend rien autre chose, sinon qu'il doit par son entremise, par sa médiation et par le crédit qu'il s'est acquis auprès de Dieu, conserver ses disciples dans sa crainte et dans sa charité. Soit qu'il empêche qu'ils ne s'en séparent, soit qu'il s'emploie à leur réconciliation, au cas où ils auraient le malheur de le perdre ; ce qui

---

[363] Bernard, *Super Canticum* : Serm. 18, 3 – 4 ; SBO Vol I, pp. 104...106
[364] Mt 7, 7
[365] Col. 1, 9-10
[366] Const. Monast. 22

suppose un commerce, une familiarité avec Dieu que l'on ne peut avoir que par la prière.

Saint Clément d'Alexandrie, en parlant de la conduite qu'on doit tenir à l'égard de ceux qui dirigent : Craignez, dit-il, la colère de ce directeur ; pleurez quand il gémit pour vous, ayez du respect pour lui lorsqu'il s'apaise ; prévenez-le quand il tâche de vous garantir par ses prières du supplice que vous avez mérité. S'il passe plusieurs nuits en prière à votre occasion, faisant l'office de médiateur envers Dieu, s'adressant continuellement à ce Père céleste pour vous obtenir ses grâces, il est certain que ses entrailles ne seront point insensibles aux prières de ses enfants.

Saint Grégoire de Nysse[367] compare un supérieur à Moïse. Il dit que s'il lui est semblable, il soutiendra les cœurs de ceux qui sont abattus par la crainte. Mais cela n'arrive point, continue-t-il, à moins que le cœur de ce supérieur ne parle à Dieu. Car il y en a plusieurs de ceux qui sont établis dans les charges et dans les prélatures de l'Église, qui n'ont aucun autre soin que de régler les apparences extérieures, et ne se mettent guère en peine de l'intérieur qui est caché et qui n'est connu que de Dieu seul. Moïse n'en a pas usé de la sorte, mais pour animer les Israélites et leur inspirer de la confiance, il leur témoigne qu'il crie vers Dieu, quoiqu'il ne prononce aucune parole afin de nous montrer par ce discours qu'il faut considérer comme une parole éclatante, et qui s'élève jusqu'aux oreilles de Dieu, non pas la voix que l'on pousse avec effort, mais le désir qui est formé par une conscience pure.

Saint Jean Climaque dit[368] que la prière du supérieur est le casque qui couvre la tête du solitaire. Il dit ailleurs que les pasteurs

---

[367] *Vie de Moïse*. SC n°1 bis
[368] Ech Ste : grad 4, 2

Chapitre IX - Question XIII

qui sont les amis et les favoris de Dieu, en se tenant toujours attachés de cœur et d'esprit à cet objet adorable, peuvent par la puissance de leurs prières, réconcilier avec lui non seulement ceux de ses serviteurs qui lui ont manqué de fidélité, mais encore ceux qui ont toujours été éloignes de son service et ceux même qui lui ont fait la guerre... Il est avantageux, dit le même saint, d'avoir des supérieurs qui sont amis de Dieu ; rien ne nous étant plus utile pour avancer dans la vertu que le secours de ceux qu'il aime, et aux prières desquels il ne peut rien refuser. Il répand en tout temps ses grâces sur ceux qui le servent, par l'intercession des pasteurs.

Saint Bernard nous apprend[369] qu'un pasteur doit conduire par la parole, par l'exemple et par la prière, mais que la prière l'emporte par-dessus les deux autres. *(Si) pascas verbo, pascas exemplo, pascas et sanctarum fructu orationum, manent itaque tria hæc verbum, exemplum, oratio, major autem est his oratio.* Il dit que l'action est la vertu de la parole, mais que l'oraison obtient la grâce et l'efficace à l'action et à la parole. *Etsi virtus sit opus, et operi tamen et voci gratiam efficaciamque promeretur oratio.*

Ce que l'on peut conclure de ces vérités, c'est que les devoirs des supérieurs sont pleins de difficultés et de périls. C'est cela même qui a porté les saints à éviter autant qu'ils l'ont pu la conduite des âmes. Les uns l'ont refusée lorsqu'elle leur a été offerte ; les autres l'ont quittée après l'avoir reçue. Et tous ceux qui l'ont acceptée ne l'ont fait qu'avec gémissements, dans la crainte de déplaire à Dieu et de contrevenir à ses ordres. Il n'y a point de supérieur qui ne doive trembler dans la vue de ses obligations ; car quoiqu'elles aient de la latitude et que Dieu ne demande pas de tous les pasteurs une perfection égale, cependant ils ont besoin d'une piété avancée

---

[369] Ep 201, 3; OSB vol. VIII p.60 Nam etsi, ut dictum est, vocis virtus sit opus et operi tamen et voci gratiam efficaciamque promeretur oratio.

et d'une vertu supérieure pour se conduire comme de dignes ministres et de fidèles dispensateurs et pour pouvoir occuper saintement la place de Jésus Christ parmi les hommes. C'est ce qui a fait dire à saint Jean Chrysostome cette parole terrible[370] : *Miror an fieri possit ut aliquis ex rectoribus sit salvus* ? Comment se peut-il faire qu'un seul de ceux qui sont établis pour le gouvernement des âmes, fasse son salut ?

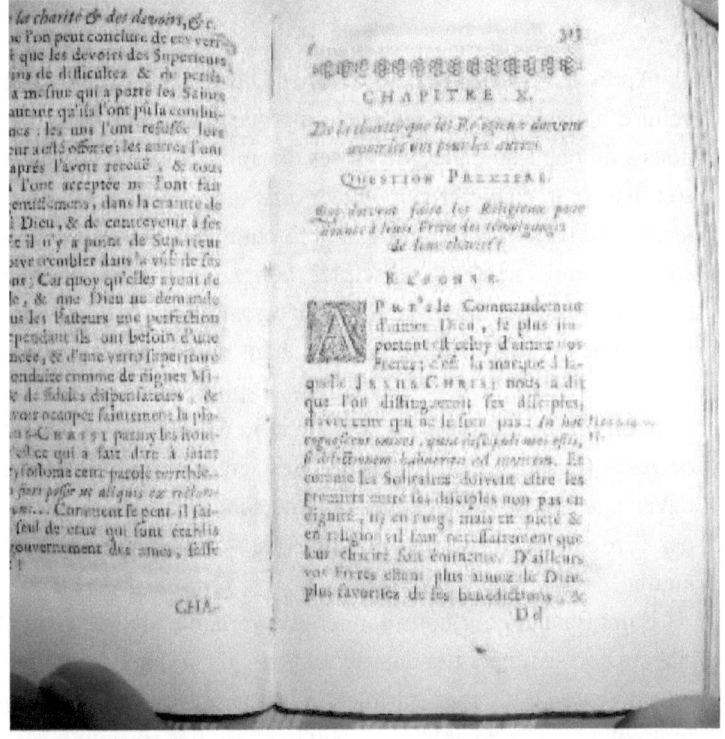

---

[370] Hom. 34 in Ep. ad Hæ.

Chapitre X - de la charité que les religieux doivent avoir les uns pour les autres.

Chapitre X

de la charité que les religieux doivent avoir les uns pour les autres.

Question première

Que doivent faire les religieux pour donner à leurs frères des témoignages de leur charité ?

Réponse

Après le commandement d'aimer Dieu, le plus important est celui d'aimer nos frères. C'est la marque à laquelle Jésus Christ nous a dit que l'on distinguerait ses disciples d'avec ceux qui ne le sont pas. *In hoc cognoscent omnes, quia discipulis meis estis, si dilectionem habueritis ad invicem*[371]. Et comme les solitaires doivent être les premiers entre ses disciples, non pas en dignité, ni en rang, mais en piété et en religion, il faut nécessairement que leur charité soit éminente. D'ailleurs, vos frères étant plus aimés de dieu, plus vous favoriserez de ses bénédictions, et plus selon son cœur, que ceux qu'il a laissés dans le commerce du monde, il y a aussi plus de Jésus Christ en eux. Son esprit, ses sentiments s'y remarquent davantage ; on y voit plus de traits de caractères de sa sainteté et par conséquent, ils sont plus dignes de votre estime et de votre amour

Saint Basile, pour nous donner une véritable idée de cette charité qui doit se rencontrer dans les cloîtres, dit[372] que l'état religieux est un genre de vie tout spirituel…C'est la profession d'une union indissoluble et inviolable : les solitaires sont liés ensemble par une

---

[371] Jn 13,35 /Joh 13,35
[372] Const. Monast. c. 21

alliance spirituelle en présence du saint Esprit qui en a été le médiateur et le témoin. Cette union doit être beaucoup plus étroite que celle qui est entre les membres du corps naturel. Et, véritablement les saints n'ont donné le nom de cieux aux habitations des solitaires que parce que la paix et la concorde y règnent, ils y mènent la vie des anges et cette charité parfaite qui les lie, les unit à Dieu par des attache(ments) invariables.

Cependant comme la profession et la discipline dans laquelle vous vivez vous ôtent les moyens que les personnes qui sont dans le siècle peuvent avoir de donner des marques de leur charité, elles vous en laissent aussi qui vous sont propres. Il faut que vous soyez d'autant plus fidèles à vous en servir que votre charité se trouve plus resserrée et, néanmoins elle doit être plus étendue et plus parfaite que celle des autres hommes.

Les moyens que vous avez d'exercer votre charité envers vos frères se réduisent à quelques pratiques principales, à savoir : l'exemple, la prière et vous rendre les uns les autres les marques de douceur, d'affection et de déférence que la régularité du monastère peut vous permettre.

Quoique ce soit une obligation générale d'édifier le prochain par ses actions, et que Jésus Christ ait adressé sa parole à tous les hommes quand il a donné sa malédiction à ceux qui seraient aux autres une occasion de chute et de scandale[373] ; néanmoins c'est un devoir qui regarde plus particulièrement les solitaires. Ils sont plus étroitement obligés que personne de donner de l'édification et de l'exemple.

Premièrement, leur charité étant toute retirée et ne se répandant point au-dehors par cette multiplicité de bonnes œuvres auxquelles les gens qui vivent dans le monde et dans la piété ont accoutumé

---

[373] Mt 18, 5...

Chapitre X - Question première

de s'appliquer. Il faut aussi qu'elle soit plus vive et plus ardente afin qu'ils puissent faire, dans le repos de leur cloître, ce qu'il ne leur est pas permis de faire dans la société des hommes. Mais comme ils n'ont aucun lieu de se rendre de ces assistances dans lesquelles les personnes du siècle font consister toute leur charité parce que leur condition les met à couvert des accidents qui exigent ces sortes de secours ; et que le bon ordre du monastère pourvoit à tous leurs besoins, il faut nécessairement qu'ils réduisent tous leurs soins et toutes les affections saintes qu'ils ont les uns pour les autres à se procurer les avantages solides et les véritables biens. Je veux dire à travailler autant qu'ils le peuvent au salut les uns des autres. Et parce qu'ils observent un rigoureux silence, qu'ils ne sauraient ni s'exhorter ni se donner des avis salutaires, que toute communication par le discours leur est interdite, il faut qu'ils fassent par l'action ce qu'ils ne sauraient faire par la parole ; que l'exemple exprime ce que leur bouche n'a pas la liberté de dire ; que leur conduite soit si réglée, si exacte et si sainte que leurs frères y trouvent non seulement de quoi s'instruire, mais de quoi s'animer dans l'exercice de leurs devoirs. Il faut que chacun se soutienne et se console par le seule vue de ses frères en sorte que ceux qui marchent dans le chemin de la vérité, ou même, qui ne l'ont jamais connue, prennent une vigueur toute nouvelle lorsqu'ils en voient devant eux qui les précèdent et que ceux qui ont eu le malheur de l'abandonner, y rentrent avec plus de ferveur et de zèle qu'auparavant.

Secondement, les véritables religieux sont unis par des liens si étroits et si pressants, qu'il semble que ce soit en eux que ces paroles de Jésus Christ se trouvent parfaitement accomplies : *clarita-*

tem quam dedisti mihi, dedi eis ut sint unum, sicut et nos unum sumus[374]. Ils n'ont, comme dit saint Basile[375], qu'un même esprit, qu'un même cœur, qu'une même volonté. Ajoutons une même affaire qui est celle de servir Jésus Christ et de combattre sans aucune trêve contre les ennemis de son nom. Ils sont donc encore engagés dans les mêmes travaux, dans une même guerre, exposés aux mêmes dangers. Chacun est incessamment regardé de son frère et est en même temps le témoin de son action. Et comme la timidité et la faiblesse d'un seul peuvent causer un affaiblissement et une perte générale et, qu'au contraire, plusieurs peuvent trouver leur force et leur bonheur dans la constance et dans la fidélité d'un seul, il faut que leur défense soit une et continuelle. Qu'ils se donnent la main les uns aux autres. Que les forts soutiennent les faibles. Que les plus fermes rassurent ceux qui sont chancelants afin que tous se réunissant dans un même effort et dans une ferveur égale, ils remportent une même victoire, acquièrent une même couronne et terminent leurs combats par un semblable succès. Soyez donc persuadés que celui-là trahit la cause de son Maître, se sépare de ses frères et abandonne leur salut, qui manque de les encourager par son exemple.

Question II

Est-ce donc une faute capitale de ne pas donner l'exemple à ses frères ?

Réponse

Comme il n'y a rien par où les moines ne puissent se rendre des assistances plus utiles et contribuer davantage à la sanctification les

---

[374] Jn 17, 22 /Joh 17,22
[375] Const. Monast. 18

Chapitre X - Question II

uns des autres que par le bon exemple, celui qui refuse à ses frères un secours si nécessaire et si avantageux, manque à une obligation essentielle, témoigne évidemment qu'il n'a point de charité pour eux, que leur salut lui est indifférent et qu'il ne fait aucun cas de cette grande vérité : le Saint Esprit nous enseigne dans l'Ecclésiastique[376], savoir que chacun par l'ordre de Dieu est chargé de son prochain :*Mandavit illis unicuique de proximo suo*. Et il faut qu'il sache que Jésus Christ lui demandera compte de l'âme de ses frères et qu'il se trouvera responsable à son jugement des fautes qu'ils auront commises et dont ils auraient pu se garantir s'il avait eu la charité de les éclairer, de les conduire et de les fortifier par son exemple.

Considérez, mes frères, que les solitaires sont des vases d'élection que Dieu les a placés dans sa maison pour en être l'honneur et l'ornement, et pour en faire la beauté principale. Il les a faits pour l'édification de son Église afin que malgré la corruption du monde, on puisse remarquer ses vérités et ses maximes dans la pureté de leurs mœurs et dans l'innocence de leur vie. Ainsi, un religieux ne peut plus se tenir dans un milieu entre le bien et le mal, ni dans une manière de suspension entre le blâme et la louange. Il détruit aussitôt qu'il cesse d'édifier, parce qu'il se tire de l'ordre de Dieu ; qu'il n'est point ce qu'il veut qu'il soit. Ceux qui ne voient pas en lui des actions dignes de ses devoirs et de l'excellence de son état, se scandalisent de sa conduite, en le regardant comme un comme un arbre sans fruit, un feu sans clarté, une lampe sans lumière. Il ne doit point douter que cette menace terrible de Jésus Christ ne tombe sur lui, « si quelqu'un scandalise un de ces petits qui croient en moi, il vaudrait mieux pour lui qu'on lui pende au cou une meule, et qu'on le jette au fond de la mer » ; *Qui scandalisaverit unum de*

---
[376] Si 17, 12 (Vg) / Sir 17,14b

pusillis istis qui in me credunt, expedit ei suspendatur mola asinaria in collo ejus et demergatur in profundum maris[377].

Il n'y a rien de plus évident que ce qui fait un religieux n'est pas exemplaire, c'est qu'au lieu d'avoir les vertus de son état et les qualités qui devraient le rendre recommandable, il en a de contraires. S'il ne donne aucun exemple de pénitence, de modestie, de mortification, c'est en vérité, qu'il n'est ni pénitent, ni modeste, ni mortifié ; s'il n'édifie ni dans le silence, ni dans le travail ni dans son exactitude, c'est qu'il n'est ni silencieux, ni régulier, ni fervent. Enfin, si ses actions sont mortes et si l'on n'y trouve rien qui anime et qui inspire l'amour du bien, sans doute ses dérèglements, ses défauts et ses imperfections en sont la cause. On peut dire que dèslors qu'il n'est pas à ses frères un sujet d'édification, il leur devient une occasion de chute et de scandale. Souvent sa conduite est d'autant plus dangereuse qu'étant exempte de ces vices grossiers qui donnent de l'horreur, on en a moins d'éloignement, et par conséquent ses frères se portent plus facilement à l'imiter. C'est un poison dont l'opération est lente et l'effet tardif. Mais il ne laisse pas d'être certain, et de donner dans son temps le coup de la mort. *Qui in spectu populi male vivit, quantaum in illo est eum à quo attenditur occidit*[378]. C'est un malheur dans lequel tombe un religieux qui néglige de rendre ses actions exactes et de donner l'exemple. Il n'y en a que trop qui se reposent sur l'innocence de leur vie pendant qu'ils sont chargés au jugement de Dieu de la perte de leurs frères et d'un grand nombre de maux qui ne leur sont point connus.

---

[377] Mt 18, 6
[378] Augustinus : Sermo XLVI - c. 4. De Pastoribus. *In Ezechiel 34, 1-16* AAO Tome V-1, col. 330

Chapitre X - Question III

Question III

Est-on obligé de prier pour ses frères ?

Réponse

Comme vous ne doutez point que, par le précepte de Jésus Christ, vous soyez obligés d'aimer vos frères en la manière dont vous vous aimez vous-mêmes et que l'amour dont vous vous aimez soit la mesure de celui dont vous les devez aimer ; il faudrait que vous ignoriez la nécessité et l'utilité de la prière, ce qu'elle peut et ce qu'elle opère pour votre sanctification, pour ne pas savoir que vous êtes obligés de l'employer auprès de Dieu pour la sanctification de vos frères. Mais l'expérience aussi bien que l'instruction des saints nous ayant appris que c'est par elle que vous obtenez de Dieu toutes les grâces dont vous avez besoin pour persévérer dans son service avec une fidélité constante, il ne se peut que vous ne reconnaissiez que ce vous est une particulière obligation de vous servir de ce même moyen auprès de Dieu, pour obtenir à vos frères les mêmes biens et les mêmes avantages. Sans cela, vous seriez bien éloignés de les aimer en la manière que Jésus Christ vous le commande. La charité que vous prétendriez avoir pour eux serait bien différente de celle que vous auriez pour vous-mêmes.

Il faut donc entrer dans toutes les nécessité de vos frères, vous laisser toucher des états et des diverses dispositions dans lesquelles ils sont. Il faut gémir devant Dieu de leurs misères, lui rendre des actions de grâces des biens qui leur arrivent ; le prier en union avec eux, et vous considérer comme composant un corps dont vous êtes, et les uns les autres, les membres et les parties. Ne craignez point que ce que vous demanderez pour vos frères, ne tiennent la place de ce que vous pouvez prétendre pour vous-mêmes ; que Dieu vous rabatte ce que vous aurez obtenu par vos prières en leur faveur.

N'appréhendez point que vous vous ôtiez le temps que vous employez pour eux auprès de Dieu. Sachez, au contraire, que vous n'avancez jamais plus vos affaires auprès de lui que quand vous lui recommander celles de vos frères. Et comme le dit saint Grégoire[379] : Celui qui s'efforce de prier pour les autres se rend à lui-même par sa charité une assistance utile. Plus il intercède avec piété pour son prochain, plus il devient digne que Dieu ne diffère pas de l'écouter dans ses propres besoins. *Quisquis pro aliis intercedere nititur, sibi potius ex charitate suffragatur, et pro semetipso tanto citiusexaudiri meretur, quanta magis devote pro aliis intercedit.*

Vous ne devez pas ignorer, mes frères, ce que saint Cyprien nous enseigne sur ce sujet. Le Dieu de la paix et le Docteur de la concorde, dit ce grand saint, qui nous a appris ce que c'était que l'unité, a voulu qu'un seul prie pour tous les hommes, comme lui-même a porté tous les hommes dans un seul. *Deus pacis et concordiæ magister qui docuit unitatem, sic orare unum pro omnibus voluit, quomodo ipse inuno omnes portavit*[380]. Les trois enfants, continue-t-il, observèrent dans la fournaise cette même règle de prier[381], étant unis par une même oraison et par un même esprit. C'est ce que nous lisons dans le sainte Écriture. Et quand elle nous déclare de quelle manière ils ont prié, elle veut nous donner un exemple que nous puissions imiter, afin que nous leur devenions semblables. Alors (ce sont ses paroles), ils bénirent Dieu tous trois et chantèrent les louanges comme d'un même bouche : ils le louaient d'une même bouche, quoi que Jésus Christ ne leur eût point encore appris à prier. C'est pourquoi leur prière fut pressante et ef-

---

[379] In Moral. Job : Lib 35 c. 6 Edition française Paris, 1669 : Tome III p. 883.
[380] Cyprien : *De Dominica Oratione,* Serm. 60 (?).
[381] Dn 3, 51 / Dtn 3,51

Chapitre X - Question III

ficace et mérita d'être exaucée du Seigneur : parce qu'elle était charitable, simple et spirituelle. C'est ainsi que nous voyons les apôtres et les disciples prier après l'Ascension de Jésus Christ, car il est écrit : „ils persévérèrent tous dans la prière dans un même esprit, avec les femmes, Marie, mère de Jésus et ses frères". Ils faisaient ainsi paraître l'ardeur et l'union de leur prière. Dieu qui fait habiter dans une même maison ceux qui n'ont qu'un même esprit, ne recevra dans ses demeures éternelles que ceux qui seront un par une même prière[382]. *Deus qui inhabitare facit unanimes in domum, non admittit in divinum et æternum domum, nisi apud quos est unanimes oratio.*

Si ce grand saint parlait de la sorte à tous les chrétiens, que ne dirait-il point des moines que Dieu n'a mis ensemble que pour retracer et faire revivre cette union si sainte et si parfaite qui se rencontrait entre les chrétiens du premier temps de l'Église ? Vous êtes unis, mes frères, dans vos exercices, dans vos observances, dans vos occupations..Vous êtes ensemble le jour et la nuit. Vous n'avez rien qui ne vous soit commun avec vos frères. Tout cela marque quelle doit être l'union des volontés, des cœurs et des esprits ; mais assurez-vous qu'elle ne sera jamais ni véritable ni sincère que cette même union ne se trouve dans vos prières et que vous n'ayez autant de soin d'offrir vos frères à Jésus Christ, que vous en pouvez avoir de vous y offrir vous-mêmes.

Ne vous imaginez donc pas que prier pour vos frères soit un simple conseil ou un commandement peu important. Soyez persuadés qu' c'est à vous que l'apôtre parle et qu'il vous dit : *Qui enim non diligit fratrem suum quem videt, Deus quem non videt quomodo potest diligere*[383] ? Comment aimerez-vous Dieu que vous ne

---

[382] Cf. ps. 67, 7
[383] 1 Jn 4, 20 /1 Joh 4,20b

voyez point si vous ne pouvez venir à bout d'aimer vos frères que vous avez incessamment devant vos yeux ? Cependant, il est certain que vous ne les aimez point si vous leur refusez une des marques les plus essentielles que vous puissiez leur donner de votre amour.

Question IV

De quelle manière doit-on s'acquitter des autres devoirs de la charité envers les frères ?

Réponse

Il ne faut pas manquer de joindre à la prière et à l'exemple, les offices extérieurs qui sont comme les liens qui tiennent les cœurs et les volontés unies. C'est par eux que nous conservons cette union de charité qui doit être entre les frères et que, les persuadant que nous les aimons, nous les persuadons aussi de nous aimer. Les frères s'éclairent et s'édifient les uns les autres par l'exemple ; ils se fortifient et se soutiennent par la prière et par les marques extérieures de leur charité, ils se lient et s'affermissent dans l'unité d'un même corps. Sans quoi une congrégation monastique n'est rien qu'un assemblage de membres et de parties différentes qui n'ont entre elles ni rapport, ni liaison, ni véritable intelligence.

Vous devez donc donner à vos frères tous les témoignages possibles d'une affection toute pure et toute cordiale, et ne pas perdre une seul occasion de leur faire connaître que vous les aimez : *„ Charitatem fraternitatis casto impendant amore "*[384]. Ceux qui sont appliqués au service de la communauté doivent s'acquitter de leur ministère avec tant de soin, de ponctualité et de diligence, que l'on puisse remarquer la bonté de leur cœur dans leurs actions. S'ils sont

---

[384] RB 72 / Regula Benedicti 72

Chapitre X - Question IV

chargés de solliciter[385] les malades, il faut qu'ils reconnaissent Jésus Christ dans leurs personnes, qui veut y endurer ce qu'il n'a pas voulu souffrir dans la sienne, et qui achève par toutes les langueurs, les douleurs et les autres accidents des maladies dont il les visite, ce qui manque encore à la perfection de ses propres souffrances[386]. « *Infirmorum cura ante omni et super omni adhibenda est. Ut sicut revera Christo ita, eis serviatur* »[387]. Il faut dans ce sentiment et dans cette vue qu'ils les assistent de toute leur ferveur, qu'ils les supportent dans leurs faiblesses, dans leurs infirmités soit de corps, soit d'esprit – pour autant qu'il s'y en trouve – comme ils veulent eux-mêmes que Jésus Christ les supporte.

Mais si Jésus Christ se rencontre dans les frères infirmes et languissants, il n'est pas moins dans ceux qui les consolent et qui s'appliquent à les secourir. Celui qui a dit „j'ai été malade et vous m'avez visité", *Infirmus fui et visitastis me,* a dit aussi :"Quiconque demeure dans la charité demeure en Dieu, et Dieu demeure en lui[388]".

Qui manet in charitate, in Deo manet, et Deus in eo ; de sorte qu'ils doivent tous se regarder avec un respect, une charité et une considération égale. Si les uns s'estiment heureux de servir leurs frères, il faut que les autres se croient indignes d'être servis.

Pour ce qui est des religieux qui ne sont pas dans les emplois, ni dans l'occasion de donner à leurs frères ces sortes de marques de leur amour, il faut qu'ils vivent entre eux dans une intelligence si parfaite et si constante qu'elle ne reçoive jamais le moindre atteinte. Il faut que chacun considère son frère comme son supérieur, qu'il ne résiste jamais à ses sentiments, qu'il soit toujours prêt de quitter

---

[385] „solliciter" : aujourd'hui on dirait „prendre soin"
[386] Cf. Col 1, 24
[387] RB 36
[388] Mt 25, 35 + 1 Jn 4, 16 / 1 Joh 4,16b

sa volonté propre pour faire la sienne, qu'il le prévienne par son respect et par sa déférence : *Ut honore se invicem prœveniant. ... Obedientiam sibi certatim impendant*[389]. Qu'il se charge des travaux les plus pénibles pour le soulager, qu'il veuille bien être estimé coupable pour faire qu'il paraisse innocent. Enfin, comme dit saint Basile[390], qu'il soit sensible à tous les biens et à tous les maux qui lui arrivent, et que les états différents où il le voit fassent ou sa douleur ou sa joie.

Question V

Ce que vous dites ne reçoit-il point de restrictions ? Les anciens religieux doivent-ils rendre cette obéissance aux plus jeunes ?

Réponse

Ne doutez pas, mes frères, qu'ils ne le doivent et que cette obligation ne soit générale. La charité est le lieu et le fondement des communautés monastiques. Comme elle les forme, elle les conserve, elle faut que les frères vivent selon l'ordre de Dieu dans un concert et dans une intelligence sainte et qu'ils portent tous ensemble le joug du Seigneur : *Humero uno*[391], d'un même esprit, d'un même cœur et d'une même volonté. La conviction dans laquelle ils doivent être que la déférence et la soumission qu'ils ont les uns pour les autres, est ce qui maintient davantage cette charité et empêche plus que toutes choses que rien ne la trouble et l'altère, sert d'un puissant motif pour les obliger à s'en donner des marques, et à ne perdre aucune occasion de se rendre une obéissance prompte et exacte.

---

[389] RB 71
[390] PR. Q. 175
[391] So 3, 9

Chapitre X - Question VI

C'est de quoi tous ceux que la vocation de Dieu engage dans les monastères par les mêmes vœux et sous les mêmes Règles doivent être persuadés. Il faut que ces personnes qui sont obligées de tendre et de s'élever à la souveraine perfection, établissent parmi eux une obéissance si entière, si étendu et si cordiale, qu'aux moindres signes qu'ils se font pour exprimer leurs pensées, ils s'obéissent entre eux avec autant de ponctualité que s'il s'agissait d'exécuter le commandement du Supérieur. Et cela doit s'observer avec tant d'exactitude que les Anciens mêmes se soumettent avec plaisir aux plus jeunes sans que ni leur âge ni l'antiquité de leur profession les en empêche.

Question VI

Ce sentiment n'a-t-il rien de contraire à la Règle de St. Benoît ?

Réponse

Comme il peut venir à la pensée de ceux qui regarderont superficiellement cette conduite, et qui ne prendront pas soin d'en pénétrer le fond ni l'esprit, qu'elle est contraire à quelques endroits de cette. Règle, qui portent que „les anciens religieux aimeront les jeunes, que les jeunes honoreront et obéiront aux anciens avec toute sorte de charité et de sollicitude"[392] ; *Juniores priores suos honorent, priores juniores suos diligant, de cætero omnes juniores prioribus suis omni caritate ac sollicitudine obediant*. Il est nécessaire que vous sachiez que c'est une difficulté à laquelle il est aisé de répondre.

Premièrement, pour combattre ces deux articles, il faudrait que nous disions précisément que les anciens ne doivent point aimer les jeunes, et que les jeunes ne doivent ni honorer les anciens,

---
[392] RB 63 + 71

ni leur obéir. Cependant nous sommes bien éloignés de prétendre rien de semblable, puisque nous croyons que les anciens sont obligés d'avoir de la charité pour les jeunes; mais que l'édification, l'amour de la simplicité et de la perfection, doit les porter à faire ce que les jeunes religieux désirent d'eux, lorsque l'occasion s'en présente. Pour les jeunes, il faut qu'ils se soumettent avec d'autant plus de promptitude, de respect et de religion, qu'ils y seront excités par leur humilité et par leur exemple. Il y a même beaucoup d'apparence que saint Benoît était dans notre pensée lorsqu'il a dit sans distinction au lieu que nous avons cité dans la question précédente, que les frères se rendraient les uns aux autres des témoignages d'honneur, qu'ils supporteraient avec beaucoup de patience leurs imperfections, soit de corps, soit de l'esprit, qu'ils s'obéiraient avec émulation et à l'envi, et que nul d'entre eux ne ferait ce qui lui plairait davantage mais ce qui serait plus au gré de son frère. *Ut honore se invicem præveniant ; infirmitates sive corporum, sive morum patientissime tolerent, obedientiam sibi certatim impedant, nullus quod sibi utile judicat sequatur, sed quod magis alii*[393].

Que si on insistait pour montrer que les anciens religieux ne doivent point obéir aux jeunes, sur ce qu'el est dit que les jeunes les honoreront, il faudrait qu'on ne fit point d'attention que les hommes doivent au Fils de Dieu des respects, des hommages et des adorations infinies, et cependant qu'il n'a pas laissé d'être envoyé, et de venir, comme il le dit lui-même pour les servir.

Secondement, saint Benoît n'a pas renfermé toute la perfection religieuse dans la lettre de sa Règle, comme il le déclare dans le dernier chapitre. *Regulam autem hanc descripsimus, ut eam observantes in monasteriis aliquatenus vel honestatem morum, aut ini-*

---

[393] RB 71 cf. supra. / RB 72, 4-7

tium conversationis nos demonstremus habere. ... Cæterum ad perfectionem qui tendit, sunt doctrinae sanctorum Patrum, quarum observatio perducit hominem ad celsitudinem perfectionis. Quæ enim pagina, aut quis sermo divinæ auctoritatis veteris et novi testamenti non est rectissima norma vita humanæ[394] ? Etc. ... C'est assurément un ordre très beau et très louable lorsque dans une communauté religieuse les choses sont si bien réglées, que tout est soumis aux ordres du supérieur, que les anciens ont de la charité pour les jeunes et que les jeunes leur obéissent. Mais c'est une perfection beaucoup plus éminente quand les anciens mêmes, *Effecti ut parvuli,*[395] défèrent aux plus jeunes et qu'ils leur apprennent par cet effet de leur humilité, que rien n'est si estimable ni si grand parmi des personnes consacrées à Dieu par les vœux de la religion, que la docilité et l'obéissance. Ainsi, s'il est vrai que nous changions quelque chose à la Règle, ce n'est pas pour l'affaiblir, ni la détruire, mais pour l'étendre et la perfectionner selon l'esprit de celui qui l'a faite. *Legem ergo destruimus ? absit ; sed legem statuimus*[396].

Troisièmement, le même saint dans le lieu que nous venons de rapporter propose à ses disciples la pratique des instructions contenues dans les saintes Écritures. Or, il n'y a rien qu'on y voie davantage que cette soumission réciproque que les chrétiens doivent avoir entre eux. Saint Paul, parlant aux Philippiens, les exhorte de se considérer comme s'ils étaient supérieurs les uns des autres ; c'est-à-dire de se rendre par le sentiment d'une humilité charitable et sincère de se rendre l'obéissance qu'on rend à de véritables supérieurs : *In humilitate superiores sibi invicem arbitrantes*[397]. ... Mais ce que Jésus Christ nous a dit dans l'Évangile est si clair et si

---

[394] RB 71, 1-3
[395] Mt 18,3
[396] Rm 3, 31
[397] Ph 2, 3 ; Mt 20, 26, 27, 28 ; RB 58.

exprès qu'on ne peut pas l'ignorer. Il nous déclare que celui qui voudra s'élever au-dessus des autres, doit s'abaisser au-dessous d'eux et les servir ; que celui qui voudra être le premier doit se tenir comme l'esclave. *Qui voluerit inter vos major fieri, sit vester minister, et qui voluerit inter vos primus esse, erit vester servus.* Pour fortifier sa parole par son exemple, il ajoute qu'il est venu lui-même non pas pour être servi, mais pour servir : *Sicut filius hominis non venit ministrari, sed ministrare.*

Quatrièmement, nous voyons encore que saint Benoît conseille et porte ceux qui voudront mener une vie plus parfaite que celle qu'il établit dans sa Règle, d'embrasser la conversation[398] des saints Pères qui l'ont précédé, et particulièrement les Institutions de saint Basile. Voici les paroles que nous avons déjà citées : ... *Caeterum ad perfectionem, qui tendit sunt doctrina sanctorum Patrum, etc...Sed et regula sancti patris nostri Basilii quid aliud sunt, nisi bene viventium et obedientium monachorum exempla et instrumenta virtutum*[399] *?* Cependant nous lisons dans la relation que saint Basile nous a faite, et que nous avons déjà rapportée touchant la manière dont les solitaires de son temps se conduisaient dans les monastères, que les frères exerçaient entre eux une charité, une déférence et une soumission égale et réciproque, sans que l'antiquité ni l'âge en dispensent personne. Ils sont, dit ce saint Docteur[400], en parlant des cénobites, également les serviteurs et les maîtres les uns des autres. Ils conservent une liberté invincible ; ils s'entredonnent des marques d'une servitude parfaite qui n'est causée ni par la nécessité ni par l'infortune ni par la violence qui remplit toujours de

---

[398] RB 58 Cf. Edition Maredsous 1962 p. 166-167 : „*promittat de stabilitate sua et conversatione morum suorum, et obedientia ...* ". Voir aussi en tête du volume, pp XXXV et suivantes, l'étude de Ch. Mohrmann sur *la Langue de saint Benoît,.. / Sprache.*
[399] RB 73
[400] Bas. Const. Monast. c. 18 /Basilius : Constitutiones monachorum Ordinis

Chapitre X - Question VI

douleur ceux qui la souffrent, mais qui n'est que le pur effet d'une élection toute libre et toute pleine de joie, la charité faisant que des personnes libres s'assujettissent les unes aux autres et conservent leur liberté par le choix volontaire qu'elles en font.

(Basile) dit en un autre endroit[401], que la différence de ceux qui commandent ne doit nullement être un obstacle à l'obéissance de ceux qui sont en état d'obéir, Moïse n'ayant point résisté au commandement de Jethro, son beau-père[402].

Le même saint, dans la question 115[403], s'étant fait cette demande : „Comment obéirons-nous les uns aux autres ?" répond : en la manière qu'un serviteur est obligé d'obéir à son maître, selon la parole de notre Seigneur qui dit : « Celui qui voudra être le premier d'entre vous devra être le serviteur[404] ».Et pour appuyer son sentiment, il se sert des endroits de l'Évangile et de saint Paul que nous avons rapportés.

Disons davantage mes frères : quand même saint Benoît aurait établi dans sa Règle cette indépendance en faveur des anciens religieux telle qu'on la prétend, les raisons qu'on a présentement d'en changer cet article sont si considérables qu'on aurait tort de blâmer ceux qui s'en écarteraient. L'on doit croire qu'il les changerait lui-même s'il vivait. Nous apprenons de saint Bernard que s'il arrivait que les règlements que l'on fait dans les observances monastiques pour y maintenir la charité et le bon ordre, aient dans la suite des temps des effets contraires, il est juste qu'ils perdent leur autorité et leur force et qu'on cesse de les observer. *Quandiu ergo charitati militant, immobiliter fixa sunt. ... At si, e contrario, contraria forte aliquando visa fuerint, his dumtaxat quibus hoc posse videre datum*

---

[401] PR q. 114. RM p. 233
[402] Ex 18, 24
[403] Id note supra, p. 235
[404] Mc 10, 44

est, et providere creditum est ; nonne justissimum esse liquet, ut quae pro charitate inventa fuerunt, pro charitate ubi expedire videbitur, vel omittantur, vel intermitttantur ; vel in aliud forte commodius demutentur? Sicut in regione iniquum procul dubio foret, si statuta pro sola charitate contra caritatem tenerentur[405]. Or il ne s'est guère introduit de plus grand abus dans les cloîtres que celui que l'exemption et les privilèges que les anciens moines se sont attribués, y ont causé. L'antiquité de leur profession est devenue pour eux un titre qui les tire de la dépendance de l'assujettissement et des régularités auxquelles les autres se sont soumis. Ils se persuadent qu'elle leur donne le droit de tout examiner, de tout juger, et de tout censurer.

Et on peut dire qu'il y a autant de supérieurs qu'il y a d'anciens dans les monastères. Ce qui en bannit la piété, ruine la discipline et y jette un dérèglement et une confusion scandaleuse. Ainsi n'y a-t-il rien de plus juste pour empêcher qu'un si grand inconvénient n'ait aucun entrée dans les cloîtres, que de faire en sorte que les anciens perdent toute vue, tout sentiment et même s'il est possible, toute mémoire de leur antiquité ; qu'ils vivent parmi leurs frères dans une égalité parfaite, et entièrement persuadés que toutes les distinctions sont dangereuses. Il y a toujours sujet de craindre dans les prérogatives, que le cœur de l'homme n'est ni assez simple, ni assez droit pour en faire un bon usage. On s'égare dans tous les chemins, seule la voie de l'humilité est assurée. Se soumettre sans distinction aux grands, aux petits, aux jeunes et aux anciens, c'est proprement la vertu de Jésus Christ, celle des saints et par conséquent elle doit être celle des moines.

---

[405] *De præcepto et dispensatio* II,5 ; SBO Vol. III ; p. 257

Chapitre X - Question VI

Mais après tout, pourquoi voudrait-on exempter les anciens de cette obéissance, si on prétend qu'elle ne convient ni à leur vieillesse ni à leur dignité, il faut que l'on ne considère pas que leur état n'étant qu'une profession d'humilité, rien ne leur est plus propre, et ne leur convient mieux que ce qui les humilie et les abaisse. Dans tous les temps et les âges, ils ont une égale obligation de témoigner ce qu'ils sont, par leurs actions et par leurs œuvres. Si on dit que cette soumission est contraire à l'ordre de la nature, ignore-t-on que la loi de la grâce détruit, en quantité de rencontres, la loi de la nature ? Elle arrache les enfants du sein des pères et des mères ; elle sépare les maris et les femmes ; elle donne de jeunes supérieurs à des vieillards ; elle a mis quelquefois les pères sous la conduite de leurs enfants. En un mot, cette exemption est-elle soutenable ? Peut-on trouver des raisons pour la défendre depuis qu'il a été dit de Jésus Christ : *et erat subditus illis*[406] ?

De craindre que cette déférence ne soit un sujet aux jeunes religieux de s'élever et de croire qu'ils en doivent être moins soumis aux anciens, cela n'a aucun fondement puisque, au contraire, leur exemple les rendra plus fervents et plus exacts dans l'obéissance. Plus ils verront en eux d'humilité, plus les jugeront dignes de leur respect et plus ils s'étudieront à leur en donner de marques en les prévenant par toutes sortes d'offices et en exécutant avec promptitude et ponctualité jusqu'aux moindres signes qui leur viendront de leur part. Si quelque chose est capable de leur donner de l'amour et de l'estime pour l'obéissance, c'est de voir que des anciens religieux renoncent aux exemptions qu'ils pourraient prétendre en vertu de leur âge et du rang de leur profession, pour jouir du mérite, des avantages et des bénédictions qui se rencontrent à obéir. Tout cela, mes frères, prouve d'une manière incontestable:

---

[406] Lc 2, 51 /Lk 2,51

Premièrement, que la déférence que les anciens religieux rendront aux plus jeunes, n'a rien qui soit opposé à la Règle de saint Benoît.

Secondement, qu'elle est selon son esprit, qu'il l'approuve, qu'il la conseille.

Troisièmement, qu'elle est autorisée par l'exemple de Jésus Christ et par le précepte de l'apôtre.

Quatrièmement, que cette conduite, bien loin d'avoir quelque chose d'injuste, est la plus parfaite, la plus élevée, et la plus sainte.

Cinquièmement, qu'elle prévient de grands maux, et qu'elle enferme de grandes utilités. .

Sixièmement, qu'en établissant dans les cloîtres une obéissance profonde, elle retranche toute matière de contestations et y établir en même temps une paix constante.

Enfin, qu'on ne peut voir aucune raison juste et légitime ni de la condamner ni de la combattre.

Remarquez, mes frères, que nous n'entendons parler que des simples religieux, et non pas de ceux qui sont dans les charges et qui ont supériorité sur leurs frères, auxquels tout le monde convient qu'on doit rendre en tous temps et en tous lieux une obéissance prompte et exacte.

Question VII

Par quels moyens pouvons-nous satisfaire à tous ces devoirs ?

Réponse

Il y en a deux principaux. Le premier est d'observer ce précepte de la Règle de saint Benoît : *Omnibus se inferiorem et viliorem non solum sua lingua pronunciet, sed etiam intimo cordis credat affectu*

Chapitre X - Question VII

humilians se[407] ... le religieux qui sera persuadé de son néant, qui se regardera comme un membre inutile, qui s'appliquera dans la sincérité de son cœur ces paroles du prophète : *Ego sum vermis et non homo, opprobrium hominum et abjectio plebis*[408], se croira inférieur en toutes choses à ses frères, se réputera indigne de leur société et n'aura aucune peine de s'acquitter envers eux de tous ces devoirs de charité, de respect, de soumission, et de déférence autant que sa profession l'y engage.

Le second est de garder avec ses frères ce silence rigoureux que la Règle de saint Benoît vous prescrit[409]. Ce qui fait qu'il se rencontre si rarement de l'honnêteté, du respect et de la charité parmi les moines, c'est qu'ils s'échauffent et s'offensent dans les conversations. Ils se divisent par la diversité des sentiments, ils contractent des familiarités et des amitiés toutes humaines, qui sont la ruine de la charité sainte et véritable. Ou bien, ils reconnaissent, dans les communications qu'ils ont ensemble, les défauts de leurs frères, qui les rendent méprisables à leurs yeux et qui empêchent qu'ils ne les estiment.

Par le silence, on prévient tous ces inconvénients, on évite toutes ces occasions par lesquelles la charité pourrait être altérée. La privation et la rareté du commerce font que les imperfections demeurent cachées. Les frères se paraissent toujours les uns aux autres comme de hommes tous nouveaux et tous parfaits ; ils ne se voient que par les endroits qui les rendent recommandables.

Ce qui est plus important, mes frères, c'est que dans toute cette conduite, votre fin et votre vue soit Jésus Christ, que vous n'ayez d'autre désir que celui de lui obéir et de lui plaire ; et que, comme

---

[407] RB c. 7, gr. 7
[408] Ps 21, 7 + in RB : id supra
[409] RB 6

dit saint Grégoire[410], la charité que vous avez pour vos frères soit puisée dans le sein de Dieu comme dans sa source. *Per amorem Dei, amor proximi gignitur, et per amorem proximi amor Dei nutritur ... Tunc plenius in dilectione Dei proficimus si in ejusdem dilectionis gremio prius proxime charitate lactamur.*

Question VIII (dans l'edition du 1701)

Un religieux ne peut-il pas avoir quelque liaison, ou quelque amitié plus particulière avec un de ses frères qu'avec les autres ?

Réponse

Supposé, mes frères, que les solitaires, comme ils y sont obligés, vivent les uns à l'égard des autres dans une séparation entière, et observent entre eux un rigoureux silence, il n'est guère possible qu'ils lient de ces amitiés particulières dont vous nous parlez puisqu'elles ne se forment et ne se conservent que dans les entretiens et dans les communications. Les saints les ont toujours condamnés et ont estimé qu'il n'y avait rien qui attaquât davantage la charité commune qui doit unir tous les frères que cette charité particulière – qu'on peut nommer une charité fausse – parce qu'elle est contraire aux véritables Règles. En effet, y a-t-il rien qui soit plus capable de diviser une société de personnes, qui sont obligées de vivre ensemble et de composer un corps dont l'union doit être si parfaite qu'elle exprime parmi des hommes mortels, cette concorde toute divine qui se rencontre parmi les anges, que cette amitié singulière

---

[410] Moral. In Job : Lib. VII c. 10. Traduction du Sieur de Laval (1666) Tome I p. 504 : „Comme l'amour du prochain est engendré par celui de Dieu, celui de Dieu est nourri et entretenu par celui du prochain ... Et il fera aussi un plus grand progrès dans l'amour de Dieu si se reposant dans le sein de cette divine dilection, il a soin de s'y nourrir sans cesse du lait de la charité de son prochain."

Chapitre X - Question VIII (dans l'edition du 1701)

puisqu'elle sépare du reste de la société ceux entre lesquels elle se forme ?

Vous vous retirez des uns à mesure que vous vous donnez aux autres ; vous avez de l'empressement pour ceux-ci, vous avez de l'indifférence pour ceux-là ; non seulement on partage son cœur, mais dans la suite on l'ôte entièrement à ceux auxquels on peut dire qu'il appartient ; et il arrive par un nécessité inévitable que ceux qui s'aperçoivent de cette conduite irrégulière que l'on tient à leur égard, tombent dans le même inconvénient, suivent l'exemple qu'on leur donne, se font de leur côté des amis et des amitiés comme s'ils voulaient se défendre et se soutenir contre ceux qui cessent d'être pour eux ce qu'ils devraient être. De là naissent enfin des cabales et la ruine entière des communautés les plus saintes. C'est édifice qui se démembre, c'est un corps dont les parties se détachent ; c'est un corps dont les parties se détachent : la tête va d'un côté, les mains et les pieds d'un autre. Ainsi ce corps qui par l'union, l'arrangement et par le bon ordre avait de l'agrément et de la beauté, devient un monstre qui n'est propre que pour donner de l'horreur[411].

Il est certain que ceux entre lesquels cette union se rencontre, lient entre eux autant qu'il leur est possible, des commerces et des entretiens, et qu'ils ne trouvent point d'occasion de parler et de se communiquer qu'ils ne s'en servent. Bien loin de traiter ensemble de l'affaire de leur salut et de chercher à s'édifier et à se rendre meilleurs et plus fidèles dans l'accomplissement de leurs devoir, au contraire le démon à qui rien n'est plus insupportable dans l'Église de Jésus Christ, que cette conspiration sainte de ceux qui vivent dans la paix, et qui étant remplis et mus par son saint Esprit, lui rendent comme par une même action, une même voix, un même mouvement, le sacrifice d'une louange immortelle, emploie tous

---
[411] Cf. RB 65

ses efforts pour empêcher qu'elle ne se forme ou pour la dissiper lorsqu'elle est formée. Il tente, il attaque, il ajoute tentations sur tentations, il faut par ses suggestions que la conduite de la maison est le sujet le plus ordinaire de leurs discours et de leur confiance mutuelle. Il leur représente les défauts des supérieurs, il les grossit et les multiplie, il en imagine s'il n'y en a point de véritables ; il le figure ou trop doux ou trop sévère, trop exact, trop négligent. Il ne leur donne pas des idées plus avantageuses du reste de leurs frères, et rend l'autorité des uns fâcheuse et désagréable, le procédé des autres dégoûtant.

Enfin, il leur donne un esprit de contradiction et de censure, et ces belles conversations, n'étant à proprement parler que des murmures, des cabales, de conspirations, renversent l'ouvrage de Dieu. Ainsi, une maison de bénédiction et de prière devient un lieu de confusion et de scandale.

C'est de ces sortes d'amitiés dont parle saint Bernard quand il a dit : Ils contractent des familiarités pour répandre des médisances, ils s'accordent pour semer des dissensions, ils lient des amitiés pour susciter des querelles et par une égale malignité, ils nouent une liaison qui n'est propre qu'à produire et à fomenter[412] des inimitiés et des haines. *Ineunt familiaritatem ad maledicendum, concordes ad discordiam, conciliant inter se inimicissimas amicitias, et pari consentaneæ malignitatis affectu celebratur odiosa collatio*[413]. Il y a d'autres inconvénients plus importants et plus grossiers qui naissent de ces liaisons illégitimes. Mais il vaut mieux les taire que d'en parler. Il suffit donc de vous dire que les saints ont condamné les amitiés particulières comme des partialités et de factions.

---

[412] Rancé emploie les mots *former*, remplacé par *susciter* ; et *font* par *nouent*. / Die Transcribenten ersetzten Rancé's Worte durch heute verständlichere
[413] Sermo 24, 3 super Cant. SBO ; *p. 153*

Chapitre X - Question VIII (dans l'edition du 1701)

La loi de la charité selon saint Basile[414], ne permet pas qu'il y ait des amitiés et des liaisons entre les frères n'étant pas possible qu'elles ne préjudicient à la concorde de toute la communauté. Il dit qu'il faut que les frères se considèrent avec un même sentiment d'affection, que leur charité se répande sur toute la société avec une mesure égale et s'il se trouve quelque particulier qui soit porté d'une plus grande inclination envers quelqu'un de ses frères par quelque motif que ce puisse être, il mérite d'être puni comme blessant la charité commune, et faisant voir par sa mauvaise conduite qu'il n'a pas pour les autres la charité qu'il devrait avoir. Il nomme dans un autre endroit[415] l'amitié particulière un vice infâme et ajoute qu'il ne se peut qu'elle ne soit suivie de la ruine de l'union que la charité doit produire dans la société des frères. Elle fait naître en sa place des soupçons pernicieux, des mouvements de jalousie, des disputes et des contestations, une extinction entière de l'ardeur avec laquelle les uns et les autres devraient se conduire.

Il ne faut jamais souffrir, dit le même saint des amitiés particulière, ni permettre qu'aucun des frères viole la charité générale de la maison, qu'il en trouble les lois et en renverse la discipline. ... Que si quelqu'un tombe dans ce crime il faut l'en reprendre et s'il ne se corrige pas, le séparer de la bergerie, comme une brebis contagieuse. Que si pourtant son exemple ne nuit à personne[416], on le peut garder dans le monastère, et le punir selon les lois de la discipline.

Sainte Thérèse nous enseigne[417] la même chose lorsqu'elle dit que ces sortes d'amitiés n'ont point pour fin de s'entraider à servir

---

[414] Inst. Monast. Serm. 1
[415] GR q. 34 p. 114
[416] Const. Monast. 29
[417] Thérèse d'Avila : Œuvres complètes, Fayard, 1963 *Chemin de la perfection*. c. 4. Pp. 266... 268

Dieu ni à l'aimer et que c'est le démon qui les fait naître pour former des ligues et dans factions dans les monastères.

Jugez donc, mes frères, si les supérieurs qui laissent faire et permettent ces sortes d'intelligences sont excusables et s'ils peuvent se justifier quand par leur ignorance et leur mollesse, ou par le défaut d'une vigilance qui est si essentielle au rang qu'ils tiennent dans les communautés, il arrive qu'elles se divisent par ces unions fausses et irrégulières, et qu'au lieu d'être animées et conduites par l'Esprit saint qui est le principe des unions saintes, elles soient dirigées par celui qui est le père des troubles et des divisions.

Question IX

Dites-nous si en aucun cas, il n'est permis d'aimer quelqu'un de ses frères plus que les autres ?

Réponse

Pour vous donner sur cela l'éclaircissement que vous pouvez souhaiter, je vous dirai que l'amitié que les frères peuvent avoir les uns pour les autres, se considère ou du côté des témoignages extérieurs, ou bien de la disposition et de sentiment du cœur. Il est certain pour les marques extérieures, qu'elles doivent être les mêmes à l'égard de tous. Ils doivent vivre ensemble avec une douceur, une honnêteté, une patience, une condescendance égale ; il faut qu'els fassent paraître la même ardeur, la même promptitude et la même sérénité lorsqu'il se trouve des occasions de se rendre des offices et des assistances mutuelles. Jamais on ne doit voir la moindre distinction ni la moindre préférence, car pour peu qu'il y eut de différence dans la conduite, les faibles – comme il est malaisé qu'il n'y en ait dans toutes les Congrégations – ne manqueraient point de l'attribuer à une aliénation, à une antipathie naturelle, ou au mépris

Chapitre X - Question IX

que l'on aurait de leur personne. Et comme les gens qui vivent dans la solitude ont l'imagination plus vive et plus forte, que non pas ceux qui vivent dans les distractions du monde, et qu'ils reçoivent aisément les impressions et les perdent avec peine, les cœurs et les esprits s'altéreraient ; et des choses de rien par la multiplicité des réflexions pourraient causer des indispositions irréconciliables.

Pour ce qui est du sentiment du cœur, on ne saurait douter qu'il ne puisse et qu'il ne doive être inégal selon ce se trouvera d'inégalité dans la vertu et dans la piété des personnes : celui qui en a le plus est plus aimable et par conséquent mérite qu'on l'aime davantage.

Le propre du bien est d'attirer ; la vertu a une beauté et une bonté qui mérite qu'on l'aime ; elle a un attrait qui est digne de trouver de la correspondance dans ceux dont elle est connue. Cet homme, par exemple, a plus de religion et de sainteté qu'un autre, c'est-à-dire qu'il y a plus de grâces en lui, plus de l'esprit de Dieu et par conséquent on lui doit par une disposition de justice aussi bien que de charité, ce qu'on ne doit pas, au moins dans le même degré, à cet autre homme qui n'a pas reçu de Dieu les mêmes dons et qui ne porte pas en soi la même recommandation.

Quand les saints ont dit qu'il faut aimer tout le monde d'une même charité, ils n'ont point entendu autre chose sinon qu'on doit désirer un même bien à tous les hommes et souhaiter que Dieu les rende également heureux, qu'il leur accorde son éternité et la possession de son royaume. Il faut le désirer aux parfaits comme aux imparfaits, à ceux qui se rencontrent encore dans la servitude de leurs passions, comme à ceux qui en sont affranchis. Cependant cela n'empêche pas que selon la différence de la vertu, on ne considère pas ses frères avec de mouvements différents, et qu'on ne soit plus touché de la piété de ceux qui en ont davantage que de ceux qui en ont moins ; car quoique Dieu fasse lever son soleil également sur tous les hommes[418], il ne laisse pas d'en aimer et d'en favoriser les uns plus que les autres ; et bien que Jésus Christ qui a été le parfait modèle et la règle certaine que nous devons suivre en toutes choses, ait porté tous ses disciples dans son sein, néanmoins il se peut dire que saint Jean y a été plus en avant que les autres, le saint Esprit nous l'ayant appris par ces paroles : *Discipulum quem diligebat Jesus*[419] et l'Église nous le confirmant tous les jours en disant que par un privilège d'amour et par une distinction particulière, il a été plus considéré et plus chéri que les autres : *Qui præcipui amoris privilegio, altius cæteris meruit honorari.*

C'est ce que saint Benoît a voulu nous marquer quand il a dit[420] que ce qui doit faire la différence dans la charité que l'on a pour ses frères, c'est la différence de leur mérite et de leur obéissance : *Non unus plus ametur, quam alius, nisi quem in bonis actibus aut obedientia viderit meliorem ... .* Que Dieu n'a point acception des personnes, ne discerne les hommes que per leurs bonnes œuvres et par leur humilité. *Apud Deum acceptio personarum, solummodo apud ipsum discernimur, si meliores aliis in operibus bonis, et humiles inveniamur.*

Cependant vous devez savoir qu'il n'appartient qu'au supérieur de donner des démonstrations extérieures de l'inégalité de son affection à l'égard de ses frères, qu'il doit en cela diversifier sa conduite selon qu'il estime qu'il leur est utile pour les avancer dans la voie de leur salut.

Il doit exciter la religion de ceux qui y marchent avec plus d'ardeur et de fidélité, en leur donnant dans les temps et les rencontres

---

[418] Mt 5, 45
[419] Jn 13, 23 ; 19, 26
[420] RB 2

Chapitre X - Question IX

où il juge qu'il leur est plus utile, les témoignages de l'amitié qu'il a pour eux, punir les lâches et les négligents par une conduite plus sévère, et se ménager à l'égard de tous le la manière qu'il estimera la plus propre pour élever les âmes et les gagner à Jésus Christ.

Cette manière d'agir est sainte, et elle ne peut recevoir de mauvaise explication de la part de ses frères parce que le supérieur est comme le juge et l'estimateur naturel de leur piété et de leur vertu, ce qui ne peut convenir à de simples religieux qui, n'ayant point d'inspection ni d'autorité, ne sauraient traiter leurs frères inégalement, qu'ils ne leur donnent (comme nous l'avons dit) sujet de se plaindre d'eux et de porter souvent cette distinction avec indignation et avec impatience.

Surtout on doit prendre garde que cette amitié ne soit point appuyée sur des considérations humaines, comme pourrait être celle de la parenté qui est expressément condamnée par saint Basile[421] ; de l'agrément de la personne, de la beauté de l'esprit, de la complaisance, de la sympathie, et d'autres qualités semblables. Ce sont des raisons qui ne doivent point être écoutées par des personnes qui tendent à la perfection. Les solitaires qui ont déclaré par leur profession une guerre ouverte à la nature, sont obligés d'en combattre toutes les inclinations et les mouvements, de quelque côté qu'ils leur viennent et qu'ils se présentent.

Sainte Thérèse donne pour instruction à ses filles[422] de ne point se laisser dominer pas ces sortes d'affections, de crainte de s'exposer et de se trouver dans des liens et dans des engagements fâcheux, dont elles ne pourraient jamais se défaire. En effet, il n'est guère possible de mettre une amitié toute terrestre et toute naturelle, en la place d'une amitié qui doit être toute spirituelle et toute sainte sans

---

[421] Inst. Monast. Serm. 1
[422] Chemin de la perfection ; cf. supra question VIII, Note 418

qu'une disposition si déraisonnable et si injuste n'ait de mauvaises suites.

Et pour ce qui est des familiarités et des privautés, elles sont également interdites aux inférieurs et aux supérieurs. Mais comme ceux-ci sont obligés d'avoir avec les frères des communications et des commerces afin de les connaître et de les diriger, que les simples religieux n'ont point, il faut qu'ils s'observent de si près et qu'ils vivent avec tant de réserve et de retenue qu'on n'aperçoive jamais la moindre liberté dans leur conduite ; que lors même qu'ils donnent à ceux qui sont sous leur charge des marques de cette affection qu'ils s'attirent par leur ferveur, par leur docilité, et par leur obéissance, ils le fassent avec tant de sagesse et de circonspection, qu'on ne voie jamais rien en eux qui ne soit digne d'un ministre de Jésus Christ.

CHAPITRE XI

De la prière.

Question première

Quelle conduite devons-nous tenir dans la prière ?

Réponse

La prière, dans le sentiment des saints, est toute la force et la puissance des solitaires. C'est par elle qu'ils résistent aux efforts de leurs ennemis et qu'ils les surmontent. C'est par elle qu'ils se soutiennent auprès de Dieu, qu'ils sollicitent sa miséricorde et qu'ils obtiennent de lui ces secours et ces grâces sans lesquels ils ne pourraient s'élever sans cesse, comme ils y sont obligés, à cette perfection à laquelle il les destine. Le solitaire qui néglige de prier néglige le soin de son salut. Il abandonne ce qui Dieu lui a donné de plus fort et de plus puissant pour sa conservation et pour sa défense. C'est un athlète qui jette ses armes au milieu du combat, et duquel on ne peut dire autre chose, sinon que sa perte paraît tout assurée.

Le premier précepte que saint Antoine donne à ses disciples, est celui de prier sans relâche ; *Ante omnia ora sine intermissione*[423].

Saint Benoît veut que les religieux soient assidus à l'oraison : *Oratione frequenter incumbant*[424] ; et qu'ils n'entreprennent jamais rien qu'ils n'en demandent l'accomplissement à Dieu par d'instances prières.

Saint Jean Callimaque[425] dit que la prière est la source de toutes les vertus, le canal pour lequel toutes les grâces et tous les dons que nous recevons de la libéralité du ciel, un avancement insensible

---
[423] In Regula a. 1.
[424] RB c. 4 (citation en latin) + Prologue (la suite du paragraphe)
[425] Ech. Ste 28 a. 23 ; p.291

dans la vertu ; la nourriture de l'âme ; la lumière qui éclaire les ténèbres de l'esprit ; la ruine du désespoir ; la richesse des solitaires ; le trésor des anachorètes...

Saint Éphrem[426] nous enseigne qu'un solitaire doit prier sans relâche, le jour et la nuit ; que toutes les vertus se forment et se conservent par la prière. Elle est la gardienne de la tempérance, le frein de la colère. Elle rabaisse les enlèvements de l'orgueil. Elle réprime les mouvements de l'envie. Elle éteint le souvenir des injures. Elle égale les hommes aux anges. On rapporte[427] que saint Épiphane disait qu'un véritable solitaire priait incessamment ou au moins qu'il chantait des psaumes.

Cassien[428] veut que l'âme d'un solitaire soit continuellement attachée à Dieu, qu'elle ne s'en sépare jamais, qu'elle regarde comme nuisible et préjudiciable tout ce qui peut la distraire pour un seul moment... Il dit que toute la fin d'un solitaire et sa plus haute perfection tend à n'interrompre jamais son oraison et à posséder autant que le peut la faiblesse d'un homme sur la terre, une tranquillité immobile de l'âme et une inviolable pureté de cœur.

Si on avait eu plus de respect pour ces instructions et ces saintes règles, les cloîtres seraient encore aujourd'hui l'édification de l'Église. Ils conserveraient leur première sainteté et la plupart des moines ne seraient pas tombés dans cette effroyable dissipation par laquelle ils se sont justement attirés la colère de Dieu et le mépris des hommes.

Souvenez-vous donc, mes frères, de mettre en pratique ce précepte du saint Esprit : *Oportet semper orare, et non deficere*[429]..

---

[426] De Oratione
[427] In vita Patris
[428] Conf. IX « De la Prière II» n° 115, 19, S.C. n° 54 p.40
[429] Lc 18, 23

Chapitre XI - Question première

Ayez un soin particulier de vous purifier par la prière ; que cet exercice soit le principal de vos devoirs ; que rien ne vous empêche de vous acquitter d'une obligation si commandée et si importante. Prenez garde de ne pas faire consister cette prière dans une spéculation toute sèche et destituée de cet esprit qui en doit faire tout le mérite et toute la force, sans lequel elle ne saurait trouver ni agrément ni accès auprès de Dieu auquel elle est offerte. Ne croyez pas qu'elle soit une simple production de l'esprit, un arrangement de pensées spirituelles, ou un discours sur quelque sujet de piété. Ne ressemblez pas à ceux qui s'imaginent avoir fait une oraison excellente lorsque, étant aux pieds des autels, ils ont raisonné sur quelques vérités chrétiennes et qu'ils se sont étudiés à observer les règles et les méthodes prescrites par ceux qui ont traité de ces matières. Faites que votre prière soit la voix et le cri de votre cœur. Qu'elle parte de son sentiment, qu'elle en explique les affections et les ardeurs. Ou plutôt, que le saint Esprit l'y forme lui-même pour ses opérations toutes divines, qu'il ouvre votre bouche intérieure, qu'il donne le mouvement à sa langue, et qu'il mette les paroles sur les lèvres puisqu'il n'y a que ses saintes expressions qui soient dignes de la Majesté de Dieu et qui méritent d'en être écoutées. Faites autant que vous le pourrez, que votre oraison soit embrasée de ce feu sacré dont parle le prophète[430] quand il dit : *Concaluit cor meum intra me, et in meditatione mea exardescet ignis*. Bannissez-en toute froideur, toute distraction, toute langueur, toute paresse. Ne vous présentez jamais à Dieu pour le prier que ce ne soit de tout l'effort, de toute la plénitude de votre âme, afin que votre prière convienne, non seulement à la grandeur de celui que vous priez, mais encore à l'excellence et à la pureté de votre état. Soyez per-

---

[430] Ps 38, 4

suadés qu'une manière de prier toute commune n'est pas supportable dans ceux qui ont promis à Dieu de mener une vie toute pure et toute parfaite.

Si ce vous est un précepte, mes frères, de vous adresser à Dieu par des oraisons fréquentes, ce vous en est un aussi de vous préparer à une action si sainte. Le saint Esprit qui vous commande de vous rendre fidèles et assidus à la prière[431] : *non impediaris orare semper*, vous commande aussi d'y apporter les préparations nécessaires : *Ante orationem præpara animam tuam*[432], *et noli esse quasi homo qui tentat Deum*. Les saints n'ont point manqué de nous donner sur ce sujet de grandes et d'utiles instructions, sachant combien les hommes offensent la Majesté de Dieu par des prières indiscrètes et téméraires.

Saint Basile enseigne[433] qu'il faut en commençant sa prière, s'abandonner soi-même, sa femme, ses enfants ; laisser la terre, s'élever au-dessus du ciel ; s'éloigner de toutes les créatures visibles et invisibles... Il se faut mettre en état de n'être point condamné par sa propre conscience.

Lorsque nous allons nous mettre en la présence de notre Roi, et de notre Dieu, dit saint Jean Callimaque[434], et l'entretenir dans la prière, n'y allons pas sans nous être bien préparés auparavant, de crainte que nous voyant de loin venir à lui sans avoir les habits que doivent avoir ceux qui se présentent devant sa face, il ne commande aux officiers et aux ministres de sa Justice de nous mener loin de sa présence les fers aux pieds ; de déchirer nos requêtes et nos supplications, et de nous les jeter au visage pour nous couvrir de confusion, comme font les officiers des rois de la terre dans les palais

---

[431] R, 12,12 ; Eph 6,18
[432] Si 18, 23 (Texte Vulgate)
[433] Const.Monast. c.1
[434] Ech. Ste. degré. 28, n° 3; p. 291

Chapitre XI - Question première

de leur justice... Préparez-vous par une continuelle prière de votre cœur à cette autre prière extérieure et intérieure, où vous vous présenterez devant Dieu pour lui offrir vos demandes et vos oraisons et vous ferez en fort peu de temps un grand progrès[435].

Saint Augustin[436] dit que celui qui prie Dieu, et qui ne travaille point à corriger ses mœurs et à sortir de ses vices, ne le prie point en effet.

Saint Grégoire[437] nous assure que celui qui ne pense point à régler sa vie et qui demeure dans ses mauvaises habitudes, irrite Dieu par sa prière au lieu de se le rendre favorable... et que celui-là seulement dont la conscience est pure et exempte de toute iniquité, peut prier avec confiance. *Si cor nostrum non reprehenderit nos, fiduciam habemus ad Deum, et quidquid petierimus ab eo, accipiemus*[438].

Deux choses, selon saint Isidore[439], empêchent que la prière ne soit écoutée ; l'une quand celui qui prie continue de pécher, l'autre quand il manque de pardonner à ceux qui l'ont offensé.

Nous lisons dans Cassien[440] qu'un solitaire pour prier avec toute la ferveur et la pureté à laquelle sa profession l'oblige, doit d'abord retrancher tous les soins de la chair, bannir toutes affaires et que bien loin d'en avoir de nouvelles, il doit perdre la mémoire de celles qui sont passées. Il faut qu'il évite de médire, de parler beaucoup, d'éloigner de soi toute parole de raillerie, de déraciner jusqu'aux moindres rejetons de la colère et de la tristesse. Il faut qu'il retranche toute la concupiscence de la chair, tout ce qui peut entrete-

---

[435] Ibidem : a. 35
[436] Ps 49,30. *Discours sur les Psaumes* Tome I, p.827 Cerf Paris 2007
[437] Lib 18 Moralia c. 5
[438] 1 Jn 3, 21-22
[439] L. 3 De sum. Bono c. 7
[440] Coll. 9 c. 2 ; S.C.n°54 p.41

nir l'avarice. Et après avoir détruit tous ces liens grossiers et visibles, et avoir commencé de purger la place de l'édifice – qu'il achèvera de nettoyer par la simplicité et par l'innocence), il jette les fondements inébranlables d'une humilité profonde. Il faut ensuite qu'il établisse sur ce fondement d'humilité toutes les autres vertus et empêche son esprit de se dissiper par la légèreté et par l'égarement de ses pensées, afin de s'élever insensiblement à la contemplation de Dieu et à la considération des choses célestes... Hâtons-nous donc avant l'heure de la prière, dit le saint abbé Isaac[441], de chasser du fond de notre cœur tout ce que nous n'y voulons pas avoir en priant.

Il vous est aisé de remarquer dans ces sentiments, mes frères, qu'il y a deux sortes de préparations principales pour la prière. L'une, éloignée et générale, et l'autre prochaine et plus particulière. La première est la correction des mœurs, la règle des actions, la sainteté de la vie et le soin que l'on prend d'agir en toutes choses pour l'amour de Dieu, et retrancher de sa conduite tout ce qui n'est pas dans son ordre et qui serait capable de lui déplaire.

L'autre consiste à se séparer dans le temps qu'on destine pour la prière, de toutes les choses visibles, à refuser ses sens, son imagination, sa mémoire, sa raison aussi bien que son cœur, à tout ce qui n'est point Dieu ; en sorte que considérant les actions qui nous[442] sont commandées en d'autres temps comme ne vous étant plus permises en celui-ci, nous l'ayons uniquement devant les yeux, et qu'il soit seul, immédiatement et par lui-même, notre totale occupation. C'est par cette double préparation qu'un solitaire peut acquérir ces deux conditions dont parle Cassien[443] qui sont si essentielles à la

---

[441] Cassien : Coll 9 c. 2 Cf. supra
[442] *nous/ vous* :Correction d'après l'errata de Rancé dans le Volume I
[443] id supra

prière, qui lui donnent toute sa force et qui font qu'elle est reçue de Dieu comme un sacrifice de bonne odeur.

Question II

Qu'entendez-vous par ces deux conditions ?

Réponse

J'entends la pureté du cœur et la ferveur. Les saints ont cru que ces deux conditions étaient si nécessaires à la prière, qu'ils les ont préférées à toutes les autres. Ce sont elles qui, dans leur sentiment, élèvent les hommes jusqu'au trône de Dieu, trouvent auprès de lui un accès si favorable, qu'il ne peut rien refuser à ceux qui se présentent à lui dans ces dispositions. Ce qui a fait dire à saint Augustin que l'oraison qui est pure et sainte, perce les cieux et qu'elle n'en revient jamais, qu'elle n'ait obtenu ce qu'elle demande *: Oratio, si pura est, si casta fuerit cælos penetrat vacua non redibit*. Et ailleurs, l'efficace de l'oraison est grande quand elle est pure. Elle est comme un messager fidèle qui fait ce qu'on lui ordonne ; elle s'ouvre les portes où la chair ne saurait trouver d'entrée : *Velut fidelis nuntius mandatum peragit, et penetrat quo caro non pervenit.*

Nous lisons[444] que les anciens moines de l'Égypte faisaient un grand nombre d'oraisons, mais courtes, afin qu'étant moins exposés aux distractions, elles conservent plus aisément leur pureté et leur ferveur.

Saint Benoît[445] ordonne que l'oraison soit pure et fervente. Il veut qu'elle soit courte quand elle se fait en communauté de crainte que par la faiblesse et l'instabilité de l'esprit humain, il ne s'y passe quelque chose qui diminue la pureté d'une action si sainte.

---

[444] Cassien : Instit. livre 2, c. 10
[445] RB c. 20

Voici les règles que saint Éphrem[446] nous donne touchant la prière : Veillez sur vous et empêchez l'égarement de votre esprit. Soyez dans la crainte et dans le tremblement quand vous vous présentez devant la Majesté de Dieu pour le prier. Rejetez toutes pensées et tous soins des choses de la terre. Soyez comme un ange du ciel dans le temps de l'oraison et employez-vous tout entier pour faire qu'elle soit sainte, pure et irrépréhensible. Vous savez, mes frères, que l'oraison est une familiarité sainte, une union sacrée de l'homme avec Dieu. C'est dans la prière qu'il se communique aux âmes qu'il aime, qu'il traite avec elles dans le secret, qu'il leur parle cœur à cœur. Et comme c'est dans ce temps qu'il les comble de ses faveurs, qu'il n'a rien de réservé pour elles, il prend plaisir à leur faire ressentir par des effusions ineffables de sa confiance et de son amour, l'effet et l'accomplissement des paroles de son prophète[447] : *Deliciæ meæ esse cum filiis hominum*, il ne veut point qu'il y ait des témoins de ce commerce si intime. Il veut que toutes les créatures se retirent, et lui abandonnent toutes les places. Il veut être tout seul dans tous ceux qu'il favorise de ces marques si tendres et si heureuses de ses bontés infinies. Tout ce qu'il voit ou qu'il y découvre qui n'est point lui-même, lui déplaît et l'importune. „Soyez seules, dit saint Bernard[448] aux âmes chéries de Dieu. Ignorez-vous que votre Époux est plein de pudeur, qu'il ne vous accordera jamais sa présence en la présence des autres".

Cette pureté, mes frères, est recommandée à tous les chrétiens, mais elle l'est particulièrement aux solitaires. Dieu les a retirés du milieu du monde, et conduits dans la solitude afin que, les y trouvant dans une désoccupation et dans un dégagement parfait des

---

[446] Éphrem : de Agone sive imit. spirit
[447] Pr 8, 31 / Spr 8, 31
[448] Sup. Ct : Serm. 40 SBO Vol II, p.27

Chapitre XI - Question II

créatures, il achève de les purifier, de remplir les vides de leur esprit et de leur cœur, et d'y établir dès ce monde comme dans un ciel véritable, un Royaume de bénédiction et de gloire.

La ferveur – seconde condition de l'oraison – n'est ni moins nécessaire ni moins importante que la première : elle en est inséparable car, jamais les prières ne sont pures qu'elles ne soient ferventes.

Ce qui est cause que nous prions sans ferveur, c'est que les pensées, les soins, les affections des créatures appesantissent nos âmes, étouffent en elles cette sainte activité sans laquelle il est impossible qu'elles s'élèvent : l'occupation des choses de la terre fait qu'elles ne peuvent se porter à celles du ciel. Et quand il arrive qu'elles veulent s'y appliquer, elles ne le font jamais que d'une manière faible, distraite et languissante.

Si vous avez donc envie, mes frères, que votre prière soit fervente, faites que votre cœur soit pur ; qu'il n'ait rien ni affaires ni soins ni vues qui ne soient dignes de Dieu ; qu'il n'admette et ne conserve rien qui ne puisse l'approcher de cette Majesté si sainte et si redoutable. Arrachez-en comme de méchantes plantes, tout ce qui n'y aura point été mis de sa main.

C'est ainsi que votre prière se formera dans votre sein, et qu'elle en partira toute vive et toute ardente. Cet affranchissement, cette liberté parfaite fera que rien ne se trouvera dans son chemin, qui la détourne ou qui l'affaiblisse. Le ciel prendra pour elle des dispositions favorables. Cette nuée, dont parle le prophète[449], ne s'opposera point à son passage pour empêcher qu'elle n'aborde le trône de celui auquel elle s'adresse. Les saints anges, vos gardiens et vos protecteurs, ne manqueront pas de l'y présenter comme un sacrifice de louange, et une offrande de bénédiction.

---

[449] Lam. 3, 44

Surtout, mes frères, soyez persuadés que la langueur défigure la prière. Elle lui ôte toute sa force, son agrément et son mérite. Celui qui prie avec indifférence, c'est-à-dire sans ferveur, témoigne qu'il ne se soucie pas d'obtenir de Dieu ce qu'il lui demande.

Les saints Pères ont joint à ces deux conditions une troisième, qui est la componction du cœur. Véritablement elle peut en être regardée comme un effet et comme une suite nécessaire. Il n'est pas possible que ceux qui sont unis à Dieu par une prière toute pure et toute fervente, c'est-à-dire par une plénitude de reconnaissance et d'amour, ne soient pas pénétrés d'une vive douleur quand ils considèrent ce que cette bonté si digne d'être aimée, souffre tous les jours de la part des hommes et qu'ils se voient eux-mêmes dans le nombre de ceux qui ont le malheur de l'offenser et de lui déplaire.

Il ne se peut, dis-je, qu'ils retiennent leurs larmes lorsqu'ils pensent à cette multitude innombrable de créatures différentes, dont les unes lui font une guerre toute ouverte par des excès et des iniquités publiques ; les autres, quoique d'une manière plus cachée, ne le traitent pas avec moins d'ingratitude et moins d'outrage. Et il est certain, mes frères, que des âmes qui sont aimées et favorisées de Jésus Christ, ne sauraient voir, sans être plongées dans un abîme d'affliction et d'amertume, que ce sang précieux qu'il a répandu pour le rachat et pour le salut de tout le monde, serve et soit appliqué à si peu de personnes. Et que dans ce même monde qui ne se soutient que par les mérites de sa mort, on vive comme si on ne le connaissait pas et que l'on eut perdu toute la mémoire de ses souffrances.

Ce sentiment doit se trouver dans ses véritables disciples et dans tous ceux qui sont embrasés d'un saint zèle pour la gloire de son nom. Mais il est tellement propre à tous les moines, qu'il en est

Chapitre XI - Question II

comme le caractère et la différence. Leur profession est une profession de douleur. C'est un état de gémissement continuel. Leur vie n'est rien qu'un sacrifice de larmes qu'ils offrent incessamment à Dieu pour les péchés du monde, comme pour leurs propres offenses. Ce sont eux qui nous sont figurés par ces hommes, qui gémissaient sur les abominations du peuple, que le prophète marqua de cette lettre de miséricorde par le commandement de Dieu[450], qui voulait les distinguer de ceux sur lesquels il avait résolu de faire éclater sa justice. Gravez, dit le saint Esprit, la lettre Thau sur le front des hommes qui gémissent et s'affligent des abominations qui se commettent dans le milieu de Jérusalem... Tuez sans aucune rémission les vieillards, les jeunes gens, les vierges, les petits enfants et les femmes. Mais pour ceux sur lesquels vous verrez la lettre imprimée, ne les tuez point, et commencez par ceux qui sont consacrés au service de mes autels. *Signa Thau super frontes virorum gementium et dolentium super cunctis abominationibus quæ fiunt in medio Jerusalem, senem, adolescentulum et virginem, parvulum et mulieres interficite usque ad internecionem... Omnem autem super quem videritis Thau, ne occidatis, et à sanctuario meo incipite.*

C'est pourquoi, mes frères, les anciens ont voulu que les solitaires fassent toutes leurs oraisons dans la componction de leur cœur ; qu'elle se trouve dans tous les endroits de leur vie, dans tous leurs exercices, et qu'ils aient un soin particulier de purifier leurs prières par les eaux de leurs larmes.

Saint Éphrem[451] se récriait dans la personne de tous les moines : « Donnez-moi, Seigneur, des sources de larmes. Donnez-moi la force et la lumière afin que versant incessamment des ruisseaux de

---

[450] Ez 9, 4.../ (Ezechiel 9, 4 und 6).
[451] Serm 4 *De Compun.* / verm. *Ephräm der Syrer (auch Ephraim)*

larmes, je lave mon cœur dans la pureté de la prière, et que j'en efface toutes les taches ».

Saint Antoine[452] disait à ses disciples : „Affligez-vous par le souvenir de vos péchés, le jour et la nuit ; que l'huile dont vous allumez votre lampe, soit l'eau de vos larmes. Recueillez-vous en vous-mêmes afin que votre oraison soit accompagnée de vos larmes.

Saint Macaire disait que la gloire d'un solitaire était les veilles et larmes qu'il répandait dans l'oraison[453].

Saint Benoît veut qu'on prie non pas avec multiplicité de paroles mais avec pureté de cœur, componction, et larmes[454]. *Non in multiloquio, sed in puritate cordis et compunctione lacrimarum nos exaudiri sciamus.*

Saint Jean Climaque[455] dit que nos gémissements et notre tristesse sont comme une voix qui crie sans cesse aux oreilles du Seigneur. Les larmes que la crainte de sa justice tire de nos yeux, sont de puissantes médiatrices envers lui... Lorsque vous êtes en oraison, soyez tout tremblant devant Dieu comme un criminel devant son juge. Il ne peut par refuser une âme qui se présente devant lui comme une veuve affligée et désolée, et qui par la ferveur et l'assiduité de ses prières, s'efforce d'importuner sa bonté suprême, qui est incapable d'être importunée.

Voilà les trois conditions qui doivent accompagner l'oraison d'un solitaire. Ce sont ces dispositions que Dieu demande de lui. C'est dans ce sacré ternaire de pureté, de ferveur et de componction que sa prière doit trouver son agrément, sa dignité et son efficace. Et véritablement ces avantages sont attachés à la solitude. Ce sont

---

[452] *In sua Reg.* Art. 25
[453] *Epist. ad Mona.*
[454] RB 20
[455] Ech. Ste. grad 7a ; 12 :Collection *Spiritualité Orientale* n° 24,p. 115

Chapitre XI - Question II

des fruits qui ne naissent que dans le désert. Le monde n'est point capable de les produire, ce sont des richesses que les moines amassent dans la retraite et qui se conservent et se multiplient dans le repos et dans le silence.

Ne pensez pas, mes frères, que Dieu ait voulu nous marquer les règles ordinaires qu'il tient sur les âmes quand il déclare par son prophète qu'il changerait les terres arides en des étangs, qu'il ferait rejaillir les fontaines dans les campagnes les plus désertes, que l'on verrait naître la verdeur du jonc et du roseau dans les cavernes qui étaient habitées par les dragons. *Quæ erat arida, erit in stagnum et sitiens in fontes aquarum. In cubilibus in quibus prius dracones habitabant orietur viror calami et junci*[456]. Cela n'a point été son dessein[457]. Il a voulu au contraire nous faire voir qu'il est supérieur à ces mêmes règles. Il se dispense de ses propres ordres et il fait extraordinairement par la puissance de sa grâce tous les changements qu'il lui plaît dans les cœurs et les volontés.

Mais quand il nous dit[458] que les ronces et les épines ne portent point de figues et de raisins, il nous apprend quel est le cours ordinaire, quelles sont les voies communes et les conduites générales qu'il observe. C'est-à-dire que la pureté ne se trouve point dans la corruption ni l'amour de Jésus Christ où règne l'amour du siècle. Il ne faut pas chercher l'esprit de pénitence et de componction dans le tumulte et la dissipation du monde. C'est ce qui nous est figuré par cette sage Réponse des Lévites au peuple de Babylone : Quel moyen de chanter les cantiques du Seigneur dans une terre étrangère ? *Quomodo cantabimus Canticum Domini in terra aliena*[459] ?

---

[456] Is 35, 7
[457] Paragraphe de Rancé légèrement modifié dans le texte.
[458] Lc 6,44
[459] Ps 136, 4

En un mot, mes frères, on n'offre point des hommages purs et véritables au Dieu d'Israël, dans les tabernacles de Moloch et de Rempham.

Question III

Doit-on croire que les gens du monde ne puissent faire des oraisons qui soient pures et agréables à Dieu ?

Réponse

Il y en a beaucoup dans le monde qui font de longues oraisons mais il y en a très peu qui prient : ceux qui s'y trouvent établis par une vocation de Dieu ou qui, s'y étant engagés par leur inclination propre ont depuis rectifié leurs voies et sont rentrés dans sa main et dans son ordre. Marchant fidèlement en sa présence et conservant sa crainte et son amour, ils vivent dans le monde comme s'ils n'en étaient pas, sans en avoir ni l'esprit ni les maximes ni les oeuvres. Il ne faut pas douter qu'ils ne puissent lui offrir des prières qui soient pures et saintes. Mais pour les autres qui au lieu d'être dans ce dégagement et de suivre ce précepte que l'apôtre donne à tous les chrétiens de ne point se conformer aux gens du siècle[460] : *Nolite conformari huic sæculo*, se rencontrent ou dans ses plaisirs ou dans ses engagements ou dans ses affaires, ou dans ses commerces, on doit les mettre au nombre de ces personnes dont parle saint Grégoire[461], qui peuvent faire à la vérité de longues oraisons, mais qui n'ont rien moins que la conduite dans gens qui prient puisqu'ils s'éloignent par leurs actions des biens célestes qu'ils semblent désirer par leurs prières. *Prolixas ad Dominum preces habent ; sed*

---

[460] Rm 12, 2 / Röm 12,2a
[461] *Moralia* lib. 33 c.11

vitam deprecantium non habent, nam promissa cœlestia petitionibus sequuntur, operibus fugiunt. Ils répandent quelquefois des larmes dans l'oraison, mais elle n'est pas sitôt finie que, s'ils sont frappés par une tentation d'orgueil, ils s'élèvent à l'instant même et s'y laissent emporter : *Illico in fastu elationis intumescunt.* Si l'avarice les presse, ils sont embrasés d'un désir ardent de la satisfaire : *Mox per incendia aridæ cogitationis exæstuant.* Si l'impudicité les tente, ils conçoivent des désirs illégitimes ; s'ils trouvent des sujets de se mettre en colère, ce feu s'allume et consume toute leur douceur. *Mansuetudinem mentis flamma insaniæ concremat.* En un mot, dit ce grand saint, ils pleurent en priant ; et s'il arrive quelque chose qui sollicite leurs passions, vous les voyez agir comme s'ils avaient perdu toute mémoire de leurs larmes. *Nequaquam pro cœlestis regni desiderio se flevisse meminerint.* Enfin, mes frères, quand celui qui prie n'en devient point meilleur, et qu'il ne voit rien dans la fidélité de sa vie qui puisse l'assurer de la vérité de son oraison, il faut qu'il croie que sa prière n'est qu'une illusion et que l'effet d'une imagination abusée. Que servent les jeûnes, dit le saint Esprit dans l'Ecclésiatique[462] à un homme qui continue de pécher ? Quelle utilité tire-t-il de son humiliation et qui écoutera sa prière ? *Homo qui jejunat in peccatis suis et iterum eadem faciens, quid proficit humiliando se ? orationem illius quis audiet ?*

Question IV

Dites-nous en peu de mots ce que vous venez de nous enseigner de la prière pour nous en faciliter la pratique ?

Réponse

Avant toutes choses, mes frères, comme nous vous l'avons déjà dit, réglez votre conduite, sur les desseins de Dieu et selon cette

---
[462] Ecli 34, 31 / Jesus Sirach 34,31

exacte piété à laquelle vous savez que votre profession vous oblige. Quand vous vous mettez devant Dieu pour le prier, chassez de son temple tout ce qui n'y doit point être et qui ne convient pas à une action si élevée, suivant l'exemple de Jésus Christ[463] qui ne voulut rien souffrir dans sa maison que ne faut saint parce qu'elle était destinée à la prière. Je veux dire rejetez toute vue comme toute affection des créatures, afin qu'il soit votre unique objet et que vous n'ayez que lui seul devant les yeux. Commencez toujours votre oraison par une profonde reconnaissance de votre néant, dans une foi vive en cette promesse du saint Esprit : *oratio humiliantis se nubes penetrabit*[464]. Ne manquez jamais selon le conseil de saint Basile[465], de mettre dans la bouche de votre cœur quelques paroles de l'Écriture qui expriment vos besoins, qui touchent les mystères ou qui contiennent les vérités que vous voulez adorer. Afin de vous dire les choses avec plus d'ordre :

Premièrement, soit que vous preniez pour sujet de votre oraison les vérités ou les mystères, considérez-les avec attention, méditez-les avec soin, pénétrez-les dans toute l'étendue qui vous sera possible

Secondement, faites qu'ils vous pénètrent, qu'ils échauffent votre zèle, qu'ils excitent votre piété et qu'ils produisent en vous de saintes affections.

Troisièmement, si c'est de vos besoins et de vos misères que vous soyez occupés, examinez-les avec application. Entrez dans le détail et dans une discussion exacte de vous-mêmes. Jugez-vous avec sévérité en montrant à Dieu toutes vos nécessités et toutes vos plaies, afin qu'il vous juge dans sa miséricorde.

---

[463] Lc 19,45
[464] Eccli 35, 21
[465] Const. Monas. c. 1

Chapitre XI - Question IV

Quatrièmement, pour faire que votre prière ne se passe pas dans de simples mouvements ou de pieuses réflexions : prenez des résolutions sur vos nécessités spirituelles, pour la correction de vos mœurs et la règle de votre vie, selon les défauts que vous voulez éviter ou les vertus dans lesquelles vous voulez devenir plus parfaits.

Cinquièmement, rendez grâces à Dieu de ce qu'étant indignes de paraître devant lui, il a daigné vous souffrir en sa présence. Enfin, pour vous faciliter ces pratiques, servez-vous des endroits de vos lectures qui vous ont touchés et édifiés davantage et des pensées les plus capables d'animer votre piété.

Voilà, mes frères, une méthode qui est courte, mais qui ne laisse pas d'être sainte et utile. Vous pouvez la suivre et vous en servir. Mais s'il arrivait qu'elle ne vous convienne pas ; que vous eussiez peine à vous en accommoder ou que vous n'y trouviez pas les avantages et les utilités qu'on prétend, ne vous y attachez pas, au point de croire que votre oraison en dépende. Car l'Esprit de Dieu est libre, il n'est point assujetti aux règles et aux pratiques humaines. Il se communique aux âmes et les inspire en la manière qu'il lui plaît.

En ce cas-là, mes frères, lorsque vous vous trouverez exposés aux yeux de Dieu, et prosternés aux pieds de ses autels pour le prier, abandonnez-vous au mouvement qu'il voudra vous donner, dans une confiance ferme que celui qui par une protection continuelle, conserve la vie de vos corps, n'a gardé de vous refuser la grâce de le prier, sans laquelle vous ne pouvez conserver la vie de vos âmes. Remettez-lui la disposition entière de tout votre homme intérieur. Suivez dans l'impulsion de son esprit, soit qu'il vous porte à méditer ses vérités ou à lui parler de vos nécessités spirituelles, soit qu'il vous fasse verser des torrents de larmes dans le souvenir de vos offenses, soit qu'il vous élève à la contemplation de ses beautés ineffables, soit qu'il veuille que vous l'adoriez dans un silence profond, soit qu'il vous attire et qu'il vous unisse à lui par les liens sacrés de son amour, soit qu'il vous favorise de ses lumières célestes, soit qu'il produise en vous des affections saintes, soit qu'il y forme des résolutions pour votre direction et votre conduite particulière. Ou bien qu'il vous laisse en sa présence sans y faire autre chose que d'attendre dans une oisiveté bienheureuse ces différentes impressions qu'il opère selon son bon plaisir dans les âmes qu'il possède. N'usez point de grands discours, de crainte que cette recherche de paroles étudiées ne vous remplisse de vaines images et ne vous cause de la dissipation. Craignez toutes les distractions quoiqu'elles ne vous soient pas imputées quand elles ne sont pas volontaires, et regardez comme un mal réel tout ce qui trouble l'œil de votre attention dans ce temps si précieux et qui vous dérobe, quand ce ne serait que pour un instant, cet objet infini que vous ne devriez jamais perdre de vue.

Je ne m'appliquerai pas, mes frères, à vous donner des règles plus étendues, car outre qu'il n'y a rien sur quoi on ait écrit et parlé davantage que sur la prière, on peut dire que c'est une opération toute divine qui s'apprend beaucoup plus par l'onction de Dieu que par l'instruction des hommes, et que l'Esprit saint en doit être le maître et le docteur, comme il en est la source et le principe.

Question V

Comment se peut-il faire qu'étant aussi fragiles que nous le sommes, nous puissions conserver la présence de Dieu, et vivre dans une prière continuelle ?

Réponse

Quand les saints nous ont enseigné que l'oraison d'un solitaire .

Chapitre XI - Question V

doit être continuelle et qu'il était obligé de prier sans relâche, leur dessein n'a pas été de nous dire qu'il devait contempler Dieu d'une manière si continue et dans une attention si actuelle, qu'elle ne souffre jamais d'interruption. Ils savaient que cet état si invariable et cette immobilité si constante convenait aux anges plutôt qu'aux hommes. Outre cela, il y avait dans les monastères des occupations ordonnées par Dieu qui demandaient une application si entière, qu'elles retiraient nécessairement les frères de celle qu'ils avaient à cette majesté infinie, et leur en dérobaient la vue pour un certain temps. En sorte que pour le dire ainsi, ils ne la considéraient plus en elle-même comme auparavant, mais par le milieu et par l'entremise des créatures.

Le sentiment des saints a donc été, mes frères, qu'un religieux pouvait satisfaire à ce devoir de prier sans cesse lorsque la volonté de Dieu réglait toute sa vie ; que son cœur était rempli de son amour, qu'il se tenait dans son ordre en toutes choses, qu'il n'avait qu'un seul désir qui est celui de lui plaire, que dans toutes ses actions il le regardait comme sa fin, et qu'il n'en entreprenait pas une qu'il ne lui demande, selon l'enseignement de saint Benoît[466], par d'instantes prières qu'il y donne sa bénédiction et qu'il lui plaise de l'achever : *In primis ut quidquid agendum inchoas, bonum ab eo perfici instantissima oratione deposcas.* Quand un solitaire observe cette exactitude et qu'il vit dans cette piété, on peut dire que toutes ses voies sont saintes, sa vie n'est rien qu'un sacrifice de louange. Il prie toujours, et si Dieu dans ses différents exercices échappe quelquefois à son esprit, il le conserve dans la fidélité et dans la disposition de son cœur.

Saint Augustin dit qu'il n'y a point de langue qui puisse suffire à louer Dieu des journées tout entières. Mais c'est le louer que de

---

[466] RB prol

bien faire tout ce qu'on fait : *Fac bene quidquid egeris et laudasti Deum*[467].C'est par l'innocence de nos actions que nous devons rendre notre prière continuelle[468] : *in innocentia operum tuorum preparate ad laudandum Deum tota die...* Et il dit ailleurs que notre désir est notre oraison, que si notre désir n'est point interrompu, notre oraison aussi ne l'est point : *Si continuum désiderium, continua oratio.* Ce n'est pas en vain que l'apôtre nous ordonne[469] de prier sans relâche. Comme il n'est pas possible de fléchir les genoux ni de se prosterner contre terre, ni de lever incessamment les mains au ciel, il y a aussi d'autres moyens de rendre notre oraison perpétuelle. *Et alia interior oratio sine intermissione.* Ce moyen est le désir : quoique vous fassiez, si vous le faites dans le désir de ce repos éternel, vous n'interrompez point votre prière et vous ne cessez point de désirer. *Si non vis intermittere orare, noli intermittere desiderare.*

Voila ce que dit saint Augustin en parlant de tous les chrétiens. Et saint Basile[470] s'adressant particulièrement aux solitaires, dit que tous les temps sont propres pour la prière. On doit prier de bouche pendant le travail, et si cela n'est pas possible, il faut le faire de cœur et glorifier le Seigneur en s'entretenant d'hymnes, de psaumes et de cantiques. Il faut joindre à cela des remerciements pour reconnaître la grâce que Dieu nous a faite de donner à nos mains la force d'agir et à notre esprit la lumière et l'intelligence. Lui demander qu'il fasse que nous n'ayons point d'autre vue ni d'autre but dans nos occupations que celui de lui plaire. C'est ainsi, continue-t-il, que nous empêchons la dissipation et l'égarement de nos pensées, lorsque dans chacune de nos actions nous demandons à Dieu qu'il

---

[467] Discours sur les Psaumes : In Ps 34, Tome I, p.461 (Cerf Paris 2007)
[468] Id. In Ps 37, p. 553
[469] 1 Th 5, 17
[470] Basile: GR 37; p.122-123

Chapitre XI - Question VI

bénisse et conduise notre travail, que nous lui rendons grâce de la bonté qu'il a eue de nous donner de l'industrie[471], de nous y appliquer avec succès et de n'y avoir point d'autre fin que celle de sa gloire. Sans cela, comment serait-il possible de concilier nos occupations avec le précepte que l'apôtre nous donne de prier sans cesse et de travailler le jour et la nuit ?

Saint Jean Climaque [472] fait consister la prière continuelle d'un solitaire, à avoir Dieu pour règle dans tous ses exercices, dans toutes ses paroles, dans toutes ses pensées, dans toutes ses démarches et dans tous ses mouvements ; à ne faire rien qu'en sa présence et avec une ferveur toute nouvelle et toute intérieure.

Cassien dit[473] que quand notre âme sera établie dans la paix et qu'elle sera entièrement délivrée de tous les engagements, de toutes les passions charnelles et que notre cœur sera attaché à Dieu par une application invariable, nous accomplirons ce précepte de l'apôtre « Priez sans cesse et levez en tous lieux vos mains pures...» Notre âme étant devenue toute spirituelle et semblable aux anges, de terrestre qu'elle était, tout ce qu'elle entend, tout ce qu'elle dit, et tout ce qu'elle fait, devient une oraison très pure et très véritable. Il dit ailleurs que nous pratiquerons une oraison continuelle lorsque tout ce que nous désirons, tout ce que nous recherchons, tout ce que nous souhaitons, tout ce que nous pensons, tout ce que nous voyons, tout ce que nous disons, tout ce que nous espérons ne sera que de Dieu..

Question VI

Est-il nécessaire d'avoir un si grand soin d'éviter les

---

[471] Habileté à exécuter quelque chose
[472] Éch. Ste : Degré 27, 62 :pp. 284-285
[473] Collatio IX,"*De la Prière* »c. 6. S. C. 54 : p.47 ; p. 90

distractions ?

Réponse

Le saint abbé Moïse, comme nous l'avons remarqué[474], dit qu'il faut qu'un solitaire, s'il lui arrive de s'éloigner de Dieu par quelque distraction, s'en afflige aussitôt, et s'abandonne aux larmes et aux soupirs. Il doit savoir qu'il s'égare de son souverain bien toutes les fois qu'il détache sa pensée de cet objet et croire qu'il commet une fornication spirituelle lorsqu'il cesse même pour un instant de contempler son Sauveur, afin que s'apercevant de cette séparation, il rappelle son cœur de son égarement, et retourne ses pensées du côté de ce but céleste en sorte qu'il ne s'en sépare jamais.

Saint Basile nous apprend[475] que l'égarement et la dissipation de l'âme viennent du peu de soin qu'elle prend de s'occuper des choses nécessaires. Elle tombe dans la lâcheté et la paresse quand elle est assez infidèle pour ne pas faire réflexion sur la présence de Dieu qui sonde les cœurs et les reins. Il dit ailleurs[476] que si ceux qui sont devant les princes et les magistrats, qui leur parlent, demeurent debout en leur présence avec beaucoup de crainte et de tremblement, avec combien plus de frayeur devons-nous demeurer en la présence de Dieu et avoir tout notre esprit appliqué à lui seul ?

Nous lisons dans une épître que nous avons de saint Macaire[477], que les distractions dissipent les âmes comme les vers réduisent en poussière les vêtements.

Qui est l'homme, dit saint Augustin[478], qui ayant commencé à parler à son ami, et voyant qu'il se détourne, qu'il ne veut pas lui

---

[474] Cassien : Coll. 1, 13 ;SC n°42 p.90
[475] PR q. 21 RM p. 187
[476] Const. mon. c. 1
[477] In Epis. Ad Mon.
[478] Discours... *in Ps. 85* p.69

Chapitre XI - Question VI

répondre et le quitte pour s'entretenir avec un autre, n'ait peine à souffrir qu'on le traite de la sorte ? Et quel juge pourrait endurer qu'après lui avoir demandé audience et avoir désiré qu'il se mit dans son siège pour vous entendre, vous le laissiez dans le moment même pour vous entretenir avec quelqu'un de vos amis ? Cependant Dieu souffre que les âmes de ceux qui le prient soient remplies de tant de pensées différentes. Je laisse à part méchantes pensées qui sont ennemies de Dieu. C'est assez qu'elles soient inutiles pour qu'on les considère comme injurieuses à la majesté de celui avec lequel vous parlez. Quand vous lisez, Dieu vous parle ; quand vous priez, vous parlez à Dieu.

Saint Jean Climaque dit[479] que comme un roi de la terre aurait une extrême aversion d'un de ses sujets qui étant en sa présence, au lieu de lui parler avec respect détournerait son visage pour s'entretenir avec ses ennemis, de même, Dieu a une extrême aversion pour celui qui se tenant en sa présence par la prière se détourne volontairement de l'attention qu'il y doit avoir, pour s'entretenir en soi-même de pensées mauvaises ou indifférentes.

Saint Grégoire dit[480] que, quelque soin qu'apportent les élus de Dieu pour exciter la vigilance du cœur dans la prière, le démon fait ce qu'il peut pour les distraire, et croit avoir beaucoup gagné sur les gens de bien, quand il a été le maître de leur pensée même pour un moment. Ce que dit ce grand saint sur ce même sujet est tout-à-fait remarquable. Dieu tout puissant, dit-il, qui ne considère pas comme un mal peu considérable, les pensées incertaines et flottantes de l'esprit humain, châtie ces égarements du cœur en l'abandonnant : *Divagationes cordis derelinquaendo dijudicat*[481].

---

[479] Gard. 28 art 8
[480] Mor. Lib. 2 c. 24
[481] In Job : cap 2. lib 19 in c. 28.

Si vous entrez, mes frères, dans ces sentiments autant que vous le devez, vous n'aurez garde de considérer les distractions comme des accidents passagers et de peu de conséquence. Mais vous les éviterez avec tous les soins et les efforts possibles. Vous leur fermerez toutes les portes et toutes les entrées, vous les regarderez comme des écueils dans le cours de votre navigation. Et vous n'en aurez jamais que de celles qui peuvent échapper à votre fragilité et à votre impuissance.

Se distraire de Dieu quand l'égarement est volontaire, n'est autre chose que quitter le Créateur pour chercher et pour suivre la créature. C'est se détourner de lui pour se tourner vers elle. Cela n'arrive jamais que l'on ne donne à la créature dans le fonds de son cœur, une préférence secrète. Car quoique l'on puisse dire, on ne laisse jamais Dieu que parce qu'il y a quelque chose dans la créature qui nous attire et qui nous plaît davantage ; dans ce moment elle nous est ou plus agréable ou meilleure, et que nous nous figurons que nous y trouverons ce que nous ne trouvons point dans le Créateur.

Vous devez savoir, mes frères, que l'on peut considérer les distractions en deux manières. Les unes sont involontaires et surprennent les élus de Dieu, même dans la ferveur de leurs prières, et lorsqu'ils s'efforcent davantage de se conserver en sa présence. Elles ont pour principe ou la fragilité de la nature, l'envie ou les suggestions du démon, ou une conduite de Dieu qui, pour humilier ou pour exercer ceux qui le servent, permet qu'ils tombent dans ces sortes de défaillances. Quoique dans tous ces cas elles soient souvent exemptes de péché, ces saintes âmes qui ne veulent vivre que pour Jésus Christ, qui comptent pour perdu tout ce qui ne saurait contribuer à sa gloire, et qui savent que ces sortes de distractions, quand elles sont négligées, causent par des conséquences nécessaires des dommages irréparables, s'affligent de leur malheur et font ce qu'elles peuvent pour satisfaire par leurs larmes et par des gémissements, pour des fautes qu'elles n'ont point commises.

C'est ce qui fit dire à saint Augustin[482], en parlant de ces égarements involontaires : mais quoi ? Faut-il désespérer du salut des hommes et croire que ceux qui dans la prière tombent par surprise dans quelques distractions, soient perdus ? Si nous disons cela, mes frères, je ne vois point quelle espérance nous peut rester. Mais puisque nous devons espérer en Dieu, disons-lui : „Répandez, Seigneur, de la joie dans l'âme de votre serviteur, puisque je l'élève vers vous autant qu'il m'est possible"[483].

Saint Jérôme[484], pénétré de douleur, se récrie sur le même sujet: « Si je n'avais point la foi, je ne prierais point ; mais si j'avais une véritable foi, je purifierais ce cœur par lequel on voit Dieu ; je frapperai ma poitrine de mes mains ; j'arroserais mes joues de mes larmes ; tout mon corps serait saisi d'une sainte horreur ; la pâleur serait peinte sur mon visage ; je me jetterais aux pieds de mon Dieu ; je les tremperais de mes pleurs ; je les essuierai avec mes cheveux, je m'attacherais au tronc de la Croix et ne la quitterais point que je n'eusse obtenu le pardon de mes péchés. Mais maintenant, il arrive souvent durant ma prière, ou que je me promène dans des galeries ou que je compte l'intérêt de mes revenus, ou que me laissant emporter par des pensées déshonnêtes, je passe dans mon esprit des choses que l'on ne saurait dire sans rougir. Où est ma foi dans cette conduite ? Est-ce ainsi que Jonas a prié dans le ventre de la baleine, ou les trois enfants dans la fournaise, ou Daniel parmi les lions, ou le larron sur la croix ?

---

[482] Ps 85 *Discours sur les Psaumes*, Tome II, p. 70:
[483] Idem Ps 35, v. 4
[484] Adversus Lucif.

Saint Grégoire de Nazianze[485] touché de la même douleur, se plaignait de lui-même et disait en gémissant : La pesanteur de mon corps me fait pencher vers la terre et étant tout couvert de boue, je ne puis élever les yeux de mon âme pour contempler la lumière de Dieu, mille pensées vaines et confuses qui se forment dans mon esprit et divisent mon cœur, en bannissent Jésus Christ. Cependant cet époux céleste ne veut pas se donner à une âme qui se partage et qui est divisée.

Et saint Grégoire le Grand[486] dit que les cœurs de ceux qui sont à Dieu sont dans une sollicitude continuelle et qu'ils ressentent des afflictions vives lorsqu'ils se voient troublés par les moindres de ces agitations. *Semetipsos graviter, vel pro levi motu excessionis, affligunt.* Qui peut assez comprendre, s'écrie ce saint, le grand nombre des fautes que l'on commet par les pensées vagabondes et inconstantes auxquelles on s'arrête ! On peut assez éviter les actions du péché, mais il n'y a rien de si difficile que de garantir son cœur des pensées mauvaises et inutiles. Cependant il est écrit[487] : „Malheur à vous qui vous entretenez de pensées inutiles". Voilà le sujet de la crainte des plus justes.

Pour les distractions qui sont volontaires, que nous nous procurons avec dessein et avec détermination, on ne peut les regarder que comme des effets de l'insensibilité et de la dureté de nos cœurs, du peu de respect que nous portons à la Majesté de Dieu, et de l'indifférence que nous avons pour notre salut.

Elles sont plus dangereuses que l'on ne pense. Elles ont une malignité cachée, et à moins que l'on y apporte des remèdes prompts et puissants, elles infectent nos âmes, et se répandent sur tout le

---

[485] Carm 5
[486] Lib. 2 Moral. c. 24 + Idem lib. 24 cap.7
[487] Mi 2, 1

Chapitre XI - Question VI

corps de nos actions. Elles ne sont jamais seules et on peut les comparer à ce cercle qui se forme dans l'eau et qui, venant à se multiplier en produit une infinité d'autres par des agitations successives. Elles se présentent en foule et, commençant par obscurcir l'entendement, elles gagnent ensuite la volonté et la rendent languissante. Elles affaiblissent les fonctions de l'esprit ; elles font qu'il devient paresseux à prier, qu'il ne trouve Dieu dans l'oraison qu'avec peine et qu'il le perd aussitôt qu'il l'a trouvé. Elles font qu'il est sans attention dans le chant des Psaumes, qu'il ne rapporte aucun fruit de ses prières. Elles le remplissent d'inutilités et, par des suites presque inévitables, elles le jettent dans l'abattement et dans le dégoût de sa profession. Enfin, elles dérèglent tout l'état de sa vie, elles le mènent aux portes du désespoir. Et après que, par des chutes différentes, elles l'on fait tomber dans tous les vices de l'esprit, il n'y a point d'excès dans lequel il ne se plonge.

Voilà les effets ordinaires que les distractions opèrent dans ceux qui les veulent entretenir, qui les aiment, ou qui les négligent. Ce sont-là les désolations qu'elles causent dans ces âmes ingrates, qui perdent sans remords et sans regret la vue de cette beauté infinie dont le seul regard devait faire toute leur consolation. Et comme ils se sont volontairement détournés du Dieu de la paix, il est juste qu'ils demeurent dans la confusion et dans le trouble jusqu'à ce que pour les punir du peu de soin qu'ils ont eu de le conserver, il les prive pour jamais par une condamnation irrévocable du bonheur de sa présence[488]. *Ultra nescientur à Deo, qui Deum scire noluerunt..*

Pour ceux que ces dissipations n'ont pas porté dans ces extrémités si funestes, leur condition n'est guère meilleure. Les uns vivent sans réflexion dans l'insensibilité, suivant comme des insensés les mouvements et la vanité de leurs pensées. Les autres sont la

---
[488] Saint Augustin : Hom. 16 inter 50

proie de leurs inquiétudes et le jouet de leurs imaginations. Leurs âmes sont comme ces terres arides sur lesquelles la pluie ni la rosée ne tombent jamais. Le ciel est de bronze pour eux, toutes leurs voies sont pleines d'épines et de ronces. *Contritio et infelicitas in viis eorum*[489]. Ils changent de situation dans tous les moments, sans pouvoir en trouver une qui les contente. Enfin, ils passent et finissent malheureusement leur vie en cherchant, hors de Dieu, le repos que toutes les créatures ensemble ne sauraient leur donner.

Je souhaite que ces vues, si déplorables et si utiles tout ensemble, vous donnent de l'éloignement de tout ce qui peut vous distraire de Dieu. Dites, mes frères, aux créatures que si elles ont quelque bonté, quelque beauté, elles la tiennent de celui qui est plus beau qu'elles, plus excellent et par conséquent plus aimable. : *Pulchrior est ille qui fecit*[490]. Ou plutôt, récriez-vous avec le prophète : „Seigneur, ceux qui se séparent de vous périront. Vous avez réduit en poussière tous ceux qui ont servi les créatures au préjudice de la fidélité qu'ils vous devaient. Mais pour moi, je ne connais pas de bonheur, ni dans l'un ni dans l'autre monde, que celui de m'attacher à vous par des liens inséparables". *Ecce qui elongant se à te peribunt, perdidisti omnes qui fornicantur abs te : mihi autem adhærere Deo bonum est, ponere in Domino spem meam.*(Ps 72,17)

Si cette obligation d'être attaché inviolablement à Dieu, de ne le perdre jamais de vue avec dessein et avec une volonté déterminée vous paraît d'une grande étendue, il vous a donné de grands moyens pour vous en faciliter l'accomplissement. Il vous a séparés du monde qui est la source et le siège de la dissipation. Il vous a renfermés dans la solitude, comme s'il vous avait entourés d'un rempart pour faire que vous soyez inaccessible à tout ce qui pourrait

---

[489] Ps 13, 3 (Vg)
[490] *Discours sur les Psaumes*, Tome I, p. 605:Ps 39 n°9

Chapitre XI - Question VII (dans l'édition de 1701)

vous retirer de son ordre, de sa main et de sa présence. Il vous a donné la loi du silence, de crainte que vous ne perdiez dans la fréquentation même de vos frères, ce que vous avez gagné en renonçant au commerce des autres hommes. Il a réglé jusqu'au moindre instant de vos vies. Il les a remplies d'exercices et d'occupations dont il n'y a pas une seule qui ne vous parle de lui. Enfin, il vous a donné des supérieurs qui veillent sur vous et qui vous excitent incessamment pour empêcher que vos yeux ne se ferment et que vous ne tombiez dans cet oubli et cet assoupissement dont parle le prophète : *Dormitavit anima mea præ tædio*[491].

Mais souvenez-vous, mes frères, que tous ces avantages ne vous serviront de rien et que vous trouverez le monde et sa dissipation dans le fonds des cloîtres si vous avez la moindre part aux choses qui s'y passent ; si vous n'en détruisez entièrement en vous les sentiments, les inclinations, les maximes et même le souvenir ; et si vous ne vous resserrez dans les bornes étroites de votre profession. Vous savez que le peuple de Dieu, après avoir été délivré de la captivité de l'Égypte et conduit au travers de la mer Rouge par des prodiges et des signes éclatants, rencontra sa perte au milieu du désert qui devait être son asile : *Prostrati sunt in deserto*[492]. Et que de tant de milliers d'âmes, deux seulement, au jugement de Dieu, se trouvèrent dignes de l'effet de ses promesses.

Question VII (dans l'édition de 1701)

Quelle était la pensée de saint Antoine quand il dit que celui-là ne prie point véritablement, qui s'aperçoit qu'il prie ?

---

[491] Ps 118, 28
[492] 1 Co 10, 5 / 1 Kor 10,5b

Réponse

Le dessein de saint Antoine n'a pas été de proposer la forme et la manière de prier, mais de donner une idée de l'excellence et de la perfection de la prière. Il avait trop d'expérience et de lumières pour ne pas savoir que l'oraison a des degrés différents. Il n'est pas nécessaire pour prier, de s'élever à ce qu'elle a de plus éminent et de plus sublime.

Ainsi, mes frères, pour vous ôter de la peine où vous êtes – de savoir comment il se peut faire qu'on s'oublie de telle sorte dans la prière, qu'on ne s'aperçoive plus qu'on prie – je vous dirai que quand une âme a rompu les liens qui peuvent l'attacher ici bas, que sortant hors d'elle-même par tous les mouvements du cœur et par toutes les actions de l'esprit, elle s'approche de Dieu dans l'oraison, elle est semblable à celui qui dans le milieu du jour, se trouverait les yeux ouverts, exposé au soleil. Ses yeux seraient frappés et éblouis de telle sorte par l'éclat de ses rayons, qu'il ne verrait rien que la clarté dont il serait environné, toute sa vue se bornerait à cela seul et nuls des autres objets présents ne lui deviendraient sensibles. Ainsi, quand cette âme, par une grâce spéciale de Dieu et comme abîmée dans cette source d'une lumière inaccessible, elle ne voit que lui, elle ne regarde que lui, elle ne connaît que lui. Tout lui échappe et disparaît hors cette beauté qu'elle possède et dont elle est possédée. Cette beauté, dis-je, qui l'attire et la ravit sans cesse par la puissance de ses charmes infinis, la rend incapable de s'arrêter même pour un moment,. et de suspendre son action, l'empêchant d'avoir aucun retour ni aucune réflexion sur elle-même, générant ainsi l'oubli d'elle-même. Elle ne sait ce qui se passe en elle, jusqu'à ne pas s'apercevoir que son état est l'effet de l'excellence de sa prière.

Chapitre XI - Question VII (dans l'édition de 1701)

C'est ce qui nous est exprimé par le prophète[493] sous la figure de ces animaux qui marchaient en avant mais qui ne retournaient jamais en arrière : *Non revertebantur cum incederent, sed unumquodque ante faciem suam gradiebatur.* C'est ce qu'on peut appliquer avec justesse, à ceux qui s'unissent à Dieu par cette prière si élevée, cette prière invariable qui ne souffre ni interruption ni suspension ; dans laquelle Dieu remplit et occupe tellement toutes les puissances qu'il n'en reste que pour recevoir les impressions saintes et les opérations divines de son esprit.

C'est de cette oraison dont parlait le prophète royal lorsqu'il s'est servi de ces termes : *inebriabuntur ab ubertate domus tuæ et torrente voluptatis tuæ potabis eos*[494]. Il nous renseigne que Dieu se donne et se répond dans les âmes avec tant d'abondance, d'effusion et de plénitude, qu'on peut dire qu'elles regorgent de ses grâces et de ses faveurs, et que se trouvant dans une espèce d'assoupissement et de sommeil causé par cette sainte ivresse, elles oublient toutes choses et s'oublient elles-mêmes. Elles ne conservent plus de sentiment que pour goûter les douceurs de ses communications ineffables.

C'est l'état auquel était le saint apôtre[495] lorsqu'il fut ravi jusqu'au troisième ciel, où il entendit de la bouche de Dieu des secrets et des mystères, également inexplicables et incompréhensibles. Il n'a pu nous apprendre précisément ce qui lui arriva dans ces bienheureux moments. Il n'a point su, comme il l'avoue lui-même, de quelle manière se passa ce ravissement : si son âme fut transportée toute seule ou si son corps eut part à cet enlèvement.

---

[493] Ez 1, 9
[494] Ps 35, 9
[495] Cf. 2 Co 12, 2...

Enfin, une âme qui est enlevée par l'ardeur et par la vivacité de sa prière et comme plongée dans le sein de Dieu, trouve dans cet abîme inépuisable de toutes sortes de biens, des consolations infinies. Elle se laisse emporter par le poids de son amour. Elle suit la violence et l'impétuosité de son attrait, tous ses désirs sont rassasiés. Elle ne pense, elle ne veut rien que le bonheur dont elle jouit. Et tout ce que hors de lui est à son égard comme s'il n'était pas.

Si cette manière d'oraison est si extraordinaire, c'est que la pureté du cœur est rare. Il y a très peu de personnes qui se présentent devant Dieu dans ce vide et ce dégagement qui mérite des bénédictions abondantes. On tient au monde, on tient à soi-même dans tous les états et les conditions, par tant de liens ou sensibles ou insensibles, que comme la victime qu'on lui offre est presque toujours défectueuse, il ne la regarde pas non plus avec le même agrément qu'il ferait si elle était plus entière.

C'est la plénitude qui attire la plénitude. Celui qui donne peu, reçoit peu ; la latitude de nos cœurs presse et excite la libéralité de Dieu. Si les âmes s'abandonnaient et se quittaient elles-mêmes, lorsqu'elles le cherchent et qu'elles veulent le trouver dans la prière, il leur ouvrirait ses trésors, il les comblerait de ses richesses. Il les récompenserait au centuple. La vue et la considération de cette majesté infinie les ravirait et il se les appliquerait dans ce temps précieux de l'oraison par une contemplation si éminente, si fixe et si immuable que rien ne serait assez puissant pour les en séparer ni les distraire.

Voilà ce que saint Antoine avait devant les yeux, et c'est dans cette grande idée qu'il avait de la prière, qu'il a dit que celui-là ne priait pas véritablement qui s'aperçoit qu'il prie.

Ill faut remarquer que quand une âme, par l'inconstance et la fragilité de la nature, à laquelle elle ne saurait s'empêcher de céder,

Chapitre XI - Question VII (dans l'édition de 1701)

est obligée de descendre de cet état sublime et de se retrouver dans les choses de la terre, elle s'y voit comme dans une région de ténèbres, comme dans un lieu rempli d'horreur. Elle n'y aperçoit rien qui ne l'afflige : les personnes, les affaires, les occupations lui sont à charge. Tout est plein de fiel et d'amertume pour elle. Parler, boire, dormir, manger sont des nécessités qui l'accablent. Elle languit et soupire sans cesse après ce qu'elle a perdu ; il n'y a rien que l'ordre de Dieu auquel elle veut se soumettre et l'espérance qu'elle a de sortir bientôt de sa prison, qui la consolent et cependant, elle en compte tous les moments et il n'y en a point qui ne lui paraisse des milliers d'années.

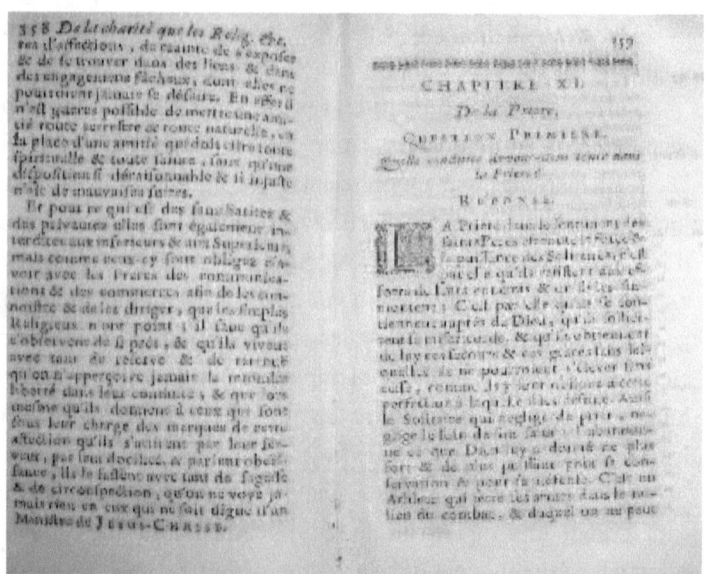

Chapitre XII

De la pénitence.

Sa division

Ce que la prédication est à l'apostolat, la confession de la foi de Jésus Christ au martyre, la pénitence l'est à la vie solitaire. Et comme l'apôtre est destiné par Dieu pour annoncer ses vérités, le martyr pour les défendre par l'effusion de son sang, le solitaire doit aussi les honorer et les soutenir par ses souffrances. Mais, comme la pénitence d'un religieux tire son institution, sa force et son mérite de la pénitence de Jésus Christ, il faut aussi qu'elle en soit un retracement parfait et une imitation fidèle. Quoique, selon l'apôtre, tous les chrétiens doivent le suivre dans ses souffrances s'ils veulent le suivre dans sa gloire : *si tamen compatimur, ut et conglorificemur*[496]. Cependant, c'est l'avantage et la prérogative des moines, c'est ce qui les regarde principalement dans la vie de Jésus Christ. C'est à eux, préférablement aux autres hommes, qu'il présente le calice de sa passion. Et bien qu'il soit écrit que tous les pécheurs de la terre, c'est-à-dire tous les hommes, doivent y boire après lui[497], néanmoins le partage des religieux, ou plutôt leur bonheur, est de souffrir pour Jésus Christ, comme Jésus Christ a souffert pour eux.

C'est ce qui a fait dire au saint abbé Pynufe dans Cassien[498], que le renoncement et l'engagement d'un solitaire n'est autre chose qu'un témoignage public qu'il rend devant les hommes, qu'il est crucifié et qu'il est mort... Il doit examiner ce que c'est que la croix de Jésus Christ, et il faut qu'il retrace dans toute la suite de sa vie,

---

[496] Rm 8, 17 / Röm 8,17
[497] Ps 34, 9
[498] Cassien :*Instit*. Lib. 4. c. 34

Chapitre XII - Sa division

l'état auquel il était, étant attaché à la croix[499] ; afin que selon la parole de David, perçant notre chair par la crainte de Seigneur comme par des clous, nous tenions toutes nos volontés et nos désirs non plus assujettis à notre concupiscence, mais attachés à la Croix et à la mortification.

Ainsi, pour savoir quelle doit être la pénitence des solitaires, il faut considérer quelle a été celle de Jésus Christ. Entre un grand nombre de circonstances que nous pourrions en rapporter, il suffit dans notre dessein d'en remarquer une : savoir que Jésus Christ, pour contenter cette ardeur extrême qu'il avait d'honorer par ses souffrances la majesté de son Père, voulut y contribuer de l'homme tout entier. Et ce fut pour cela qu'il abandonna son corps à la rigueur des supplices, aux travaux de la pénitence, à une vie laborieuse et son âme à toutes sortes d'opprobres et de confusions. Nous savons quels ont été ses jeûnes, sa solitude et son silence, puisque nous lisons dans l'Écriture qu'au sortir de son baptême, il entre dans le désert, qu'il y fut quarante jours dans un jeûne perpétuel, et sans autre compagnie que celle des bêtes sauvages et des saints anges : *Eratque cum bestiis et angeli ministrabant illi*[500]. Ses veilles nous sont connues aussi bien que ses grandes fatigues. L'Écriture nous apprend qu'il passait les nuits en oraison: *Et erat pernoctans in oratione Dei*[501]... et que sa lassitude l'obligea de se reposer : *Jesus ergo fatigatus es itinere sedebat*[502]... Nous ne pouvons ignorer que sa pauvreté ne lui ait fait endurer des nécessités excessives, puisqu'elle lui a été si grande qu'il a manqué, comme il nous le dit lui-même, des choses que la nature ne refuse pas aux oiseaux ni aux

---

[499] Ps 118, 120
[500] Mc 1, 13 / Mk 1,13b
[501] Lc 6, 12 / Lk 6,12b
[502] Jn 4, 6 / Joh 4,6b (... und setzte sich)

bêtes du ciel et de la terre. *Vulpes foveas habent et volucres.cæli nidos Filius autem hominis, non habet ubi caput reclinet*[503].

Et pour ce qui est des peines d'esprit et des afflictions qu'il a endurées, nous ne pouvons les ignorer quand nous lisons dans l'Écriture, qu'il a versé des larmes sur les malheurs de Jérusalem[504] et sur la mort de Lazare[505]. Il a gémi dans la guérison de cet homme sourd et muet dès sa naissance[506]. Il a soupiré sur la dureté et sur la malice des pharisiens qui étant insensibles à tant de miracles qu'ils lui voyaient faire, lui demandaient de nouveaux prodiges. Et sachant que sa passion lui a été incessamment présente, par le soin qu'il a eu d'en parler en tant d'endroits de sa vie.

Nous ne pouvons non plus douter qu'il n'ait eu devant les yeux la rigueur des jugements de Dieu son Père, lorsqu'il s'est écrié par la voix de son prophète „Mon Dieu ! Mon Dieu ! Pourquoi m'avez-vous abandonné ? *Deus, Deus meus! Respice in me : quare me dereliquisti*[507] ? Peu de temps avant sa passion, il lui dit, de sa propre bouche, le cœur rempli d'amertume et de tristesse : „Mon Père, faites s'il est possible, que ce calice passe et s'éloigne de moi. *Pater mi, si possibile est transeat a me calix iste*"[508].

Et touchant ses abaissements et ses humiliations, elles ont été continuelles. Il a vécu au milieu d'un peuple ingrat qui, sans respecter ni la sainteté de sa personne ni la sagesse de sa conduite ni la vérité de sa doctrine, l'a traité d'insensé, de démoniaque et d'imposteur.

C'est de là qu'on infère, mes frères, que la pénitence d'un solitaire doit être intérieure et extérieure.

---

[503] Mt 8, 20
[504] Lc 13, 34 ; Mt 23, 37
[505] Jn 12
[506] Mc 7, 34 ; Mt 16, 21 ; 17,12.21 ; Lc 9, 31
[507] Ps 21, 2 / PS 22, 1a
[508] Mt 26, 39 / Mt 26, 39a

Chapitre XII - DES HUMILIATIONS

Il faut que l'âme en soit affligée comme le corps, et qu'il joigne à la mortification de l'esprit, celle des sens, c'est-à-dire qu'il vive tout ensemble dans une sainte tristesse, dans une humiliation profonde et dans une austérité rigoureuse.

Ainsi vous ne vous tromperez point, mes frères, quand vous ferez consister la pénitence intérieure dans l'humiliation, la méditation de la mort, les jugements de Dieu et la componction. Et que vous considérerez la retraite, le silence, l'austérité dans la nourriture, le travail des mains, les veilles, la pauvreté, la patience dans les infirmités et dans les maladies, comme des vertus et des pratiques qui sont l'essence et le fond de la pénitence extérieure.

DES HUMILIATIONS

Question première

Par quel moyen un religieux peut-il vivre en son monastère dans la pratique des humiliations ?

Réponse

Ce sera par l'application d'un supérieur vigilant et charitable qui aura soin de l'exercer par des reproches, des répréhensions vives, de paroles piquantes, des confusions publiques, par des occupations ravalées. Et par tout ce qu'il estimera capable de contribuer à son abaissement.

Question II

Si les religieux avaient acquis une grande perfection, comment pourrait-on les humilier et les reprendre, sans se servir de fictions ou de mensonges ?

Réponse

Il y aurait bien des choses à vous répondre, mes frères, mais une des premières et des principales, est qu'il y a très peu de religieux de qui les actions, je dis les meilleures, ne soient défectueuses et répréhensibles dans quelques circonstances.

Secondement, les règles des saints Pères – par exemple celle de saint Benoît qui est présentement la plus étendue, qui entre dans le détail de la vie, qui détermine les moindres choses et qui règle jusqu'au mouvement des yeux – s'observent difficilement avec assez de ponctualité pour qu'il n'échappe pas à tous les instants quelque chose contre ce qu'elles prescrivent.

Troisièmement, quand on aura une véritable idée de la vie et de la profession monastique telle que les saints nous l'ont donnée, qu'on la regardera comme un crucifiement continuel, comme un engagement à imiter la perfection des apôtres et comme une image et un retracement de celle des anges, en vérité, mes frères, on ne manquera pas de sujets pour humilier et pour confondre des moines. Tant qu'ils n'auront ni la mortification d'un crucifié, ni la sainteté des apôtres, ni la pureté des anges, il ne sera nullement besoin pour cela de recourir aux fictions et aux mensonges.

Quatrièmement, si la vie d'un religieux se trouvait si exacte de tous points qu'on n'y vit point de fautes réelles, il serait aisé de lui donner le mauvais sens qu'elle peut avoir, sans en examiner les motifs, et d'en prendre sujet de l'humilier. Un religieux, par exemple, lira dans le réfectoire avec plus de gravité, plus d'emphase, plus de distinction et d'un ton de voix plus élevé que le reste de ses frères. Cela peut être très simple et très innocent, et n'avoir aucun mauvais principe. Cependant, un supérieur peut avec fondement dire à ce religieux qu'il lit comme un présomptueux et comme un superbe, que son action tient plus de la suffisance.

Chapitre XII - Question III

et de la vanité d'un déclamateur que de la simplicité et de l'humilité d'un moine, et y joindre des termes plus ou moins forts, selon qu'il juge qu'il y a plus d'avantage et plus d'utilité, non seulement pour lui, mais encore pour ceux de ses frères qui sont témoins de la répréhension.

Question III

La pratique d'humilier les religieux d'une manière vive et piquante, aujourd'hui si peu en usage, bien loin d'être utile, n'y aurait-il pas du danger de s'en servir ?

Réponse

Cette pratique a toujours été en usage dans les observances régulières, lorsqu'on y a vécu dans une discipline exacte. La profession d'un moine n'étant rien, en vérité et dans l'opinion de tous les saints, qu'une abjection et une humiliation continuelles, on ne peut avec fondement condamner ces mortifications et prétendre qu'elles ne soient ni nécessaires ni utiles pour la conduite des cloîtres.

Les vertus, comme vous le savez, mes frères, s'acquièrent et se conservent par des actes. Dieu, qui en est le principe et qui les opère en nous par sa grâce, n'a point voulu en cela changer l'ordre naturel des choses. L'humilité s'acquiert par les humiliations, comme la paix par la patience, la science par l'étude, à ce que nous apprend saint Bernard : *Humiliatio via est ad humilitatem sicut patientia ad pacem, sicut lectio ad scientiam. Si vertutem appetis humilitatis, viam non refugias humiliationis. Nam si non pateris humiliari, non poteris ad humilitatem provehi*[509]. Elle fait l'essence et le fond de l'état monastique. Comment donc, peut-on croire qu'un moine veuille être ce qu'il doit être dans sa profession et qu'il soit ce que

---
[509] Bern. Ep 87, 11 : SBO Tome VII, p. 230

Dieu veut qu'il soit, s'il rejette et s'il néglige les humiliations, qui sont les seules voies par lesquelles il y peut arriver ? Il est écrit que ceux que Dieu reçoit au nombre de ses enfants, se purifient dans les humiliations comme l'or et l'argent dans le creuset :*Quoniam in igne probatur aurum et argentum, homines vero receptibiles in camino humiliationis*[510].

On me dira que les personnes qui sont dans le monde, ont d'autres moyens pour devenir humbles que ceux des mortifications, il s'ensuit qu'elles ne sont pas nécessaires. J'avoue que les gens qui sont dans le siècle acquièrent l'humilité par d'autres voies que par celle des mortifications religieuses. Elles ne sont point en eux l'effet de ces sortes d'exercices. Mais il faut demeurer d'accord que lorsque Dieu veut les sanctifier et leur donner cette vertu fondamentale de la vie évangélique sans laquelle personne – au dire de l'apôtre – ne le verra dans l'éternité[511], il prend un soin tout particulier de les exercer par d'autres mortifications proportionnées à leur état : par des affaires fâcheuses, des pertes de biens, des embarras domestiques, des revers de fortune, les infidélités de leurs amis, l'ingratitude de ceux qu'ils ont comblés de bienfaits, des injures et des outrages. Enfin, les hommes avec lesquels ils passent leur vie sont des instruments dont Dieu se sert pour les humilier. Ils ont souvent plus de mortifications à souffrir dans le milieu du monde et dans un seul instant, qu'il n'en peut arriver à un moine dans la retraite pendant toute sa vie.

Les monastères sont des abris et de ports. Comme l'on y est séparé de tout commerce et qu'on n'y a nulle communication avec les gens du monde, on ne peut être exposé à tous les accidents qui leur

---

[510] Si 2, 5 / Sir 2,5
[511] He 12,14

Chapitre XII - Question III

arrivent. Les différents événements qui traversent leur vie, ne regardent point les solitaires. Ils vivent à couvert des tempêtes et des agitations du siècle. La séparation même, qu'ils gardent entre eux par l'exactitude du silence, empêche jusqu'aux moindres émotions et fait que leur tranquillité n'est jamais troublée.

Ils n'ont donc rien à souffrir ni de la part du monde ni de la part de leurs frères avec lesquels, dit saint Basile[512], ils conservent une parfaite intelligence. De quelque côté que vous les regardiez, vous les trouverez également exempts de contradictions, et rien ne se présente à eux qui leur en puisse faire la moindre. Ainsi leur condition serait bien misérable si un supérieur par une disposition charitable, n'avait une application particulière à leur procurer par toutes les voies de mortifications et d'humiliations qu'il juge les plus utiles et les plus convenables, ce que Dieu opère dans les gens du monde par les diverses rencontres que nous venons de remarquer.

Le cœur de tous les hommes est un champ d'une fécondité surprenante pour les mauvaises choses : l'orgueil y a poussé de profondes racines, elles s'y trouvent presque partout, quoique souvent elles soient imperceptibles. Quelque bonne que soit la semence que vous y avez jetée, ne vous y fiez pas. Pour peu que celui qui doit cultiver le champ lui refuse son travail et le secours de sa main, il ne sera pas longtemps sans se couvrir de ronces et d'épines. Il arrivera qu'un solitaire dont la vie n'aura point été exercée par les saintes pratiques des mortifications, la passera toute entière dans une fausse sécurité, et sera dans sa cellule selon les paroles d'un grand saint un homme bouffi d'orgueil et de présomption, comme un dragon enflé de son venin dans sa caverne.

---

[512] Const. Mon. c. 18

Enfin, mes frères, l'orgueil qui est justement ce qu'il y a de plus opposé à la condition d'un moine, est une enflure qui ne guérit point si elle n'est piquée. Comme la matière n'en tarit jamais entièrement, il s'y forme incessamment de nouvelles tumeurs auxquelles, quoiqu'on puisse dire, on ne peut guère remédier qu'en se servant de la pointe des humiliations. Mais ce qui fait qu'elles sont presque toujours nécessaires est que le mal renaît dans tous les temps et dans tous les âges. Bien loin d'épargner ni la vieillesse ni la vertu, il n'est jamais plus à craindre que lorsqu'elle est plus parfaite. C'est pour cela que le démon de l'orgueil se réjouit lorsqu'il voit multiplier les vertus[513].

Cet usage donc est très saint, très utile et nécessaire. Il n'est devenu méprisable parmi les moines que lorsqu'ils ont commencé d'avoir du mépris pour la bassesse de leur profession et l'abjection de leur état. Tant qu'ils ont conservé la simplicité et l'innocence, ils n'ont trouvé aucune raison pour le quitter. Il n'y a eu que le péché et la cupidité qui leur ait ouvert les yeux et qui les ait portés à condamner ce qui n'était pas condamnable.

En un mot, mes frères, mettant à part toutes les autres raisons, il suffit de dire qu'il n'y a rien qui soit davantage selon les règles de l'Évangile, que de trouver des voies saintes et innocentes d'humilier les hommes. Rien ne les rend plus conformes à Jésus Christ dont la vie n'a été qu'une suite d'humiliations ; rien qui soit plus établi par ses instructions et par son exemple. Il n'y a rien qui soit plus autorisé par la pratique des saints moines et par toute la tradition religieuse.

Je suppose qu'un supérieur doit se conduire dans les mortifications d'une manière prudente, charitable ; avec distinction des temps, des choses et des personnes ; en exclure les emportements,

---

[513] Ech.Ste. *Degré* 21,3 p.195

Chapitre XII - Question IV

les violences, les paroles indécentes, les railleries et de semblables excès qui peuvent se rencontrer en des humiliations indiscrètes.

Enfin, condamner cette conduite, c'est autoriser l'immortification des mauvais moines et la désinvolture des supérieurs négligents. Ce serait maintenir les premiers dans l'indépendance et favoriser les autres dans l'éloignement qu'ils ont de se donner les peines et les soins nécessaires pour rendre leur direction utile. Et ainsi attaquer la vie monastique dans ses fondements.

Question IV

Que faut-il répondre à ceux qui disent que, véritablement, cette pratique a été en usage parmi les Pères d'Orient, mais que l'esprit en était violent et emporté ; ils n'étaient pas exacts à garder les règles de l'honnêteté et de la modération, ils se laissaient aller aisément à des excès. Mais présentement, elle n'a plus de raison d'être. Les Occidentaux l'ont rejetée parce que, étant plus modérés et plus retenus, ils ne pouvaient pas s'accommoder d'une telle conduite.

Réponse

C'est une chose surprenante, mes frères, qu'on demeure d'accord que les mortifications et les humiliations ont été en usage parmi les saints Pères d'Orient, et qu'on prétende détruire tout ce que les documents et les exemples de ces grands saints doivent avoir d'autorité, en leur attribuant des dérèglements, des excès et des emportements dont ils n'étaient point capables ; C'est ôter à l'Église l'édification qu'elle a trouvée jusqu'ici dans la vie et dans les actions de ces grands hommes. Ils l'ont soutenue par leur sainteté, par leurs mortifications, par leurs prières, par leur sagesse et ils l'ont éclairée par leur doctrine.

L'Église les a regardés comme des anges visibles établis par Dieu pour sa conservation et pour sa défense. Elle n'a rien de plus grand et de plus saint à nous proposer tous les jours que leur exemple. Ce sont des hommes extraordinaires dont le monde n'était pas digne. C'est à eux que l'Occident doit la connaissance de la profession monastique et toute la gloire et l'utilité qu'elle en a tirée.

Tout cela ne convient guère à ce jugement désavantageux qu'on porte sur leur conduite. Je ne saurais comprendre qu'on ne fasse aucune difficulté d'attribuer à des inclinations mal réglées de la nature, du tempérament et à des dispositions humaines et vicieuses, ce qui n'a pu être en eux que l'effet d'une inspiration toute céleste, du mouvement de la grâce et l'opération du saint Esprit.

Pour moi, j'avoue que quand je n'aurais d'autres raisons, il me suffirait pour me persuader que la pratique des humiliations est sainte, utile et même nécessaire, qu'elle a été instituée et conservée si religieusement par ces grands saints – qui ayant la charité, la lumière et la pureté des anges, n'avaient rien d'humains que la figure – que Dieu a suscités pour nous donner les préceptes et les règles de la vie solitaire, et qui ont eu par conséquent, l'esprit et la vérité plus que les autres hommes. .

Car pour ce qui est de cet esprit véhément et emporté que l'on veut être le caractère des Grecs et des Orientaux, je ne pense pas qu'on en puisse remarquer les moindres traits dans la conduite des saints Athanases, des Basiles, des Chrysostomes, des Antoines, des Palémons, des Pacômes, des Euthymes, des Juliens Sabas, des Ignaces, Jean Climaques, et de tant d'autres ; quoiqu'ils aient eu dans les rencontres tout le zèle, la vigueur et la fermeté qui leur était nécessaire.

On dira peut-être que la grâce de Jésus Christ les avait effacés. N'est-ce pas cela précisément qu'on doit penser des autres saints

Chapitre XII - Question IV

Pères et Solitaires d'Orient, lesquels étant entièrement morts au monde, comme s'ils n'en étaient plus, se sont acquis le droit de pouvoir dire avec l'apôtre : *Vivo ego, jam non ego, vivit vero in me Christus*[514]. Et certes, il n'y a rien de moins juste et de moins permis, que de vouloir sur quelques faits extraordinaires, qui peuvent se rencontrer dans l'histoire monastique, tirer des conséquences contre la sainteté de tout le désert.

Il faut avouer qu'on a pu s'apercevoir de ce prétendu caractère, dans les factions, les emportements, les intrigues et les violences des Eusèbes de Nicomédie, des Georges, des Patrophiles et des Théophiles. Mais de l'étendre jusqu'à ces personnes sacrées et à ces hommes tout divins, c'est à quoi les véritables chrétiens, et les amateurs sincères de la croix de Jésus Christ auront peine à souscrire ! Ce serait discréditer ce qu'il y a de plus éclatant dans leur vie et mettre des armes à la main des ennemis de la pénitence pour en combattre les monuments les plus illustres.

Car que pourrait-on dire ou penser, de la solitude d'un saint Paul, des gémissements et des larmes d'un saint Arsène, de l'abstinence d'un saint Macaire, de la pénitence d'un saint Siméon Stylite, et de tant d'actions remarquables du célèbre monastère des Pénitents, sinon que ce sont des effets d'une imagination échauffée, et des conduites de gens qui se portaient à des excès par l'impétuosité de la nature et la violence du tempérament ?

Saint Benoît, mes frères, par les sentiments duquel vous devez vous conduire, les loue, les admire ; ne trouvez rien de plus sanctifiant que la lecture de leurs actions et de leur vie. Il porte ses disciples à les imiter comme leurs supérieurs et leurs maîtres. *Quis liber sanctorum catholicorum Patrum hoc non resonat, ut recto cursu perveniamus ad creatorem nostrum ? Nec non et Collationes*

---

[514] Ga 2, 20 / Gal 2,20a

Patrum et Instituta et Vitæ eorum, sed et regula Patris nostri Basilii, quid aliud sunt, nisi bene viventium et obœdientium monachorum exempla, et instrumenta virtutum[515] ?

Pour les Occidentaux, mes frères, il est aisé de dire qu'ils ne sont pas capables de ces pratiques d'humiliations, mais on aurait peine à le prouver. Saint Benoît, qui a eu l'esprit de Dieu, et que sa Providence a fait naître pour le répandre dans tout l'Occident, n'a pas été de cet avis. Sa Règle est toute pleine de maximes et d'instructions contraires. Ces paroles, par exemple : *In ipsa obœdientia duris et contrariis rebus vel quibuslibet irrogatis injuriis tacita conscientia patientiam amplectatur*[516], contiennent selon saint Bernard[517], un commandement formel, dont l'observation est indispensable. Cependant comment pourra-t-on acquérir les dispositions nécessaires pour l'exécuter ? On dira peut-être que c'est par la prière, parce qu'on obtient tout de Dieu par l'oraison. J'avoue que cette voie est admirable pour obtenir la grâce de le mettre en pratique ; mais il est nécessaire d'y joindre l'exercice. On obtient la grâce de la tempérance par l'oraison, mais ce n'est pas par l'oraison qu'on exerce la tempérance. Il en est de même de l'humilité, comme nous l'avons déjà remarqué. Cependant le monde ne donne aucune occasion aux véritables moines de pratiquer ce précepte parce que qu'ils n'ont plus de commerce avec lui. Et comme ils ne sont guère moins séparés de leurs frères, vivant avec eux dans un silence exact et une paix profonde, ils ne peuvent avoir aucun sujet ni d'en souffrir, ni de s'en plaindre. Ainsi, ils n'auront jamais de matière d'exercer cette vertu ni de pratiquer ce précepte. Ils seront humbles dans la spéculation et dans l'imagination, sans jamais en produire un seul

---

[515] RB 73 / RB cap. 73,4.5.6.
[516] RB 7, grad 4 / Ben. In regl., cap.7, 4
[517] *De Præcepto et disp* c. 1 : SBO, III p. 255

Chapitre XII - Question IV

acte en toute leur vie, à moins que le supérieur avec la charité d'un Père et d'un Pasteur, ne leur en fasse naître les occasions et les rencontres. Pas plus que saint Augustin[518], saint Benoît n'ignorait que tout peut être faux dans ceux qui croient penser sérieusement à leur salut, qu'il n'y a rien de plus ordinaire que de se tromper dans la vue de ses œuvres et que l'humilité seule est exempte de ce mécompte – parce qu'elle vient purement de Jésus Christ. C'est pourquoi, il a établi par ce précepte des moyens certains pour l'acquérir. On trouve assez de longues oraisons, d'instructions chrétiennes, de règlements de vie. Mais la véritable et sincère humilité est quelque chose de très rare.

Quoique l'autorité toute seule de saint Benoît soit suffisante pour prouver que les Occidentaux ne sont pas si peu capables de ces saintes pratiques qu'on se le veut imaginer, il n'est pas difficile de le justifier par toute la tradition religieuse. Et si nous en avions le loisir, mes frères, on rapporterait sur ce point-là, et dans tous les temps, une foule d'actions, et une multitude innombrable de faits et d'exemples auxquels il ne serait pas possible de résister. Nous en remarquerons seulement quelques-uns.

Dans le siècle passé, sainte Thérèse entreprit le rétablissement de l'Observance des Carmes[519]. Dieu, qui lui avait inspiré ce dessein, la favorisa de tant de bénédictions, qu'on vit renaître dans ces derniers temps, et dans la caducité du monde, l'esprit et la ferveur du premier âge de l'Église. L'Ordre monastique recouvré sa première vigueur. Et ces nouveaux solitaires égalèrent - ou peu s'en faut – les austérités et les mortifications des anciens. On vit parmi eux, des hommes innocents enchaînés comme des criminels, prosternés dans la boue et sur les places publiques, repris avec aigreur

---

[518] Deuxième discours sur le Psaume 31,1. *Discours sur les Psaumes*, Tome I, p.330
[519] Histoire de la Réforme des Carmes en Espagne

pour des actions qui méritaient des louanges ; frappés publiquement de disciplines jusqu'à répandre le sang en abondance. On vit de saintes filles qui semblaient n'avoir rien de propre pour ces exercices de pénitence (si l'on considérait seulement leur jeunesse et leur naissance) embrasser les mêmes austérités et les mêmes humiliations. On les a vues, dis-je, foulées aux pieds, emprisonnées, privées pendant quelque temps des habits de la religion, pour des fautes qui paraissaient très légères.

L'Observance de saint François est aussi toute pleine de ces saintes pratiques. Ce grand saint les jugeait si nécessaires et si utiles qu'il obligeait ses frères à lui faire des reproches injurieux et à lui dire des paroles offensantes[520].

On lit[521] que saint Philippe de Néri reprit publiquement au milieu de son auditoire, un de ses confrères qui prêchait, l'accusant d'être superbe.

On voit mille exemples semblables dans l'Institution des Pères Jésuites et des autres Observances.

On voit dans la vie de saint Bernard[522] que son oncle et ses frères, qui étaient des saints, craignant que les miracles qu'il faisait ne causassent en lui quelque élèvement et quelque sentiment de vaine gloire, l'humiliaient par des paroles piquantes et le traitaient d'une manière si dure que cet homme, tout patient et tout saint qu'il était, ne pouvait s'empêcher de verser des larmes ; ce que l'historien attribue à la seule charité de ses frères.

Je vous en dirai un exemple plus ancien tiré de la vie de saint Odon, abbé de Cluny.[523] Ce saint étant encore jeun, fut proclamé dans le Chapitre d'une action dans laquelle il n'avait point failli. Ses

---

[520] S. Bonaventure in : *Vita Francis. c. 6*
[521] in *Vita Ph.N.* 1, c.9
[522] *Vita s. Ber.* L. I, c.9
[523] *Ex lib I vita D. Dom.Abb.Cluniac*, in bibliot.Clun.columna 26 et 27

excuses ne furent point écoutées. On le reprit avec beaucoup de sévérité et son abbé, qui était saint Bernon, fit semblant de se mettre en colère et même, lui défendit sous peine d'excommunication, de lui demander pardon, comme la Règle y oblige lorsqu'on est tombé en quelque faute. C'est ce que fit ce supérieur si charitable et si sage pour éprouver l'humilité et la patience de son disciple... *Abbas autem volens probare patientiam ejus, finxit se irasci, et protulit sententiam excommunitatione connexam, ut illa die ei ultra veniam non peteret.*

En voilà trop, mes frères, pour mettre à couvert les Occidentaux du tort qu'on veut leur faire et pour les défendre du jugement qu'on porte contre eux. Ils ne rougissent pas si aisément qu'on pourrait se le persuader, des ignominies de la croix.

Et ils n'ont pas tant d'éloignement d'imiter les humiliations et les opprobres de Jésus Christ. Ils mettent au contraire leur joie à lui tenir compagnie dans ses humiliations parce qu'ils sont pleins de reconnaissance de ce qu'il a bien voulu souffrir pour eux : « *Grata ignominia crucis, ei qui crucifixo ingratus non esté*[524] ». En vérité, ce serait avoir des pensées bien basses de la toute-puissance de sa grâce. Ce serait s'en former des idées bien au-dessous de ce qu'elle est en effet, et lui donner des bornes bien étroites que de la faire dépendre de quelques dispositions naturelles, de l'assujettir à des qualités de tempérament. Je sais qu'il y en a qu'elle ne change point et qui demeurent après la conversion des pécheurs ce qu'elles étaient auparavant. Mais cela arrive lorsqu'elles n'en peuvent empêcher ni l'effet ni le progrès, ni les impressions. Un homme modéré ne perd pas sa douceur, non plus qu'un homme prompt sa vivacité. Et quoique le zèle de l'un soit plus vif et plus ardent que celui de l'autre, la vertu et la sainteté en peuvent être égales. Mais

---

[524] Bernard : Super Canticum Serm. 25, 8. SBO Vol. I, p. 168

quand on dira que les Occidentaux sont incapables de souffrir les humiliations, peut-on se figurer autre chose que ce sont des nations fières et hautaines, des peuples superbes et arrogants, dont le cœur ne peut être ni abaissé ni dompté par la grâce ? Et pour dire quelque chose qui nous convienne : Si les Occidentaux sont tels qu'on veut se le figurer, ils ne sauraient être de véritables moines, ni de parfaits solitaires, puisque les saints de toutes les nations s'accordent dans ce sentiment, que celui qui n'est pas prêt à souffrir les opprobres et les injures en paix, et même avec des actions de grâce, n'est pas digne de porter le nom et l'habit de solitaire. *Qui nequit humiliari, nequit monachus fieri* (Saint Ephrem).

On dit encore que les exercices des humiliations ont été abolis. Il est vrai qu'ils ont été négligés et interrompus dans la suite des siècles. Mais il faut savoir par qui et comment ces changements sont arrivés. Cela s'est fait, mes frères, dans l'affaiblissement de l'état monastique et par les enfants qui commençaient à dégénérer de la vertu et de la simplicité de leurs pères. C'est ainsi que l'abstinence de la viande, l'exactitude du silence et de la solitude, le travail des mains et quantité d'autres pratiques se trouvent détruites par la corruption des temps. Les moines se sont lassés d'une discipline si sainte et si exacte. Ce n'est donc pas au défaut de la loi qu'il faut attribuer ce changement, mais à la négligence et au relâchement des moines. Ce qui est digne d'être remarqué : toutes les fois qu'on a institué quelque Observance monastique ou qu'il s'est fait quelque réforme dans les anciennes, lorsque les saints y ont été appliqués par l'ordre de Dieu, on n'a jamais manqué de reprendre ces sortes de pratiques, non seulement parce qu'on les a jugées nécessaires pour établir une régularité parfaite, mais parce qu'elles naissent aussi naturellement du zèle et de la ferveur des âmes qui sont entièrement consacrées au service de Jésus Christ. Nous voyons les

Chapitre XII - Question V

étincelles et les flammes naître et sortir du feu, par l'activité duquel elles sont produites. Il n'est pas possible qu'un solitaire ait l'esprit de sa vocation et qu'il aime Jésus Christ comme il le doit aimer, qu'il n'ait une soif ardente, ainsi que le dit saint Jean Climaque, de tout ce qui peut davantage l'humilier et le confondre.

Ainsi l'on modère les Canons et les Règles de l'Église. Ce n'est pas qu'il y ait rien à reprendre en elles, mais c'est que les chrétiens sont pleins d'infirmités et de faiblesses. Et cependant, si Dieu suscite des gens auxquels il donne du zèle pour ces Règles saintes, qui travaillent à les faire revivre, à les rétablir et à en rendre les hommes capables, sans s'arrêter aux coutumes contraires, auxquelles les relâchements ont donné lieu, aurait-on sujet de les blâmer ? Et serait-il juste de condamner leur conduite ?

Enfin, les eaux ne sont jamais plus pures et plus claires que dans leurs sources. Il faut que celui qui veut avoir la vérité dans sa pureté et sans aucun mélange, remonte toujours aux origines et aux principes.

Question V

N'a-t-on pas sujet de se défier de cette pratique d'humiliations puisqu'il ne paraît pas qu'elle ait de fondements dans l'Écriture sainte, ni dans les actions de Jésus Christ ?

Réponse

Votre difficulté, mes frères, est tout à fait nouvelle, et il n'y a rien, ce me semble qui doive moins venir à la pensée, supposé que c'est un principe de la foi, que l'Évangile ne nous a rien appris davantage que la nécessité de s'humilier.

Jésus Christ est descendu du ciel pour établir l'humilité sur la terre, les prophètes, comme dit saint Augustin, n'ayant fait autre chose, en voulant l'enseigner par leurs paroles et par leurs exemples, que de s'attirer le mépris des hommes. L'Évangile ne nous propose que sa volonté et que ses desseins, et nous donne en même temps les moyens de les accomplir. Se pourrait-il faire que les humiliations n'y soient pas contenues ? et que l'esprit qui a dicté les saintes Écritures n'ait pas mis ces pratiques entre les moyens par lesquels on peut acquérir cette humilité si nécessaire ? Tous les saints demeurent d'accord qu'il n'y a point de voie plus indubitable et plus assurée pour devenir humble que les humiliations et les abaissements ?

C'est aussi, mes frères, ce que nous apprenons de la conduite que Jésus Christ a tenue envers ceux avec lesquels il a été obligé de traiter par l'engagement de sa mission, pendant qu'il a été dans le monde. Dans saint Matthieu, les Pharisiens lui disant qu'il n'avait égard à qui que ce soit, et qu'il ne considérait point la qualité des personnes, il leur répond : „Hypocrites, pourquoi me tentez-vous ? „Au chapitre 23, il leur dit : „Malheur à vous, scribes et pharisiens", et leur répète huit fois cette malédiction. Il les appelle souvent : aveugles, serpents, races de vipères, sépulcres blanchis[525]. Dans saint Luc, au chapitre 11, étant prié de dîner chez un Pharisien, sur ce que ce Pharisien murmurait en lui-même, de ce qu'il ne s'était pas lavé les mains avant le dîner, il prit de là occasion de parler fortement contre ceux de sa secte, leur donnant sa malédiction trois à quatre fois, les appelant insensés. Et à un autre docteur de la loi qui se plaignait de ce qu'il les déshonorait, il lui en dit autant qu'à ses confrères.

Vous me direz, peut-être qu'il parlait à de grands pécheurs, et que son zèle prenait de la force, et s'animait à proportion de l'endurcissement de leur cœur ; mais que répondrez-vous à la manière

---

[525] Mt 23, 13... 18 ; Lc 11, 37...

Chapitre XII - Question V

dont il a traité les apôtres en quantité des rencontres, et particulièrement saint Pierre, qui a été plus humilié et plus abaissé que ses frères parce qu'il leur devait être préféré dans le gouvernement de l'Église. Cet apôtre s'oppose, par un zèle et par une piété véritablement peu éclairée, au dessein que son maître lui témoignait qu'il avait besoin de mourir[526]. Et lui ayant dit : *Absit à te Domine !* Ah, Seigneur, à Dieu ne plaise ; *Non erit tibi hoc*, cela ne vous arrivera pas ! Jésus Christ, qui aurait pu lui dire ce qu'il dit à Judas, « *Amice*, mon ami, pourquoi vous opposez-vous à mes desseins, vous n'en connaissez ni la sainteté ni le mystère, le chasse d'auprès de lui, usant de cette parole formidable : *Vade post me Sathana, scandalum es mihi* ! Retirez-vous de moi, Satan, vous m'êtes un scandale ; cette même parole dont il s'était servi pour chasser le démon lorsqu'il eut la hardiesse de le tenter dans le désert. Pouvait-il user d'un terme plus humiliant et plus piquant tout ensemble ? Je ne rappelle point quantité d'autres lieux dans l'Écriture, comme ce qui se passa au lavement des pieds, les reproches qu'il fit à ses disciples après sa Résurrection[527], cela serait trop long.

On dira sans doute que des mortifications si vives ont pour fondement des fautes réelles et considérables, ce qui est bien différent de celles dont on se sert pour des fautes légères ou apparentes. Mais Jésus Christ n'a pas manqué d'ôter cette défense à l'amour propre, par l'application avec laquelle il a humilié la sainte Vierge en tant de diverses occasions. Ce ne sont pas ses péchés qui en étaient la cause, elle n'en a jamais commis. Et je ne pense pas qu'on ait voulu opposer à ce sentiment, ce qui a échappé sur ce sujet à quelques-uns des saints Pères des premiers temps ; ceux qui les ont suivis s'étant expliqués d'une manière bien différente. Cette sainte

---

[526] Mt 16, 22...
[527] Jn 13, 8 ; Mc 16, 14

Mère cherchait son fils qu'elle avait perdu depuis trois jours, elle le rencontre dans Jérusalem[528], et lui ayant témoigné l'inquiétude et la douleur qui lui avait causé son absence, il ne lui répondit que des paroles rudes et humiliantes. Ce qui se passa aux noces de Cana est encore plus étrange. Dans une assemblée publique, au milieu de ses amis et de ses proches, la sainte Vierge s'adresse à lui et lui représente la nécessité dans laquelle on se trouvait. Il lui répond d'une manière qui n'a pas besoin d'être justifiée puisqu'il est le Saint des saints. „Femme, qu'y a-t-il de commun entre vous et moi ?".
Il faut convenir qu'il n'y a rien de plus humiliant que cette parole, que la charité et la sagesse toutes seules firent sortir de la bouche du Sauveur, si elle était examinée dans toutes ses circonstances. Cependant elle n'était ni moins sainte ni moins charitable. On voit dans la personne de la Vierge, une sainte humiliée et rebutée sans y avoir donné lieu par aucun péché.

Si vous dites, mes frères, qu'il y a peu de ces exemples dans la sainte Écriture, il est aisé de montrer qu'il y en a beaucoup ; quand cela serait, ce que dit saint Basile[529] est très vrai : que toute parole et toute action du Fils de Dieu nous doit être une règle de conduite constante et assurée. Il y a des mystères et des vérités de la foi qui n'ont dans l'Évangile que quelques mots obscurs pour fondement.

On ne peut pas même nous opposer que ces conséquences et ces instructions nous sont particulières. On sait qu'il y a très longtemps qu'on a montré que cette sainte Mère était entrée dans la gloire de son Fils par les humiliations et les abaissements. Un grand personnage de notre siècle s'est servi de cela pour prouver jusqu'où doit aller l'abnégation des chrétiens ; et combien les personnes séparées du monde et consacrées à Dieu par les vœux de la religion, sont

---

[528] Lc 2, 48... ; Jn 2, 3...
[529] Const. Mon. c. 1

Chapitre XII - Question V

obligées d'endurer les humiliations que leur viennent de la part de ceux que Dieu a établis pour les conduire. *Si in viridi ligno hæc faciunt, in arido quid fiet ?*[530] Je vous laisse, mes frères, tirer les conséquences.

Si quelqu'un trouve que je parle de ces pratiques avec trop de mystère, et qu'elles ne sont pas assez importantes pour mériter toutes ces réflexions, je n'ai qu'une chose à lui répondre, savoir que rien n'est si précieux à Dieu que le salut de ses élus. C'est l'unique cause de sa descente sur la terre. Il les forme de toute éternité dans le secret de son sein, et il les sanctifie dans le temps par ses voies et par ses conduites.

Nous ne doutons point, mes frères, qu'on ne puisse nous former quantité d'objections. Nous en avons même prévenu une grande partie ; mais après les avoir considérées avec attention, les avoir mises dans la balance, les avoir pesées au poids du sanctuaire avec les avantages et les utilités qui viennent de ces saintes pratiques, la raison aussi bien que l'expérience nous ont fait voir, qu'il y avait trop à perdre en les quittant et que l'on doit faire en cette occasion ce que l'on fait en beaucoup d'autres, qui est de ne pas s'arrêter aux objections, au préjudice d'une vérité aussi certaine et aussi importante.

Toutes les vérités, mes frères, ont cela de commun, qu'elles trouvent des raisons qui les combattent aussi bien celles de la foi que celles qui sont moins considérables. Dieu qui a parlé aux hommes par la bouche de son Fils, l'eût pu faire d'une manière si nette et si précise, qu'il n'eut laissé aucun sujet de former des doutes sur les vérités qu'il nous a enseignées. Cependant, comme elles devaient faire la sanctification des uns et avoir un effet tout contraire

---

[530] Lc 23, 32 / Luk. 23, 31

en beaucoup d'autres, il les a dites la plupart du temps d'une manière obscure et il a permis par la même conduite, que les saints sur bien des matières, n'expliquent pas leurs sentiments et leurs pensées avec des expressions plus claires ni plus intelligibles. Les opinions les plus saintes et les plus constantes ont des ténèbres et des obscurités qui les environnent ; Et il faut que ceux qui gardent la vérité dans leurs maximes, la soutiennent dans les difficultés dont on se sert pour la combattre ; comme ceux qui conservent la grâce de Jésus Christ dans leur cœur, doivent demeurer fermes au milieu des tentations, qui les attaquent.

Question VI

Ne lit-on pas dans les écrits des saints, qu'un supérieur ne doit pas reprendre avec force et avec véhémence ; qu'il ne doit point user de paroles aigres dures et piquantes ; et que toutes ses répréhensions doivent être accompagnées d'une douceur et d'une modération extérieure ?

Réponse

Si vous disiez, mes frères, qu'elles doivent être accompagnées de prudence, vous auriez raison parce qu'il n'y a point d'action, comme dit saint Basile[531], qui ne mérite d'être blâmée, si elle est séparée de cette vertu. Mais si l'on voulait bannir la sévérité et la fermeté, les termes durs et humiliants, et même l'apparence de colère, de la conduite d'un supérieur, c'est ce que les saints n'ont jamais prétendu.

Il est vrai que saint Basile dit en beaucoup d'endroits[532], qu'un supérieur doit reprendre sans aucune passion, sans emportement et

---

[531] Const. mon. 14
[532] GR 50 p.142 ; PR 99 p.227 ; Reg. Fus. disput. q. 50

Chapitre XII - Question VI

sans colère, de crainte qu'il ne tombe lui-même dans le péché lorsqu'il veut en délivrer les autres. Il doit avoir à l'égard de ceux qu'il corrige, les sentiments d'un père et d'un médecin, et s'appliquer à la guérison de son fils avec beaucoup de compassion et de tendresse.

Mais ce grand maître de la vie monastique fait bien voir que son sentiment n'a point été de condamner toute rigueur dans la conduite des supérieurs, mais seulement celle qui n'avait pas de modération, de règle ni de mesure[533]. Il veut que la force de la correction fasse paraître des dispositions enflammées. Il dit que ce n'est pas une chose contraire à la douceur d'entrer en indignation lorsque la raison l'exige ; quoiqu'on excite le feu de la colère, on ne laisse pas de conserver la dignité et le mérite de la mansuétude. Une conduite contraire est plutôt un vice qu'une vertu. Les homicides et les médecins se servent du fer, les uns avec cruauté pour ôter la vie, les autres avec prudence et charité pour la conserver. Les répréhensions doivent être quelquefois tranchantes et pleines d'amertume. Il forme les supérieurs sur le modèle de Moïse, qui ne perdit point la charité ni la douceur, quoiqu'il fit passer par le tranchant de l'épée tant de milliers de personnes. Il s'explique sur ce point en tant de lieux, d'une manière si précise et si claire qu'on ne peut en conclure autre chose, sinon qu'il condamne l'emportement, l'indiscrétion, la véritable colère et l'excès de la sévérité dans les répréhensions, mais non pas le bon usage.

Il y en a qui veulent se servir de l'autorité de saint Benoît[534] pour désapprouver cette conduite, sur ce qu'il dit qu'un supérieur ait plus de miséricorde que de justice afin que Dieu le traite de même en son jugement. Qu'il prenne garde de ne pas briser le vase

---

[533] Reg. Fus. disput. q. 55 ; Ex 32, 27-29
[534] RB 64 ; Id 2

en voulant le nettoyer... ni achever de rompre le roseau qui commence à se casser... qu'il doit se faire plus aimer que craindre... Quand il sera obligé de reprendre qu'il le fasse avec prudence et sans excès. Cependant on ne saurait disconvenir que ce grand saint ne soit entièrement de l'avis de saint Basile. Il déclare que celui que Dieu a chargé de gouverner les âmes, doit se remettre incessamment devant les yeux qu'au jour du jugement épouvantable, il se fera une discussion également rigoureuse de sa doctrine, de l'obéissance de ses disciples. Il dit qu'il sera responsable des moindres défauts que le père de famille trouvera dans ses brebis il n'en peut être déchargé qu'après avoir pris tout le soin et apporté toute la diligence nécessaire pour gouverner le troupeau inquiet et désobéissant. Il ordonne que le supérieur garde dans ses enseignements la forme que l'apôtre a prescrite lorsqu'il dit: « Reprenez, exhorter, faites-le avec force » ; c'est-à-dire selon la diversité des temps, ou en usant de paroles douces ou de termes qui donnent de la terreur, tantôt se servant de la conduite d'un maître dur et rigoureux, et tantôt se servant de celle d'un père indulgent et charitable. Il veut qu'il use de son autorité pour retrancher le péché dans sa racine au moment où il le voit naître. Il lui représente l'exemple du prêtre Héli[535], qui pour avoir repris ses enfants avec trop de mollesse et d'indulgence, fut frappé de Dieu, causa la défaite du peuple, la prise de l'Arche et la mort violente de ces mêmes enfants. Il veut qu'il châtie ceux d'entre les frères qui seront superbes, désobéissants, dont le cœur sera dur et les inclinations méchantes, dès le commencement de leur faute et qu'il se serve pour cela de punitions corporelles. *In ipso initio peccati et corporis verberibus et corporis castigatione coerceat*[536]. Tout cela marque évidemment que saint Benoît a cru

---

[535] 1 S 4, 14-18
[536] RB 2

Chapitre XII - Question VI

qu'un supérieur devait gouverner avec sagesse ceux qui sont sous sa charge, se conduire avec discrétion dans les châtiments, rendre sa sévérité proportionnée à leurs besoins et la régler selon qu'il lui paraît nécessaire pour le bien et la sanctification de leurs âmes : *Prout viderit cuique expedire*, dit-il ailleurs *viderit cuique expedire*[537], dit-il ailleurs.

C'est ainsi qu'il faut entendre saint Bernard[538] lorsqu'il parle de la douceur avec laquelle un supérieur se doit conduire, lui qui marque en tant de lieux que la sévérité est nécessaire, qu'il faut mêler la force du vin avec la douceur de l'huile, les remèdes piquants, les répréhensions vives et sévères avec les remontrances douces et charitables. Si ceux qui résistent au bien ont le front dur, il faut s'armer d'une dureté qui surpasse leur résistance. On pèche aussi bien en ne se mettant pas en colère lorsqu'il est nécessaire de s'y mettre, que lors qu'on s'y met avec excès.

Tous ceux qui ont parlé sur cette matière n'ont point eu d'autre sentiment. La discussion en serait infinie, et ne se réduirait qu'à cette vérité. C'est ce que pensait saint Augustin quand il dit[539] qu'il ne faut point s'imaginer que ce soit aimer son serviteur que de ne pas le frapper, ni aimer son fils que de ne le pas châtier. Cette conduite n'est pas une charité mais une langueur. Le médecin doit continuer son opération sans avoir égard aux plaintes et aux cris du malade tant qu'il trouve qu'il y a de la pourriture dans son mal. C'est ce que veut saint Grégoire[540] lorsqu'il déclare qu'il faut que la rigueur de la discipline soit directrice de la mansuétude et que celle-ci doit être l'ornement de l'autre. Les paroles du sage sont des

---
[537] RB 64
[538] Ep. 2 SBO Vol. VII pp. 12-13
[539] Tté 7,11 in 1 Ep. ; AOO Tom.III Col. 2555. *Discours sur les Psaumes:* Sur le ps 35 n° 16 : Tome I p. 479
[540] L. 19 in *Mor.* c. 12

pointes qu'il faut comparer à des éperons qui piquent, mais qui ne portent point par terre.

Question VII

Sainte Thérèse ne combat-elle pas votre sentiment, lorsqu'elle dit en parlant de ses filles : „Je voudrais qu'on se contente qu'elles observent la Règle, en quoi il y a assez à travailler, et que le reste se fit avec douceur, particulièrement en ce qui regarde la mortification"?

Réponse

Ce passage de sainte Thérèse[541] ne condamne que les mortifications indiscrètes : ceux qui ont traduit ses ouvrages avec plus de soin, n'ont point eu d'autre pensée sur cet endroit, comme on le voit dans les apostilles qu'ils y ont mises. Ils ont estimé qu'il était plus selon la piété et la vérité tout ensemble, de l'entendre des mortifications indiscrètes, que de s'imaginer que sainte Thérèse, dont l'humilité n'avait point de bornes, aurait été capable de condamner la pratique des humiliations. Aussi le lieu que vous citez, ne peut raisonnablement recevoir d'autre sens que celui-là puisqu'elle blâme positivement deux excès qui allaient à détruire les corps et les esprits de ces saintes Vierges dont elle parle, comme de leur faire prendre des disciplines extraordinaires, et de les obliger à de longues méditations dans le temps que la Règle et les constitutions destinaient au sommeil. Quoique que ce qu'elle dit dans la suite paraît un peu absolu, il est indubitable qu'on le doit rapporter aux pratiques indiscrètes qu'elle vient de reprendre, et que si on l'étendait plus loin, il faudrait qu'elle se soit condamnée elle-même, toute

---

[541] *Les Fondations.* ch. 17. *Sainte Thérèse d'Avila* Œuvres complètes, tome 2 p.105 Fayard 1963

Chapitre XII - Question VII

sa conduite et quantité d'actions saintes et humiliantes qu'elle a fait pratiquer à ses filles, qu'elle a pratiquées elle-même, avec tant d'exemple et d'édification, et par lesquelles elle s'est sanctifiée.

Ceux qui ont écrit l'histoire de sa vie remarquent qu'elle était habituée de publier ses fautes devant toute la communauté, d'une manière si humble et si touchante, qu'elle tirait les larmes des yeux de toutes celles qui en étaient témoins. Dieu sait quelles pouvaient être les fautes d'une si grande sainte. Elle entra un jour au réfectoire lorsqu'on était à table et s'étant chargée d'un bât et d'un panier rempli de pierres. Elle se traîna par terre, marchant comme une bête sur ses mains et sur ses genoux. Quand elle fut au milieu, elle s'arrêta et exagéra ses fautes avec un tel esprit de pénitence et d'humilité, qu'elle laissa toute la communauté remplie d'étonnement et de confusion. On voit encore dans sa vie qu'elle avait obligé ses sœurs de la reprendre ; souvent elles blâmaient en cette sainte, comme des fautes, ce qui n'était que de petits défauts naturels, et lui en donnaient de la honte. Quand ces saintes filles ne le faisaient pas avec assez d'aigreur et que leurs répréhensions ne paraissaient pas assez vives, elle entrait dans le détail de sa vie passée et en déclarait les imperfections avec tant de douleur et de larmes qu'elle édifiait toutes ses sœurs et leur donnait d'excellentes leçons d'une profonde humilité.

On voit quantité d'autres humiliations semblables dans les monastères que cette sainte avait fondés[542] et qui étaient animés de son esprit ; comme des prosternements de plusieurs heures, et quelquefois de si longue durée qu'on a vu des religieuses y passer des nuits entières ; des déclarations publiques de fautes, que ces servantes de Jésus Christ exagéraient autant qu'il leur était possible, sans pourtant commettre aucun mensonge. On lit aussi qu'elle reprenait ses

---

[542] Histoire de la Réforme des Carm. d'Espagne

filles comme des superbes, dans des actions d'observance et de vertu.

Cela suffit, mes frères, pour rendre inutile la preuve qu'on pourrait tirer de la conduite de sainte Thérèse, et pour faire voir qu'elle n'a pas eu cet éloignement des humiliations qu'on voudrait lui attribuer.

On doit conclure de ces différents passages, premièrement : les saints n'ont point condamné absolument les répréhensions vives et piquantes. Secondement: ils n'en ont blâmé que l'indiscrétion.et l'excès. Troisièmement : ceux-là se trompent qui font consister la piété chrétienne à garder en toutes choses une douceur et une indifférence qui ne s'émeut jamais, ou plutôt une disposition de mollesse et de langueur, dans la crainte qu'ils ont de troubler la paix. Quatrièmement ; il est aisé de prouver que cette conduite de douceur si recommandée par les Pères, peut très bien s'accorder avec la sévérité des humiliations et des mortifications. Et en cinquième lieu, saint Benoît n'a point autorisé cette fausse douceur comme on le prétend, et il veut qu'un supérieur soit sévère et rigoureux lorsqu'il le doit être, pourvu qu'il se conduise avec sagesse et discrétion.

Les trois premières conséquences sont claires et hors de doute, comme nous l'avons montré. La quatrième n'est pas moins certaine, quoiqu'elle ne soit pas si évidente. J'avoue que si on s'imagine un supérieur comme un maître, la verge à la main, frappant indifféremment, et traitant avec des paroles rudes et injurieuses ceux qui se présentent à lui, sans discernement des personnes ni des choses, ni des temps, suivant dans ses répréhensions les mouvements de son humeur, y joignant la véhémence, les emportements et d'autres agitations contraires à la décence et à la gravité, on n'aura pas tort de regarder sa conduite comme opposée à tous les sentiments des

Chapitre XII - Question VII

saints et à toutes les règles qu'ils nous ont laissées. Mais si un supérieur, comme un pasteur véritable, ne désirant rien davantage que le salut et la perfection de ceux que Dieu a soumis à sa charge, travaille avec soin et avec zèle à les sanctifier par des confusions, par des humiliations vives et des mortifications piquantes– autant qu'il sait leur être utile, selon la connaissance qu'il a de leurs dispositions – et qu'il leur donne par ailleurs toutes les marques possibles de sa tendresse soyez assurés, mes frères, qu'on ne trouvera rien dans cette conduite, qui ne subsiste avec toutes les maximes des saints dont nous venons de parler ; ni qui puisse faire dire qu'il n'accomplit pas le précepte de la Règle de saint Benoît,: qui porte qu'un supérieur doit avoir plus de douceur que de sévérité : *Superexaltantem misericordiam judicio*[543]. L'amour, dit saint Ambroise, a ses rudesses : *Habet amor plagas suas.*

En un mot, comme c'est la charité toute seule qui fait qu'un supérieur est sévère, et qu'il humilie ses frères, la passion ni la fantaisie n'y ont aucune part. Il est charitable lorsqu'il paraît rigoureux, il a la douceur du miel dans le cœur, comme dit saint Jean Climaque, lorsqu'il a l'amertume de l'absinthe sur les lèvres. Il se fait craindre, dit saint Augustin[544], par des répréhensions extérieures. Mais il cache dans son sein un amour secret et parce que hors de ces saintes pratiques, on ne voit rien en lui dans le reste de ses actions, qui ne découvre la charité d'un père. Il est doux et charitable dans tous les temps. Ainsi, tout ce qu'on a rapporté des saints Pères ne tombe point sur lui puisqu'il est si éloigné de commettre aucun de ces excès qu'ils condamnent.

Pour ce qui est de la cinquième induction, elle est toute évidente dans les endroits de la Règle que nous avons rapportés. Quoique

---

[543] RB 64
[544] *De Verb. Domini.*

saint Benoît n'y parle que des corrections des fautes réelles, et des dérèglements considérables qui arrivent dans les monastères, on peut néanmoins dire qu'un supérieur ne dérogera point à ses ordonnances et ne combattra point ses intentions quand il se servira des moyens et des mortifications que nous avons marquées pour exercer et humilier ses frères dans les fautes qui, de soi, sont légères, ou qui ne sont des fautes que dans l'apparence ou dans les soupçons, pourvu qu'il se tienne dans les termes de la charité et de la prudence.

Vous ne devez pas douter, mes frères, qu'il ne soit permis à ceux qui ont la charge de veiller sur les autres, d'exagérer, de juger sur les apparences et déformer des soupçons lorsqu'ils ne le font que pour l'utilité de ceux qu'ils dirigent. Malevolæ sunt suspiciones calumniantium, benevolæ suspiciones gubernantium, licet de filio male suspicari. Ce sont les paroles de saint Augustin[545]. Et saint Basile dit que les soupçons qui partent de la malignité de l'esprit sont condamnés par l'apôtre[546]. Mais non pas ceux qui viennent de la charité et qui se forment dans la pensée de guérir les hommes, de les exercer, de les humilier et de les rendre plus parfaits. Saint Benoît était bien éloigné de condamner un exercice si saint, contenu dans toute la tradition religieuse, et si particulièrement institué par les saints Pères de l'Orient qu'il a toujours regardé comme ses maîtres. Aussi voyons-nous qu'il l'établit en quantité d'endroits de sa Règle et principalement au chapitre 58, qui concerne la manière de recevoir les novices, où il est positivement ordonné d'éprouver leur vocation par toutes sortes de rebuffades et d'injures.

---

[545] *Serm. 2 De diversis.* Sermo CCCXLIII (343) : AOO Tome V-2, col.1963 / Das vollständige Zitat lautet: Malevolæ *suspiciones* sunt calumniantium , *benevolæ suspiciones* sunt *gubernantium. Licet* cuiquam de filio *male suspicari* ; sed *de filio* non *licet* calumniari: ..
[546] PR q.19 pp.185...

Chapitre XII - Question VII

On ne peut pas borner cette institution au noviciat et dire qu'elle touche seulement leur entrée dans le monastère puisque le principal soin de celui qui est établi pour les conduire durant le temps de leur épreuve, est d'examiner s'ils ont une disposition fervente pour obéir et pour souffrir les opprobres : *Si sollicitus est ad opus Dei, ad obedientiam, ad opprobria.* Et saint Benoît dans le même endroit, ordonne qu'on leur déclare par avance les choses dures et piquantes qu'ils auront à souffrir dans la suite : *Prædicentur ei omnia dura et aspera, per quæ itur ad Deum.* Ce qui ne peut s'entendre que des opprobres et des injures dont il vient de parler, auxquelles il serait inutile de les préparer, s'ils devaient en être exempts pour le reste de leur vie.

Il est donc constant que l'intention de saint Benoît a été que les religieux fussent exercés par les humiliations. Cependant il ne leur en peut naître nulle occasion, ainsi que nous l'avons déjà dit, ni de la part du monde, ni de la part de leurs frères, dont ils sont entièrement séparés, à cause du silence qu'ils observent. Il faut donc par nécessité que ce soit les supérieurs qui leur en fournissent les moyens, ou en les appliquant à des emplois vils et humiliants, ou en les exerçant par la voie des mépris, des mortifications et des opprobres.

Comme on ne peut pas disconvenir que saint Benoît n'ait institué cette pratique, on voudrait bien se persuader pour la détruire, qu'il ne l'a ordonné que pour un temps. Néanmoins on en voit l'établissement et on n'en voit point la rétractation. Il est évident (cette pratique) est pour l'avenir puisqu'il ordonne qu'on y prépare les novices comme à une chose future. *Prædicentur ei omnia dura et aspera, per quæ itur ad Deum*[547].

---
[547] RB 58

Saint Benoît était trop rempli de l'esprit de Dieu pour avoir exposé des novices à une tentation si dangereuse et leur avoir fait envisager un genre de vie plus doux, plus libre et moins sévère après leur profession, que celui qu'ils avaient observé dans le temps de leurs épreuves. Cette vue toute seule jette les semences des relâchements dans les cœurs des moines. Ils prennent comme des austérités passagères ce qu'ils pratiquent à leur entrée dans la religion, au lieu de considérer l'engagement des vœux comme une obligation plus étroite à la pénitence et à la mortification. Ils le désirent avec impatience comme un adoucissement.et ils regardent le moment de leur profession comme celui de leur liberté, ce qui est le plus grand inconvénient qui puisse arriver dans l'état monastique.

Aussi ne voit-on pas quelles raisons saint Benoît aurait eu de changer une pratique si sainte. Il fallait pour cela qu'il la juge inutile, ou peu nécessaire aux personnes avancées dans la religion, ou qu'il ne les estime pas capables d'en porter la rigueur. Qu'il la croie inutile ou peu nécessaire, il n'y a pas d'apparence puisqu'il l'avait établie comme un moyen essentiel pour acquérir l'humilité. Les vertus se cultivent et se conservent par les mêmes actes par lesquels elles s'acquièrent. Les religieux avancés et qui ont fait quelque chemin dans la perfection étant plus en danger de se laisser surprendre par l'éclat de leurs bonnes actions, ont plus besoin d'humiliations que les autres pour leur servir comme d'un contrepoids qui les retienne, et qui les empêche de tomber dans l'abîme de l'orgueil. Il y aurait encore moins sujet de craindre que cette conduite ne soit trop rude pour des solitaires qui ont acquis de la vertu puisque les monastères n'étant que des écoles d'humilité, des fouleries spirituelles, selon les termes de saint Jean Climaque[548]. La profession d'un moine n'étant aussi, selon saint Bernard, qu'une vie d'abjection et

---

[548] Ech. Ste 8e degré,art.32;p.132. 26e degré, art.153; p. 262

Chapitre XII - Question VII

d'humilité : *Ordo noster abjectio est, humilitas est*[549]. Plus ils sont avancés dans leur état, plus ils doivent avoir de force et de facilité pour en faire les actions principales et par conséquent pour souffrir les humiliations. S'il s'en trouvait qui aient en cela des dispositions trop faibles, il faudrait les former et les élever peu à peu selon la portée de leurs grâces, par les mortifications comme des hommes qui commencent, puisqu'il n'y aurait pas lieu de les exercer et de les fortifier dans l'humilité comme des hommes avancés.

Et c'est une chose digne d'être remarquée, que si saint Benoît avait été dans le dessein de ne pas assujettir tous les inférieurs à cette pratique, et d'y apporter de la restriction par la qualité des personnes, il en aurait sans doute exempté celle des prêtres. Cependant, il était bien éloigné d'un tel sentiment, puisqu'il ordonne que les prêtres marchent devant leurs frères dans les voies des humiliations et qu'ils leur en donnent[550] des marques et des exemples : *Magis humilitatis exempla omnibus det*. Il veut qu'on leur tienne une discipline plus exacte et plus rigoureuse qu'aux autres : *Sciens se multo magis disciplinæ regulari subditum*.

Ainsi, dans tous les cas, la pratique des humiliations se trouve utile et même nécessaire. Saint Benoît l'a ordonnée, cela est constant ; on ne voit point qu'il l'ait révoquée. Elle subsiste donc par sa Règle. Par conséquent on ne peut la condamner justement, et principalement dans la conduite de ceux qui ont promis à Dieu de vivre selon cette Règle et qui font profession de la suivre littéralement dans tous ses points.

Saint Bernard était dans cette même pensée, lorsque, parlant à ses frères et leur faisant remarquer l'avantage qu'ils avaient d'être

---

[549] Epist. 142,1 : OSB Vol. VII, p. 340
[550] RB 60 ...61

cachés dans les cloîtres et dans les forêts, il leur dit[551] que si leur vie était exposée aux yeux de monde, on les honorerait comme des saints ou comme des anges. Au lieu de cela on les reprenait incessamment comme des lâches et des négligents. C'est dire que, dans les actions mêmes qui leur auraient attiré des louanges ou des applaudissements s'ils les avaient faites devant les hommes, on prenait sujet de les humilier et de les traiter de négligents, quoiqu'ils ne le fussent pas en effet.

Ce grand saint n'avait point d'autre vue que celle-là lorsqu'il a dit que la charité compatissait aux faibles et qu'elle exerçait ceux qui étaient plus avancés dans la vertu : Sive foveat infirmos, sive exerceat provectos[552]. Il ne parlait pas des fautes considérables puisqu'il désigne par le mot de provestos, ceux qui n'en font point de telles. Celui d'exercer marque quelque chose de rude et de pénible, et ne peut pas s'entendre d'une conduite de douceur et de condescendance. Il faut donc par nécessité qu'il ait voulu parler des répréhensions dures et de l'usage des mortifications. Il ne sert à rien de dire que cet usage a été abrogé par des coutumes contraires puisque nos voies et nos conduites doivent être réglées par la vérité seule, et non par les coutumes.

Surtout, mes frères, n'écoutez point ceux qui vous diront que ces épreuves ne conviennent pas aux parfaits. Croyez que c'est une pure imagination de se figurer des hommes si élevés dans la vertu qu'ils n'aient plus besoin des mortifications et des abaissements, que les plus grands saints ont estimé leur être si nécessaires. Saint Bernard, tout saint et favorisé de Dieu qu'il était, déclare qu'il n'y a point de remède plus utile pour la guérison des plaies de son âme, que les opprobres et les humiliations. Et l'on voudrait trouver des

---

[551] *In Psalmum « Qui habitat »*. Serm.4,3 SBO Vol. IV p. 399
[552] Ep.2,1 : SBO Vol. VII ; p. 12

personnes tellement sanctifiées et d'une vertu supérieure à la sienne, qu'elles eussent des avantages et des privilèges qu'il n'a point eus. *Ego plagis conscientiæ meæ nullum judico accommodatius medicamentum opprobriis et contumeliis*[553].

Question VIII

L'empressement avec lequel un religieux demande d'être humilié ne doit-il par être suspect et regardé comme une affectation ? Peut-il être touché des confusions auxquelles il s'est préparé et ne pas les supporter d'une manière naturelle, quand il connaît l'esprit et la fin de ceux qui les lui font ?

Réponse

Il est aisé de vous répondre, mes frères.

Premièrement, comme il n'y a rien qui soit plus opposé à l'amour propre que l'humiliation, ni qui puisse moins compatir avec l'orgueil, il n'y a rien aussi de moins suspect ni qui soit plus le caractère de la véritable humilité, que le désir des humiliations quand il est sincère.

Secondement, être préparé à endurer les humiliations, c'est une disposition sans laquelle on ne peut être moine, ni même chrétien, selon le sentiment des saints et particulièrement de saint Augustin. Il faut qu'un chrétien dise sans cesse du fonds de son cœur : *Paratum cor meum Deus*[554]. Et comme dans cette préparation il ne laisse pas d'être sensible aux afflictions qui lui arrivent, il a besoin de sa vertu pour en faire un saint usage. Il les ressent, et il s'écrie même souvent avec le prophète : *Amove à me plagas tuas*[555]. Seigneur, détournez vos traits de dessus moi ! Ainsi le solitaire, quoiqu'il soit

---

[553] Ep. 280,1 : SBO Vol.VIII p. 192
[554] *Discours sur les Psaumes* : Ps 56,8 et 38,11 Tome I p. 977 et 586
[555] Ps 18, 11

humble et fidèle, et toujours prêt de s'humilier sous la main de son supérieur – comme sous celle de Dieu, dont il tient la place à son égard – ne laisse pas de ressentir les pointes des mortifications dont il se sert pour le sanctifier.

Et comme sa préparation est générale et que les choses qui lui arrivent sont d'ordinaire celles auxquelles il s'était le moins attendu, il est presque toujours surpris et sa vertu ne manque jamais d'être exercée dans ces sortes de rencontres. Troisièmement, encore qu'il y ait moins à souffrir des gens qu'on aime et dont on connaît la charité, cependant, on ne laisse pas de souffrir. La correction est sensible aux enfants quoiqu'ils ne doutent point de la tendresse de leur père. Le malade jette des cris, lorsque le chirurgien applique le fer à son mal, quoiqu'il sache qu'il n'a point d'autre dessein que de le guérir. C'est ainsi, comme nous venons de le dire, que les vrais chrétiens reçoivent les maux dont Dieu se sert pour les éprouver. On souffre, quoiqu'on aime et quoiqu'on sache qu'on est aimé. Et si cela n'était ainsi, il n'y aurait pas de croix pour les saints. Il en est de même des moines à l'égard de ceux qui les exercent.

Question IX

Il est vrai qu'on peut d'abord être surpris des mortifications ; mais il paraît comme impossible que dans la suite, l'amour propre ne s'y accoutume.

Réponse

L'expérience fait voir que cette pensée n'est pas véritable. Les mortifications sont toujours nouvelles à l'amour propre ; il ne se familiarise pas si aisément que vous le croyez avec les choses qui le détruisent. Il se peut faire que le cœur s'irrite et s'endurcit contre

Chapitre XII - Question X

les répréhensions. Il arrive quelquefois que par les saintes habitudes que l'on contracte, elles deviennent moins dures et plus supportables. Il se peut même rencontrer des personnes en qui les passions sont tellement détruites, qu'elles ne se sentent plus rien. Le premier état est, de quelques âmes mal faites, qui n'ont ni piété ni religion véritables mais non point de celles qui se conduisent par la crainte de Dieu et son amour. Dans le second, il reste assez de sentiment pour n'être pas exempt de difficultés dans les humiliations. Pour le dernier (état), il est très rare. C'est l'état des parfaits qui, par une souveraine mortification de toutes leurs passions, ont comme acquis l'impassibilité des anges. Les humiliations sont utiles aux deux derniers. Touchant les premiers, on peut dire qu'il n'y ait charité ni justice ni sagesse de gouverner toute une communauté sur les dispositions de quelques âmes indociles et déréglées, et de la priver toute entière (par une raison particulière et si faible) des secours et des utilités qu'elle reçoit de l'exercice des humiliations. On s'abaisse avec les infirmes et l'on supporte les faibles, mais on ne doit pas tomber avec eux.

Question X

Il semble que selon saint Jean Climaque même, les mortifications n'ont été pratiquées qu'en des cas fort extraordinaires et fort signalés, et qu'envers des personnes en qui on aurait reconnu une vertu singulière.

Réponse

Saint Jean Climaque, mes frères, dit le contraire presque partout. Les mortifications servaient d'épreuve à ceux qui commençaient et d'exercice ordinaire aux personnes avancées. Mon fils, dit ce grand saint, vous n'aurez pas à travailler pendant le cours de beaucoup d'années pour acquérir la bienheureuse paix de toutes les passions qui vous font la guerre si, dès le commencement, vous vous abandonnez vous-mêmes de tout votre cœur aux humiliations, cela est pour ceux qui commencent[556]. Dans l'article 29 du même degré, il paraît que dans un certain monastère, l'on éprouvait les religieux pendant trente ans. Dans l'article 123, „Celui, dit-il, qui travaille avec ardeur pour détruire ses passions et pour s'approcher de Dieu, croit avoir fait une grande perte, en tous les jours de sa vie où il n'a souffert aucune humiliation ; cela est pour toutes sortes d'âges et pour les parfaits. Mes chers frères, dit-il dans l'article 125, généreux athlètes qui courez dans cette sainte carrière, arrêtez-vous, arrêtez-vous, je vous le répète encore : arrêtez-vous au milieu de votre course pour entendre ce que le sage dit de vous lorsqu'il s'écrie à haute voix : „Le Seigneur les a éprouvés dans le monastère, comme on éprouve l'or dans la fournaise, et il les a reçus dans son sein comme des victimes qui se sont sacrifiées elles-mêmes en holocauste[557] ». Cela est général. *Tamquam aurum in fornace probavit illos ; et quasi holocausti hostiam accepit illos...* Ce saint appelle les monastères, comme je l'ai déjà dit, des fouleries spirituelles où on lave toutes les ordures et les saletés du péché. Il dit que le commencement de la victoire sur la vaine gloire est le frein que nous donnons à notre langue et l'amour des humiliations et des mépris. Il dit que le premier degré de la bienheureuse patience est de souffrir humblement les humiliations et les mépris, quelque amertume et quelque douleur que l'âme en ressente.

---

[556] Ech. Ste. Gr. 4, 65...29 ...123...125 pp. 65 ...
[557] Sg 3, 6

Chapitre XII - Question XI

Question XI

N'y a-t-il pas sujet de craindre qu'un supérieur voulant faire paraître de l'indignation, ne s'y laisse aller effectivement ?

Réponse

Ceux qui écoutent, dit saint Augustin[558], sont plus heureux que ceux qui parlent et qui instruisent. Les premiers sont humbles, les autres ont bien de la peine à s'empêcher d'être superbes. Il s'ensuit de là, mes frères, que la condition d'un homme qui a l'autorité sur les autres, et qui est obligé de les reprendre et de les humilier, est beaucoup plus à plaindre, mais non pas qu'il doive quitter ce qu'il voit être utile ou nécessaire à leur sanctification. Il peut arriver qu'on exerce ses propres passions en corrigeant celles des autres. Qu'en reprenant en eux les moindres émotions de l'humeur, on suive l'impétuosité de la sienne et que le zèle de la justice s'irrite et passe dans une amertume condamnable. Ce sont des périls, mais vous savez que le véritable pasteur ne doit pas moins faire que de hasarder son âme pour la conservation de celles de ses frères et d'exposer son salut pour eux. Ce que l'on doit inférer de là est qu'il faut qu'un supérieur soit incessamment sur ses gardes, qu'il se défie de toutes ses actions, qu'il s'humilie de ce qu'il reprend des fautes légères et apparentes, tandis qu'il en voit de réelles et de considérables en sa personne, qu'il se confonde d'être obligé de dire des choses dures à ceux pour lesquels il n'aurait que des paroles de douceur, s'il était dans une autre place. Qu'il se dise à lui-même avec justice, ce que la charité toute seule le contraint de dire aux autres, et qu'il se condamne encore avec plus de sévérité qu'il ne les juge, dans la crainte continuelle où il doit être que Dieu ne lui fasse ce

---

[558] *Discours sur les Psaumes*; Serm. in Ps 50,13 ; Tome I p. 842

reproche : „Pourquoi voyez-vous une petite paille dans l'œil de votre frère, vous qui ne vous apercevez pas d'une poutre qui est dans le vôtre ? „. *Quid autem vides festucam in oculo fratris tui, trabem autem quae in oculo tuo non consideras?* [559].

Ne doutez point, mes frères, que cette disposition ne lui obtienne de Dieu la protection dont il a besoin pour ne pas tomber dans les inconvénients que vous craignez, étant particulièrement soutenu de la prière de ses frères qui, –touchés des soins paternels et de l'exactitude charitable avec laquelle il s'applique jour et nuit à leur conduite – ne demandent rien à Dieu avec plus d'ardeur, sinon qu'il lui donne la même pureté et la même perfection à laquelle il essaye de les élever par une sollicitude continuelle. Il est bon de remarquer qu'on est beaucoup moins exposé dans la correction des fautes légères, qui sont toute la question, parce qu'elles n'ont rien de soi qui soit capables d'exciter l'humeur et de causer de violentes agitations.

Mais, après être demeuré d'accord qu'un supérieur doit beaucoup appréhender d'exercer ses propres passions en reprenant avec force les fautes des autres. Il faut aussi reconnaître qu'il n'a pas moins sujet de craindre, lorsqu'il se sert d'une conduite opposée, qu'il ne se laisse aller à ses inclinations et à ses pentes naturelles, que ce ne soit par une condescendance molle et charnelle, par un désir purement humain de se concilier l'amitié des gens ou de s'acquérir l'estime d'un homme doux et modéré qu'il use de corrections faibles et languissantes, ou qu'il s'en abstient tout à fait, s'il n'y en est contraint par la grandeur des fautes de ses frères.

Combien y en a-t-il qui pour une faiblesse pitoyable n'osent rien dire à personne qui soit capable de déplaire ; ou qui, par une disposition qui n'est pas moins blâmable, ne peuvent se résoudre à se

---

[559] Mt 7, 3-4

Chapitre XII - Question XII

donner l'action et le mouvement nécessaire pour faire une répréhension un peu forte et qui, demeurant dans une négligence léthargique, inspirent la même langueur à ceux qui sont sous leur conduite ?

L'orgueil – qui est la source de tous les péchés – est plus avant qu'on ne croit dans le cœur des hommes, comme je vous l'ai déjà dit. Il faut pour le guérir des remèdes plus forts et des opérations plus vives et plus pénétrantes. Ne vaut-il pas mieux prévenir les grandes fautes, en mettant celles qui sont plus légères dans leur véritable jour ? C'est-à-dire en les regardant auprès de la sainteté de Dieu, devant lequel il n'y a point qui ne soient importantes. Peut-on douter que ce ne soit un moyen très assuré pour éviter qu'on ne tombe dans les grands maux, que de corriger les moindres, d'une manière, qui n'ayant rien d'excessif, ne laisse pas d'en imprimer une juste crainte, et de détruire les faibles idées qu'on s'en forme d'ordinaire, et qui ne sont propres qu'à favoriser les inclinations qu'on a de les commettre ? Un supérieur peut-il se dispenser d'avoir incessamment devant les yeux l'obligation dans laquelle il est : répondre du progrès que font dans le service de Dieu ceux que sa providence a mis sous sa conduite, et le jugement rigoureux que le père de famille rendra contre le pasteur qui n'aura pas autant travaillé qu'il aurait dû, à l'augmentation du troupeau dont la charge lui a été confiée.

Question XII

Un supérieur ne doit-il pas appréhender qu'en exagérant les fautes et les manquements de ses religieux, il ne les porte à exagérer celles de leurs frères et à juger mal de leur conduite ?

Réponse

Un véritable moine, qui a l'idée qu'il doit avoir de la majesté de Dieu et de la pureté de son état, croit toutes les fautes grandes, ou en elles-mêmes ou dans les principes ou dans leurs conséquences, quoiqu'il en remarque leurs différences ou les inégalités. Ainsi, il ne croit point que son supérieur exagère lorsqu'il les lui représente. dans toutes les diverses faces qu'elles peuvent avoir Pour ce qui est de la crainte dans laquelle on est que les frères n'en conçoivent mauvaise opinion les uns des autres, assurez-vous que ceux qui occupés de leurs propres misères ne s'arrêtent guère à considérer celles des autres. S'il arrive quelquefois qu'ils y jettent les yeux en passant, ils en ont des vues bien différentes de celles que peut leur donner l'attention profonde avec laquelle ils regardent leurs propres maux. Les abîmes qu'ils découvrent et qu'ils sentent en eux-mêmes leur diminuent les fautes qu'ils remarquent dans leurs frères. D'ailleurs, ou ils en font de semblables, ou ils se croient prêts à tous les moments d'en commettre d'incomparablement plus grandes. En un mot, de véritables religieux qui sont unis par les liens sacrés d'une charité sincère, doivent toujours justifier les actions de leurs frères, en se persuadant que leurs intentions sont innocentes.

Question XIII

Comment, par cette pratique, connaître-t-on la nature des fautes si elles sont grandes ou petites ? Par quel moyen pourra-t-on reprendre celles qui seront plus importantes, et discerner le mérite et la piété des personnes ?

Réponse

À cela, mes frères, on vous répondra qu'il y a des fautes qu'on passe sous silence, d'autres dont on avertit avec douceur, d'autres aussi qu'on reprend avec uns sévérité piquante et assez fréquemment. Mais tout cela se fait avec distinction des choses et des personnes. En sorte qu'on en peut aisément remarquer la qualité. Quelquefois il peut arriver que les plus graves demanderont une conduite plus douce et plus modérée.

Pour ce qui est de la difficulté qu'il peut y avoir à distinguer la vertu de ses frères, elle n'est pas si grande que l'on pense. La vertu se fait voir par la conduite de la vie, par la ferveur et l'exactitude dans les exercices ; par la douceur et la condescendance qu'on a les uns pour les autres ; par la retenue et la modestie que se remarquent dans les conférences, par la sainteté des discours, par le peu d'empressement qu'on a de parler ; par l'assiduité à la prière ; par l'égalité de l'esprit ; par le recueillement qui paraît dans les actions ; par le mépris qu'on a pour tout ce qui n'est point Dieu. Enfin, par la patience avec laquelle on souffre les humiliations.

Pour le supérieur, il en juge sans beaucoup de peine puisque les religieux qui n'ont confiance qu'en lui seul, s'ils sont tels qu'ils doivent être, ne doivent jamais l'approcher qu'ils n'aient leurs cœurs dans leurs mains et que leur soin principal doit être celui de lui faire connaître jusqu'aux replis les plus cachés de leurs âmes.

Question XIV

Par ces humiliations, n'expose-t-on pas les personnes mêmes qui peuvent avoir une vertu héroïque, à de grandes tentations de découragement et de révolte ?

Réponse

Si cela était, mes frères, leurs passions seraient encore bien vives et par conséquent leur vertu bien faible et bien commune. Comme la vertu ne consiste que dans la mortification de l'esprit et des sens, dans une patience ferme et inébranlable et dans une humilité profonde et sincère ; celui qui en a ce qu'il en faut avoir pour qu'on puisse lui donner le nom d'héroïque, est bien éloigné d'une disposition si faible. Saint Jean Climaque n'est pas de cet avis. Il dit qu'il n'y a qu'un mauvais religieux qui puisse être piqué vivement des reproches qu'on lui fait et que les humiliations et les injures sont comme l'amertume de l'absinthe pour l'âme de l'obéissant, c'est-à-dire pour l'homme vertueux, parce que l'obéissance en est le véritable caractère[560].

Les paroles de ce grand abbé dont le même saint parle avec tant d'éloge sur ce même sujet, sont très dignes d'être remarquées. Une âme, dit-il, que Jésus Christ a liée avec son Pasteur par les chaînes de l'amour et de la foi, conservera cette union sainte jusqu'à répandre son sang, plutôt que de s'en séparer jamais. Principalement si Dieu s'est servi de lui par la guérir de ses plaies ; se souvenant de ce qui est écrit : ni les Anges, ni les Principautés, ni les Puissances n'ont pu me séparer de l'amour de Jésus Christ[561].

Saint Colomban a parlé de la même manière. Il dit que les mortifications ne sont difficiles à supporter qu'aux âmes dures et superbes ; qu'elles ont la consolation de celles qui ont de l'humilité et de la douceur. Il est de la charité et de la sagesse d'un supérieur d'accommoder sa conduite à la portée de ceux qu'il gouverne. Il n'est sans doute, qu'un homme, quelque vertueux qu'il paraisse. Quand il est assez délicat pour ne pouvoir supporter une mortification, il a bien du chemin à faire avant d'arriver à l'état dans lequel il doit être pour remplir l'obligation dans porter la croix que Jésus Christ a imposée à tous les chrétiens, comme une nécessité dont il ne dispense personne.

---

[560] Éch.Ste *4e degré, 115,* ... pp.55 ...
[561] Rm 8, 35 / Röm 8,38

Chapitre XII - Question XIV

Le raisonnement de saint Ephrem[562] est bien véritable. Comment, dit ce saint, celui qui ne peut endurer une parole piquante souffrira-t-il une injure ? Si une injure lui est insupportable, que deviendra-t-il s'il arrive qu'on le frappe ?.Et si tout cela excède ses forces ; Hélas, comment pourra-t-il porter la croix sans laquelle personne ne pourra être sauvé ?

Saint Jean Climaque dit, que nous ne connaissons point l'attachement que nous avons aux choses que nous possédons, sinon par le regret que nous sentons lorsque nous en sommes privés[563]. Cette maxime peut s'appliquer à l'orgueil. Il est souvent si caché et si imperceptible qu'on ne le reconnaît que par la résistance et le soulèvement qui se forment en nous quand il arrive des accidents qui nous humilient. C'est alors que le masque se lève, que les déguisements cessent ; que l'on découvre aisément si les gens sont en effet ce qu'ils paraissent, et si ce qu'on voit, pour me servir des termes de saint Augustin[564], est une brebis véritable ou un loup couvert d'une toison. Que le nombre est grand de ceux qui cachent sous un habit religieux et sous des apparences de sainteté, des dispositions intérieures toutes contraires ; et qui semblables, dit saint Euchère[565], à des vipères et à des serpents, donnent par la composition de leurs personnes des marques sensibles et extérieures d'une piété qu'ils n'ont point dans le fond, pendant qu'on ne leur dit rien qui puisse leur déplaire. Mais s'il leur arrive une humiliation, quelque légère qu'elle soit, alors cette humilité qui n'était point sincère venant à disparaître, le rideau étant tiré, l'orgueil se montre dans son aigreur. Enfin, on se détrompe et on l'on voit avec évidence que la

---

[562] Ephrem : *Parœn.* 38
[563] *Ech. Ste* 2, 11 ;p. 45
[564] Lib. 2 *De Serm. dom.* 12
[565] Euchère : *Admon. Ad virg.*

parole de la bouche n'était pas celle du cœur. Pendant qu'ils faisaient ostentation d'une humilité qui était fausse, l'esprit était infecté d'un véritable orgueil. Ce mal est d'autant plus dangereux qu'il est moins sensible, et rien ne le découvre mieux que la pratique des humiliations.

Si vous me demandez ce qui est cause que le démon a fait de si grands ravages dans tout l'Ordre monastique, c'est qu'il l'a attaqué par ses fondements et qu'il a trouvé le secret de bannir l'humilité des cloîtres en détruisant les moyens par lesquels elle peut s'acquérir. Il y a laissé l'inclination pour les lettres et pour les sciences. On y lit l'Écriture sainte, on y prêche, on y dirige, on y enseigne, on y fait de longues méditations, on y jeûne même si vous voulez. Mais pour le travail des mains, on l'a rejeté comme une occupation trop ravalée. Mais pour ce qui est de cette pauvreté d'esprit et de cette simplicité évangélique que Jésus Christ a opéré sur le Calvaire dans les cœurs de ses élus, par les hontes et les ignominies de sa croix ; qui a sanctifié les déserts, fait des cieux véritables des solitudes les plus affreuses et qui a rempli les moines des premiers temps, de l'esprit des apôtres et des martyrs, à peine y en remarque-t-on, les moindres vestiges et les moindres traces.

Question XV

Ne peut-on pas dire que les conduites passées ne conviennent plus au siècle présent, et que le monde n'en est plus capable.

Réponse

Si vous disiez, mes frères, qu'il n'en est plus digne, vous auriez raison. Nous avons resserré nos cœurs et la main de Dieu, après avoir été longtemps ouverte, s'est refermée. Nous avons laissé les voies de nos pères, qui étaient celles de Dieu. Et Dieu nous a refusé les secours et la protection qu'il donnait à nos Pères. Mais il n'y aurait point de fondement de condamner ceux qui s'étant aperçus de la grandeur de leurs maux, et en ayant reconnu la véritable origine, essayeraient par tous les efforts possibles de rentrer dans le chemin de leurs Pères qu'ils ont quitté, et de reprendre les pratiques et les observances qui les ont sanctifiés.

C'est en vain qu'on dit que les hommes n'en sont plus capables. Nous savons que Dieu est le Maître des hommes, que sa puissance n'a pas reçu de nouvelles limites, que son bras n'est point raccourci. Les cœurs sont dans sa main comme ils ont été autrefois, ils ne sont pas moins susceptibles des impressions de sa grâce. Il sait l'art de se faire aimer, et selon sa parole, il peut susciter quand il lui plaira, des enfants à Abraham des rochers et des pierres les plus dures : *Potens est Deus de lapidibus suscitare filios Abrahæ*[566].

Question XVI

N'y a-t-il pas sujet de craindre que ces sortes de mortifications ne dégoûtent des novices qui pouvaient être de bons religieux par la suite ?

Réponse

On doit demeurer fort en repos, mes frères, lorsqu'on renvoie des novices après s'être servi, pour en discerner la vocation, des moyens et des épreuves établies par les saints. Principalement quand elles sont selon la Règle qu'on professe. On doit porter les faibles et les imparfaits ; compatir à leurs infirmités et à leurs faiblesses. Mais il serait contre l'esprit de la religion et le bien des monastères, de les y admettre, puisque les épreuves et les noviciats ne sont institués que pour les reconnaître et les en exclure lorsque

---

[566] Mt 3, 5 / Mt 3,9

ces défauts et ces faiblesses sont contraires aux maximes fondamentales et essentielles de la vie monastique ; comme l'est, sans doute aucun, l'opposition aux humiliations, laquelle, quoiqu'on puisse dire, est dans tous les hommes l'effet de l'indocilité et de l'orgueil.

Pour ce qui nous regarde, mes frères, je vous assure que nous n'avons jamais eu de scrupule sur aucun des novices que nous avons pu renvoyer. Nous en avons été fâchés pour l'amour de Dieu et dans la vue de leur salut. Mais nous l'avons remercié de ce qu'ayant – pour quelques-uns d'entre ceux qui nous ont quittés – quelquefois des raisons particulières, désiré qu'ils persévèrent, il nous a donné assez de fidélité pour ne relâcher en rien de la discipline ordinaire. Il a permis qu'aucune considération ne nous empêche de porter un jugement désintéressé sur leur vocation.

Nous tenons pour une maxime certaine, que quelque vertueux que soit un homme, il ne l'est pas assez pour être moine, s'il n'est dans la résolution d'embrasser toutes les humiliations. S'il s'en présente avec cette volonté et qu'il soit encore faible, il faut l'humilier d'une manière qui soit proportionnée à sa faiblesse, et lui faire connaître par les mortifications plus fortes que l'on fait souffrir à ceux qui ont plus de vertu que lui, qu'il doit tendre à des choses parfaites et ne pas se contenter des communes, pour être digne de son état.

Tous les saints n'ont qu'un avis sur ce point-là. Saint Jean Climaque dit[567] que ceux qui entrent dans la carrière de la vie religieuse par une autre porte que par celle de l'humilité, sont des voleurs et des larrons de leur propre vie et de leur salut. Il faut qu'ils sachent qu'ils doivent comme se jeter dans le feu des tentations et des mortifications, de peur qu'ils ne remportent de ce combat que leur propre condamnation.

---

[567] Ech.Ste Degré 25, 30-34 pp. 223-224

Chapitre XII - Question XVII

On dit que sainte Thérèse ayant reçu une fille bien faite, d'une santé forte et d'un bel esprit, pour un de ses monastères, la renvoyant dans le monde afin d'y achever quelques affaires ; sur ce qu'elle lui dit qu'en revenant, elle apporterait sa bible avec elle, lui répartit : « Ma fille, vous n'avez que faire de retourner, nous ne voulons point de vous ni de votre bible. Nous sommes de pauvres filles ignorantes, qui ne savons que filer et obéir[568] ».

Une telle circonstance fit juger à cette grande sainte que cette fille n'était point propre à un état qui demande une humilité et une simplicité profonde.

Question XVII

Dites-nous ce que vous pensez des prosternements, parce qu'il y a des gens qui les condamnent pour des fautes légères, et qui prétendent qu'ils doivent être réservés pour celles qui soient considérables.

Réponse

C'est une pensée, mes frères, qui ne viendra pas à ceux qui ont quelque usage des pratiques monastiques. Si néanmoins il s'en trouve qui veuillent que les prosternements soient la punition des fautes plus importantes, on peut répondre avec certitude qu'ils n'ont jamais été regardés comme tels. Ils ont été institués par les saints, et pratiqués dans tous les temps, à l'égard des fautes légères comme la tradition religieuse en fait foi. Le sentiment de saint Benoît suffit tout seul sur cette matière. Il est saint et moine tout ensemble et rempli de l'esprit de Dieu. Il ordonne dans le chapitre 71 de sa règle, que si un religieux est repris par un autre qui lui soit supérieur, quelque légère que soit sa faute, pour peu qu'il s'aperçoive qu'il y

---

[568] Histoire des Carmes d'Espagne

ait de l'émotion dans l'esprit de celui qui le reprend, qu'il ne manque pas de se prosterner à ses pieds, et qu'il y demeure jusqu'à ce que l'ayant apaisé par son humilité, il lui permette de ce relever. Ces paroles sont à remarquer : *Si leviter senserit animum prioris cujuscumque contra se iratum vel commmotum quamvis modice, mox sine mora tamdiu prostatus in terra ante pedes ejus jaceat satisfaciens, usque dum benedictione sanetur illa commotio.* (RB 71,7.8).

Dans l'assemblée générale tenue à Aix-la-Chapelle pour la réformation de l'Ordre monastique, il est expressément porté dans le chapitre 13, que lorsqu'un religieux sera repris par son supérieur, quel qu'il soit, il avouera sa faute, et se prosternera à ses pieds.

Saint Colomban ordonne dans sa Règle[569] que si un de ses frères occupé dans le soin de la cuisine, laisse perdre quelque chose de sec ou de liquide, *aut liquidis*, il se prosternera dans l'église durant douze psaumes, et qu'il y soit sans aucun mouvement.

Il est porté dans les Us de Cîteaux, que si un religieux laisse tomber quelque chose étant à table, il se lèvera dans le moment et se mettra à genoux, les articles des mains contre terre[570] jusqu'à ce que son supérieur lui fasse signe de se relever.

Saint Lambert[571] qui avait quitté son évêché et s'était retiré dans un monastère, s'étant levé la nuit dans le dortoir pour vaquer à l'Oraison, et ayant laissé tomber quelque chose qui fit du bruit et interrompit le silence, le supérieur commanda sur le champ que celui qui avait causé ce désordre, allât se prosterner aux pieds de la Croix. Elle était dans un lieu exposé à l'air. Ce saint obéit, il y alla quoique le froid fût excessif, sans qu'on sache qu'était lui. Il y de-

---

[569] Cap. 10 *Divers. Culp.*
[570] « les articulations » (anciens Us cisterciens)
[571] *Vita Lamb.*

Chapitre XII - Question XVIII

meura jusqu'après l'office de la nuit. Il y serait demeuré plus longtemps si le supérieur n'avait donné l'ordre qu'on aille le rechercher, s'étant aperçu qu'il ne s'était pas trouvé parmi les frères.

Sainte Thérèse était allée dans un monastère qu'elle avait fondé et ayant toussé pendant la prière à laquelle elle assistait, comme la supérieure qui ne savait pas que ce fut elle, ordonna que celle qui avait fait ce bruit se prosterne, la sainte le fit aussitôt, et on remarqua qu'elle fut un temps considérable dans cette humiliation[572].

Une religieuse de cette sainte, pour un sujet très léger, s'étant prosternée par l'ordre de sa supérieure, y passa toute la nuit, et le matin on la trouva dans ce même état, sa joue attachée à la terre par l'excès de froid et de la gelée. On peut rapporter mille exemples semblables dans tous les temps parce qu'il n'y a jamais eu de pratique plus commune dans les cloîtres, ni plus observée.

Question XVIII

Comme on sait qu'il y a des personnes du monde qui ne sont pas édifiées de ces pratiques, et qui les regardent comme des actions ridicules, n'est-ce pas une raison pour les quitter ?

Réponse

Cela ne prouve point, mes frères, qu'elles ne soient pas saintes, ni qu'il faille les rejeter, mais bien qu'on ne doit pas admettre toutes sortes de personnes dans les monastères, ni les y rendre témoins des exercices dont ils ne sont pas capables. On doit suivre le sentiment de saint Basile[573], qui dit qu'il ne faut pas se fier à toutes sortes de personnes. Que ceux qui servent Dieu sont d'ordinaire environnés de gens qui leur tendent des pièges. Ceux-mêmes qui les

---

[572] *Histoire des Carmélites d'Espagne*
[573] *Const. Monast.* 10

voient avec plus de familiarité ont des vues plus curieuses et moins favorables sur leur conduite. Il arrive presque toujours que les usages monastiques ne tombent pas dans les sens des gens du siècle, qui d'ordinaire, a dit un grand saint[574], n'ont pas les pensées plus élevées que leurs œuvres.

Cependant, mes frères, si quelques-uns rient de ces pratiques, il est certain qu'elles font sur d'autres des impressions toutes contraires. Il y en a qui, les voyant, ne peuvent retenir leurs larmes ; ce qui arrive selon les divers mouvements des personnes. S'il fallait chercher en cela quelque règle de conduite, vous ne devez point douter qu'il faut la prendre de la disposition des derniers ; au moins si on veut suivre l'Écriture. Vous savez qu'elle ne s'explique pas en faveur des premiers, et qu'elle en porte un jugement terrible.

Mais il faut laisser rire ou pleurer les hommes, approuver ou condamner comme il leur plaira. C'est selon la vérité toute seule et non pas selon leurs différentes affections que nous devons nous conduire. Pourvu que Jésus Christ approuve ce que nous faisons, nous sommes bienheureux qu'il soit improuvé par le monde. Cette raison-là serait bonne pour ceux qui chercheraient de la gloire dans ces sortes d'exercices ; mais non pas pour ceux qui ont une volonté sincère de s'avilir et de se confondre.

Michol[575] se moqua de David lorsqu'elle le vit danser devant l'Arche. Je ne doute pas qu'il y eut bien des gens de son avis. Cependant, elle ne le persuada point. On n'ignore pas que plusieurs pratiques qui sont établies dans les cloîtres ne passent pour des railleries et des jeux dans l'estime de ceux qui n'ont par reçu de Dieu l'esprit de les gouverner.

---

[574] Saint Pierre d'Alcantara
[575] 2 S 6, 16.20 / 2 Sam 6,16

Chapitre XII - Question XVIII

C'est un jeu très saint, dit saint Bernard[576], qui nous rend le sujet du mépris des gens qui mènent une vie molle, abondante et superbe. Dans la vérité, qu'est-ce que la vie que nous menons peut paraître aux personnes du siècle ? Un jeu, un badinage, puisque nous faisons profession de mépriser tout ce qu'ils recherchent et de rechercher tout ce qu'ils méprisent, semblables à ceux qui mettant la tête en bas et les pieds en haut, se soutiennent et marchent sur les mains contre l'usage ordinaire, et attirent ainsi sur soi les regards du monde. Ce n'est point ici un jeu d'enfant ni de théâtre qui excite des sentiments fâcheux par des postures efféminées et indécentes. C'est un jeu qui dans le fond est honnête, agréable, grave, digne d'être estimé et capable de donner de la joie aux esprits bienheureux qui en sont les spectateurs. C'est-là le jeu saint et chaste de celui qui disait[577] : *Spectaculum facti sumus, angelis et hominibus*. Cependant, gardons-nous bien d'interrompre ce jeu, quoi que les hommes nous disent : *Ludamus et nos interim, ut illudamur*. Continuons afin qu'ils s'en moquent et que nous vivions dans les confusions et dans les opprobres, jusqu'au retour de celui qui doit élever les humbles et abaisser les superbes.

Saint Augustin avait eu longtemps auparavant une pensée semblable lorsqu'il dit : Nous sommes en spectacle aux hommes et aux anges. Aux Anges qui nous louent, aux hommes qui nous blâment. Ou plutôt aux Anges qui nous louent et qui nous blâment, et aux hommes qui nous blâment et qui nous louent. Car nous avons des ennemis qui nous attaquent à droite et à gauche parce qu'en faisant le bien, nous plaisons aux Anges bienheureux et nous déplaisons aux anges apostats. En même temps, les saints approuvent notre

---
[576] Ep. 87 SBO Vol VII p. 231
[577] 1 Co 4, 9

vie, et les méchants la condamnent et s'en moquent[578] : *Spectaculum facti sumus, angelis et hominibus, angelis laudantibus, hominibus vituperantibus ; immo et Angelis vituperantibus et laudantibus, et hominibus vituperantibus et laudantibus. À dextris et a sinistris habemus pugnam, et arma, quia et Angelis benevivendo placemus, et prævaricantibus Angelis displicemus, et sanctis viris placet vita nostra, et mali irrident vitam bonam nostram.*

Si on nous oppose qu'il y a des personnes de la même profession qui blâment cette conduite, on peut répondre à cela qu'il y en a beaucoup d'autres qui l'approuvent et leur sentiment étant, comme il paraît, le mieux fondé sur la doctrine et la pratique des saints, il ne faut pas s'étonner que ceux qui n'y entrent pas, cherchent des raisons pour s'appuyer, n'étant pas ordinaire de donner son approbation aux choses de son état qu'on ne pratique point.

Question XIX

Que peut-on répondre à l'autorité de saint Anselme, qui condamne un supérieur dans une de ses lettres, de ce que quand on proclamait ses religieux de quelque faute de négligence ou de légèreté, il les en reprenait comme de choses considérables ?

Réponse

Ce que saint Anselme blâme est bien éloigné de ce que nous approuvons. Il écrit à un supérieur dont il désavoue la conduite, qui par sa manière d'agir troublait la paix de son monastère, et donnait sujet à ses frères de murmurer et de se plaindre. Ce qui paraît par

---

[578] Aug. verbaliter : Angelis laudantibus, hominibus opprobrantibus: imo et Angelis laudantibus et vituperantibus, et hominibus laudantibus et vituperantibus. A dextris et a sinistris habemus arma, in quibus militamus, per gloriam et ignobilitatem, per infamiam et bonam famam, ut seductores et veraces (II Cor. VI, 7, 8) (Enarrationes in Psalmos, 38,15)

Chapitre XII - Question XIX

ces paroles de la lettre[579] : *Quosdam audivi conqueri*, et par ces autres : *Quod multum nocet*, qui attribuait à un principe de malignité un signe, un regard, ou quelque chose de semblable. Ce qui est contre la sincérité et contre le bon sens. Au lieu de reprendre ses frères pour les humilier par charité et sans amertume de cœur, il formait contre eux de mauvais soupçons, et aliénait ainsi les esprits : *Dilectio vestra in pravam suspicionem in audientia eas interpretatur...* Or nous estimons les humiliations inutiles dans tous ces cas, et il faut s'en abstenir. Nous avons déjà dit ailleurs que si quelque religieux n'était pas capable de porter cette pratique, il fallait condescendre à sa faiblesse, s'abaisser avec lui pour essayer de l'élever, en reprenant en sa présence ceux qui auraient plus de force et plus de vertu.

Enfin, saint Anselme désapprouve le procédé d'un supérieur qui détruisait par son imprudence et par son indiscrétion, au lieu d'édifier par sa sagesse et par sa bonne conduite. Saint Anselme a raison de lui dire qu'il regarde ses corrections sévères et ses soupçons si désavantageux, pour des violences de la Règle et pour des infractions importantes.

On peut ajouter à cela que, quand le sentiment de saint Anselme serait entièrement opposé à l'opinion que nous établissons, il n'y aurait point d'apparence de la quitter, étant appuyée comme elle l'est, sur l'autorité, sur les exemples de tant de saints et sur un si grand nombre de raisons solides. Quand nous n'aurions que Jean Climaque, je ne vois pas pourquoi on voudrait que saint Anselme soit cru plutôt que lui ; lui qui, après saint Basile, a été le solitaire le plus éclairé et le plus grand directeur que Dieu ait jamais fait paraître dans son Église pour le gouvernement des cloîtres.

---

[579] S. Ansel. Ep. Lib. 3 Epist. 91

Question XX

Quoique ces traitements rudes et ces humiliations piquantes portent du fruit dans les personnes extrêmement mortifiées, cela ne paraît pas suffisant pour en autoriser la pratique. Autrement, on pourrait justifier les injustices, les persécutions et les outrages qu'on a faits aux grands serviteurs de Dieu, sous prétexte que cela leur servait pour acquérir des mérites et des couronnes.

Réponse

La comparaison n'est pas tout-à-fait juste, mes frères. J'avoue qu'une de ses parties convient aux moines et aux solitaires, puisque selon la pensée des saints et dans la vérité, ils peuvent être considérés comme des martyrs. Il n'en est pas de même de l'autre. Je ne pense pas qu'on puisse tirer aucun parallèle entre un cruel persécuteur et un pasteur charitable.

L'un est l'instrument et l'organe du démon ; l'autre est le ministre de Jésus Christ.

L'un est plein de haine contre Dieu et contre son prochain ; l'autre est rempli d'amour et de charité pour l'un et pour l'autre.

L'un ne veut que la perte du martyr ; l'autre ne désire que le salut de son frère.

L'un fait tout ce qu'il peut pour ruiner la vérité dans le cœur de celui qu'il persécute ; l'autre travaille à détruire le vice jusqu'à ses moindres apparences dans le religieux qu'il exerce.

L'un se sert de moyens impies et sacrilèges pour l'exécution de son dessein ; l'autre use de conduites innocentes et pratiquées par les saints, pour l'accomplissement de son oeuvre.

On aura peine à comprendre qu'une comparaison puisse subsister avec de telles différences. Il y a une charité fausse et cruelle ; il y a aussi une cruauté sainte et charitable. Comme nous apprend

Chapitre XII - Question XXI

saint Grégoire[580], il y a une grande différence entre ce qui se fait par un motif d'orgueil, et ce qui se fait par le zèle de la discipline. Les pasteurs font paraître de l'indignation, mais ils n'en ont point en effet, ils désespèrent lorsqu'ils espèrent davantage ; ils exercent des persécutions, mais ils ne laissent pas d'aimer ; ils exagèrent parce que la discipline les y oblige. Mais leur charité fait qu'ils ne perdent jamais la douceur.

Question XXI

Ne serait-il pas plus à propos de conduire les personnes plus avancées par la voie royale de l'amour ?

Réponse

Vous opposez donc, mes frères, la voie de l'amour à la voie des humiliations ? Cependant, il semble que la foi nous enseigne quelque chose de contraire puisqu'elle nous apprend que la voie royale de l'amour est celle de la Croix. Et la croix enferme les souffrances de l'esprit comme celles de la chair, c'est-à-dire les humiliations et les douleurs. C'est la voie par laquelle Jésus Christ, qui est notre roi, a marché. Toute sa vie n'a été qu'une carrière d'opprobres, d'ignominies et d'abaissements. La conduite que le Père éternel a tenue à l'égard de son Fils, a été d'une rigueur et d'une humiliation infinie : *Proprio filio suo non pepercit* [581]. Cependant, il n'est jamais entré dans la pensée de personne que Jésus Christus ait été par la voie basse et servile de la crainte et non pas par la voie royale de l'amour. Cette voie royale qu'il nous a enseignée par ses actions comme par ses paroles, je le répète encore, est celle de la Croix. C'est la seule qu'il a sanctifiée par son exemple et qui a été

---

[580] Grég. Hom. 34 in Ev.
[581] Rm 8, 32

connue de ses véritables disciples. *Ibant gaudentes à conspectu concilii, quoniam digni habiti sunt pro nomine Jesu contumeliam pati*[582]. Leur ambition et leur consolation tout ensemble a été de l'embrasser. Toute autre voie que celle-là a toujours paru fausse ou suspecte.

Le livre de l'Imitation de Jésus Christ qui, après l'Écriture sainte, contient plus qu'aucun autre les vérités de la religion, commence le chapitre de la voie royale de la Croix par ces paroles *Durus multis videtur hic sermo, abnega temetipsum, tolle crucem tuam et sequere Jesum*[583]. Il prouve partout qu'il n'y a de chemin qui conduise à la vie et à la paix intérieure, que la Croix et la mortification continuelle. Cela ne se rapporte guère aux pensées de ceux qui ne sont pas de notre avis. Ils les fondent, sans doute, sur la créance qu'ils ont qu'on ne saurait aimer un supérieur quand il est sévère et qu'il humilie ; qu'il ne peut aimer et humilier tout ensemble. Ils regardent cette conduite, comme très propre pour étouffer les sentiments de l'amour.

Mais que peuvent-ils répondre à ces paroles de saint Augustin qui dit : il n'appartient qu'aux enfants insensés d'aimer ou de haïr leur père selon qu'ils en reçoivent des châtiments ou des caresses. Il les aime en tout temps et dans l'une comme dans l'autre manière de les conduire, il les regarde comme ses héritiers et ses enfants. *Eris insulsus puer in domo patris, amans patrem, si tibi blanditur et odio habens quando te flagellat quasi non blandiens, vel flagellans hereditatem paret*[584]. Il faut aimer Dieu, selon le même saint, dans tous les temps. Dans celui de l'affliction comme dans celui de la prospérité : ses ordres et ses dispositions étant également pleines

---

[582] Ac 5, 41
[583] Lib. 2, c. 12
[584] 2e discours sur le Ps. 32 : *Discours sur les Psaumes* ; Tome I, p. 363 (français) AOO :Enarratio II, Sermo s/Ps 32 Tome IV.I, de primera parte psalmi col. 270 (latin)

Chapitre XII - Question XXI

de justice et dignes de respect. Peut-on ne pas garder les mêmes règles à l'égard des prélats et des pasteurs qui tiennent sa place parmi les hommes ? Lui qui, étant invisible, se sert par eux d'un ministère et d'une entremise visible, pour conduire et diriger ceux qu'il a commis à leur charge. .

En un mot, les humiliations, quand on en use avec la charité et avec la discrétion nécessaire, bien loin d'avoir l'effet qu'on pense, elles en ont un qui leur est tout-à-fait contraire : (je suppose des âmes chrétiennes qui ont de la vertu, ou au moins une volonté sincère de l'acquérir) elles concilient les cœurs au lieu de les aliéner. Elles produisent l'amour au lieu de le détruire. C'est ce qui nous apprenons de saint Bernard quand il dit[585] que ceux d'entre ses frères qu'il a traité d'une manière plus rigoureuse et plus sévère, lui sont unis par les liens d'une charité plus étroite et plus tendre que ceux à l'égard desquels il n'en a pas usé de la même sorte. Ce qui fait qu'il y a peu ou point de charité dans les hommes, c'est que la cupidité y est puissante, qu'elle y domine et comme il n'y a rien qui la ruine davantage, selon le sentiment des saint, que l'humiliation, il n'y a rien aussi qui établisse davantage la charité. Ce qui est conforme à la parole du saint Esprit qui nous dit par la bouche du Sage : Ne reprenez pas le moqueur de peur qu'il ne vous haïsse ; reprenez le sage, et il vous aimera[586]. *Noli arguere derisorem ne oderit te ; argue sapientem, et diliget te.*

Si l'on insiste et si l'on dit que cette pratique extérieure n'est qu'une lettre qui sert de peu... J'avoue que c'est une lettre ; mais les vrais Israélites qui attendaient en esprit et en vérité[587] l'accomplis-

---

[585] Bern. Serm. 29, 6 super Cant. OSB Vol. 1, p. 207
[586] Pr 9, 8
[587] cf. Jn 4. 23

sement des promesses, n'avaient pas moins d'exactitude pour l'observation de la loi que les Juifs les plus charnels. La lettre, quand elle est toute seule, est fort inutile ; mais il faut combattre la conduite de tous les saints, ou demeurer d'accord qu'elle n'est pas moins nécessaire à l'esprit de sa conservation que les feuilles le sont au fruit, et les écorces aux arbres.

Vous voyez, mes frères, qu'il n'est pas impossible de répondre par des raisons solides et chrétiennes, à toutes les difficultés qu'on peut former sur cette matière. Mais quand on ne les aurait pas dans la force et dans le nombre que nous les avons, il y en a une à laquelle personne ne peut répliquer : tous les raisonnements qu'on fait contre des expériences certaines, ne doivent point être écoutés. Vous avez beau dire et vous efforcer de prouver à un médecin que le régime qu'il fait garder à ses malades n'est pas bon et qu'il augmentera leurs maux ; si l'expérience lui fait connaître le contraire, s'il contribue effectivement à leur guérison, il aurait tort de se laisser persuader. Ainsi, comme nous voyons tous les jours par des expériences sensibles

- qu'il n'y a rien de plus efficace que cette conduite pour la sanctification des âmes,
- de plus capable de leur donner l'esprit de leur profession et
- de leur inspirer des maximes opposées à celles du monde,

toutes les objections qu'on nous fait sont inutiles et n'ont garde de nous convaincre.

Soyez donc persuadés, mes frères, que cette sainte pratique, qui revient à si peu de personne, ne contribue pas moins au maintien de la vie cénobitique, que la respiration de l'air à la conservation de la vie. Il faut que ceux qui ont peine à la souffrir et qui s'élèvent contre elles, aient oublié ou n'aient jamais connu, ces vérités si constantes et si établies dans tous les livres des saints.

Premièrement, l'humiliation s'acquiert et se conserve par les humiliations comme la doctrine par l'étude.

Secondement, la vie monastique n'étant qu'une école de pénitence, d'humilité et d'abjection, rien ne lui convient mieux que les humiliations.

Troisièmement, Dieu prend un soin particulier de sanctifier ceux de ses élus qu'il se conserve dans le monde par mille rencontres qui les humilient.

Quatrièmement, les moines ne pouvant être exercés par les voies par lesquelles sont exercées les personnes du siècle, ils ont besoin des mortifications dont on veut leur interdire l'usage.

Cinquièmement, inférer qu'une pratique instituée et gardée par les saints n'est ni bonne ni utile parce qu'elle se trouve changée par la suite des temps, c'est condamner les usages de l'Église les plus saints, puisqu'il y en plusieurs qui sont présentement changés ou affaiblis par des coutumes contraires.

Sixièmement, il est très difficile, quoi qu'on dise, de trouver un autre principe de l'opposition que l'on sent aux choses qui humilient, que l'amour-propre ; toutes les raisons dont on se sert pour le combattre, sont autant de différentes couleurs dont on essaye de le couvrir.

Septièmement, en vérité, l'aversion des réprimandes ne vient que de l'orgueil, parce que la répréhension humilie et que l'humiliation comme dit saint Grégoire, est un poids insupportable à l'esprit superbe : *Superbis mentibus pondus grave est oneris doctrina humilitatis*[588].

Ce qui fait encore, mes frères, que tant de gens ne peuvent s'accommoder de ces sentiments, c'est que la plupart se font une idée des observances régulières, sur celles qu'ils ont de communautés

---

[588] In *Morales sur Job* Lib. XV,41,p.74 S.C. n° 221 – Cerf, Paris, 1975

ecclésiastiques. Ils se persuadent qu'elles doivent se gouverner par les mêmes règles. Cependant, il y a une totale différence : quoique les moines et les ecclésiastiques ne se proposent qu'une même fin et n'agissent que par un même principe, je veux dire, qu'ils n'aient rien devant les yeux que la gloire de Dieu et leur sanctification, que l'Esprit de Jésus Christ soit le seul et le véritable Esprit de toutes leurs actions, il n'y a rien de plus opposé que les moyens et les voies par lesquels ils se conduisent.

Les communautés ecclésiastiques sont des assemblées de personnes qui, n'ayant jamais rompu le sceau sacré de l'Alliance sainte qu'ils ont contractée avec Jésus Christ, ni souillé la robe blanche qu'ils ont reçue dans le Baptême, de la main de ce céleste Époux, se conservent dans sa charité et dans son amour, en gardant cette innocence première qu'ils n'ont jamais violée. Ce sont des enfants qui, étant toujours demeurés fidèles dans le respect et dans la crainte qu'ils doivent à leur père, n'ont besoin ni du secours de leurs larmes, ni de punitions sévères ni de mortifications humiliantes pour apaiser sa colère puisqu'ils ne l'ont jamais irritée. Cependant ils soient obligés par quantité d'autres considérations, de surpasser le reste des chrétiens dans les pratiques de l'humilité et de la pénitence. Une vie douce, molle et relâchée n'est pas moins indigne d'un ministre de Jésus Christ que d'un solitaire.

L'Église a toujours regardé ses ministres comme une race choisie, une nation sainte, un peuple conquis : *Genus electum, regale sacerdotium, gens sancta, populus adquisitionis*[589]. Elle n'admettait point autrefois les pécheurs aux fonctions sacrées. Le Canon II du Concile de Nicée, le Canon XXXII de saint Basile[590], le Canon IV du premier Concile de Valence, le Canon IX du premier Concile

---

[589] 1 P 2, 9
[590] Basile : Épitre 2, à Amphiloque

Chapitre XII - Question XXI

d'Orléans, et saint Grégoire en quantité d'endroits, font voir quelle a été son exactitude à les priver de leurs ministères, lorsque leurs péchés lui étaient connus. Bien qu'elle ait changé de conduite et la sévérité de ses Règles, elle conserve toujours le même esprit. Le concile de Trente[591] déclare expressément qu'on ne doit élever au gouvernement des Églises et à la charge des âmes, que ceux qui depuis leur enfance auront passé par toutes les épreuves ecclésiastiques, et donné pendant toute leur vie, des marques et des témoignages de leur piété.

Pour les congrégations monastiques, ce sont des troupes de gens qui passent pour des criminels, et qui sont considérés par leur état comme des pénitents publics qui, tenant la place de ceux qui ont manqué à la fidélité qu'ils doivent à Dieu et qui l'ont irrité par leur désobéissance, ne peuvent plus rien prétendre de sa bonté qu'après avoir satisfait à sa justice par des châtiments dignes de leurs péchés. Ce sont des enfants prodigues qui, ayant abandonné la maison de leur père, ont dissipé les biens qu'ils en avaient reçus. C'est-à-dire les chrétiens qui, s'étant misérablement soustraits de la main de Dieu et ayant fait un méchant usage de toutes ses grâces, n'ont nul moyen de s'ouvrir les portes de sa miséricorde qu'ils se sont tant de fois refermées qu'en se mettant dans la disposition de celui qui, s'estimant indigne d'être au rang des enfants[592], demandait d'être traité comme les mercenaires. Il faut que leurs cœurs étant vivement pénétrés du sentiment de leurs crimes, ils réparent ce que l'orgueil et la désobéissance y ont fait de ravages, par de sincères abaissements et des humiliations profondes. Selon la pensée de saint Grégoire[593] : Ne pouvant paisiblement acquérir l'héritage des Justes

---

[591] Concile de Trente : Session 6, de Refor, c.1 / Konzil von Trient, Sitzung 6
[592] Lc 15, 19../ Lk
[593] Homil. 20 in Evang. : *Homélies sur l'Évangile* Livre I, XX, 14-15 p. 475 S.C. n° 485 – Cerf – Paris 2005

par la sainteté de leur vie, qu'ils le ravissent par leurs sueurs et par leurs combats ; Dieu voulant qu'ils le forcent de leur pardonner, et qu'ils lui fassent violence.

On dira peut-être qu'il y a des ecclésiastiques pécheurs et des moines justes : je l'avoue. Mais comme le pécheur au moment où il est mis au rang des Lévites cesse d'être regardé comme pécheur, ainsi un juste cesse d'être regardé comme juste dans le moment qu'il est moine. Il ne peut plus être regardé que comme un pécheur. Il perd son innocence en se renfermant dans le monastère ; de même que Jésus Christ a cessé en quelque sorte, de passer pour saint au moment où il s'est fait voir dans le monde avec l'habit et sous la forme d'un pécheur. Et non seulement dans l'opinion des hommes, mais encore dans les traitements rigoureux qu'il a reçus de la main de son Père.

Le cloître est une prison qui fait des coupables, aussi bien de ceux qui ont conservé l'innocence que de ceux qui l'ont perdue. C'est ce que pensait saint Bernard[594] lorsque, parlant à un de ses frères il lui dit ces paroles : Mon fils, si vous saviez combien l'obligation d'un moine est grande, vous ne mangeriez pas un seul morceau de pain qui ne fut trempé de vos larmes, car nous ne nous enfermons point dans les cloîtres pour d'autre fin que pour pleurer nos péchés et ceux des peuples. Toutes les fois que nous mangeons le pain, qui est l'ouvrage de leurs mains et le fruit de leurs travaux, il est vrai de dire que nous mangeons leurs péchés, afin d'en gémir comme de nos propres offenses.

Voilà une image de l'état monastique ; voilà l'idée que doivent s'en former ceux qui veulent l'embrasser. S'ils y apportent de telles

---

[594] Epist. Fastred. Lettre de Fastred, troisième abbé de Cîteaux, à l'abbé N. de son ordre. Lettre traduite par Rancé. Le « frère » dont il est question est Fastred lui-même. Non reprise dans SBO. Œuvres de saint Bernard ; trad. Charpentier : Tome II, p. 112 – Paris – 1866.

Chapitre XII - Question XXII

dispositions, assurez-vous mes frères, que bien loin que les mortifications leur semblent trop rudes, et que le calice leur en paraisse trop amer, ils le désireront avec ardeur. Ils compteront comme des journées perdues celles qu'ils auront passées sans avoir trouvé des sujets de s'humilier. La vue des confusions éternelles dont ils seront incessamment occupés, leur fera souhaiter les confusions passagères. Cette sévérité des jugements de Dieu qu'ils auront continuellement devant les yeux, fera qu'ils ne trouveront rien que de trop doux dans les jugements des hommes. Leur consolation sera de retracer dans toutes les actions de leur vie, les hontes et les opprobres de celle de Jésus Christ. Purifiant ainsi leurs cœurs par de continuelles pratiques d'humilité, des taches que l'orgueil y a faites, ils s'élèveront autant qu'il est possible dans un corps mortel, selon le langage des saints, à la pureté des anges. Ils se prépareront par des humiliations et des abaissements de peu de durée aux gloires postérieures et à la félicité éternelle.

C'est là ce que doivent être de parfaits solitaires. C'est le véritable modèle que Dieu nous en a donné dans la personne de ses saints. Ce sont des exemples qui nous apprennent nos devoirs mais qui nous confondent en même temps de nos infidélités et de ce qu'étant obligés de vivre dans une abnégation parfaite, à peine parmi tous nos désirs et nos efforts, ou plutôt parmi toutes nos lâchetés et nos faiblesses, peut-on remarquer dans nos vies les moindres traces du détachement et de la sainteté de nos Pères.

Question XXII

Que faut-il répondre à ceux qui disent que c'est une espèce de mensonge ou de fiction, de reprendre fortement une faute qui est ou légère ou incertaine, et que l'utilité qu'on en peut tirer, n'empêche pas que l'usage n'en soit mauvais ?

Réponse

Dites-leur, mes frères, que vous n'avez point d'autre sentiment que celui de saint Augustin lorsqu'il déclare qu'il ne voudrait pas commettre un léger mensonge quand il s'agirait du salut et de la conversion de tout un monde. Il y a une grande différence entre : prendre une action dans le mauvais sens qu'elle peut avoir, sans examiner les vues et les motifs de celui qui l'a faite, ou reprendre fortement dans un religieux une faute extérieure et petite par elle-même en la mettant auprès de la sainteté de Dieu, de la perfection de son état, des suites et des effets qu'elle peut avoir si elle était négligée pour en prévenir de plus grandes ; ou en découvrir d'intérieures et de cachées. Et dire qu'une action est mauvaise quand on sait assurément qu'elle est bonne et qu'elle ne saurait être mal expliquée ; ou reprendre une faute comme si elle était importante, lorsqu'elle n'a rien de considérable de quelque côté qu'on la tourne. L'un est un mensonge ou une fiction, qui attaque la vérité et la sincérité, et dont un homme duquel les maximes sont pures et entières, n'usera jamais. L'autre est une conduite qui n'a rien de mauvais, qui est utile et même nécessaire, et de laquelle on peut tirer des fruits et des biens infinis dans la direction des cloîtres, si les supérieurs savent s'en servir avec charité, discernement et prudence. C'est ce que tous les anciens moines ont autorisé par leurs exemples et que nous trouvons si puissamment établis dans les instructions et les sentiments de saint Grégoire[595] et de saint Jean Climaque.

Les saints docteurs, dit ce grand pape, examinent d'ordinaire avec tant de soin les moindres fautes qui leur paraissent dans ceux qu'ils conduisent, afin de pouvoir passer de ces petites fautes qui sont extérieures, à la connaissance des intérieures qui sont plus

---

[595] Grégoire : P. L. 26, c.4 Moral in Job c. 35 *Les Morales de saint Grégoire, pape, sur le livre Job.* : Tome III, L 35, c. IX, p. 892 Paris 1669

Chapitre XII - Question XXIII

grandes. Ils se servent de rudes répréhensions pour arracher de leurs cœurs les épines des pensées mortelles. C'est par l'amour de la charité qu'ils agissent avec tant de rigueur et de rudesse, et non par un mouvement d'orgueil et de vaine gloire.

En effet, ils sont tout près de mourir pour ceux qu'ils semblent affliger avec cruauté jusqu'à la mort. Ils conservent dans le fond de leur cœur leur dilection, lorsqu'ils n'ont que de la sévérité dans l'apparence... Ils s'échauffent quelquefois dans la correction de ceux qui leur sont soumis, comme s'il n'y avait plus en eux rien de tranquille. Cependant, ils conservent la charité dans une tranquillité aussi parfaite que s'ils n'étaient point enflammés par l'ardeur de leur zèle.

Question XXIII

Il semble que l'autorité de saint Jean Climaque ne doive pas être d'un fort grand poids dans cette matière puisqu'il était grec et qu'il approuve les fictions et les mensonges officieux comme les autres Pères de l'Orient ?

Réponse

Il est certain, mes frères, que plusieurs d'entre les Pères de l'Orient ont estimé qu'il était permis d'user de mensonges et de fictions lorsqu'elles étaient innocente et officieuses et que la charité, comme dit st Clément d'Alexandrie[596], en était le véritable motif. Ce sentiment a été assez commun dans les premiers temps de l'Église. L'on avait peine à s'apercevoir que ce ne fut pas un bien de cacher la vérité sous les voiles de la fiction et du mensonge, quand le prochain en tirait de l'utilité et de l'avantage ; et l'on ne se défiait point d'une

---

[596] *Strom. L. 7*

opinion qui paraissait sainte dans son application, dans ses effets, et même dans son principe.

Mais saint Augustin dans l'Occident, traita cette question avec tant de profondeur, il en éclaircit tellement toutes les difficultés et prouva si puissamment qu'on ne pouvait en conscience, en nul cas et quelque utilité qu'il en revint, se servir de ces mensonges charitables. Son sentiment a été suivi de tous ceux qui sont venus après lui et qui ont eu de la piété et de la lumière. Il se peut dire que saint Jean Climaque, dans l'Orient, s'est préservé de cette erreur et l'a condamnée quoiqu'elle fût fort répandue. Dieu qui l'avait donné au monde comme un docteur apostolique, comme un guide et un directeur assuré pour les consciences, a voulu le rendre exempt de toutes taches afin qu'il ait plus de créance et d'autorité et que l'on puise sans crainte, dans ses écrits comme en des sources salutaires, les règles saintes d'une vie évangélique.

Entre les différents éloges que l'Église d'Orient a donnés à ce grand saint, touchant l'intégrité de sa foi et l'éminence de sa vertu, un des principaux est celui d'avoir été véritable. Elle chante[597] dans les prières qu'elle lui adresse, que sa bouche a prononcé les grandeurs de Dieu dans une vérité parfaite ; qu'il ne s'est point rencontré dans les ténèbres du péché ; qu'il a servi Dieu d'une manière irrépréhensible ; que son âme a été remplie de l'onction de la vérité ; qu'il s'est préservé de toute participation de mensonge ; que par une conversation toute divine, il a surmonté les tromperies des démons et que comme un homme instruit par Dieu, il a passé pour guide et conducteur assuré des solitaires.

Mais nous ne pouvons point douter de ce que saint Jean Climaque a pensé sur le sujet des mensonges officieux puisqu'il les a

---

[597] Ménologe grec

Chapitre XII - Question XXIV

clairement condamnés[598]. Il a réfuté les raisons principales dont ceux qui veulent les autoriser ont coutume de se servir. Elles sont prises de la charité qu'on doit au prochain et du célèbre exemple de Rahab[599]. Voici comme il parle : Le menteur allègue pour prétexte de son mensonge, qu'il ne blesse la vérité que par une bonté officieuse et une conduite charitable envers le prochain. Aussi prend-il souvent pour une action de justice ce qui est en effet, la perte de son âme. Cet inventeur de déguisements et de tromperie, dit qu'il imite Rahab. Lorsqu'il se perd soi-même par le mensonge, il prétend qu'il ne travaille que pour le salut des autres. (Le saint) ajoute ensuite qu'un petit enfant ne sait ce que c'est que de mentir, ainsi une âme qui est pure de toute malice. Comme un homme à qui le vin rend le cœur gai ne saurait, quand il voudrait, déguiser la vérité, de même celui à qui la componction a causé une ivresse toute sainte, ne saurait proférer aucun mensonge. S'il semble en quelques occasions avoir approuvé quelques fictions particulières, il ne l'a fait qu'en imitant l'Écriture sainte, qui loue l'action de la même Rahab, non pas en ce qu'elle était une fiction mais parce qu'elle était sainte et charitable dans son motif, dans son usage et dans ses suites. Enfin, peut-il se déclarer davantage qu'en disant que l'amour de la vérité est la force de toutes les vertus.

Question XXIV

Il y a quelques endroits dans les ouvrages du même saint, qui marquent, du moins selon les apparences, qu'il approuvait les mensonges officieux et qu'il n'était pas du sentiment que vous lui attribuez, comme on peut voir dans les articles 70 et 72 de sa lettre au Pasteur.

---

[598] Grad. 12 art. 10-13 : Ech.Ste. p. 146
[599] Jos 2, 1-21 + 6, 17

Réponse

Pour répondre à vos difficultés, mes frères, il est nécessaire d'examiner dans le détail et avec quelque étendue les deux passages que vous nous rapportez.

Saint Jean Climaque écrit dans le premier[600], qu'un supérieur très sage et très judicieux, ayant à juger un différent entre deux de ses religieux, décida en faveur de celui qui était coupable à cause qu'il était plus faible et condamna celui qui était innocent parce qu'il était plus fort et plus vertueux. Il agit de cette sorte de peur qu'il ne se forme une plus grande division entre eux deux s'il avait jugé selon la rigueur de la justice. Mais il eut soin de les informer chacun en particulier de sa conduite, et surtout d'appliquer à la plaie de celui qui était véritablement malade, les remèdes propres à sa guérison.

Il suffit pour justifier saint Jean Climaque de faire voir quelques cas dans lesquels un supérieur puisse, sans faire aucun mensonge, se déclarer en faveur de celui qui a tort, car si cela se peut, il est à couvert et il faut que vous donniez à son sentiment la face qui lui est la plus avantageuse. C'est un principe de la morale de Jésus Christ et une règle constante de la charité, qu'on ne peut sans péché donner un mauvais sens à une parole ou à une action qui peut en recevoir un favorable.

Je suppose donc, mes frères, que deux religieux aient un différend ensemble. Le supérieur les appelle. Celui dont la cause est la meilleure la défend avec un peu moins de modération qu'il ne devrait ; il le fait même avec quelque sorte de chaleur, et semble prendre quelque avantage sur son frère et ne pas assez le ménager. Le supérieur par une dispensation[601] pleine de sagesse et de charité,

---

[600] *Lettre au Pasteur,* n° 82 ; p. 326 *L'Échelle Sainte.* Ed. Abbaye de Bellefontaine ; Coll. Spiritualité orientale, n° 24, pp.312-333.
[601] Terme vieilli : mesure, choix

jugeant que l'humiliation est nécessaire au premier et que l'autre a besoin qu'on soutienne sa faiblesse par quelque condescendance, ne peut-il pas d'un ton de voix rude et sévère, dire à celui qui a le bon droit de son côté, qu'il est moins humble et moins charitable, et moins religieux que l'autre ? Et même l'obliger à se retirer de sa présence avec confusion ? Il n'y a en cela ni suppositions ni mensonge puisque cette répréhension a un fondement juste dans quelques circonstances de la conduite de celui qui est traité de la sorte.

Cependant, il s'explique en faveur de celui qui a la cause la plus mauvaise. Il ne commet néanmoins en cela aucune injustice car il ne prononce point sur le fonds, et il ne fait qu'en remettre la décision à un autre temps. Puisqu'il ne peut rendre compte de sa conduite à ces deux frères, comme il est expressément porté dans l'article 70, qu'il ne démêle leurs intérêts, entre dans le détail du différent ; ne rende à l'un à l'autre le droit et la justice qui leurs sont dus. Il n'en faut pas davantage pour garantir saint Jean Climaque des mauvaises conséquences que l'on voudrait tirer de sa doctrine. Par le principe que j'ai posé, vous ne pouvez croire autre chose, sinon que c'est dans un cas et dans une circonstance toute semblable qu'il loue la sagesse du supérieur dont il parle.

L'autre article est le 82e où il dit[602] : Remarquez ceux d'entre vos frères qui sont les plus vertueux et les plus forts, et humiliez-les en la présence des faibles, quoiqu'ils n'aient commis aucune faute qui mérite cette humiliation, afin que par les remèdes que vous ferez semblant d'apporter aux fausses blessures des personnes qui sont saines, vous guérissiez les blessures véritables de celles qui sont malades. Ainsi, vous rendrez forts et vigoureux ceux qui étaient lâches et négligents.

---

[602] *Lettre au Pasteur*. Cf. supra

Ces paroles ne reçoivent aucune difficulté si elles sont bien entendues. Saint Jean Climaque ne dit rien que ce que disent saint Bernard et sainte Thérèse, rien enfin que tous ceux qui se sont appliqués à la conduite des cloîtres n'aient pratiqué et enseigné comme lui, quoique sous des expressions différentes. Comme ils savaient qu'il n'y avait rien de plus utile que les exemples, ni rien de plus capable d'élever les âmes qui sont encore faibles et languissantes dans le chemin de la vertu, que d'exercer devant elles celles qui sont les plus avancées et qui y ont déjà fait des progrès considérables, ils veulent qu'on humilie les dernières en présence des autres lorsqu'elles sont exemptes de fautes et même dans les actions les plus saintes. C'est ce que saint Bernard a voulu marquer dans l'endroit que nous avons déjà cité[603], et que sainte Thérèse a pratiqué quand elle reprenait ses filles en des actions de régularité et d'observance, comme on le lit dans l'histoire de sa vie.

Si vous êtes en peine de savoir comment cela se peut faire sans supposition, il est aisé de vous répondre que c'est comme je vous l'ai déjà dit, ou en reprenant dans une bonne action quelque circonstance défectueuse, ou en rappelant le souvenir de quelques fautes passées, ou en donnant à des actions indifférentes en soi, le mauvais sens qu'elles peuvent avoir ou en humiliant sur quelques défauts naturels, sur quelques dispositions qui peuvent avoir des conséquences fâcheuses si elles étaient négligées, ou sur des soupçons. Enfin, en quantité d'autres manières, que la charité qui est ingénieuse ne manque pas de faire trouver à un supérieur dont l'unique occupation est de méditer les moyens d'être utile à ceux dont la providence lui a confié la conduite. En tous ces cas, mes frères, on peut sans mensonge, humilier avec toute la force qu'on estime né-

---

[603] In Ps. 90, Serm 4,3. cf. note 56 supra. SBO IV p.399

Chapitre XII - Question XXIV

cessaire et sans que celui que l'on mortifie y ait donné lieu par aucune faute présente, ou assez considérable par elle-même pour mériter la grandeur de l'humiliation qu'on lui fait souffrir – quoique d'ailleurs, elle n'ait rien d'excessif si on regarde la faute dans son principe et dans ses conséquences. D'où il s'ensuit qu'on ne doit rien induire de ces endroits contre la pureté des maximes de saint Jean Climaque, puisqu'elles peuvent avoir une explication innocente et chrétienne, et que, comme nous venons de le dire, on ne saurait sans péché donner un sens désavantageux à une action ou à des paroles qui peuvent en avoir un favorable.

Si l'on insistait sur ces paroles de saint Jean Climaque[604] : „afin que par les remèdes que vous ferez semblant d'apporter aux fausses blessures des personnes qui sont saines, vous guérissiez les blessures véritables de celles qui sont malades", on peut répondre selon les principes de saint Augustin[605], qu'une fiction qui n'est faite que pour signifier ou exprimer quelque chose de réel et de véritable, et non point pour en signifier une qui ne l'est pas, est un signe et non une fiction ; elle n'a ni la fausseté ni la malignité du mensonge. Les Patriarches de l'Ancien Testament se sont servis de fictions[606], je veux dire d'actions qui paraissent des fictions, mais comme elles n'étaient que des expressions mystérieuses et de véritables figures, ils n'ont point en cela blessé ni la vérité ni la sincérité.

On pourrait ordonner des remèdes à un homme sain, lui prescrire un régime, lui défendre de se trouver aux ardeurs de soleil et aux fraîcheurs de la nuit, pour persuader à un homme qui étant véritablement malade, ni voudrait ni user de remèdes, ni observer au-

---

[604] *Lettre au Pasteur,* n° 82 cf.supra
[605] *Contra mendacium,* c. 10 : (latin) AOO ; Tome VI : X,23 ; col.737. (français) CCSA : Tome XII : X,23 p. 229
[606] Cf. Gn. 20

cune règle de vie, par l'opposition qu'il aurait à ces sortes d'assujettissements, et lui faire tirer cette conséquence de lui-même : que si les gens qui ont de la santé se servent de remèdes, il est contre toute raison que ceux qui ont des maladies et des infirmités réelles, prétendent s'en exempter. Cependant, on aurait tort d'induire que l'on agirait en cela contre la vérité.

La pensée de saint Augustin était celle-là lorsqu'il dit qu'une sage mère, voyant que son petit garçon se fatigue et croit être assez fort pour aller sans qu'elle le porte, se couche par terre en lui disant qu'elle est lasse, afin de le persuader qu'il est las lui-même. L'ayant attiré à venir se reposer sur elle, elle se relève aussitôt et, l'enfant avec elle, continue de le porter dans tout le chemin.

C'est ici un cas tout semblable. Il s'agit d'une guérison spirituelle. Saint Jean Climaque n'a rien voulu dire d'autre sinon qu'il faut apprendre aux âmes qui ont des blessures réelles et profondes, de quelle manière on doit traiter leurs maux, en appliquant aux âmes qui sont saines les mêmes remèdes dont il faut se servir pour guérir celles qui sont malades : faire connaître aux dernières que, si les mortifications sont utiles aux personnes les plus parfaites pour les conserver et les faire avancer dans la vertu qu'elles ont acquise, il ne se peut qu'elles ne leur soient nécessaires pour acquérir celles qu'elles n'ont pas. Quoique cette ordonnance que nous supposons n'ait aucune maladie réelle pour son objet dans la personne pour laquelle on la fait dans l'apparence, il faut remarquer qu'elle ne laisse pas de pouvoir être regardée, ou comme un moyen de diminuer les humeurs dont l'amas cause les maladies, de fortifier la santé au retour d'une maladie passée, de soulager dans quelque incommodité légère et présente ; ou comme une précaution pour prévenir les maux à venir. De même les humiliations, en tous les

Chapitre XII - Question XXIV

cas envisagés, ont pour fondement, dans celui sur lequel on les applique : ou quelque circonstance défectueuse, ou quelque faute passée, ou quelque imperfection naturelle, ou quelque inconvénient qu'on a sujet de craindre. Si saint Jean Climaque ne fait aucune mention de ces circonstances, c'est qu'elles sont peu considérables. Il n'a eu devant les yeux que la fin principale de la conduite qu'il voulait établir.

Il ne sert de rien de prétendre que les termes de fausses blessures marquent de la fiction et que ces paroles de personnes saines, détruisent le fondement des humiliations que j'ai supposé, parce que saint Jean Climaque ne veut rien exprimer par les fausses blessures que des inconvénients et des fautes légères, si on les compare aux maux considérables, de la guérison desquels il s'agit. Par ces paroles de « personnes saines » il entend, à la vérité, des âmes parfaites ; mais la vertu dans ce monde n'est jamais pure, et elle se trouve avec des imperfections et des faiblesses, lesquelles étant vues en elles-mêmes et séparément, n'ont rien qui empêche qu'on ne donne le nom d'innocentes aux personnes en qui elles se rencontrent. Mais si on les regarde dans leur source qui est l'orgueil et la concupiscence, et dans les suites qu'elles auraient si Dieu n'y opposait une protection particulière, elles ont une difformité considérable, elles donnent de justes craintes et sont toujours un sujet légitime sur lequel on peut user de véritables humiliations. Ce sont ces maux qui ont fait que les saints, sans mensonge et sans fiction, se sont accusés comme des pécheurs. C'est ce qui a causé leurs gémissements et leurs larmes. C'est ce qui les a si souvent armés contre eux-mêmes d'une indignation sainte et qu'ils ont punis dans leurs personnes par des pénitences et des austérités si rigoureuses. J'ai cru, mes frères, que je devais vous éclairer avec exactitude, des sentiments de saint Jean Climaque, afin que vous en ayant justifié la pureté et dissipé jusqu'aux moindres ombrages, rien ne puisse vous empêcher d'entrer avec une entière confiance dans toutes les maximes et les instructions de ce parfait serviteur de Dieu ; de ce second saint Basile, de ce solitaire d'une mortification si consommée, de cet homme comparable à ce que l'Église a jamais eu de plus grand et de plus saint, de cet interprète du saint Esprit, dont on peut dire que les paroles sont comme autant de traits enflammés qui portent tout-à-la fois dans les âmes et la chaleur et la lumière..

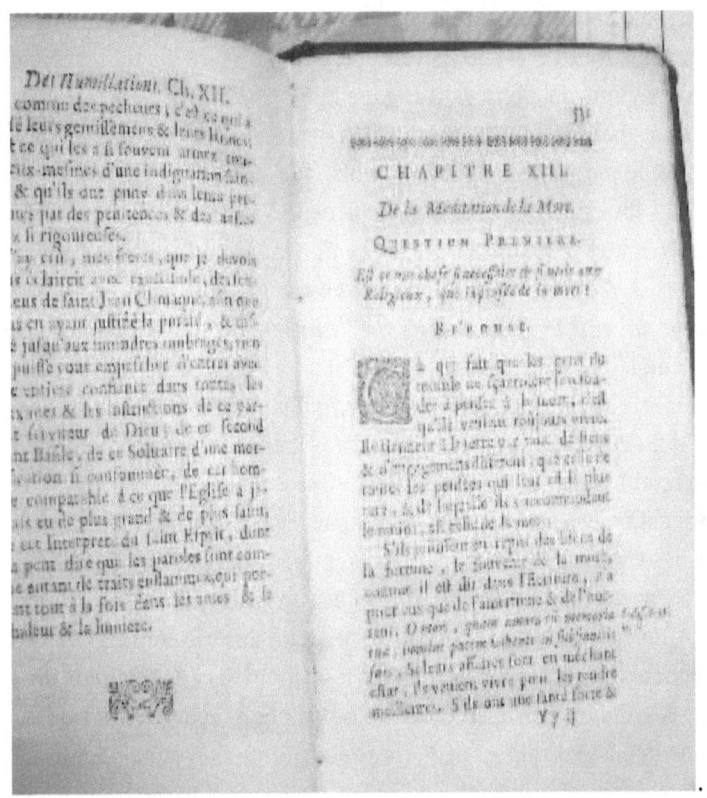

Chapitre XIII

De la méditation de la mort.

Question première

Est-ce une chose si nécessaire et si utile aux religieux, que la pensée de la mort ?

Réponse

Ce qui fait que les gens du monde ne sauraient se résoudre à penser à la mort, c'est qu'ils veulent toujours vivre. Ils tiennent à la terre par tant de liens et d'engagements différents, que celle de toutes les pensées qui leur est la plus rare et de laquelle ils s'accommodent le moins, est celle de la mort.

S'ils jouissent en repos des biens de la fortune, le souvenir de la mort, comme il est dit dans l'Écriture, n'a pour eux que de l'amertume et de l'horreur : *O mors, quam amara est memoria tua, homini pacem habenti in substantiis suis*[607]. Si leurs affaires sont en méchant état, ils veulent vivre pour les rendre meilleures. S'ils ont une santé forte et robuste, ils s'imaginent qu'ils ne doivent jamais mourir. Si au contraire ils l'ont mauvaise et languissante, ils se flattent d'un rétablissement et d'une convalescence future. Enfin, ceux dont la foi est entièrement éteinte et qui par conséquent ne sont touchés que des choses présentes, n'envisagent dans la mort que des privations tristes et des séparations cruelles. Et ceux qui conservent encore quelque étincelle de cette foi, ne tirant aucune consolation des promesses que Jésus Christ a faites aux chrétiens qui l'ont plus vive et plus ardente, et n'apercevant rien dans leurs œuvres qui ne leur donne de justes craintes de la mort et de toutes ses suites, font tout

---

[607] Si 41, 1

ce qu'ils peuvent pour en étouffer la pensée, le sentiment et la mémoire.

Mais pour les véritables solitaires qui sont à l'égard du monde, comme s'ils n'étaient plus, qui n'ont aucune part dans les choses passagères et qui vivent uniquement dans la foi et dans l'attente des biens à venir, non seulement ils ne voient rien dans la fin de leur vie qui leur fasse la moindre peine, mais ils trouvent leur joie et leur consolation dans la méditation de la mort. Rien ne convient mieux à ces hommes si dégagés de toutes les choses sensibles, qu'un Père[608] des premiers siècles a dit en parlant des chrétiens : „Ce sont de certains hommes toujours prêts et disposés à mourir ; *Expeditum morti genus*. Ils ont cette pensée imprimée dans l'esprit et ce désir gravé dans le fond de leurs cœurs. Ils regardent la mort comme la fin de leur servitude et le commencement de leur liberté. C'est un peuple distingué par le mépris qu'il fait de la vie et qui n'est jamais plus content que quand il est sur le point de la perdre. Ce qui afflige les autres le console. Ces hommes divins, sachant que le baptême les a déjà séparés du siècle, sont ravis que la mort achève de les en séparer pour toujours.

En effet, ceux qui craignent la mort, comme dit saint Cyprien[609], ignorent encore les premiers principes du christianisme. Cette faiblesse ne se peut rencontrer que dans les personnes qui se trouvent engagées dans les délices d'une vie mondaine. Il faut de nécessité que ceux qui ont renoncé au monde et qui n'ont que du mépris et de la haine pour tout ce qu'il enferme de biens, de grandeurs et de plaisirs ; et qui n'aiment rien que ce qu'ils ne peuvent ni acquérir ni posséder sinon par la perte de la vie, se consolent et se réjouissent

---

[608] Tertul. In Apol.
[609] In Tractatis de mortal.

Chapitre XIII - Question première

dans la pensée de la mort, qui seule doit finir toutes leurs misères et les rendre éternellement heureux.

Lorsque quelqu'un d'entre eux, dit saint Jean Chrysostome[610], il parle des solitaires, se trouve dans le moment de sa dissolution, les cris de joie et d'allégresse retentissent dans les tabernacles des justes. On n'y entend ni gémissements, ni plaintes. Ces demeures bienheureuses sont exemptes de ces tristes clameurs et de ces lamentations lugubres. Ils meurent véritablement parce qu'ils ne sont pas immortels. Mais ils n'ont garde de considérer leur mort comme une mort. Ils accompagnent ceux qui les quittent, avec des hymnes et des Cantiques. Ils regardent comme une pompe solennelle ou un triomphe, ce que les autres appellent une cérémonie funèbre. Quand on apprend que quelqu'un a fini sa vie, ce n'est partout que consolation et réjouissance ; et personne n'ose dire, un tel est mort, mais bien un tel a achevé sa course. Ainsi tout est plein d'actions de grâce et de jubilation. Chacun soupirant après une destinée semblable, chacun désirant de sortir du combat de la même manière, de voir ses travaux couronnés et de jouir enfin pour jamais, de la vue et de la présence de Jésus Christ.

Les enfants des ténèbres, dit saint Bernard, dorment pendant la nuit, mais pour vous, mes frères, qui êtes enfants de lumière, veillez en l'attente de ce dernier jour... La mort arrivera, dit le même saint, mais elle n'aura rien de triste, elle ne sera qu'un doux sommeil pour ceux qui sont aimés de Dieu. Elle sera l'ouverture de cet héritage qu'il leur a préparé avant la création des siècles, la porte de la vie, le commencement de leur repos, l'échelle de cette sainte montagne et l'entrée de ce tabernacle admirable, qui n'a point été dressé de la main des hommes mais de la main de Dieu. Animons-nous d'une sainte allégresse pour dissiper ce funeste assoupissement du siècle.

---
[610] Tome 6 ? ad Timot.

Les gens du monde peuvent fermer les yeux aux fortunes que nous espérons, et mettre tout leur bonheur dans la jouissance d'un plaisir et d'une volupté passagère, puisque l'extrémité de leur vie n'aura pour eux que de l'horreur, que leur passage sera rempli de tristesse et que la gloire qui accompagnera ce grand Dieu dans cette journée redoutable, les couvrira pour jamais, de honte et de confusion[611]. *Manet enim eos horror in exitu, dolor in transitu, pudor in conspectu gloriæ magni Dei.* Comme nous n'avons aucune part à leur sommeil et à leur aveuglement, mes frères, levons les yeux au ciel d'où nous attendons tout notre secours, disons incessamment à Dieu qu'il rompe nos chaînes et qu'il se hâte de nous accorder la possession de cette terre dont la beauté, la richesse et l'excellence sont infinies. Chantons de joie dans la vue de cet heureux moment et louons le Seigneur de ce qu'il nous a promis, qu'il ne laissera point le juste dans les enfers et qu'il ne permettra pas que celui qu'il a rendu saint, périsse et soit enseveli dans la corruption[612].

Les saints, mes frères, ont estimé que la pensée de la mort avait de si grandes utilités qu'ils l'ont recommandée aux solitaires avec un soin très particulier, et comme devant faire la plus ordinaire de leurs occupations.

Saint Ephrem[613] exhorte les moines à conserver une mémoire éternelle de la mort.

Saint Benoît veut que ses frères aient toujours la mort présente et qu'il ne la perde jamais de vue : *Mortem quotidie ante oculos suspectam habere*[614].

---

[611] Serm 28 *De divers*. SBO
[612] cf. Ps 15, 10
[613] Serm De compunct. Animi.
[614] RB 4

Chapitre XIII - Question première

Saint Bernard[615] nous apprend que les moines habitent des lieux malsains afin que n'ayant point de santé assurée, ils aient incessamment devant les yeux la pensée de la mort.

Saint Jean Climaque dit que comme de tous les aliments, le pain est le plus nécessaire aussi, de toutes les pratiques spirituelles, la méditation de la mort est la plus utile. Elle fait embrasser aux religieux qui vivent en communauté, les travaux et les exercices de la pénitence, leur fait trouver leur plus grand plaisir dans les humiliations et dans les mépris. Pour les solitaires qui sont éloignés de tout le tumulte et de tous les troubles du monde, elle produit en eux un abandon entier de tous les soins de la terre et une vigilance exacte de toutes leurs pensées.

Pour nous, mes frères, si nous nous trouvions jamais ébranlés et troublés de la crainte de la mort, souvenons-nous, comme dit saint Cyprien que nous avons renoncé au monde, et que nous y vivons comme dans une terre étrangère. Considérons avec plaisir ce jour bienheureux qui doit placer chacun de nous dans la demeure qui lui est destinée, après qu'il aura été retiré des pièges du siècle, le rétablir dans le paradis comme dans son propre royaume. Qui est celui qui se trouvant dans une région éloignée, ne se presse pas de retourner dans sa patrie qui ne désire point un vent favorable pour rendre sa navigation plus courte ou plus heureuse, dans l'impatience qu'il a de revoir ses proches et ses amis. Le Royaume de Jésus Christ, mes frères, est notre patrie ; les patriarches sont nos Pères, pourquoi donc ne pas nous hâter d'aller les rejoindre? Nous y avons des pères, des frères en grand nombre qui nous y attendent, qui sont assurés de leur béatitude, et qui désirent la nôtre avec ardeur.

---

[615] In Ep. Ad Fastr.

Quelle joie ne devons-nous point avoir les uns et les autres, de nous rencontrer ensemble dans une même société et dans la participation d'un même bonheur ? Quelle joie, mes frères, de se trouver dans ces habitations sacrées, exemptes pour jamais, de la nécessité de mourir et remplis d'assurances d'y jouir d'une vie immortelle. C'est là, disait ce même saint[616], que se rencontre le glorieux chœur des apôtres, cette multitude innombrable des martyrs qui montrent leurs têtes couronnées comme autant de marques de leurs victoires et de leurs triomphes. Ces vierges saintes qui ont assujetti la concupiscence par la pureté de leurs mœurs. Enfin, c'est là qu'on verra ces hommes de miséricorde qui ont fait des œuvres de justice, par le soin qu'ils ont pris de subvenir aux besoins et aux nécessités des pauvres, et qui en observant les préceptes de Jésus Christ, ont rempli les trésors du ciel, des biens qu'ils possédaient sur la terre. Désirons avec impatience, mes frères, d'augmenter l'assemblée de tant de saints, de vivre avec eux et d'être pour jamais unis à Jésus Christ. Il faut que Dieu voie cette pensée dans le fond de nous cœurs, que Jésus Christ la regarde comme un effet de notre foi, lui qui doit mesurer la gloire qu'il prépare à ses élus à la grandeur avec laquelle ils l'auront désirée.

Qu'on dise tout ce qu'on voudra, mes frères, celui-là seulement comme nous vous avons dit, désire vivre longtemps, qui aime et qui goûte le monde et qui se laisse attirer par les charmes de ses voluptés trompeuses. Saint Jean nous avertit de ne point nous attacher au monde par des désirs et des affections charnelles, il nous déclare et nous exhorte de nous préparer par une volonté déterminée, par une foi ferme et une vertu constante, et à l'exécution des ordres de Dieu, et de bannir toute crainte de la mort dans l'attente de l'immortalité qui doit la suivre.

---

[616] Cyprien *De mortalit.*

Chapitre XIII - Question première

Vous me direz peut-être que ce qui vous touche et vous étonne n'est pas la crainte de la mort, mais les approches des jugements de Dieu ; qu'étant privés de l'avantage de pleurer vos péchés, vous ne pouvez les effacer par les larmes de la pénitence. Il est vrai que les jugements de Dieu sont terribles, mais ils sont inévitables, votre vie pour être longue, n'en sera ni plus innocente, ni plus agréable à ses yeux. Vous devez croire que vos péchés se multiplieront comme vos jours. Ce n'est point le nombre de vos années qui diminuera le nombre de vos offenses, mais ce sera la grandeur de votre charité et de votre amour qui couvrira vos péchés. Y a-t-il rien par où vous puissiez donner plus de marques à Jésus Christ que vous l'aimez, que par le désir que vous aurez que ce corps de péché soit détruit afin que lui étant intimement unis, il soit en vous et qu'il y règne d'une manière absolue ; que ce corps dis-je, qui ne fait autre chose que de s'opposer à tous ses ordres, qui lui a fait tant d'injures, qui s'est élevé tant de fois contre ses volontés les plus saintes, soit exterminé, retourne dans la poussière et soit réduit en cendres pour la punition de ses excès et de ses iniquités.

Pour ce qui regarde vos gémissements et vos larmes, rappelez dans votre mémoire pour vous consoler, ce que saint Cyprien disait à ceux qui avaient peine à mourir parce que, s'étant armés du courage et de la résolution nécessaire pour confesser le nom de Jésus Christ : par le martyr, ils se trouvaient frustrés de leurs espérances. Le martyr, leur disait-il, n'est point dans votre main, mais dans celle de Dieu, et vous ne pouvez pas dire que vous ayez perdu une grâce, ne sachant pas si vous étiez dignes de la recevoir. Et puis, Dieu qui connaît le fond de nos cœurs. Et qui en pénètre les replis les plus cachés, approuve la préparation dans laquelle vous êtes, et couronnera votre disposition comme si elle avait eu son effet.

Deum scrutator renum et cordis, et occultorum contemplator et cognitor, videt te, et laudat, et approbat, et qui respicit apud te paratam fuisse virtutem, reddit pro virtute mercedem.

Ce n'est pas notre sang, comme nous l'apprend ce grand martyr, mais notre foi que Dieu nous demande, c'est-à-dire que ce n'est pas notre pénitence extérieure mais une volonté fidèle de l'embrasser et de la faire de sorte que si la vôtre est sincère, elle est faite pour lui, et il la considère comme si elle était exécutée. *Nec enim sanguinem nostrum quærit Deus, sed fidem.* Enfin, ce n'est pas notre volonté que nous devons suivre, mais celle de Dieu, selon la prière que nous lui en faisons tous les jours. Il n'y a pas de renversement pareil à celui de le prier incessamment de nous accorder la grâce de l'accomplir et de n'envisager qu'avec crainte le moment auquel il lui plaira de nous appeler à lui et de nous retirer de ce monde.

Question II

Dites-nous en détails quels sont les utilités et les avantages qu'on trouve dans la méditation de la mort ?

Réponse

La première est que la présence de la mort conserve l'innocence de nos âmes ; elle empêche que la pureté n'en soit souillée par le péché. Elle porte ceux qui ont eu le malheur de le commettre, à recourir à celui qui peut seul par sa grâce en opérer la guérison. Elle en préserve les autres en résistant aux efforts des démons et aux attraits de la chair, et elle le fait avec tant de force et de succès qu'on peut dire que le cœur qui est pénétré du sentiment de la mort, est dans le fort des tentations, ce qu'est un rocher dans le milieu de la tempête. C'est ce que nous apprenons du saint Esprit même, lorsque nous lisons dans les saintes Écritures, que le moyen de ne point

Chapitre XIII - Question II

tomber dans le péché, est d'avoir devant les yeux les extrémités de la vie : *In omnibus operibus tuis memorare novissema tua, et in aeternum non peccabis*[617]. Car il est certain qu'il n'est guère possible de commettre une méchante action quand on est tout près de perdre le fruit qu'on en espère et de recevoir le châtiment qu'elle mérite. Il est bien malaisé qu'une âme soit assez déterminée pour offenser la majesté de Dieu lorsqu'elle voit qu'il a la main levée pour lui faire porter dans le moment même la peine de son crime. Et de même qu'il n'y a pas d'apparence qu'un homme, sans une extrême folie, voulut se donner la peine d'amasser des trésors, si la dissipation lui en était présente. Il y en a beaucoup moins qu'un moine ose violer sa foi et manquer à ce qu'il a promis à Dieu lorsqu'il voit que de son péché lui échappe, et qu'il aperçoit du même coup d'œil l'utilité qu'il attend la punition de son parjure, et la récompense qui doit couronner sa fidélité. Comme celui qui par une obligation essentielle à son état, a brisé les liens et rompu pour l'amour de Jésus Christ les engagements qui l'attachaient au monde, ne doit rien craindre davantage que de renouer ses chaînes et de se laisser reprendre par les faux appâts des biens et des plaisirs auxquels il a renoncé. Il se peut dire que rien ne lui est plus utile ni plus avantageux que la méditation et le souvenir de la mort qui le fait persévérer dans ce divorce et cette division si sainte et qui l'empêche de rentrer dans ce commerce et dans cette liaison qui ne peut plus être innocente à un solitaire. C'est ce qui porta ce solitaire de la montagne de Coreb, à répondre avec beaucoup de vérité ce peu de paroles à toutes les questions que lui faisaient les frères au moment de sa mort : „Pardonnez-moi, mes frères, si je ne puis vous dire autre chose, sinon que celui qui aura la pensée de la mort gravée dans l'esprit, ne péchera jamais".

---
[617] Si 7, 40

Le second effet que produit dans un solitaire la pensée de la mort, est de vider entièrement son cœur, d'y détruire ce qui peut lui rester d'affections pour les choses sensibles et d'empêcher qu'il n'en conçoive de nouvelles. Jésus Christ a voulu se servir de cette raison pour convaincre la folie de ceux qui s'attachent aux biens de la terre, en leur disant que la mort est toute prête de leur ravir ce qu'ils amassent avec tant de soin. Toutes leurs peines et leurs inquiétudes demeureront inutiles. *Stulte hac nocte repetunt a te animam tuam ; quae autem parasti cujus erun ?t*(Lc 12,20) Ce qui fait que les hommes se portent avec tant d'ardeur à bâtir des maisons, à se faire des établissements, à rechercher des emplois et des richesses ; c'est l'envie qu'ils ont de se procurer des satisfactions et des plaisirs. L'espérance d'en jouir est le motif de leurs désirs et de leurs actions et on ne peut point douter qu'ils ne cessent et d'agir et de désirer au moment où ils seront persuadés que leurs travaux ne leur servent à rien, et que toutes leurs diligences sont vaines.

Ainsi, mes frères, un solitaire qui conservera la pensée de la mort, vive et continuelle, verra toutes les choses passagères comme si elles étaient déjà passées. Il croira qu'il a véritablement perdu dans le monde tout ce qu'il y peut perdre. Il se considérera comme mort entre les vivants, ou plutôt comme vivant entre les morts : *Tamquam viventem cum mortuis*[618]. Et bien loin de prendre aucune liaison ni de faire aucun pacte avec les créatures, il les regardera toutes dans une égale insensibilité. La vie, la mort, la maladie, la santé, le repos, le travail, la honte, la gloire, la louange et le mépris ne le toucheront non plus que s'il était impassible. Il fera comme l'idole de cet ancien solitaire[619] qui ne s'émouvait ni des louanges ni des injures. S'il arrive que par une fragilité de laquelle nul

---

[618] Lc 24, 5
[619] *In actionibus sanct. Patr.*

Chapitre XIII - Question II

homme ne peut être entièrement exempt, tandis qu'il vivra dans une chair mortelle, son cœur vienne à s'appesantir et à s'arrêter sur quelqu'une de ces choses qu'il ne lui est plus permis d'aimer, il s'élèvera aussitôt contre lui-même et se fera ce reproche : *hac nocte animam tuam repetunt a te*[620]. Mon âme, à quoi pensez-vous ? Avez-vous oublié ce que vous êtes et ce que sont les choses dont vous voulez vous occuper ? Vous êtes prête à paraître au jugement de celui qui vous en a interdit la jouissance, ne savez-vous pas que vous ne leur êtes plus propre et qu'elles ne sont plus dignes de vous : il faut qu'elles vous échappent au moment où vous croirez vous y attacher. Et vous tomberez pour jamais, dans la main de celui que vous aurez si injustement abandonné pour l'amour d'elles ?

Un troisième avantage qu'on trouve dans la méditation de la mort : en éloignant les choses de la terre, elle rapproche celles du ciel ; nous donnant un cœur de bronze pour les unes, elle nous donne pour les autres un cœur de chair; à mesure qu'elle détruit en nous l'amour du monde, elle y fait régner l'amour de Jésus Christ. Ce qui est cause qu'on n'est point touché des choses éternelles, et que le bonheur que Dieu promet à ceux que le servent, tout infini qu'il est, fait sur nous des impressions si légères, c'est qu'on le considère comme éloigné. L'intervalle qui nous en sépare le diminue de telle sorte à notre esprit, qu'il n'a rien dans notre opinion qui soit comparables aux peines qu'il faut endurer pour l'acquérir. On parle aux hommes des maux et des félicités futures sans fruit et sans effet parce qu'ils sont tellement accoutumés à se conduire par les sens, que dès-là que les choses ne sont pas présentes, ils les comptent pour rien. Elles ne leur paraissent que des événements douteux et des aventures incertaines.

---

[620] Cf. supra

La pensée de la mort, mes frères, détruit toutes ces distances. Le véritable solitaire qui la porte vivement gravée dans son esprit, a sans cesse l'éternité de Dieu présente devant les yeux. Comme il s'en voit séparé que par un instant, il est dans une attente continuelle que Jésus Christ l'appelle et qu'il lui plaise de le joindre à la compagnie de ses saints. Son Sauveur est l'objet unique de toutes ses vues et de tous ses désirs. Il le considère comme la cause du bonheur dont il est sur le point de jouir ; il pense à la reconnaissance qu'il lui doit pour toutes les grâces qu'il lui a déjà faites, et qu'il est encore près de lui faire. Il pense, comme dit saint Jean Climaque[621], à la Majesté infinie de Dieu, ce Royaume dont la durée, aussi bien que la gloire n'auront point de bornes. Il pense à ce zèle qui a embrasé tant de saints martyrs, à ce suprême et invisible témoin qui ne détourne jamais de dessus lui le regard de sa miséricorde, selon les paroles du roi-prophète : *Providebam Dominum in conspectu meo semper, quoniam à dextris est mihi ne commovear*[622]. Il pense aux anges, à ces esprits saints qui environnent son trône. Ajoutons, mes frères, qu'il pense à sa sortie de ce monde, laquelle selon l'espérance que Dieu lui en a donnée, doit être le moment de son exaltation et de son triomphe.

Nous pouvons compter la componction du cœur pour un quatrième effet de la méditation de la mort. Comme elle nous montre les deux faces de l'éternité, et qu'elle nous en rend les maux et les biens également présents, il ne se peut qu'elle ne fasse sur nous des impressions différentes ; que le sentiment que Dieu nous donne en cela de ses miséricordes, ne soit mêlé et tempéré par la vue et par la crainte de ses jugements. Ainsi le solitaire, fortement occupé durant le cours de sa vie de la pensée de la mort, repasse souvent dans

---

[621] Grad 6, 15
[622] Ps 15, 8

son esprit toutes les circonstances dont elle doit être accompagnée. Il se voit devant le tribunal redoutable de Jésus Christ, qui va décider pour jamais de son état. Il considère le compte qu'il lui demandera de la Majesté de son image, qu'il a imprimée dans son âme par la création, qu'il a rétablie par le baptême, et retracée à nouveau par la grâce qu'il lui a faite de l'engager dans une vie pénitente. Il considère l'excellence de sa condition et l'indignité de ses œuvres. Il voit ce nombre presque infini de péchés qu'il a commis, qui ne lui étaient pas sensibles dans le détail mais qui, tous ensemble, lui paraissent comme des montagnes. Cette multitude de paroles qu'il a si inutilement proférées ; cette foule de distractions et de pensées vaines dont une seule n'échappe ni à la connaissance, ni à la justice de Dieu. Il voit ses actions les meilleures, selon l'expression du prophète[623], „auprès de la sainteté de Dieu comme un linge souillé". Tout ce qu'il a jamais dit, fait ou pensé contre la sainteté de sa profession et l'intégrité de ses devoirs, est exposé devant ses yeux. Il se représente des troupes de démons impitoyables qui lui supposent des crimes, et qui l'accusent des fautes mêmes qu'il n'a jamais commises. Il se représente ces flammes de feu, ces abîmes souterrains, ces ténèbres affreuses et ces descentes obscures, toutes prêtes à recevoir ceux qui y seront précipités. Tous ces objets si terribles se montrent à un solitaire, frappent son esprit et ses sens, et si sa vie ne répond pas tout-à-fait à la vérité de sa profession, ils le remplissent de frayeur, ils le pénètrent, ils percent jusqu'au fond de ses os. Dieu, le regardant en pitié, ils lui font prendre des résolutions d'entrer dans une voie plus sainte et plus réglée.

Mais s'il est fidèle et s'il fait ce qu'il peut pour garder ses promesses, bien loin de le jeter dans le trouble, ni d'ébranler sa confiance, toutes les marques qu'il a reçues de la bonté de Jésus Christ,

---

[623] Is. 64, 5

viennent à son secours, le soutiennent et fortifient son espérance et sa foi. Il a recours à cette protection – dont il a tant de fois ressenti la puissance. Son cœur est pressé de l'amour qu'il lui porte, de la douleur de lui avoir déplu aussi bien que de la crainte de sa colère. Sa componction est continuelle et il ne saurait se lasser de pousser des gémissements et de répandre des larmes. Si ses pleurs lui servent de nourriture les jours et les nuits, il peut aussi dire que le Seigneur fait par sa miséricorde, que sa douleur et son amertume deviennent sa consolation et sa joie : *Convertisti planctum meum in gaudium mihi*[624]. Car son âme étant et rafraîchie et purifiée par l'abondance de ses pleurs, n'a plus que des sentiments et des pensées de paix, de reconnaissance et de bénédiction. Elle s'écrie sans cesse avec de violents transports : C'est vous, Seigneur qui me délivrez de la fureur et de la rage de mes ennemis : *Factus est Dominus protector meus ; eripuit me de inimicis meis fortissimis, et ab iis qui oderunt me, liberator meus de inimicis meis iracundis*.

Enfin, une cinquième utilité de la méditation de la mort, c'est qu'elle console un religieux de la longueur de son exil et de l'affliction que ressentent tous ceux qui vivent avec piété dans cette région de larmes. Il voit la face du monde toute défigurée par le péché. Il voit des hommes unis dans une société sainte par quelques liens extérieurs, qui désavouent par le détail et par le corps de leurs actions ce qu'ils professent. La cupidité est l'âme de leur conduite. Et au lieu d'y remarquer de ces traits qui, selon la parole de Jésus Christ distinguent ceux qui sont à lui, de ceux qui n'y sont pas, les passions sont les caractères de leurs œuvres. Ils n'agissent presque jamais que pour leur plaisir, pour leur fortune ou pour leur gloire. Jésus Christ qui devrait être partout, ne se trouve en rien, et il

---

[624] Ps 29, 12

Chapitre XIII - Question II

semble à la manière dont ils vivent, que pour être chrétien ce soit assez d'en avoir le nom.

S'il regarde de plus près les lieux et les conditions qui dans le dessein de Dieu, et par la sainteté de leur origine et de leur Institut, devraient être comme les refuges de la piété et de la religion lorsque l'impiété des hommes lui fait la guerre, il trouve que le désordre s'y est fait des ouvertures et des entrées comme partout ailleurs. On n'y reconnaît plus ni la simplicité ni la vertu, ni les maximes, ni la discipline des saints. L'Esprit de Jésus Christ, qui les a formées, s'en est retiré. On y marche par des chemins, on y suit des voies qui ne sont point les siennes. Les choses sont venues jusqu'à cet excès que les hommes, ayant eu honte de leurs dérèglements, et néanmoins, ne pouvant se résoudre à les quitter, ils se sont faits des raisons pour les autoriser et pour les défendre. Cependant, le zèle qu'il a pour le service de Dieu son Maître, et pour la gloire de son nom, fait qu'il ne peut voir sa majesté déshonorée par une conspiration si générale, que son âme ne soit toute plongée dans l'amertume et dans la tristesse.

Mais quand il vient à se considérer lui-même, il ne trouve rien non seulement qui le contente, mais qui n'augmente pas sa peine et sa douleur. Il voit dans le fond de son âme une source vive de tous les maux qu'il ne commet point en effet, mais qu'il commettrait sans doute, si Dieu ne prenait un soin particulier de conserver son innocence. Il découvre cette multitude effroyable de passions différentes, qui n'étant enchaînées par les liens de la grâce, mais non pas détruites, sont comme autant de lions rugissants qui attaquent par des efforts continuels, ses résolutions les plus saintes. Il sent dans ses sens la loi du péché s'élever incessamment contre la loi de la raison. Et ce qui l'afflige davantage, c'est que ses résistances ne sont jamais si fidèles qu'il ne lui échappe toujours quelque chose qui blesse la sainteté de celui auquel il ne doit en ne veut point déplaire. Ainsi, il craint que ses infidélités venant à se multiplier, la patience de Jésus Christ ne se lasse, sa miséricorde ne se resserre et qu'il ne trouve plus en lui la protection accoutumée.

Un solitaire étant comme assiégé de toutes ces pensées, ne voit rien ici-bas qui puisse le soulager, les maux publics, ses propres misères, l'injure que reçoit Jésus Christ par une désobéissance presque universelle, l'accablent et le portent dans l'extrémité de la douleur. Mais aussitôt qu'il tourne les yeux du côté de la mort, il voit dans la fin de sa vie la fin de ses disgrâces. Il voit qu'en cessant de vivre, il va cesser d'être malheureux. Son déplaisir s'apaise, son âme se rassure. Il est, selon saint Augustin, comme un voyageur qui se console du mauvais temps, parce qu'il est tout prêt d'achever son voyage ; ou comme un athlète qui souffre constamment ses travaux et ses blessures, croyant à tous les moments qu'il va finir le combat et remporter la victoire.

Enfin, mes frères, les biens et les secours que les solitaires tirent de la méditation de la mort, sont si grands et en si grand nombre qu'il ne m'est pas possible de vous en donner une idée qui les égale. Et quand je vous dirai que
>cette pensée excite la ferveur,
>elle bannit toute paresse,
>elle fixe la mobilité des âmes,
>elle empêche la dissipation de l'esprit,
>elle rend la pénitence agréable,
>elle ôte le dégoût des humiliations et des mépris,
>elle éteint l'intempérance de la bouche,
>elle produit un abandon de tous les soins de la terre, une vigilance exacte, une prière pure et ardente,
>elle inspire la piété, elle la conserve.

Chapitre XIII - Question II

En un mot, selon l'expression de saint Jean Climaque, toutes les vertus sont ses mères et ses filles. Je ne vous dirai rien que ce que les saints nous en ont appris. Mais bienheureux sont les solitaires qui n'ont pas besoin d'étudier ces vérités importantes dans les livres, mais qui les connaissent pour leur propre expérience.

Chapitre XIV

Des jugements de dieu.

Question première

Un solitaire doit-il s'occuper des jugements de Dieu comme d'une pensée ordinaire ?

Réponse

Il serait bien difficile de conserver la pensée de la mort, et d' n'avoir pas les jugements de Dieu devant les yeux. Ce sont des événements si unis par eux-mêmes qu'ils ne doivent pas être séparés dans nos pensées. La mort n'a rien qui la suive de plus près que le jugement de Jésus Christ ; mourir et être jugé, c'est presque une même chose. La pensée de la mort ne serait pas très utile si elle n'était jointe à celle du jugement. On sait aussi que le discours ordinaire de la plupart des hommes est qu'ils ne se mettent point en peine de la mort, mais seulement de ses suites ; c'est-à-dire, qu'ils n'appréhendent pas de mourir, mais d'être jugés.

Saint Augustin[625] disait à son peuple qu'il devait incessamment l'entretenir des jugements de Dieu, c'est-à-dire qu'ils devaient eux-mêmes y penser toujours puisque l'on n'en parle qu'afin que l'on y pense. C'est une pensée de laquelle Jésus Christ nous ordonne de nous occuper sans cesse, quand il dit : *Vigilate itaque, quia nescitis diem neque horam*[626]. Et, véritablement ce jour et cette heure sont si terribles et l'affaire qui s'y décidera d'une si grande importance, qu'on ne saurait assez s'étonner de ce que ne pouvant douter qu'elle n'arrive, l'on est capable de penser à d'autres choses. Que l'on dise

---

[625] In Ps 147
[626] Mt 25, 13

Chapitre XIV - Question première

à un homme que sa maison est prête de tomber, et que sa ruine peut arriver dans tous les moments, il ne différera point d'en sortir. Et c'est une chose étrange : il sait qu'il est menacé du plus grand de tous les malheurs, dont celui-ci n'est pas l'ombre, qu'il n'y a point d'instants dans lequel il ne puisse en être surpris ; et cependant sans y faire réflexion il vit dans une assurance entière, et comme s'il n'avait rien à craindre. Ces coups imprévus, ces accidents inopinés qui enlèvent tant de personnes, et qui sont des exécutions véritables des jugements secrets que Jésus Christ a rendus contre elles, frappent ses yeux mais ne touchent pas son cœur. Sa dureté résiste à tout et l'on dirait à voir sa conduite et sa sécurité que l'apôtre l'a excepté et n'a point parlé pour lui, quand il dit : Il faut que tous les hommes comparaissent un jour devant le tribunal de Jésus Christ pour recevoir la récompense du bien ou la punition du mal que chacun aura fait pendant sa vie. *Omnes enim nos manifestari oportet ante tribunal Christi, ut referat unusquisque propria corporis prout gessit sive bonum, sive malum*[627].

Les saints qui ont voulu nous préserver et se garantir eux-mêmes de cette insensibilité et de cette léthargie mortelle, ont pris un grand soin de conserver la présence de ce jugement dernier, de nous en donner des instructions et de vives peintures.

C'est ce qui a fait dire à saint Éphrem que l'entretien ordinaire des moines devait être du jugement[628]. En quelque lieu que vous soyez, dit ce grand saint, soit en chemin, soit à table, soit dans vos lits, pensez incessamment au jugement futur, et à l'avènement de ce juste Juge. Conservez-en le sentiment dans le fond de vos cœurs, dites-vous les uns aux autres quelles seront ces ténèbres, ce feu qui ne s'éteindra point, ce ver qui ne mourra jamais, ce grincement de

---

[627] 2 Co 5, 10
[628] Serm. 1 de Compunct. Animi

dents[629], de quelle sorte ces fleuves de feu embraseront la terre et la purifieront de ses crimes. Les cieux s'enfuiront avec autant de vitesse qu'un parchemin que se replie, les astres tomberont comme les feuilles des arbres. Le soleil et la lune perdront leur clarté. Comment le Juge descendra-t-il tout étincelant de lumière ; comment sa venue sera précédée par un bouleversement général de la nature. Quel sera l'appareil de ce tribunal redoutable, l'ébranlement de la terre ; l'éclat effroyable de ces trompettes, l'ouverture des sépulcres. De quelle manière les morts seront éveillés de leur sommeil, les âmes rentreront dans leurs corps. Enfin, comment les saints seront élevés dans l'air pour aller au-devant de Jésus Christ et comment les méchants et ceux qui auront négligé le soin de leur salut, seront exclus pour jamais de son royaume.

Ces paroles que le saint Abbé Évagre[630] disait à ses disciples, sont bien dignes d'être remarquées. Rappelez, mes frères, vos pensées en vous-mêmes et remettez-vous devant les yeux le jour de la mort, puisque c'est un moyen de mortifier vos sens. Songez quel est l'horrible malheur des damnés ; représentez-vous cet insupportable silence, ces profonds gémissements, ces craintes continuelles, ces combats intérieurs qui leur déchirent le cœur ; ces douleurs pressantes, cette cruelle attente d'être encore plus malheureux à l'avenir et ces larmes amères qui ne diminueront et ne finiront jamais. Souvenez-vous aussi du jour de la Résurrection ; imaginez-vous ce divin, terrible et épouvantable jugement. Songez quel sera la confusion que les pécheurs recevront à la vue de Dieu et de Jésus Christ en présence de tous les Anges et de tous les hommes. Considérez que cette confusion sera suivie d'un feu éternel, d'un remords de conscience, qui comme un ver immortel ne cessera jamais

---
[629] Cf. Lc 13, 28
[630] Pelag. Diastit. 3

Chapitre XIV - Question première

de les ronger, des ténèbres de l'enfer, du grincement des dents et de tous les autres supplices que l'on ne saurait imaginer.

Nous ne pouvons ne pas joindre à cette instruction si importante, le sentiment de ce grand solitaire, lequel après avoir écouté les différentes dispositions dans lesquelles ceux qui avaient parlé devant lui, avaient passé le temps de leur retraite. Pour moi, leur dit-il, je me considère en quelque endroit que j'aille, et de quelque côté que je me tourne tout environné de mes péchés, ce qui est cause que je me regarde comme ayant mérité l'enfer, et que je me fais ce reproche à moi-même : ,,Va-t-en avec ceux à qui tu devrais avoir déjà tenu compagnie, et dont tu dois bientôt augmenter le nombre. Là, je vois des yeux de l'esprit des pleurs continuels, accompagnés de gémissements, de gémissements, de grincements de dents et de tremblements inconcevables. Je vois une mer toute de feu, qui n'a point de bornes, dont les flots brûlants s'élevant à gros bouillons, avec un bruit épouvantable, semblent aller jusqu'au ciel, et qui réduisent en cendres tout ce qu'ils rencontrent. Je vois un nombre innombrable d'hommes précipités dans cette mer par les démons, qui tous ensemble jettent des cris et des hurlements si terribles que l'on n'en entend point dans le monde qui en approchent ; et la miséricorde de Dieu s'enfuit, et s'éloigne d'eux, à cause de l'énormité de leurs crimes. Alors, je me jette contre terre, je me couvre la tête de poussière ; je prie Dieu de ne pas permettre que je tombe dans ces horribles tourments. Je pleure le malheur des hommes qui sans considérer l'excès de ces maux qui les attendent dans l'autre vie, osent parler et s'entretenir d'autre chose en celle-ci. J'occupe mon esprit à les méditer. J'ai toujours devant les yeux ces douleurs et ces châtiments dont Dieu nous menace. Je me reconnais indigne que la terre me porte, et que le ciel me regarde et je considère ces paroles[631] du Prophète-roi, comme s'il les avait dites sur mon sujet : „Mes pleurs ont été le pain dont je me suis nourri nuit et jour".

Saint Benoît nous apprend dans sa Règle Ch. 7, de l'humilité, premier degré, qu'un moine doit avoir incessamment devant les yeux la crainte de Dieu et ne perdre jamais le souvenir de ses jugements. ... Qu'il doit avoir sans relâche dans la bouche de son cœur, ces paroles du publicain de l'Évangile : *Domine, non sum dignus levare oculos meos ad cœlum*[632].

Saint Bernard comprend en peu de paroles ce que quantité d'autres saints ont dit sur ce sujet. „Je crains, dit-il[633], le visage de ce juge capable de faire trembler les anges mêmes. Je crains la colère de ce Dieu puissant ; je crains les marques de sa fureur ; je crains ce fracas de monde bouleversé, cet embrasement des éléments, cette tempête épouvantable ; cette voix de l'Archange, cette parole dure et terrible. Je tremble en pensant aux dents de ce monstre infernal, au gouffre de l'enfer, à ces lions affamés, et tout prêts à dévorer leur proie ; je suis saisi d'horreur par l'image de ce ver qui rongera les méchants, de ce feu qui les brûlera, de cette fumée et de cette vapeur de souffre, de ces vents impétueux et de ces ténèbres extérieures. Qui mettra dans ma tête une source d'eau, et qui me donnera une fontaine de larmes à mes yeux pour prévenir par mes pleurs ces pleurs éternels, ces horribles grincements de dents, ces cruels liens et le poids de ces chaînes qui accableront, qui serreront, qui brûleront les réprouvés sans les consumer ?" *Paveo gehennam, paveo judicis vultum ipsis quoque tremendum angelicis potestatibus. Contremisco ab ira potentis, a facie furoris*

---

[631] Ps 41, 4
[632] Lc 18, 13
[633] Serm 16,7 in Cant. SBO Vol I, p. 93

Chapitre XIV - Question première

ejus, a fragore ruentis mundi, a confraglatione elementorum, a tempestate valida, a voce archangeli, et a verbo aspero. Contramisco a dentibus bestiae infernalis, a ventre inferi, a rugientibus præparatis ad escam. Horreo vermem rodentem, et ignem torrentem, fumum, vaporem et sulfurem, et spiritum procellarum, horreo tenebras exteriores. Quis dabit capiti meo aquam, et oculis meis fontem lacrimarum, ut præveniam fletibus fletum et stridorem dentium, et manuum pedumque dura vincula, et pondus catenarum, prementium, stringentium, urentium, nec consumentium ?

Ce n'est pas encore assez de vous dire que la méditation des jugements de Dieu est sainte, qu'elle est utile et qu'elle vous convient. Il faut que vous croyiez qu'elle vous est nécessaire, et que vous la mettiez au nombre des occupations dont vous ne sauriez-vous passer. Non seulement parce qu'elle vous est si recommandée par les saints mais qu'elle est essentielle à votre état. Vous êtes pénitents de profession, et un pénitent est un homme qui n'a qu'une affaire en ce monde qui est de se préparer au jugement de Jésus Christ et d'essayer d'en éviter la rigueur en purifiant sa vie par les larmes et par les travaux de la pénitence.

Occupez-vous donc, mes frères, de ce jugement de Dieu si salutaire et si terrible tout ensemble puisque c'est un moyen de vous le rendre favorable. Pensez à sa justice pendant que vous vivez, de telle sorte que vous trouviez sa miséricorde en mourant. Pensez-y en la manière qu'il vous l'ordonne, c'est-à-dire en veillant sur vous-mêmes avec tant de soin et d'exactitude qu'il ne vous échappe rien qui puisse irriter la colère de votre juge, au lieu de l'apaiser, et en le priant avec tant de foi et de ferveur que vous l'obligiez de détourner de dessus vos têtes ces effroyables malheurs qui menacent tous ceux qui, vivant dans une chair mortelle sont toujours comme flottant entre l'espérance et la crainte. *Vigilate itaque omni tempore orantes, ut digni habemini fugere ista omnia, quæ futura sunt, et stare ante filium hominis*[634].

Question II

Cette présence des jugements de Dieu ne peut-elle pas jeter les esprits dans le découragement et dans la tristesse ?

Réponse

La vue des jugements de Dieu a toujours été estimée si nécessaire, et si utile aux pécheurs avant et après leur conversion, qu'il n'y a rien que les saints Pères nous aient recommandé davantage, comme vous l'avez remarqué sans doute par tout ce que nous avons déjà pu dire en vous parlant de l'obligation que les religieux ont de pleurer leurs péchés, et de vivre dans l'attente de la mort. Mais afin de vous persuader entièrement d'une vérité si constante, et qui est d'un si grand secours pour ceux qui sont obligés, comme vous, à vivre dans une piété exacte.

Considérez, mes frères, que c'est par la crainte des jugements de Dieu que le saint Esprit opère dans les pécheurs les premiers désirs et les premières pensées qui leur viennent de leur salut ; que c'est par elle qu'il les prévient, qu'il les arrête dans le cours de leurs iniquités, qu'il les frappe, qu'il les ébranle, qu'il les renverse. Et après les avoir remplis de frayeur, il leur fait pousser ces cris perçants dans l'excès de cette crainte: *Quis novit potestatem iræ tuæ*[635]. Seigneur, qui connaît le poids de votre indignation ? Qui peut comprendre quelle est la grandeur de votre colère ? C'est par elle qu'il les conduit dans l'unique moyen qu'ils puissent prendre pour sortir de cet état de trouble et de confusion dans lequel ils se trouvent, qui

---
[634] Lc 21, 36
[635] Ps 89, 11

est de se relever par l'espérance et de s'adresser à sa miséricorde par la confiance qu'ils ont aux mérites de Jésus Christ. *A divinæ justitiæ timore quo utiliter concutiuntur, ad considerandam Dei misericordiam se convertendo, in spem eriguntur*[636]. D'où, venant à le considérer comme celui qui seul est capable de les délivrer de cette effroyable tempête dont ils sont menacés, il faut par une conséquence infaillible qu'ils conçoivent pour lui les premiers sentiments de reconnaissance et d'amour, et qu'ils regardent désormais avec horreur et avec détestation toutes ces actions criminelles par lesquelles ils ont eu le malheur de l'offenser et de lui déplaire. *Illumque tanquam omnis justitiæ fontem, diligere incipiunt ; ac propterea moventur in peccata per odium atque detestationem*[637].

Voilà ce qu'un pécheur doit à la crainte de Dieu, et comme quoi ses premières consolations lui viennent et sont les effets, de la vue de ses jugements.

Si cette crainte lui a été d'un si grand secours dans le commencement de sa conversion, elle ne lui sera ni moins avantageuse, ni moins nécessaire dans la suite. Elle a contribué à lui faire retrouver l'innocence qu'il avait perdue, elle contribuera à la lui faire conserver après l'avoir recouvrée. Et, bien loin de troubler le ciel de son cœur, comme on le prétend, et de le couvrir d'obscurité et de nuages, rien ne servira davantage à le maintenir dans la paix et dans la sérénité, et n'empêchera plus efficacement que la tranquillité ou plutôt la charité de Jésus Christ – qui en est la véritable source – ne lui soit ôtée.

Il arrive d'ordinaire que les âmes qui sont revenues à Dieu des égarements du monde, et qui font profession de le servir, tombent dans l'abattement, dans le progrès aussi bien que dans l'entrée de

---

[636] Conc. Trid. Sess. 6 de justific. c. 6
[637] Idem.

leur conversion et se trouvent remplies d'ennuis et de tristesses qui leur viennent sur leur persévérance, et par l'appréhension qu'elles ont que ce grand nombre de fautes et de péchés qu'elles commettent presque dans tous les moments, ne détournent Dieu de leur conduite, et ne l'obligent de retirer la main qu'il leur avait tendue. C'est ce qui fait plus souvent qu'on ne peut le dire, qu'un religieux qui est hors des dérèglements et des iniquités grossières, passe néanmoins ses jours, privé de ce repos et de cette joie intérieure que le Saint Esprit répand dans les âmes qui sont soigneuses de garder la charité et la justice, et qui évitent autant qu'elles le peuvent, l'occasion de lui déplaire. Si vous demandez à ce religieux le sujet de sa peine, et qu'il vous expose avec sincérité l'état de sa vie, vous connaîtrez qu'il n'est inquiet et chagrin que parce qu'il est infidèle. Il vous avouera qu'il est distrait dans ses prières, dissipé dans tous ses exercices, juger à murmurer contre son supérieur, à s'impatienter contre ses frères et languissant dans le service de Dieu ; prompt et vif dans les choses qui se rencontrent selon son humeur ; immortifié, immodeste, léger toujours prêt à regarder, à rire, à censurer la conduite des autres, et négligent à régler la sienne. Enfin, cette multitude de désordres, de méchantes habitudes, et d'actions déréglées, sont causes qu'il ne fait aucun usage des biens que sa profession renferme et qu'il est incessamment plongé dans l'amertume.

Mais si vous voulez le retirer de cet état, et apporter à ses maux un remède prompt et certain, persuadez-le de vivre dans la crainte des jugements de Dieu et de marcher dans la vue et dans la présence de ses justices ; de rappeler souvent dans sa mémoire que rien n'échappe à sa connaissance, qu'il sait le nombre de nos paroles, de nos actions, et de nos pensées ; il n'y a point d'instant qui ne puisse être celui dans lequel il a résolu de toute éternité de nous en demander compte. Comme il n'y a rien qui puisse le rendre plus exact, plus fidèle et plus attentif à toute sa conduite, ni qui puisse davantage exciter sa vigilance, son application et son zèle pour régler selon la loi de Dieu jusqu'aux moindres circonstances de sa vie ; il n'y a rien aussi qui puisse la rendre plus pure, plus innocente, et plus conforme aux volontés de dieu. Ni, par conséquence qui soit plus capable de rendre son esprit libre et son âme tranquille et contente, de bannir toutes ses inquiétudes et ses peines qui n'étaient que les effets de sa négligence, de sa paresse ou de son infidélité.

Question III

Ne pourrait-on pas dire que cette pratique serait bonne pour les gens qui commencent, mais non pour ceux qui ont déjà fait du chemin dans la piété.

Réponse

Il est aisé de vous montrer qu'elle est utile pour les uns, comme pour les autres. Pour ceux qui sont avancés comme pour ceux qui commencent. Les solitaires y trouvent de grands avantages, soit pour ne pas déchoir de la religion qu'ils ont acquise, soit pour s'élever à une perfection plus éminente, jusqu'à ce qu'ils soient arrivés à cet état, et à ce degré d'une charité consommée, et que cette crainte chaste qui doit demeurer dans les siècles des siècles, ait pris la place de la crainte des châtiments et des supplices.

Le démon combat ceux qui sont à dieu, et qui font profession de le servir, par des manières différentes. Tantôt il les attaque par des tentations violentes ; tantôt il essaie de les jeter dans des affaiblissements et des défaillances insensibles. Il se peut dire que dans l'un et l'autre cas, la présence des jugements de Dieu leur donne des forces, elle les affermit et rien ne contribue davantage à les soutenir contre ses efforts.

Un solitaire est surpris par une passion maligne et subite, comme par un coup de tempête ; souvent l'amour qu'il a pour Dieu n'étant pas assez vif, et n'ayant pas encore poussé dans son cœur des racines assez profondes, il est ébranlé, la tentation le presse ; il commence à céder et pour lors, la main de l'amour étant trop faible pour le soutenir, celle de la crainte vient à son secours. Elle l'arrête dans le penchant du précipice, et le garantit d'une chute qu'il ne pouvait éviter. Ainsi, la vue des jugements de Dieu fait souvent dans les âmes encore imparfaites, ce que la vue de sa bonté n'est point capable de faire.

Il en est de même, mes frères, dans les suggestions plus lentes, plus cachées, et plus couvertes, lorsque par des impressions secrète de licence, de relâchement et d'indévotion , le démon prépare aux âmes et leur fait prendre peu-à-peu le poison par lequel il a résolu de les perdre. De quel remède plus puissant peut-on se servir pour en empêcher l'effet que de la vue des jugements de Jésus Christ, rien n'étant plus capable comme nous l'avons remarqué, et comme l'assurent tous les saints, de dissiper cette disposition léthargique et ce sommeil qui cause quelquefois une langueur et une insensibilité mortelle à ceux qui marchaient avec plus de vigilance et plus d'ardeur.

La crainte donc et la vue des jugements de Dieu, mes frères, fait que les solitaires évitent les pièges que leurs ennemis leur tendent ; ils résistent à la force avec laquelle ils les attaquent ; non seulement elle conserve leur charité et lui sert de rempart et de défense, mais encore elle en procure et l'accroissement et le progrès.

Ce qui fait que la charité croît dans nos cœurs avec tant de peine, c'est qu'elle y rencontre des obstacles qui l'arrêtent : les vices, les péchés, les méchantes habitudes sont comme des saletés et des ordures qui bouchent les conduits et remplissent les canaux,

Chapitre XIV - Question III

en sorte que cette eau toute pure et toute céleste, n'ayant pas ses écoulement libres, est forcée et contrainte de se resserrer et ainsi, elle ne peut pas se répandre avec abondance. Mais comme le propre de la crainte selon saint Basile[638], est de retenir le solitaire dans une observation exacte de la loi, de faire qu'il ne lui échappe rien de ce qu'elle lui prescrit ; et qu'il n'est pas possible dans le sentiment du même saint, que celui qui a les jugements de Dieu présents, néglige aucun point de ce qu'il lui commande, il est certain que le crainte fait les chemins, qu'elle prépare les voies, qu'elle ouvre les passages, et que par son secours, les âmes s'élèvent à cette charité parfaite qui ne sait ce que c'est que de craindre : *Timor locum præparat charitati*[639]. ...

Ce fut dans tous les temps la pensée et la doctrine des saints. Un Père des premiers siècles[640], dit qu'on ne peut aimer Dieu par le sentiment du cœur, si auparavant on ne l'a craint de tout son cœur : la crainte purifie l'âme, elle l'amollit, elle la rend capable d'exercer la charité et qu'il n'y a que ceux qui ne sont plus du monde, et qui n'ont plus de part à ses soins, qui puissent avoir cette crainte.... Que la crainte jointe à un amour médiocre appartient à ceux qui sont encore dans la vie purgative, mais que pour ceux qui sont entièrement purifiés, ils jouissent d'une charité parfaite, et ne connaissent plus de crainte. *Perfecta caritas, etc.* ...

Il dit que ces paroles du Prophète : *Timete Dominum omnes sancti ejus. Diligite Dominum omnes sancti ejus,* s'entendent des justes. La crainte est pour ceux dont la charité est médiocre, et que l'amour est pour ceux qui en ont une parfaite. La crainte de ceux qui n'ont qu'une charité médiocre, est un feu brûlant qui purifie, et

---
[638] Prol. In reg. Fus. Disp.
[639] Aug. Tract. 9 in Epist. I Jn
[640] Diadoc. De perfec. Spirit. c. 16-17. Bibliot. P tom 5.

elle diminue à mesure que la charité augmente, en sorte que quand elle est consommée, la crainte s'efface et l'âme pleine d'une sainte ardeur s'unit intimement à Dieu par l'opération de son saint Esprit.

Saint Augustin n'est pas d'un autre avis quand il dit que par la crainte des peines qui empêche de commettre le péché, on acquiert l'habitude de la justice. On commence à aimer ce qui paraissait dur, et que l'on trouve de la douceur dans le service de Jésus Christ. *Incipit amari quod durum erat ; dulcessit Deus*[641]. ... que cette crainte est bonne et qu'elle est utile, quoiqu'elle ne soit pas encore cette crainte chaste qui demeure dans les siècles des siècles. Cependant comme c'est la seul charité parfaite qui bannit la crainte, et qu'on ne passe pas tout d'un coup de cette crainte à cette charité parfaite, mais qu'on s'y élève peu à peu et par différents degrés, il faut de nécessité que la crainte se rencontre avec la charité, qu'elle la soutienne, et qu'elle ne l'abandonne, que quand elle a atteint le comble de sa perfection, qu'elle ne lui soit plus d'aucun secours.

C'est ce que saint Benoît nous enseigne[642], mes frères, lorsqu'après vous avoir donné douze règles pour vous élever à la perfection de votre état, entre lesquelles la première et la dernière vous obligent à conserver incessamment la crainte et la présence des jugements de Dieu, il vous déclare que lorsque vous aurez passé par ces divers degrés de mortifications et de pénitence, vous acquerrez cette charité parfaite par laquelle vous commencerez de faire sans peine par une habitude sainte et pour l'amour de Jésus Christ ce que vous faisiez auparavant par un motif de crainte.

C'était l'esprit de saint Bernard, quand il nous a dit qu'i n'a rien trouvé de plus puissant pour acquérir la grâce, pour la conserver et pour la recouvrer après l'avoir perdue que de se tenir devant Dieu

---

[641] Aug. : In Ps 127 enar.
[642] RB 7

Chapitre XIV - Question III

et en tout temps dans l'humilité de la crainte, et non pas dans l'élèvement de la science, et que l'homme qui craint toujours est heureux. Craignez, dit-il, quand la grâce vous rit, quand elle vous quitte et lorsqu'elle vous est rendue. Que ces trois craintes se succèdent incessamment les unes aux autres[643]. *Nihil æque inveni efficax ad gratiam promerendam, retinendam, recuperandam, quam si omni tempore coram Deo inveniaris, non altum sapere, sed timere ; beatus homo qui semper pavidus*[644], *etc.*

Ce sont des vérités que Dieu nous a enseignées dans tous les temps soit par ses divines écritures, soit par l'exemple de ceux de ses serviteurs qui ont été davantage remplis de son esprit. Nous voyons dans quantité d'endroits de l'ancien Testament, quelle est l'utilité et la nécessité de la crainte. Nous lisons dans l'Ecclésiastique que Dieu soutient dans les tentations ceux qui le craignent et qu'il les préserve dans maux dont ils sont menacés[645]. Celui qui a la crainte de Dieu est heureux, rien n'est capable de le troubler ni de l'ébranler parce que le Seigneur est son espérance.

Jésus Christ nous commande dans le nouveau, parlant de ses apôtres, de craindre ses jugements lorsqu'il leur dit : „ je vous dirai, à vous qui êtes mes amis, qui est celui que vous devez craindre : Craignez celui qui après avoir donné la mort, a le pouvoir de précipiter dans les enfers. *Dico enim vobis amicis meis... Ostendam autem vobis quem timere debeatis ; timete eum qui post quam occiderit habet potestatem mittere in gehennam*[646]. Il les nomme ses amis, donc ils avaient la charité et néanmoins il leur ordonne de

---

[643] Serm. 54 super Cantica ; SBO Vol. II p. 10 Texte SBO : nil aeque efficax esse ad gratiam ...
[644] Pr 28, 14
[645] Cf. Si 33 ; 15...
[646] Lc 10, 28

craindre. Saint Paul veut que les fidèles opèrent leur salut dans la crainte et dans le tremblement.

Pour ce qui est des exemples, l'histoire sainte en est toute pleine, mais il n'y en a pas de plus remarquables que celle de Job et de David. Job, cet homme irrépréhensible, ce prodige de sainteté, nous apprend que la crainte qu'il a eue des jugements de Dieu, a été si grande et si continuelle qu'il les a toujours considérés comme des flots irrités, qui roulaient incessamment dessus sa tête, dont il ne pouvait supporter la pensée. *Semper enim quasi tumentes super me fluctus, timui Deum ; et pondus ejus ferre non potui*[647].

Pour le Roi prophète, quoiqu'il ait été un serviteur fidèle, et que Dieu l'eût choisi selon son cœur, il ne laissait pas d'avouer qu'il était incessamment saisi de crainte. Il redoutait partout la colère de dieu. Il ne pensait jamais à ses miséricordes qu'il ne pensait à ses justices. Il lui demande qu'il perce sa chair de la frayer de ses jugements et témoigne en mille lieux que sa crainte subsistait encore nonobstant la grandeur de son amour et que le feu de sa charité ne l'avait pas encore entièrement consumée.

C'était dans une disposition semblable que saint Hilarion aux derniers instants de sa vie, s'écria : „Sortez mon âme ! Qu'appréhendez-vous ? Il y a soixante et dix ans que vous servez dieu, et vous craignez encore de paraître devant lui ? *Egredere anima mea, quid times ? Septuaginta annis servisti Deo, et adhuc times*[648] ?

Saint Arsène dans ce même sentiment, étant prêt de rendre l'esprit, et versant des larmes, répondit à ceux qui lui demandaient, pourquoi il pleurait et s'il craignait la mort, que véritablement il la craignait, que cette crainte n'était jamais sortie de son cœur depuis qu'il avait quitté le monde.

---
[647] Job 31, 23
[648] Vita Pat Sanc Hilar. c.38

Chapitre XIV - Question III

Ainsi, mes frères, ne dites jamais sous prétexte de vous conduire par des voies plus nobles, plus élevées et plus pures, que la vue des jugements de Dieu ne vous est pas utile, et qu'il vous convient mieux d'aller à lui par la voie de la charité que par celle de la crainte, en qualité d'enfants que comme des esclaves. Nous ne demandons pas que votre crainte soit toute sèche, stérile et sans amour. Elle fait bien que l'on s'abstient du crime, mais n'empêche pas qu'on ne l'aime et qu'on n'ait la volonté de le commettre. Mais nous voulons qu'en redoutant ce bras terrible qui punit les crimes, vous adoriez cette main de miséricorde qui distribue les récompenses et les couronnes, que vous ayez tout ensemble la présence des bontés et celle des justices. Que votre charité comme nous vous l'avons déjà dit, accompagne votre crainte, qu'elle combatte avec elle, et qu'elle vous défende avec elle. Enfin qu'elle vous porte, qu'elle vous excite à aimer celui qui seul peut vous garantir des maux que vous avez devant les yeux, et sans l'amour duquel toutes vos craintes seraient vaines, infructueuses et stériles. Gardez-vous bien de vous imaginer que votre vertu soit assez avancée pour n'avoir plus besoin de crainte et ne vous trompez pas en jugeant témérairement de votre état, et en vous attribuant une perfection que vous n'avez point. *Si occultissimum judicium timent etiam magni ; quantum nos ad illius examinis memoriam, convenit trepidare*[649]

Il est rare de voir des gens d'une piété si consommée qu'on puisse leur dire qu'ils ne doivent plus craindre. Mais il n'y a rien de plus ordinaire que d'en voir qui n'ayant qu'une piété fausse, ou faible, et languissante, vivent avec autant de sécurité que s'ils

---
[649] Bern Serm. 15 in Ps qui habitat.

n'avaient rien à craindre. Et si on en observait la conduite avec attention, on n'y verrait non plus de marques de charité, que de crainte.

Assurez-vous, mes frères, que quand on a des passions à vaincre, que l'on éprouve des guerres intestines, que l'on ressent la loi des sens s'élever contre la loi de l'esprit, on n'a point trop de moyens pour se défendre, et on ne se trompera guère quand on s'appuiera de la crainte aussi bien que de la charité et qu'on envisagera le jugement dans ses deux faces ; c'est-à-dire sa sévérité et sa justice, aussi bien que sa bonté et sa clémence.

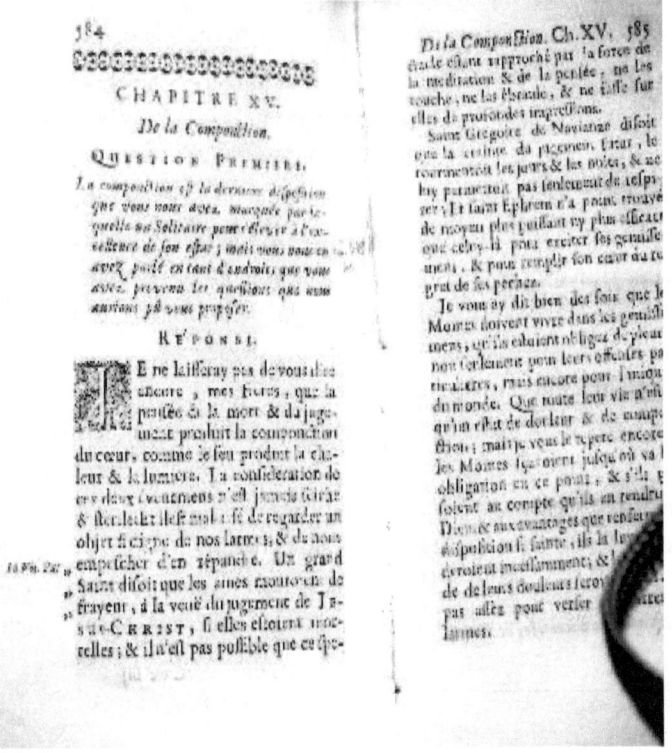

Chapitre XV

De la Componction

Question première

La componction est la dernière disposition que vous nous avez marquée par laquelle un solitaire peut s'élever à l'excellence de son état. Mais vous nous en avez parlé en tant d'endroits que vous avez prévenu les questions que nous aurions pu vous proposer.

Réponse

Je ne laisserai pas de vous dire encore, mes frères, que la pensée de la mort et du jugement produit la componction du cœur, comme le feu produit la chaleur et la lumière. La considération de ces deux événements n'est jamais sèche et stérile. Il est malaisé de regarder un objet si digne de nos larmes et de nous empêcher d'en répandre. Un grand saint[650] disait que les âmes mourraient de frayeur à la vue du jugement de Jésus Christ si elles étaient mortelles. Il n'est pas possible que ce spectacle étant rapproché par la force de la méditation et de la pensée, ne les touche, ne les ébranle et ne fasse sur elles de profondes impressions.

Saint Grégoire de Nazianze disait[651] que la crainte du jugement futur le tourmentait les jours et les nuits, et ne lui permettait pas de respirer. Saint Éphrem n'a point trouvé de moyen plus puissant ni plus efficace que celui-là pour exciter ses gémissements et pour remplir son cœur du regret de ses péchés.

Je vous ai dit bien des fois que les moines doivent vivre dans les gémissements, qu'ils étaient obligés de pleurer non seulement

---

[650] In Vit. Pat.
[651] Orat. 10, p. 174

pour leurs offenses particulières, mais encore pour l'iniquité du monde. Toute leur vie n'était qu'un état de douleur et de componction, mais je vous le répète, encore si les moines savaient jusqu'où va leur obligation en ce point, et s'ils pensaient au compte qu'ils en rendront à Dieu, et aux avantages que renferme une disposition si sainte, ils la lui demanderaient incessamment. La plus grande de leurs douleurs serait de n'en avoir pas assez pour verser des torrents de larmes.

Saint Jean Climaque dit que le solitaire ne verra parfaitement que dans le moment de sa sortie de ce monde l'utilité qu'il aura tirée de ses larmes. Et nous pouvons vous assurer que ce sera pour lors qu'il connaîtra le malheur de n'avoir pas pleuré ses péchés, mais que ce sentiment ne lui servira plus de rien[652]. Il connaîtra la grandeur de ses maux et il ne sera plus en état de les guérir. Son premier repentir sera sans fruit ; le ver qui rongera son cœur ne mourra jamais et la colère qu'il concevra à la vue de son désastre ne produira rien en lui, selon la parole du prophète, que la rage et le désespoir : *Peccator videbit et irascetur, dentibus suis fremet et tabescet*[653].

C'est-là le sentiment de tous les saints moines, et ceux qui ont connu parfaitement leur état, les ont considérés comme des gens qui devaient passer leur vie dans une affliction et une sainte tristesse, soit à cause de la pensée de la mort qui doit incessamment leur être présent, soit parce qu'étant pénitents par leur profession, il n'y a rien qui leur convienne davantage que la componction et la douleur.

---

[652] Ech. Ste. Degré 7 art. 37
[653] Ps 111, 10

Chapitre XV - Question première

Saint Antoine disait à ses frères[654] : «Affligez-vous le jour et la nuit pour vos péchés, enveloppez-vous de votre robe et de votre tunique le jour et la nuit ... ne vous élevez point, ni riez jamais, et faites que vous pleuriez vos offenses comme celui qui pleure un mort ... Que votre visage soit toujours triste si ce n'est que quelqu'un de vos frères vienne vous voir.»

On lit que saint Macaire étant venu de Scété dans la montagne de Nitrie à la prière des solitaires qui désiraient entendre quelques instructions de sa bouche avant sa mort, ne leur dit rien sinon ces paroles : «Pleurons, mes frères, et que nos yeux répandent des larmes pour prévenir le temps et le lieu, auquel celles que nous verserons, bien loin d'être un rafraîchissement à notre corps, seront toutes brûlantes et ne lui serviront que de tourments et de supplices.»

Un solitaire en voyant rire un autre, lui dit : «vous riez, mon frère, et nous devons rendre compte de toute notre vie devant le Seigneur du ciel et de la terre!»

Saint Isaïe exhortait ses disciples en leur disant[655] : soyez incessamment tristes, mais si quelqu'un de vos frères vient vous voir, prenez un visage plus serein afin de faire voir que vous avez la crainte de Dieu ... N'ouvrez jamais la bouche pour rire, car cela ferait voir que vous n'auriez pas la crainte de Dieu.

Le saint Abbé Pasteur ayant trouvé en son chemin une femme qui pleurait sur un sépulcre, fit cette réflexion : si on offrait à cette femme tous les plaisirs du monde, elle n'interromprait pas le cours de ses pleurs. Il faut aussi qu'un solitaire ne cesse jamais d'un répandre.

---

[654] In Fus. Reg. 25, 30, 47
[655] Règle, c. 16, 22

Saint Ammon répondit à un solitaire qui lui demandait quelque parole d'édification : « Soyez semblable à ces criminels qui sont dans les prisons, qui pleurent sans cesse et qui disent à tous ceux qui viennent les voir : où est notre juge, et quand viendra-t-il ? » Ainsi, il faut qu'un solitaire soit toujours dans un état de suspension et qu'il se charge d'accusations et de reproches en attendant que Jésus Christ vienne le juger.

Saint Éphrem estime[656] et nous apprend que le commencement de la ruine d'un solitaire est le rire, l'impunité et la licence. Que le rire et la licence perdent les bonnes œuvres d'un solitaire. Le rire détruit la béatitude de l'affliction et du deuil, il scandalise, il renverse les édifices spirituels, il attriste le Saint Esprit, il nuit à l'âme, corrompt le cœur et bannit les vertus. Seigneur, se récrie ce grand saint, ôtez-moi le rire et accordez-moi le deuil et le gémissement.

Saint Basile dit[657] : puisque Jésus Christ condamne dans son Évangile ceux qui rient maintenant, il est évident qu'un véritable chrétien ne peut trouver dans toute l'étendue de sa vie aucun temps pour rire, et particulièrement quand il fait réflexion sue ce grand nombre de personnes qui déshonorent la Majesté de Dieu par la violation de sa loi. ... il dit ailleurs[658] et saint Grégoire de Nazianze avec lui, qu'un solitaire doit bannir de sa conversation toute sorte de railleries et de rencontres agréables. ... Qu'il est impossible que la vigilance de l'âme subsiste avec un épanchement de paroles facétieuses et plaisantes, que si on est quelquefois obligé de relâcher un peu de cette austère gravité, il faut que notre discours soit rempli d'une grâce et d'une gaité spirituelle et qu'il soit assaisonné du sel de la sagesse évangélique afin qu'il répande au

---

[656] Tract. Non ridendum.
[657] PR q. 31p. 192
[658] Const. Monast. c. 12 ?

Chapitre XV - Question première

dehors la bonne odeur de notre conduite. Vous riez, dit saint Jean Chrysostome[659], vous qui faites profession de la vie monastique, vous qui êtes crucifié ; vous riez, vous qui êtes obligés de pleurer ! Dites-moi, où avez-vous lu que Jésus Christ ait ri ? L'avez-vous entendu dire ? Non, sans doute. Mais vous lisez au contraire qu'il a été triste et qu'il a pleuré. *Qui monachum profiteris, qui crucifixus es, qui debes lugere, rides! Dic mihi, ubi Christus hoc fecit?*

„Ne vous réjouissez point, dit saint Nil, ô Israël, et ne vous abandonnez point à la joie comme les nations qui ne connaissent point Dieu ; car vous étant séparé de Dieu, vous devez verser des larmes".

Saint Jérôme dit[660] que l'état d'un moine est un état de larmes, qu'il pleure incessamment ou pour le monde, ou pour lui-même. Il attend avec frayeur l'avènement de Jésus Christ.

Saint Jean Climaque dit[661] qu'un véritable solitaire étant touché dans le fond de l'âme de la tristesse salutaire de la pénitence, est toujours occupé de la pensée de la mort. Il n'arrête point le cours de ses larmes et ne cesse point ses profonds et secrets gémissements jusqu'à ce qu'il ait vu lui-même ainsi qu'un autre Lazare, que Jésus Christ est venu vers lui, qu'il a ôté la pierre d'endurcissement de dessus son cœur, et délivré son esprit des liens de ses péchés ... Il dit qu'un religieux ne doit pas imiter ceux qui après avoir enseveli les morts, tantôt s'attristent en pleurant sur leurs sépulcres et tantôt se réjouissent ... Nous n'avons pas été appelés, dit-il, à la vie religieuse et solitaire comme à un banquet et à une réjouissance de noces, mais Jésus Christ nous y a appelés afin que nous nous pleurions nous-mêmes... les criminels, dit-il encore n'ont aucun jour de

---
[659] Hom. 15 Epist. Ad Heb. JCOC Tome XI, p. 521
[660] Advers. vigil.
[661] Ech Sainte Gr 7 art. 7, 16, 19.

joie dans la prison ;et les vrais solitaires n'ont aucun jour de fêtes et de consolations humaines sur la terre.

On lit que saint Arsène pleurait avec tant de continuité et d'abondance qu'il avait un mouchoir incessamment dans les mains pour essuyer ses yeux.

Saint Benoît veut[662] qu'un moine ait perpétuellement les yeux baissés et la tête penchée vers la terre, dans la vue des péchés qu'il a commis, qu'il se considère en tout temps comme un criminel et que se regardant comme étant toujours prêt d'être présenté au tribunal terrible de Jésus Christ, il répande des larmes dans la confession et dans la reconnaissance de ses crimes ... Le même saint condamne et défend[663] pour jamais d'user de paroles capables de les tirer de cet état intérieur et sérieux dans lequel ils sont obligés de vivre, et de les porter à rire.

Fuyez le rire, ma sœur, dit saint Léandre dans sa Règle, comme une erreur, et changez tout joie passagère en gémissements afin que vous soyez heureuse dans le ciel après avoir pleuré dans le monde comme une étrangère, puisque ceux qui pleurent selon Dieu seront consolés. ... Celui-là se pleurait lui-même comme un étranger sur la terre, qui disait dans sa douleur[664] : « Hélas, que mon exil est long ! » *Heu mihi quia incolatus meus prolongatus est !* Votre Époux céleste tout plein de joie, ajoute-t-il, vous recevra dans ses chastes embrassements, et vous consolera par sa présence, s'il apprend que vous avez brûlé du désir de le voir et que vous avez versé des larmes en son absence.

---

[662] RB 7, 12ᵉ degré
[663] Id. 6
[664] Ps 119, 5

Chapitre XV - Question première

Saint Bernard nous apprend[665] qu'un religieux est chargé des péchés des peuples comme de ses propres offenses, et que cette double obligation l'engage dans des gémissements continuels.

Le pape Eugène dit[666] que le mot de moine signifie tout ensemble seul et triste. Il demeure donc, ajoute-t-il, dans le repos et dans la tristesse, et il s'acquitte de son devoir : *Sedeat tristis et officio vacet*. Que les moines disent ce qu'il leur plaira pour se cacher à eux-mêmes aussi bien qu'aux autres, ce qu'ils sont en effet : l'image d'un véritable solitaire ne sera jamais autre que celle qui nous a été tracée dans ces paroles d'un prophète : „Celui dont l'âme est affligée, abattue de douleur, et courbée sous le poids de ses péchés ; dont les yeux sont presqu'éteints à force de verser des larmes et qui soupire sans cesse après vos miséricordes : Celui-là, Seigneur est le seul qui puisse vous rendre une gloire véritable et satisfaire à votre justice. *Anima quæ tristis est super magnitudine mali et incedit curva et infirma, et oculi deficientes, et anima esuriens, dat sibi gloriam et justitiam Domino*[667].

Quel moyen, mes frères, de ne pas conclure d'une tradition si constante et d'un consentement si général de tant de saints que les joies de ce monde, comme nous l'avons déjà dit, ne sont plus pour les moines : les jeux, les rires, les bons mots, les paroles plaisantes, et tout ce qui se ressent d'une réjouissance humaine, ne leur est plus permis. Ils doivent manger leur pain avec des laitues amères ; leur vie n'est plus rien qu'une continuelle douleur. Si leurs yeux ne peuvent suffire à donner incessamment des marques de cette sainte tristesse, il faut au moins qu'ils en conservent le sentiment

---

[665] In Epist. Fastr. Inter opera Bern. Lettre de Fastrède, 3ᵉ abbé de Clairvaux à un abbé de son Ordre : lettre CDXL dans *Œuvres Complètes de Saint Bernard*, Édition 1866 ; trad. Charpentier
[666] Apud Grat.
[667] Ba 2, 18

dans le fond de leurs cœurs ; qu'ils aient soin de l'exprimer dans toutes leurs œuvres, et que jamais on ne les surprenne dans une seule action qui puisse donner sujet de croire que cette obligation ne leur soit pas présente.

Profitez donc, mes frères, de ces connaissances, pleurez durant quelques instants afin de vivre durant une éternité dans la joie. Baignez continuellement votre visage dans les eaux amères de la pénitence ; n'ayez point d'autre soin que de verser des pleurs et laissez à Dieu celui de les essuyer. Le temps viendra où il apaisera vos gémissements, il sèchera vos yeux et changera votre tristesse en des consolations infinies. *Absterget Deum omnem lachrymam ab oculis eorum et mors ultra non erat, neque luctus, neque clamor, neque dolor erit ultra, quia prima abierunt*[668]. Évitez avec soin tout ce qui peut tarir la source de vos larmes ; n'ayez ni affaires ni emplois, ni occupations ni plaisirs qui soient capables de dissiper votre douleur et votre componction. Servez-vous plutôt de tout ce qui se présente à vous pour la nourrir et pour la fortifier. Que la posture de votre corps, comme dit saint Jean Climaque[669], lorsque vous êtes étendus sur votre couche, vous figure l'état de votre corps étendu dans le tombeau. Que les aliments[670] que vous mangez lorsque vous êtes à table, vous fassent penser à cette table triste et funeste, où vous ferez vous-mêmes la nourriture des vers que l'eau que vous buvez pour soulager votre soif, vous fasse souvenir de cette soif cruelle que les damnés souffrent au milieu des flammes. Que les humiliations et les corrections sévères par lesquelles votre supérieur éprouvera votre vertu, rappelle à votre esprit cette sentence terrible que le souverain Juge doit prononcer un

---

[668] Ap 21, 4
[669] Ech. Ste. Degré 7, 21 ; p. 116
[670] Rancé utilise encore le vocable „viande", du latin médiéval *vivanda*, „qui sert à la vie", aliments dont se nourrit l'homme.

Chapitre XV - Question première

jour pour toute l'éternité. Que cet habit-même de solitaire que vous portez, vous excite à pleurer. Étant un habit de pénitence, il doit vous mettre incessamment vos péchés devant les yeux. Enfin, dites à Dieu avec autant de vérité que son prophète : „Seigneur, mes gémissements ont été si violents qu'ils ont égalé les rugissements des lions". *Rugiebam à gemitu cordis mei*[671] Écriez-vous, comme faisait saint Éphrem[672] : « Ô mon âme ! Soyez pénétrée de douleur pour tous les biens que vous avez reçus de la bonté de Dieu, dont vous avez fait un si méchant usage, pour tous les maux que vous avez commis, et pour toutes les occasions dans lesquelles il vous a supporté avec tant de patience. Si après tout cela, votre insensibilité est si grande qu'elle n'en soit point excitée, si elle résiste à des motifs et à des considérations si pressantes, pleurez de ce que vous ne pleurez point et faites sortir de la dureté de votre cœur, comme d'un rocher, les larmes que vous ne pouvez sortir de sa tendresse.

Pressez-le par ces reproches sanglants, par ces répréhensions vives et amères, en vous disant ce que ce grand saint se disait à lui-même : « Comment paraîtrais-je devant le tribunal de ce redoutable juge ? » Comment est-ce qu'étant orgueilleux et superbe, je me rencontrerais dans la compagnie de ses saints et qu'étant de ceux que l'Écriture appelle des boucs, j'aurais le bonheur d'être placé à la droite de Jésus Christ parmi ses brebis innocentes ? Comment est-ce que n'étant qu'une âme sèche et stérile, je serai mis entre ceux qui ont porté des fruits de justice pendant cette vie mortelle ? Que deviendrai-je lorsque les élus de Dieu se reconnaîtront les uns les autres dans cette cour céleste, et que je ne serai reconnu de personne ? Les amis de l'Époux sont reçus dans la

---

[671] Ps 57, 9
[672] Serm. 2 : De Compunct.

chambre nuptiale et les impies précipités dans les enfers. Pour lors, les martyrs montreront les marques heureuses de leurs supplices ; les confesseurs et les saints moines les actions de leurs vertus ; et moi, que montrerai-je sinon ma négligence et ma paresse ? Âme orgueilleuse ! Âme pécheresse ! Âme pleine d'impudence, qui n'avez point cessé de vous haïr vous-même ! Jusques à quand vous laisserez-vous entraîner par la violence de vos cupidités et souffrirez-vous que vos méchantes pensées vous dominent ? Ignorez-vous qu'elles vous couvrent de nuages obscurs et de ténèbres épaisses, et qu'ainsi la voie par laquelle vous devez aller à Dieu vous est entièrement cachée ? Qu'attendez-vous ? Pourquoi différer davantage ? Croyez-vous que l'Époux tardera encore longtemps ? Non, non, il ne tardera point. Malheureux que vous êtes, vous le verrez dans un moment venir du haut du ciel et fendre les nuées comme un éclair tout funeste qui remplira tout l'univers d'épouvante et d'effroi.

Chapitre XV - Abbreviations et citations dans les oeuvres de Rancé

Abbreviations et citations dans les oeuvres de Rancé

AOO	*Augustini Opera Omnia*: Édité par les Bénédictins de saint Maur. 11 Tomes ; Paris – 1836-1839
	Alle Werke des hl. Augustinus, heruasgegeben von Benediktinern der Abtei vom hl. Maurus. – 11 Bände; Paris 1836 bis 1839
Basile hl.Basilius	*Les Règles Monastiques*: GR. + PR. Éditions de Maredsous, 1969 Die monastischen Regeln, Ausgabe Maredsous 1969
	Constitutions Monastiques = (Instituta monachorum: traduction latine de Rufin): 203 questions empruntées aux Grandes et aux Petites Règles de Basile. Die Ordensverfassungen : 203 Fragen, entnommen den Großen (GR) und den kleinen Regeln (PR) des hl. Basilius Die vielen Werke des hl. Basilius finden heute noch in der orthodoxen Kirche hohen Anklang und führten zu der „Basileios-Liturgie". Die 313 Regulae brevis tractatae, (313 kurzgefasste Vorschriften) sind eine Neubearbeitung und Ausweitung des ‚kleinen Asketikons'. Es sollte Antworten zu Fragen des Mönchlebens und der Askese ermöglichen. Neben den 313 Regulae brevis tractate gibt es noch die 55 Regulae fusius, die dem verschollenen „großen Asketikon" entsprechen sollen. Sie werden in die Zeit nach 373 datiert, allerdings könnte man auch davon ausgehen, dass Basilius sie zwischen 358 und 361 zusammen mit der Philocalia und der Moralia verfasst hat. Von diesen „Mönchsregeln", wie man sie nennen mag, sind ca. 155 Handschriften überliefert und es bestehen mehrere alte Übersetzungen in das Arabische, Armenische, Georgianische, Griechische, Lateinische, Altbulgarische und Slavische
INST. Cassien, Kassian	*Institutions Cénobitiques - Zönobitische Regeln*, - SC : Collection Sources Chrétiennes n° 109. Éditions du Cerf – Paris 1965 Sammlung Christlicher Quellen Nr. 109, Cerf, Paris 1965,
Citeaux Doc.primitifs	Älteste Dokumente in Latein, frz. Übersetzung erschien in Cîteaux – Commentarii Cistercienses - 1988

COCR	Collectionea Ordinis Cisterciensium Reformatorum (1934 – 1965) : (revue de l'Ordre devenue ensuite) : Collectanea Cisterciensia
Coll. Cassien, Kassian	*Conférences (Collationes)* - Konferenzen (Gebete) - SC n° 42 et 54
Conf, Rancé.	– Conférences ou Instructions sur les épitres et évangiles des dimanches et principales fêtes de l'année. 4 tomes 1698 – 1702
	- Ermahnungen und Instruktionen zu den Episteln und Evangelien für die Sonntage und Hauptfeste des Jahres, 4 Bände 1698 bis 1702
Corr., Krailsheimer	Abbé de Rancé – *Correspondance* 4 tomes; Éditions Cerf – Cîteaux 1993 (Les citations sont désignées par la date: l'année, le mois, le jour. Ex.: 960614 désigne la lettre du 14 juin 1696)
	Abbé de Rancé – Korrespondenz, 4 Bände ; Edition Cerf – Citeaux 1993. (Die Briefzitate folgen dem Muster Jahr-Monat-Tag, Beispiel: 960614 bedeutet den Brief vom 14. Juni 1696)
CSQ	Cistercian Studies Quaterly (– published by Order of the Strict Observance, US Region)
Gest. Reg. Anglic.	"Geste des rois d'Angleterre" – *De Gestis Regum Anglorum*, par Guillaume de Malmesbury. P. L. t. 179 col. 1286C-1290C Texte latin et français in : Cîteaux, Documents Primitifs, p. 169 ...
GR Basile, Basilius	Grandes Règles : *Les Règles Monastiques* : Regulæ fusius tractatæ : 55 Règles Große Regeln : die Ordensregeln ; Reg. Fus. Tract. 55 Regeln
JCOC	Saint Jean Chrysostome : Œuvres Complètes Traduction : M. Jeannin. 11 Tomes. Bar-le-Duc – 1863-1867 hl. Joh. Chrysostomus, Vollständige Werke, Übersetzung : M. Jeannin. 11 Bände, Bar-le-Duc 1863 bis 1867
OCSA	*Œuvres Complètes de saint Augustin*. Traduction sous la direction de M. Raulx. 17 Tomes. Bar-le-Duc. 1864-1873
	Vollständige Werke des hl Augustinus. Übersetzung unter Leitung von M. Raulx. 17 Bände; Bar-le-Duc, 1864 bis 1873

Chapitre XV - Abbreviations et citations dans les oeuvres de Rancé

PR, Basile	Petites Règles : ... Regulæ brevius tractatæ : 313 Règles Kleine Regeln Reg. brev. Tract. 313 Regeln
RB Benoît	Règle de saint Benoît – Die Regel des hl. Benedikt
RMO	Règles Monastiques d'Occident – IVe – VIe siècles Collection Vie Monastique n° 9. Éditions Abbaye de Bellefontaine 1980. Mönchsregeln des Abendlandes – 4. bis 6. Jh., Sammlung Ordensleben Nr. 9. Ausgabe Abtei Bellefontaine 1980
Rohrbacher	Histoire universelle de l'Église catholique par l'abbé Rohrbacher. 29 Tomes - Paris : 1842 – 1849 Abt. Rohrbacher: Allgemeine kath. Kirchengeschichte, 29 Bände, Paris, 1842 bis 1849
RRB, Rancé	La Règle de saint Benoît, nouvellement traduite et expliquée selon son véritable esprit par l'auteur de Devoirs de la vie monastique. 2 tomes 1703
	Die Regel des hl. Benedikt, neu übersetzt und von ihrem wirklichen Geist her erläutert durch den Verfasser von „Pflichten des Ordenslebens" 2 Bände, 1703
RTE, Rancé	Réponse au Traité des études monastiques 1692
	Antwort zur Abhandlung der Studien zum Ordensleben 1692
SC	Sources Chrétiennes ; Éditions du Cerf –
SBO, Bernard	*Sancti Bernardi Opera*. 9 Vol. Romae – Editiones Cistercienses – 1957-1998
	Die Werke des hl. Bernhard, 9 Bände, Rom – Zisterziensische Ausgabe – 1957 bis 1998
SDVM, Rancé	De la Sainteté et des Devoirs de la Vie Monastique, Tome I 1683, Tome II 1701
	Über die Heiligkeit und die Pflichten des Ordenslebens, zwei Bände: I von 1683 mit den Kapiteln I-XV, II von 1701 mit den Kapiteln XVI-XXIII
Usus Cist.	Livre des Us (cisterciensis)

Rancé – Sainteté et Devoirs ... Tome I

Les Editions de l'oeuvre

Band I	Abbé J. A. le Bouthillier de Rancé : „Über die Heiligkeit und Pflichten des Ordenslebens" in zwei Teilen		Seiten
Teil I Kap. I bis IX	Chapitre Premier / Institution Monastique / Origine Solitaire / Manières de la vie Solitaire / Essence et perfection Cénobitique / Moyens pour s'élever / Amour de Dieu / Amour des Supérieurs / Charité et devoirs des Supérieurs	Französisch und Deutsch 978-3-8416-0460-6	520
	Erstes Kapitel / Institution Ordensleben / Ursprung der Eremiten / Lebensweisen der frühen Einsiedler / Wesen und Vollkommenheit des Klosterlebens / Mittel zur Vollkommenheit für Ordensleute / Gottesliebe / Liebe der Oberen / Nächstenliebe und Pflichten der Oberen		
Teil II Kap. X bis XV	Charité des Religieux les uns pour les autres / Prière / Pénitence, Humiliations / Méditation de la Mort / Jugements de Dieu / De la Componction	Französisch und Deutsch 978-3-8416-0482-8	424
	Nächstenliebe untereinander /Beten / Buße, Demütigung / Denken an den Tod / Gottes Gericht / Zerknirschung		
Band II	in einzelnen Kapiteln		
XVI	La Retraite - nur französisch	978-3-8416-0028-8	158
XVI	Die Zurückgezogenheit - nur deutsch	978-3-8416-0029-5	174
XVI 1.Aufl	De la Retraite / Zurückgezogenheit - dt.-frz. hintereinander	978-3-8416-0030-1	316
XVI 2.Aufl	De la Retraite / Zurückgezogenheit - dt.-frz auf gegenüberl. Seiten	978-3-8416-0364-7	327
XVII - XVIII	Du Silence - De l'abstinence et de l'austérité dans la nourriture / Stillschweigen - Enthaltsamkeit und Maß bei der Nahrung	978-3-8416-0112-4	210
XIX	Du travail des mains / Die körperliche Arbeit	978-3-8416-0211-4	190
XX - XXI	Des Veilles - De la Pauvreté / Die Nachtwachen - Die Armut	978-3-8416-0272-5	176
XXII- XXIII	De la Patience dans les infirmités et les maladies - Des Mitigations / Geduld in Krankheit - Milderungen	978-3-8416-0310-4	196

Chapitre XV - Les Editions de l'oeuvre

Sammelbände / Auswahltexte		
Oraison / Über das Beten, 1.Aufl - frz-dt. synchr in Spalten	978-3-8416-0025-7	122
Oraison / Über das Beten, 2.Aufl -frz-dt.ggüberlg. Seiten	978-3-8416-0367-8	134
Über das Beten - nur deutsch	folgt	
Oraison - nur französisch	geplant	
80 Auswahltexte aus SDVM - französisch-deutsch	978-3-86417-009-5	281
80 Auswahltexte aus SDVM - nur deutsch	978-3-8416-0341-8	182
80 Auswahltexte aus SDVM - nur deutsch	Privatdr. ohne ISBN	182
80 Auswahltexte aus SDVM - nur französisch	geplant	

Abbé J. A. le Bouthillier de Rancé : Über die Heiligkeit und Pflichten des Ordenslebens Gesamtausgaben			Seiten
Band I			
1. Aufl	De la Sainteté..../ Über die Heiligkeit .... Band 1 Kapitel 1-15, Franz./Deutsch	geplant	über 1.000
1. Aufl	De la Sainteté..../ Über die Heiligkeit .... Band 1 Kapitel 1-15 kpl, nur Deutsch	978-3-8416-0599-3	ca. 436
1. Aufl	Über die Heiligkeit und die Pflichten .... Band 1 Kapitel 1-15, nur Deutsch	Privatdruck ohne ISBN	ca. 436
1. Aufl	De la Sainteté et des Devoirs de la vie... Band 1 Kap 1-15, nur Französisch	978-3-8416-9922-0	ca. 420
1. Aufl.	De la Sainteté..../ Über die Heiligkeit .... Band 2 Kapitel 16-23 kpl, Franz./Deutsch	geplant	über 1.000
1. Aufl	Über die Heiligkeit und die Pflichten .... Band 2 Kapitel 16-23 kpl, nur Deutsch	978-3-8416-0111-7	544
1. Aufl	Über die Heiligkeit und die Pflichten .... Band 2 Kapitel 16-23, kpl, nur Deutsch	Privatdruck ohne ISBN	544
1. Aufl	De la Sainteté et des Devoirs de la vie... Band 2 – alle Kap 16-23 komplett, nur Französisch	978-3-8416-9909-1	532

Rancé – Sainteté et Devoirs ... Tome I

\multicolumn{4}{|c|}{Alban J. Krailsheimer über den Autor: „Rancé and the Trappist Legacy" - erstmals in Deutsch}			
Reprint	Alban J. Krailsheimer, Rancé and the Trappist Legacy (Englisch)	978-3-639-50029-5	ca. 160
1. Aufl	Rancé –"Erfinder der Trappisten" (Englisch/Deutsch)	978-3-8416-0580-1	394
1. Aufl	Rancé –"Erfinder der Trappisten" (Deutsch)	Privatdruck ohne ISBN	202

Tout les livres sont bilinguel synchron, Français a gauche, allemand a droite

Les exceptions sont marquées

Informations sur l'auteur en Allemend á rance.citycloud.com.de

Oui, je veux morebooks!

I want morebooks!

Buy your books fast and straightforward online - at one of the world's fastest growing online book stores! Environmentally sound due to Print-on-Demand technologies.

Buy your books online at
www.get-morebooks.com

Achetez vos livres en ligne, vite et bien, sur l'une des librairies en ligne les plus performantes au monde!
En protégeant nos ressources et notre environnement grâce à l'impression à la demande.

La librairie en ligne pour acheter plus vite
www.morebooks.fr

OmniScriptum Marketing DEU GmbH
Bahnhofstr. 28
D - 66111 Saarbrücken
Telefax: +49 681 93 81 567-9

info@omniscriptum.com
www.omniscriptum.com

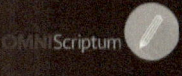

www.ingramcontent.com/pod-product-compliance
Lightning Source LLC
Chambersburg PA
CBHW020636300426
44112CB00007B/133